# TATA

# एक कॉरपोरेट ब्रांड का विकास

# एक कॉरपोरेट ब्रांड का विकास

**मॉर्गन विट्ज़ेल**

*भूमिका*

**रामचरण**

प्रभात प्रकाशन

प्रकाशक • **प्रभात प्रकाशन प्रा. लि.**
4/19 आसफ अली रोड,
नई दिल्ली-110002

संस्करण • 2024
अनुवाद • प्रणय कुमार
मूल्य • छह सौ रुपए
मुद्रक • आर-टेक ऑफसेट प्रिंटर्स, दिल्ली

---

**TATA EK CORPORATE BRAND KA VIKAS**
*by* Shri Morgen Witzel ₹ 600.00
Published by Prabhat Prakashan Pvt. Ltd, 4/19 Asaf Ali Road, New Delhi-2
by arrangement with Penguin Books India (Pvt.) Ltd., New Delhi
e-mail: prabhatbooks@gmail.com ISBN 978-93-5048-031-0

यह पुस्तक टाटा समूह के इतिहासकार
श्री आर.एम. लाला के प्रति श्रद्धापूर्वक समर्पित है,
जिन्होंने समूह के इतिहास और मूल्यों को जीवंत
रखने के लिए इतना कुछ किया है। हम जो आज
टाटा के बारे में लिखते हैं, उनके ही पदचिह्नों का
अनुकरण करते हैं।

# अनुक्रम

# भूमिका

दुनिया के तमाम बहुराष्ट्रीय निगमों में टाटा विशेष है। इसका मिशन महज आर्थिक से अधिक है; यह सामाजिक और आर्थिक दोनों है।

टाटा 140 साल से ज्यादा पुराना है, इसकी सार्वजनिक रूप से सूचीबद्ध 28 कंपनियाँ हैं, 80 से अधिक देशों में इसका कारोबार है और यह 85 से अधिक देशों को अपने उत्पाद व सेवाएँ निर्यात करता है। कभी भारत में छोटी शुरुआत करनेवाले टाटा की आज बड़ी अंतरराष्ट्रीय उपस्थिति है। उसका 65 फीसदी राजस्व भारत के बाहर से आता है। ताजा आँकड़ों के अनुसार 31 मार्च, 2009 को समाप्त हुए वित्तीय वर्ष में ग्रुप का राजस्व 70.8 अरब डॉलर का था। लेकिन 'टाटा : एक कॉरपोरेट ब्रांड का विकास' एक सफल वित्तीय शक्ति केंद्र की कहानी भर नहीं है। यह टाटा के मूल्यों की कहानी है : यह इसकी रोजमर्रा की गतिविधियों के अंतरहीन अंदर स्थित इसके डी.एन.ए. का वर्णन करती है और यह दरशाती है कि यह कैसे अपने सामाजिक मिशन को पूरा करते हुए भी अपनी आर्थिक सफलता की इबारत लिखती है।

टाटा ब्रांड के स्थापन और उसके मूल्यों को समझने के क्रम में चार प्रमुख तत्त्व उल्लेखनीय हैं। पहला, अपनी प्रारंभिक अवस्था से ही यह स्पष्ट था कि टाटा समूह के अंतर्गत विविध कंपनियों का मिशन और कार्य सामाजिक है। विश्व में उन तमाम कंपनियों से जिन्हें मैं जानता हूँ, टाटा इस लिहाज से अनूठा है।

उद्यमियों द्वारा स्थापित अन्य बड़ी कंपनियों ने विशाल आर्थिक दौलत बनाई, क्योंकि उनका ध्यान पहले इसी पर लगा हुआ था और इसके बाद उन्होंने फैसला किया कि उन्हें समाज को कुछ वापस देना चाहिए। उन कंपनियों के संस्थापकों ने प्राय: ऐसे लोकोपकारी संगठन बनाए, जिनका एक चुनिंदा सामाजिक मकसद है।

पश्चिमी जगत् में हमारे पास जॉन डी. रॉकफेलर, हेनरी फोर्ड, एंड्रयू कारनेगी, वारेन बफेट और बिल गेट्स जैसे उद्योगपतियों व उद्यमियों के उदाहरण हैं। इनमें से प्रत्येक ने अपने कारोबार से विशाल दौलत कमाई और फिर अपने नाम से चैरिटी फाउंडेशन बनाए। उन्होंने कुछ विशिष्ट सामाजिक उद्देश्यों को चुना, जिनके लिए वे अपने फाउंडेशन के जरिए मदद कर सकते हैं। इस कार्य के लिए दुनिया भर से उन्हें प्रशंसा मिली है और वे अमेरिका व अन्यत्र विभूति बन गए हैं। परंतु कंपनियों को यह अवश्य महसूस करना चाहिए कि एक सामाजिक मकसदवाले लोकोपकारी संगठन की अपेक्षा एक सामाजिक मिशन का उद्देश्य ज्यादा व्यापक है।

टाटा को जो बात भिन्न बनाती है, वह यह कि इसका सामाजिक कार्य इसके संपूर्ण मिशन का एक प्रमुख भाग है। टाटा की कंपनी जहाँ भी काम करती है, टाटा संगठन उस क्षेत्र की सामाजिक जरूरतों की पहचान करते हैं। वे इसकी पहचान करते हैं कि हरेक कंपनी जहाँ काम करती है, वहाँ के समाज में क्या अंतर्निहित है और वह कैसे समाज में आशा एवं मूल्य का निर्माण कर सकते हैं तथा साथ ही अपने शेयरधारकों और अपने अन्य घटकों—कर्मचारियों, भागीदारों आदि के लिए आर्थिक मूल्य पैदा कर सकते हैं।

एक सुस्थापित अंतरराष्ट्रीय संगठन होने के नाते टाटा उन क्षेत्रों पर भी अपना ध्यान देता है, जिनके आधार पर अधिकतर वैश्विक निगम आँके जाते हैं। जब हम टाटा के मिशन की खोज करते हैं और कंपनी के अंदर वास्तविक कामकाज पर ध्यान लगाते हैं तो देखते हैं कि उनका उद्देश्य हालाँकि सामाजिक है, लेकिन यह मकसद संगठन के आर्थिक पहलुओं को साधने में भी कारगर है। यह टाटा को अन्य संगठनों से भिन्न बनाने वाली बात है। अधिकतर पश्चिमी देशों में एक संगठन का बृहत्तर भाग आर्थिक तरक्की में लगा हुआ रहता है, जिनके काम का आधार होता है कि 'व्यापार का कार्य व्यापार ही है'। यह बेहद संकीर्ण है और पश्चिमी कंपनियों को इस विचार को स्वीकार करना होगा कि सामाजिक कार्य उनके पूरे मिशन का एक हिस्सा है।

दूसरा, पश्चिमी जगत् की इन विभूतियों ने ऐसे उत्तराधिकारी नहीं बनाए, जो सुनिश्चित करें कि उनके नवसृजित सामाजिक मकसद को उनकी कंपनियाँ आगे भी पूरा करती रहेंगी। इनकी तुलना में टाटा ग्रुप में उनके तमाम आर्थिक उपक्रमों के डी.एन.ए. में इस तरह उत्तराधिकार की योजना होती है, जो यह सुनिश्चित

करती है कि आर्थिक दौलत पैदा करने के साथ-साथ सामाजिक मकसद भी पूरा होता रहे।

तीसरा, विश्व के आर्थिक व सामाजिक विकास का दिशामार्ग स्पष्ट रूप से अतीत के वंचितों की ओर मुड़ रहा है। अपनी आर्थिक कामयाबी से सशक्त टाटा का सामाजिक मकसद भविष्य का प्रतिमान बनने जा रहा है।

पश्चिमी जगत् को यह तथ्य समझना पड़ेगा कि स्थानीय समाज स्थानीय प्रतिभा को विकसित कर सकता है। टाटा ने इस विचार के प्रति अपने संकल्प का प्रदर्शन किस तरह किया, इसका एक उदाहरण तमिलनाडु के अपेक्षाकृत सुदूर दक्षिण भारतीय शहर होसुर में देखा जा सकता है। यहाँ, टाटा ने क्षेत्रीय सरकार के साथ सन् 1987 में एक संयुक्त उपक्रम बनाया और घड़ी बनानेवाली टाइटन कंपनी की पहली फैक्टरी शुरू की।

यह फैसला तुरंत लिया जाना था कि फैक्टरी के लिए कार्मिक कहाँ से जुटाए जाएँ। एक विकल्प था कि बेंगलुरु से फैक्टरी के लिए पेशेवर इंजीनियर नियुक्त किए जाएँ। यह बात उस उद्देश्य के खिलाफ जाती थी, जिसके लिए टाटा जाना जाता है। यह सही है कि होसुर एक काफी गरीब क्षेत्र था, यहाँ कृषि ही एकमात्र उद्योग था और स्थानीय तौर पर कुशल तकनीकी श्रम उपलब्ध नहीं था। मगर टाटा की टाइटन कंपनी को मालूम था कि यह क्षेत्र और यहाँ के लोग उनका उत्तरदायित्व हैं। गरीबी के बावजूद स्थानीय प्राथमिक शिक्षा-प्रणाली उम्दा थी और भरपूर संख्या में शिक्षित लड़के एवं लड़कियाँ पैदा कर रही थी। इन्हीं लड़के-लड़कियों को भरती किया गया, ताकि उन्हें विश्व-स्तरीय घड़ीसाज बनाया जा सके।

400 युवा भरती किए गए और उन्हें होसुर लाया गया। टाइटन ने तत्काल उन्हें आवश्यक मदद दी। उनमें से कई ने इससे पहले शहर देखा तक नहीं था या वे साधारण झोंपड़ी के अलावा किसी अन्य आवास में कभी नहीं रहे थे। उनके लिए आवास की व्यवस्था की गई और इन युवा लोगों के संग 'पालक माँ-बाप' ठहरे, जिन्होंने उन्हें शहर में रहने के आवश्यक हुनर सिखाए। टाइटन ने खेलकूद और सांस्कृतिक गतिविधियों की सुविधाएँ भी मुहैया कराईं। कंपनी ने अपने कामगारों के लिए कार्यावधि के बाद स्नातक की पढ़ाई और यहाँ तक कि स्नातकोत्तर कोर्स करने की सुविधाएँ भी प्रदान कीं।

फैक्टरी में इंजीनियरों और प्रशिक्षकों ने युवा कामगारों को सिखाया कि बारीक मशीनरी का कैसे इस्तेमाल किया जाए। टाइटन अब तमिलनाडु में एक अत्यंत सफल उद्यम है, जिसमें हजारों लोग काम करते हैं। इसकी अकेले होसुर में तीन फैक्ट्रियाँ हैं, जिनमें तकरीबन सारे कामगार आस-पास के गाँवों से आते हैं। यह अप्रत्यक्ष रूप से भी हजारों लोगों को रोजगार प्रदान करती है, जो घड़ी के पट्टे, खोल और अन्य पुरजे बनानेवाली फर्मों में काम करते हैं। वर्ष 2001 में टाइटन को भारत की सर्वाधिक सराहनीय ब्रांड के रूप में चुना गया और इसने साबित किया कि यह वाकई एक सामाजिक संगठन है।

अंततः, टाटा समूह ने अपने वित्तीय और बाजार प्रदर्शन के आधार पर इसका हमेशा के लिए समाधान कर दिया है कि सामाजिक मकसद रखना किसी भी तरह से उसके प्रतिद्वंद्विता करने और जीतने की तीव्रता में कमी नहीं लाता। वस्तुतः, नतीजा इसके उलट देखने को मिलता है। यह साफ है कि टाटा न केवल अपने चुने हुए बाजारों में शिखर स्थान हासिल करते हैं और इस पर बने रहते हैं, बल्कि अपने शेयरधारकों समेत अपने तमाम भागीदारों के लिए दीर्घकालीन मूल्य-निर्माण में भी अव्वल रहते हैं। साथ ही वे सामाजिक रूप से जिम्मेदार व सक्षम मैनेजरों और नायकों को विकसित करते हैं, जिनका भारत और विदेश में अन्य कंपनियों को निर्यात करते हैं।

ये तमाम विचार चार अक्षरों से बने शब्द 'विश्वास' में समाहित हैं। कई कंपनियाँ इस विचार के बारे में बात तो करती हैं, लेकिन इसे अमल में नहीं लाती हैं। विश्वास उन सभी के डी.एन.ए. में है, जो टाटा में काम करते हैं। यह एक व्यवहारगत गुण है, यह हटकर है, यह भविष्य के सभी निगमों के लिए पैमाना है। और यह टाटा है।

अमेरिका और यूरोप में अपने पेशेवर काम के दौरान कई सी.ई.ओ. (मुख्य कार्याधिकारी) मुझसे उन नामों के बारे में पूछते हैं जिन्हें वे अमेरिकी और यूरोपीय बोर्डों के लिए नियुक्त कर सकते हैं। इनमें रतन टाटा का नाम हमेशा सबसे पहले आता है। उन्हें एक विनम्र, विचारवान् और ऐसे अनुभवी के रूप में वर्णित किया जाता है, जिनके बराबर के कद का शख्स पश्चिमी समाजों में मिलना मुश्किल है। भविष्य के औद्योगिक नेताओं को इसी की आकांक्षा रखने की जरूरत है।

मॉर्गेन वाइजेल ने दुष्कर और व्यापक शोध पूर्ण कर लिया है और वह अपने

लेखन से यह दरशाने में सफल रहे हैं कि टाटा ब्रांड में टाटा का सामाजिक मकसद परिलक्षित है और यह महज एक जन-संपर्क की कलाबाजी नहीं है। यह प्रेरणादायी है, यह तथ्यात्मक है और मैं सोचता हूँ कि यह कहानी अन्य संगठनों के लिए एक चुनौती है।

यही इस पुस्तक की कहानी है।

**—राम चरण**

# आभार

यह पुस्तक टाटा समूह की मदद और उनके सहयोग के बगैर नहीं लिखी जा सकती थी। मैं उन सब लोगों को धन्यवाद देना चाहूँगा जिन्होंने मुझसे बातचीत की और अपने साथ माथापच्ची करने की इजाजत दी। इस सूची में सबसे ऊपर टाटा संस के अध्यक्ष श्री रतन टाटा हैं, जिन्होंने काफी विस्तार से बातें कीं और जिस संगठन का वह नेतृत्व करते हैं, उसके बारे में काफी साफगोई से बताया। अपना इतना अधिक समय देने के लिए मैं उन्हें धन्यवाद देता हूँ। मैं टाटा संस के कार्यकारी निदेशक श्री आर. गोपालकृष्णन को भी धन्यवाद देना चाहूँगा, जिन्होंने पुस्तक की प्रगति में अपनी टिप्पणियाँ और दार्शनिक अंतर्ज्ञान प्रदान किए। टाटा संस के ही, सतीश प्रधान और फरोख एन. सूबेदार ने मुझे केंद्र से काफी मददगार दृष्टिकोण प्रदान किए।

बॉम्बे हाउस में अतुल अग्रवाल और उनकी टीम ने सभी तत्त्वों व पहलुओं का समन्वय किया और यह सुनिश्चित किया कि मैं जिन लोगों से मिलना चाहता हूँ, उनसे मिल सकूँ। वे एकदम अमूल्य थे। वी.एस. प्रभु और लॉरेन डिसूजा को भी मेरा विशेष धन्यवाद, जिन्होंने यह हमेशा सुनिश्चित किया कि मुझे जहाँ उपस्थित होना चाहिए, वहाँ-वहाँ अवश्य पहुँचूँ। क्रिस्टाबेल नोरोन्हा को भी उनकी सुविचारित टिप्पणियों और उनके विचारों के लिए धन्यवाद। शेरनवाज कोलाह, अभिषेक पाठक और एन पिंटो-रॉड्रिग्स को उनके अपने प्रोजेक्टों के बारे में दी गई जानकारी के लिए धन्यवाद।

भारत में टाटा समूह में अन्य जगहों पर, बिना खास क्रम के, मैं इन लोगों के प्रति अपना आभार व्यक्त करना चाहता हूँ—ट्रेंट की श्रीमती सिमोन टाटा, टाटा इंडस्ट्रीज के किशोर ए. चौकर, टाटा ग्लोबल बेवरेजेज के आर. के. कृष्ण कुमार और संगीता तलवार, ताज होटल्स के रेमंड बिक्सन और अजय मिश्रा, ताजमहल होटल प्रॉपर्टी के करमवीर सिंह और बिर्गिट जॉर्निगर, टाइटन इंडस्ट्रीज के भास्कर भट्ट, टाटा मोटर्स के रवि कांत, प्रकाश एम. तेलंग और अयाज अत्तर, टाटा

केमिकल्स के आर. मुकुंदन एवं सुजीत एम. पाटिल, टाटा कम्युनिकेशंस के एन. श्रीनाथ, टाटा कंसल्टेंसी सर्विसेज के एस.रामदोराई, टाटा टेलिसर्विसेज के अनिल सरदाना, टाटा ट्रस्ट्स के ए.एन. सिंह और संजीव फंसालकर, टाटा मैनेजमेंट ट्रेनिंग सेंटर के चेतन तोलिया, टाटा क्वालिटी मैनेजमेंट सर्विसेज के सुनील सिन्हा, गौतम आर. गोंडिल और समीर बनर्जी और पुणे में टाटा सेंट्रल अर्काइव्स के राजेंद्र प्रसाद नरला। अंततः टाटा स्टील के पार्थ सेनगुप्ता और जमशेदपुर में सेंटर फॉर एक्सीलेंस में जेनी शाह और उनके तमाम सहयोगियों खासकर अमिताभ, बेहरोज ए. गैज्डर और सतीश पिल्लई को धन्यवाद, जिन्होंने मुझे जमशेदपुर में आदिवासी सांस्कृतिक केंद्र की यादगार यात्रा कराई।

भारत के बाहर मैं इनके प्रति अपना धन्यवाद ज्ञापित करता हूँ—टाटा अफ्रीका होल्डिंग्स के रमन धवन, लंदन में टाटा लिमिटेड के एस.ए. हसन, जगुआर लैंडरोवर के डेविड स्मिथ, ब्रुनर मोंड के जॉन केरिगन, टाटा ग्लोबल बेवरेजेज के पीटर अन्सवर्थ और कोरस-टाटा स्टील यूरोप के किर्बी एडम्स। इन महानुभावों ने मुझे सूचनाएँ और पूरी जानकारी प्रदान की।

टाटा सर्विसेज के पूर्व अधिकारी रोमित चटर्जी मुझे अपनी मदद और टिप्पणियाँ देने में उदार रहे हैं। मैं ब्रांड फाइनेंस के उन्नीकृष्णन, ड्राफ्ट एफ. सी. बी.+उल्का के अंबी परमेश्वरन, कॉगिटो कंसल्टिंग के किंजल मेघ और जी. एफ. के. मोड के विशिख तलवार और उनके सहयोगियों के प्रति भी धन्यवाद ज्ञापित करना चाहता हूँ, जिन्होंने टाटा और इसके कॉरपोरेट ब्रांड पर खुद इतना शोध किया हुआ है और जिन्होंने इसे मेरे साथ बाँटा। मैं बी.यू. भंडारी ऑटो प्राइवेट लिमिटेड के शैलेश जे. भंडारी और उनके स्टाफ को भी धन्यवाद देता हूँ, जिन्होंने नैनो से मेरा सीधा परिचय कराया और मैं सुनील कुमार बुधवानी का भी आभारी हूँ, जिन्होंने मुझे बताया कि नैनो कार रखने और चलाने का क्या अनुभव होता है। मैं उन अकादमिक विशेषज्ञों को भी धन्यवाद देना चाहूँगा, जिनसे मैंने परामर्श किया और जो अपना समय व विचार प्रदान करने में उदार रहे हैं। ऐसे ही लोगों में लंदन बिजनेस स्कूल के पैट्रिक बारबाइज और टिम एंबलर और यूनिवर्सिटी ऑफ एक्सटर बिजनेस स्कूल के मेरे सहयोगी जोनाथन श्रोडर के नाम आते हैं। टाटा समूह के इतिहासकार आर.एम. लाला से मिलना और बातें करना एक सम्मान एवं आनंद की बात थी, जिन्होंने पुरानी यादों व परंपराओं को जीवित रखने और ताजा बनाए रखने के लिए काफी काम किया है।

# प्रस्तावना

इस पुस्तक का उद्देश्य टाटा कॉरपोरेट ब्रांड का वर्णन करना है—यह क्या है, इसका विकास कैसे हुआ, यह कैसे काम करता है, दूसरों का इसके बारे में क्या नजरिया हो सकता है। मैं सोचता हूँ कि कॉरपोरेट ब्रांड निर्माण में रुचि रखनेवाले किसी भी व्यक्ति के लिए यह केस स्टडी कुछ उपयोगी सिद्ध होगी। कॉरपोरेट ब्रांडों के बड़े पैमाने के प्रोफाइल (रूपरेखा) काफी विरले हैं। विद्वानों, ब्रांड मार्केटिंग करनेवालों और अन्यों को यहाँ दी गई तुलनात्मक सामग्री उन्हें अपने काम में सहायक होगी। यह देखकर कि टाटा समूह ने क्या किया है या क्या नहीं किया है, उन्हें उन कुछ और सामान्य सवालों के जवाब ढूँढ़ने में मदद मिल सकती है कि कॉरपोरेट ब्रांड क्या हैं और वे कैसे काम करते हैं।

**टाटा समूह बड़े बदलावों के दौर में है, क्योंकि यह अंतरराष्ट्रीय स्तर पर विस्तार और विकास कर रहा है।**

मैं यह भी आशा करता हूँ कि यह पुस्तक हर उस व्यक्ति के लिए उपयोगी होगी जो टाटा समूह में दिलचस्पी रखता है। टाटा समूह और टाटा परिवार के बारे में उम्दा इतिहास लिखे गए हैं; लेकिन अब यह समूह बड़े बदलावों के दौर से गुजर रहा है, क्योंकि यह अंतरराष्ट्रीय रूप से विस्तार और विकास कर रहा है। खास कर भारत से बाहर, जहाँ टाटा समूह के बारे में विस्तृत जानकारी अभी भी काफी कम लोगों तक सीमित है, यह पुस्तक टाटा के मूल्यों और उद्देश्य की व्याख्या करने में मददगार हो सकती है।

टाटा का आकार और उसकी अंतरराष्ट्रीय पहुँच में बढ़ोतरी हो रही है—वर्ष 2009 में समूह का 65 फीसदी राजस्व भारत के बाहर से आया। इसे देखते हुए यह सहज ही लगता है कि भारत के अंदर और बाहर के लोग समूह के बारे में ज्यादा जानना चाहेंगे कि यह ब्रांड क्या है और इस ब्रांड का उद्देश्य क्या है।

लेकिन यहाँ एक और सावधानी बरतना उचित है। यह दरशाने के लिए कि ब्रांड क्या है और इसे किस नजरिए से देखा जाता है, मैंने टाटा समूह की कुछ कंपनियों और उनके ब्रांडों का भी अध्ययन किया। जैसाकि पुस्तक दरशाती है, टाटा कॉरपोरेट ब्रांड को समझना तब तक असंभव है जब तक कि उस सहजीवी रिश्ते को न समझ लिया जाए, जो ब्रांड का अपनी विविध टाटा कंपनियों के ब्रांडों और उत्पाद-सेवा ब्रांडों के साथ है। बहरहाल, इस पुस्तक को टाटा समूह की एक संपूर्ण रूपरेखा के रूप में नहीं लिया जाना चाहिए। कई टाटा कंपनियों, जिसमें वोल्टाज एवं टाटा पावर जैसी कुछ पुरानी और बड़ी कंपनियाँ शामिल हैं, का इसमें महज उल्लेख भर किया गया है। टाटा समूह का एक संपूर्ण वर्णन और इसका इतिहास वाकई पढ़ने के लिहाज से बेहद रोचक होंगे। लेकिन यह पुस्तक वैसी नहीं है।

मैं कॉरपोरेट ब्रांडों के बारे में मौजूदा ज्ञान को न तो चुनौती देने निकला हूँ और न ही कॉरपोरेट ब्रांड को कोई महान् एकीकृत करनेवाला ऐसा सिद्धांत प्रस्तुत करने जा रहा हूँ, जो हमारी पहले की जानकारी को हवा में उड़ा दे। इससे परे मैंने सिर्फ टाटा ब्रांड की रूपरेखा प्रस्तुत करने की कोशिश की है। जहाँ भी मैंने तुलनाएँ की हैं या पुस्तकों का संदर्भ लिया है, वहाँ मेरे दिमाग में दो मकसदों में से एक रहा है—(1) टाटा ब्रांड के तत्त्वों की अधिक स्पष्ट रूप से व्याख्या करना, या (2) यह दरशाना कि टाटा ब्रांड कैसे दूसरे ब्रांडों से अलग है। मैंने टाटा ब्रांड की तुलना अन्य ब्रांडों से करके यह दिखाने की कोशिश नहीं की है कि यह 'बेहतर' या 'ज्यादा मजबूत' है। सभी अच्छे ब्रांड अपने तरीकों से मजबूत हैं, और इन्हें एक-दूसरे के मुकाबले आँकने की कोशिश करने में मैं सिर्फ सीमित उपयोग देखता हूँ।

---

**टाटा समूह बाजारों को जीतने की नहीं, बल्कि लोगों की सेवा करने की बात करता है**

---

यह सही है कि मैं पक्षपाती हूँ। हरेक लेखक ऐसा होता है। टाटा समूह और इसके लोगों के साथ मैंने काम किया है और इस समूह के बारे में आम भारतीयों की बातें सुनी हैं। इनके प्रभाव का नतीजा है कि मैं इसकी प्रशंसा करने लगा हूँ। मैं इसे एक 'महान्' संस्थान नहीं कहना चाहूँगा, क्योंकि मैं 'महान्' शब्द को नापसंद करता हूँ। मेरे लिए यह शब्द शक्ति और विजय की धारणा से लदा हुआ है। मैंने जहाँ तक जाना है, टाटा ग्रुप 'महान्' नहीं लगता। यह शक्ति के खुले प्रदर्शन से झिझकता है, और यह बाजारों को जीतने की नहीं बल्कि लोगों की सेवा करने की बात करता है। न तो ग्रुप और न ही इसके लोग परफेक्ट हैं और बीते वर्षों में उन्होंने

भी गलतियाँ की हैं। लेकिन उनमें अपनी गलतियों को मानने और उन पर खुलकर चर्चा करने की मानवीयता और विनम्रता है। बहरहाल, पाठकों को अपनी राय बनानी चाहिए। उन्हें मेरे पूर्वग्रह से सजग रहना चाहिए और इसे अपने दिमाग में रखना चाहिए और इसे पढ़ते हुए समालोचनात्मक रवैया रखना चहिए, क्योंकि आलोचनात्मक विश्लेषण के जरिए ही सच्ची सीख मिलती है।

तो यह टाटा कॉरपोरेट ब्रांड की कहानी है। मैं उम्मीद करता हूँ कि दूसरे लोगों को इस कहानी को पढ़ना उतना ही रोचक लगेगा जितना मुझे इस पर शोध करना और इसे लिखना लगा।

# 1

# मूल्यों से मूल्य तक

## छोटी कार जो बड़ी बन गई

अगस्त 2009 में पुणे के एक सॉफ्टवेयर इंजीनियर सुनील कुमार बुधवानी अचानक छोटे-मोटे नामचीन शख्स हो गए। उन्होंने टाटा मोटर्स द्वारा निर्मित कम कीमतवाली कंपैक्ट कार नैनो की डिलिवरी ली थी। उन्होंने अचानक खुद को और अपनी कार को लोगों की दिलचस्पी का विषय पाया। कुछ हफ्ते बाद वह अपनी कार से नागपुर अपने परिवार के पास गए। वह हर बार जहाँ भी रुकते, लोग जमा हो जाते और कार के बारे में सवाल पूछने लगते। कुछ लोगों ने तो उनसे कार की फोटो खींचने की इजाजत माँगी।

फिर भी, वह कम-से-कम मीडिया के उस अति आकर्षण से बच गए जिसका अन्य नैनो ग्राहकों को सामना करना पड़ा। एसेंबली लाइन से पहली तीन नैनो कार खरीदनेवालों, जिन्होंने जुलाई 2009 में टाटा संस के अध्यक्ष व टाटा समूह की कंपनियों के प्रमुख रतन टाटा से अपनी कार की चाबियाँ पाईं, को प्रेस का इस कदर ध्यानाकर्षण झेलना पड़ा, जो आम तौर पर पॉप स्टारों और क्रिकेटरों के लिए रिजर्व होता है। छायाकारों ने गलियों में उनका पीछा किया और उनके घरों के आगे धरना दिया तथा स्थानीय अखबारों व पत्रिकाओं में उनके और उनके परिवारवालों के बारे में लेख लिखे गए।

सच्चाई है कि पहली नैनो कार बनने के पहले ही एक अद्‌भुत घटना बन गई थी। टाटा मोटर्स ने एक कंपैक्ट कार डिजाइन करने और बनाने का संकल्प लिया था, जो 1 लाख रुपए में या करीब 2,500 डॉलर i में बिकेगी। इस घोषणा पर अत्यधिक संदेह व्यक्त किया गया। टाटा मोटर्स के प्रतिद्वंद्वियों ने कहा कि इतने सस्ते में कोई कार बनाना संभव नहीं है या यदि संभव हुआ भी तो यह उत्पाद

महज कबाड़ होगा। टाटा मोटर्स ने यह भी घोषणा की थी कि शुरुआती उत्पादन 2 लाख कारों का किया जाएगा। आलोचकों ने इसके डिजाइन को 'चार चक्कों वाली मोपेड' कहकर हँसी उड़ाई और भविष्यवाणी की कि यदि कंपनी अपने आधे उत्पाद भी बेच पाई तो वह किस्मतवाली मानी जाएगी।

यह वादा करने के बाद टाटा मोटर्स को इस पर खरा उतरना था। कार के लिए जो शुरुआती डिजाइन बनाए गए, वे कार को एक गोल्फ गाड़ी की तरह दिखाते थे; लेकिन कार्याधिकारियों ने शीघ्र ही महसूस कर लिया कि इसे एक वाकई कंपैक्ट कार होना है। टाटा मोटर्स के इंडिया ऑपरेशन के प्रबंध निदेशक प्रकाश तेलंग कहते हैं, 'रतन टाटा ने जोर दिया कि इसे ऐसी कार बनना है जिस पर हम गर्व करेंगे।' आखिरी नतीजा 'आम लोगों के लिए कार' के रूप में सामने आया, जो अच्छी डिजाइन और अच्छे ढंग से बनी थी। इसने सामान्य लोगों के लिए कार रखना और चलाना उसी तरह सुलभ करा दिया जैसे सौ साल पहले फोर्ड मॉडल-टी ने अमेरिका में या ऑस्टिन सेवन ने ब्रिटेन में किया था।

---

**पहली नैनो कार बनने के पहले ही एक**
**अद्भुत घटना बन गई थी।**

---

लॉञ्च किए जाने के महीनों पहले भारत और दुनिया भर में नैनो के बारे में लोग सम्मोहित हो गए थे। यूरोपीय और अमेरिकी अखबारों में नैनो के बारे में कहानियाँ लिखी गईं और अब हर कोई टाटा मोटर्स एवं टाटा ग्रुप के बारे में जान गया, जबकि पहले ज्यादातर विदेशियों को इस ग्रुप के बारे में स्टील और आई.टी. सेवाओं जैसी चीजों के संदर्भ में ही मालूम था। मॉण्ट्रियल में टाटा कम्युनिकेशंस के दफ्तरों में लोग फोन करके पूछने लगे कि क्या यह वही कंपनी है, जो 'वह छोटी कार' बना रही है। अक्तूबर 2009 में मैं जब भारत से ब्रिटेन लौट रहा था तो हीथ्रो एयरपोर्ट पर आव्रजन नियंत्रण ने मुझसे मेरी यात्रा के उद्देश्य के बारे में पूछा। मैंने जवाब दिया कि मैं टाटा समूह के बारे में एक पुस्तक लिख रहा हूँ। इस पर अधिकारी ने कहा, 'ओह, टाटा! क्या वे वही हैं जो नैनो बनाते हैं?' टाटा के कई अधिकारियों ने यूरोप और अमेरिका में आव्रजन डेस्कों पर इसी तरह के अनुभव बताए। एक ने कहा, 'अगर आव्रजन अधिकारियों ने नैनो के बारे में सुन रखा है तो यह बात सचमुच दुनिया भर में फैल गई होगी।'

रतन टाटा कहते हैं, 'नैनो ने ग्रुप की दर्शनीयता तमाम अपेक्षाओं से ज्यादा बढ़ा दी है।' इंजीनियरिंग के संदर्भ में टाटा ने साबित कर दिया था कि जिसे हर

*नैनो कार ने टाटा गुप्र की साख बढ़ाने में अप्रत्याशित वृद्धि की है*

*—रतन टाटा*

कोई असंभव मानता था, उसे उसने कर दिखाया।

रतन टाटा और टाटा मोटर्स जिस तरह आशा करते हैं कि नैनो वाहन चालन में क्रांति ला देगा, यह वाकई ऐसा कर पाता है या नहीं, यह अभी देखा जाना है। कई अन्य भारतीय एवं विदेशी कार निर्माताओं ने घोषणा की है कि वे अपनी अत्यंत सस्ती कंपैक्ट कार उतारना चाहते हैं। बहरहाल, यह तथ्य हमेशा बना रहेगा कि टाटा ने यह सबसे पहले किया। सुनील बुधवानी और उनके दोस्त यह हमेशा जानेंगे कि वे मोटर वाहन इतिहास का हिस्सा हैं।

## जागो रे!

टाटा टी भारत के ब्रांडेड चाय बाजार में एक प्रमुख खिलाड़ी है और उसकी मार्केटिंग लाइन 'जागो रे!' अपने कैफीन तत्त्व के कारण चाय एक स्फूर्तिदायक पेय है और इसे करोड़ों मेहनतकश भारतीय महज ताजगी के तौर पर नहीं पीते हैं, बल्कि इसलिए पीते हैं कि यह उन्हें जागते रहने में मदद करती है। 'जागो रे!' पट्टी ने टाटा टी को इस जरूरत के साथ जोड़ने में मदद की।

वर्ष 2007 में टाटा टी के अधिकारियों के एक समूह ने महसूस किया कि इस पट्टी का इस्तेमाल चाय बिक्री के अलावा भी किया जा सकता है और अपना

ध्यान सामाजिक हितों पर लगाया। भारत में यह चिंता थी और है कि चुनाव के समय, खास कर राज्य और स्थानीय चुनावों में कम मतदान होता है और इससे डर पैदा होता है कि हमारा लोकतंत्र कमजोर पड़ रहा है। टाटा टी ने एक विज्ञापन अभियान छेड़ा और लोगों से अपील की कि वे बाहर निकलें और वोट डालें। एक विज्ञापन में एक युवक सिनेमा में प्रवेश करने जा रही एक लड़की से कहता है कि उसे जाग जाना चाहिए। वह प्रतिरोध करती है, 'लेकिन मैं तो जागी हुई हूँ।' तब वह जवाब देता है, 'जब तुम्हें वोट देना चाहिए था, तब तुम फिल्म देखने जा रही हो तो तुम अब भी सोई हुई हो।' संदेश था कि भारतीयों, खासकर युवाओं को अपनी जिम्मेदारियों के प्रति जागरूक होने की जरूरत है।

वर्ष 2008 में 'जागो रे!' अभियान ने एक नए लक्ष्य पर अपना ध्यान लगाया और वह था भारत का भ्रष्टाचार रोग। भारत में घूस को पैसा 'खाने' के रूप में जाना जाता है। एक टेलीविजन विज्ञापन में एक छोटे कद का आदमी (मान लें एक भ्रष्ट नौकरशाह या अधिकारी) एक आदमी के सामने टेबल के आर-पार बैठता है और खाने का एक खाली डिब्बा उसकी ओर सरकाता है। वह कहता है, 'मैं भूखा हूँ।' दूसरा आदमी मुसकराता है, एक ब्रीफकेस निकालता है और खाने के डिब्बे में रकम रखने के लिए ब्रीफकेस खोलने लगता है। इसी समय दो युवक, जो उन्हें देख रहे थे, हस्तक्षेप करते हैं। उनकी आवाज शांत है वे मुसकरा भी रहे हैं, कोई टकराव नहीं है। एक युवक दूसरे से पूछता है, 'इतने सारे लोग क्यों खा रहे हैं ?' तब तसवीरों की एक श्रृंखला चलती है—यातायात नियम के उल्लंघन के कारण रोका गया एक वाहन चालक पुलिसकर्मी को अपना ड्राइविंग लाइसेंस सौंपता है, जिसमें बैंक नोट अंदर पड़े हुए हैं। एक प्रधानाध्यापिका गांधीजी की तसवीर के नीचे डेस्क पर बैठकर एक पिता से घूस लेती है, ताकि उसकी बच्ची को स्कूल में दाखिला मिल जाए। एक जगह एक मंदिर के दरवाजे पर एक पुजारी मुसकराता हुआ खड़ा है और वह एक श्रद्धालु से इसलिए घूस लेता है कि वह उसे लाइन तोड़कर मंदिर के अंदर आने देगा और जल्द पूजा करने देगा। तभी एक आवाज पीछे से उभरती है, 'भगवान्, तेरे नाम पर भी वे चोरी कर रहे हैं।'

---

**वर्ष 2007 में टाटा टी के विज्ञापन अभियान ने सामाजिक हितों पर अपना ध्यान लगाया और अगले वर्ष भारत में व्याप्त भ्रष्टाचार के खिलाफ मोरचा खोला।**

---

फिर सीन उन चार लोगों पर लौट आता है। युवक फिर पूछता है, 'इतने सारे

लोग क्यों खा रहे हैं?' और ब्रीफकेस लिये हुए आदमी की ओर देखता है और कहता है, 'क्योंकि हम उन्हें खिलाते हैं।' जिम्मेदारी उन पर नहीं डाली जाती है, जो घूस लेते हैं, बल्कि उन पर डाली जाती है जो घूस देते हैं। वे समस्या का हिस्सा हैं। शर्मिंदा होकर वह आदमी अपना ब्रीफकेस बंद करता है और घूस नहीं देता। और अब जबकि विज्ञापन समाप्त होता है, हम टाटा टी का लोगो देखते हैं, जिसमें कहा जाता है, 'खाना बंद करो और पीना शुरू करो। जागो!'

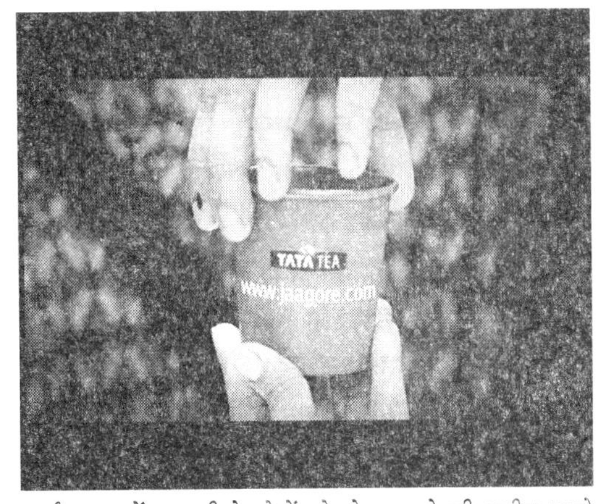


*वर्ष 2007 में टाटा टी ने लोगों को वोट डालने की अपील करने के लिए एक विज्ञापन अभियान चलाया। भारत में तर्जनी उँगली पर लगाई गई स्याही का अमिट निशान एक आदमी एक वोट को सुनिश्चित करता है।*

यह एक बहुत शक्तिशाली और प्रभावशाली विज्ञापन है। (इसके बाद टाटा टी ने एक अभियान छेड़ा, जिसमें लोगों से अपील की गई कि वे घूस न देने के संकल्प पर हस्ताक्षर करें। आखिरी खबर मिलने तक 6 लाख लोगों ने ऐसा कर लिया था।) यह इस तरह का विज्ञापन है, जो आप एक राजनीतिक दल या एक स्वयंसेवी संगठन से उम्मीद कर सकते हैं, जिसमें भ्रष्टाचार के खिलाफ जोरदार हल्ला बोला गया हो और समाज को स्वच्छ करने की कोशिश की गई हो।

लेकिन एक चाय कंपनी से?

## 'मैं प्रबल रहूँगा'

26 नवंबर, 2008 को आतंकवादियों ने मध्य मुंबई के कई ठिकानों पर हमला किया, जिसमें मुख्य रेलवे स्टेशन, एक अस्पताल, एक यहूदी सांस्कृतिक केंद्र, एक कैफे और दो होटल ट्राइडेंट-ओबेरॉय कॉम्प्लेक्स और ताजमहल होटल, जिसे आमतौर पर बस 'ताज' कहा जाता है और जिसका मालिक टाटा ग्रुप है, शामिल थे। अगले ढाई दिनों के अंदर 170 से ज्यादा लोग मारे गए और 300 से ज्यादा लोग घायल हो गए, जब तक कि आखिरी हमलावर को गिराया गया।

होटलों को आतंकवादियों से मुक्त कराने के लिए चली लड़ाई के दौरान दोनों भवन विस्फोटों और आग से बुरी तरह क्षतिग्रस्त हो गए।

टाटा ग्रुप के संस्थापक जमशेदजी टाटा ने सन् 1903 में ताजमहल होटल खोला था। तब से ताज होटल के रूप में उतना नहीं जाना जाता है जितना बतौर एक गौरवचिह्न के। यह एक भारतीय व्यापारी द्वारा बनाया गया भारत का पहला लग्जरी होटल था, लिहाजा यह मुंबई के नागरिक स्वाभिमान का प्रतीक बन गया है। जो लोग इस होटल के दरवाजों के कभी अंदर नहीं गए, वे भी इस स्थान से जुड़ाव महसूस करते हैं। एक परिचित ने मुझसे कहा कि मुंबई में कई साधारण लोग सपना देखते हैं कि वे इतना समर्थ हो सकें कि वहाँ जा सकें और होटल के एक रेस्तराँ में खाना खा सकें। ताज के भारत और दुनिया भर में निष्ठावान् ग्राहक भी हैं, जो होटल के आकर्षण और इसके कर्मचारियों द्वारा मुहैया कराई गई सेवा दोनों के मुरीद हैं। भारत के पूर्व अंतरराष्ट्रीय क्रिकेटर रवि शास्त्री ने हमले के बाद बी.बी. सी. रेडियो से कहा कि वह ताज को अपना दूसरा घर मानते हैं।

इसलिए यह आश्चर्यजनक नहीं कि एक बार जब गोलीबारी शुरू हुई तो ताज पर हमले ने ही सर्वाधिक ध्यान खींचा। पूरे शहर और दुनिया भर में लोगों ने इस दुःखद हादसे को अपने टेलीविजन परदे पर और अखबारों में देखा। यहाँ तक कि जब संघर्ष चल ही रहा था, होटल के स्टाफ की बहादुरी की असाधारण कहानियाँ सामने आने लगीं। किस्से सुनने को मिलने लगे कि होटल के स्टाफ ने अपने अतिथियों को गोलियों से बचाने के लिए मानवीय कवच के रूप में काम किया या घेरा बनाकर आतंकित अतिथियों को रोका, ताकि वे डर के मारे गलत दिशा में लड़ाईवाले हिस्से में न चले जाएँ।

कुछ कहानियों में हास्य का पुट था। एक वेटर एक अतिथि की ओर दौड़ा और चिल्लाया, 'नहीं, सर!' उस अतिथि ने शैंपेन की एक बोतल और काँच के कुछ गिलास चुरा लिये थे, यह सोचकर कि जब वह मरने ही जा रहा है तो वह कम-से-कम खुशी से मरेगा। वेटर के मना करने पर अतिथि ने शैंपेन की बोतल उसे थमा दी। वेटर ने शैंपेन और गिलास ले लिये, बोतल खोली और बदलकर शैंपेन के सही गिलासों में ड्रिंक सर्व किया, यह सोचकर कि यदि वह मरने जा रहा है तो कम-से-कम उसके गेस्ट शैंपेन के सही गिलासों में तो ड्रिंक करेंगे।[2] और कुछ कहानियाँ तो वाकई दिल तोड़ने वाली थीं, जैसे कि होटल के जनरल मैनेजर करमवीर सिंह कांग यह जानने के बाद भी कि उनकी पत्नी और बच्चे हमले में मारे जा चुके हैं, होटल से अतिथियों को बचाने और निकालने के लिए निर्देश देने में लगे रहे।

29 नवंबर की दोपहर तक लड़ाई खत्म हो चुकी थी और टाटा के अधिकारियों एवं होटल के कर्मचारियों ने बरबादी के मंजर को देखा। होटल का नया टॉवर विंग बुरी तरह ध्वस्त कर दिया गया था और पैलेस विंग के नाम से जाना जानेवाला मूल भवन आग की भेंट चढ़ गया था। मुंबई के सबसे गौरवमय स्मारकों में से एक बरबाद कर दिया गया था।

या यह ऐसा प्रतीत हो रहा था। चंद दिनों के अंदर ताज ने अपनी चुनौती का ऐलान कर दिया। भारत और दुनिया के अखबारों में पूरे पेज के विज्ञापन जारी किए गए कि अमर पक्षी राख से उठ खड़ा होगा। *जैसे मानव इतिहास हँसी एवं आँसुओं, साहस एवं कायरता, अच्छाई और बुराई की अनंत प्रक्रिया में अपने को प्रकट करता रहा है, मैंने अपना वजूद बनाए रखा है। मैं प्रबल रहूँगा। (मेरा अस्तित्व बना रहेगा।)*

ताज के मशहूर गुंबद की तसवीर के नीचे अंग्रेजी में विज्ञापन (पृ. 26) छपा।

यहाँ तक कि इस विज्ञापन के जारी होने के पहले ही रतन टाटा ने सार्वजनिक रूप से कहा था कि होटल जैसा था वैसा ही उसका पुनर्निर्माण किया जाएगा, चाहे जो भी खर्च लगे।

पुनर्निर्माण का काम तत्काल शुरू हो गया। जब मैं अक्तूबर 2009 में होटल की लॉबी में करमवीर सिंह कांग से मिला तो मुझे जहाँ तक याद है, यह पहले की तरह व्यस्त और हलचल भरा था, फर्क बस यही था कि दरवाजे पर सिक्यूरिटी बढ़ गई थी। टॉवर विंग पूरी तरह फिर से खोल दिया गया था और पैलेस विंग में बेडरूम चंद महीनों में खुलने थे। शांत और विनम्र स्वभाव के श्री कांग ने होटल को पहले का गौरव हासिल करने के लिए अपने स्टाफ की भावपूर्ण तारीफ की।

मुंबई का दिल एक बार फिर धड़क रहा था।

## भारतीय गौरव का एक स्रोत

अब तक यह स्पष्ट हो गया होगा कि टाटा कोई सामान्य कारोबारी उपक्रम नहीं है। वास्तव में यह कोई एकल उपक्रम है भी नहीं। टाटा के अधिकारी कभी-कभी इस समूह को एक औद्योगिक संगुट पुकारते हैं, लेकिन यह वाकई वैसा भी नहीं है। यह एक परिसंघ है, जिसमें विभिन्न उम्र और आकार की 100 से ज्यादा कंपनियाँ हैं और ये विविध क्षेत्रों में फैली हुई हैं; जैसे इस्पात, रसायन, ऑटोमोटिव्स, पेय पदार्थ, खुदरा बिक्री, आई.टी. कंसल्टेंसी सर्विसेज, ऊर्जा,

"I HAVE HELD MY GROUND AS HUMAN HISTORY HAS UNFOLDED IN ITS TIMELESS PROCESSION OF LAUGHTER AND TEARS, COURAGE AND COWARDICE, GOOD AND EVIL.

I WILL PREVAIL."

The recent attack on the Taj was an assault on the spirit of India. But, like our country, we will never give in.

Now that the smoke has cleared, a different fire is burning within us: to resurrect the Taj in all its brilliance.

We pay homage to the men and women who were with us through our darkest hour - guests at the hotel, the staff of the Taj, security forces, people who displayed extraordinary courage, selflessly helping others. Many sacrificed their lives.

We will reopen soon. Like India, the Taj will stand tall for years to come.

TAJ

The Taj Mahal Palace & Tower

Mumbai, India

A TATA Enterprise

www.tajhotels.com

*नवंबर, 2008 के मुंबई में आतंकी हमले के महज चंद दिनों के अंदर ताज ने भारत और दुनिया भर के अखबारों में पूरे पेज के विज्ञापन जारी किए— अमरपक्षी राख से उठ खड़ा होगा।*

दूरसंचार, जेवरात और घड़ी निर्माण, होटल और वित्तीय सेवाएँ। दरअसल, ऐसे किसी क्षेत्र की कल्पना करना मुश्किल है, जहाँ टाटा का किसी किस्म का हित न हो।

समूह के केंद्र में टाटा संस है, जिसकी स्थापना भारत के संस्थापक उद्योगपतियों में से एक स्वप्नदर्शी जमशेदजी टाटा ने सन् 1868 में एक व्यापारिक इकाई के रूप में की थी। टाटा संस की समूह की तमाम बड़ी कंपनियों में 25 फीसदी से लेकर 75 फीसदी तक हिस्सेदारी है। यह टाटा ब्रांड पर भी नियंत्रण रखता है। यह समूह की कंपनियों को टाटा ब्रांड के इस्तेमाल की इजाजत देता है और इसके बदले वार्षिक भुगतान प्राप्त करता है। (इस व्यवस्था की विस्तार से व्याख्या अध्याय 5 में की जाएगी।) टाटा संस में खुद 66 फीसदी भागीदारी कई चैरिटेबल ट्रस्टों की है, जिनकी स्थापना अतीत में टाटा परिवार के अन्य सदस्यों द्वारा की गई थी।[iv] इस तरह टाटा संस, टाटा स्टील, टाटा केमिकल्स और टाटा कंसल्टेंसी सर्विसेज (टी.सी.एस.) जैसी अति लाभकारी कंपनियों से जो आमदनी प्राप्त करता है, उसका दो-तिहाई भाग चैरिटी में चला जाता है और इसका इस्तेमाल भारत में शिक्षा एवं स्वास्थ्य जैसे प्रोजेक्टों में किया जाता है। कहानी यहीं खत्म नहीं होती, क्योंकि टाटा समूह की प्रत्येक कंपनी के अपने सामुदायिक कार्य हैं, जैसे कि जमशेदपुर में टाटा स्टील के सेंटर फॉर एक्सीलेंस द्वारा चलाए जा रहे स्वास्थ्य, शिक्षा, खेल-कूद एवं सांस्कृतिक कार्यक्रम या टाटा कंसल्टेंसी सर्विसेज द्वारा विकसित अभिनव कंप्यूटर-चालित प्रौढ़ शिक्षा प्रोग्राम आयोजित किए जाते हैं।

लंदन बिजनेस स्कूल के प्रोफेसर निर्माल्य कुमार लिखते हैं—'टाटा समूह भारतीय गौरव का एक स्रोत है। यह एक अत्यंत सफल वैश्विक कंपनी है, जिसे नैतिक व्यापारिक सिद्धांतों के आधार पर चलाया जाता है। यह एक ऐसी कंपनी है जिस पर कभी भी रिश्वत देने का दाग नहीं लगा है। इसके ट्रस्ट गरीबी दूर करने, आपदा राहत और भारतीय वैज्ञानिक एवं सांस्कृतिक संस्थानों के सृजन जैसी परोपकारी परियोजनाओं में भरपूर मदद करते हैं।'[13] प्रो. कुमार कोई अतिशयोक्ति नहीं कर रहे हैं। मुंबई के एक होटल में, जो कि टाटा का नहीं था बल्कि होटल बाजार में उसके एक प्रतियोगी का था, मेरी उसके एक सहायक मैनेजर से बात हुई। मैंने बताया कि मैं भारत में टाटा ग्रुप पर एक पुस्तक लिखने के लिए शोध कर रहा हूँ। वह उल्लसित होकर बोला, 'कितनी महान् कंपनी है और कितना महान् परिवार है।' मेरे प्रोजेक्ट की बात जंगली आग की तरह फैल गई। मेरे लिए लंच लानेवाले वेटर ने कहा, 'मुझे पता चला है कि आप टाटा के

बारे में एक किताब लिख रहे हैं। यह वाकई एक सम्मान की बात है।' वह अपने उद्गार में एकदम ईमानदार था।

**महज लोकोपकार और सदिच्छाओं से टाटा कहीं काफी ज्यादा है—यह भारत में वाकई पेशेवर रूप से संचालित फर्मों में से एक है।**

कोलकाता एयरपोर्ट के प्रवेश-द्वार पर एक सख्त चेहरेवाले सिक्यूरिटी गार्ड ने पूछा, 'आप कहाँ की यात्रा कर रहे हैं, मुंबई या दिल्ली?' मैंने कहा, 'इन दोनों में से कहीं नहीं। मैं जमशेदपुर (टाटा स्टील का घर) जा रहा हूँ।' उसने कहा, 'आह, जमशेदपुर!' और उसने मेरे टिकट पर मुहर लगा दी और मुझे हाथ हिलाते हुए वह मुसकराया। भारत भर में टैक्सी चालकों, वेटरों, सुरक्षा गार्डों, कुलियों और टिकट क्लर्कों से मुझे इसी तरह की प्रतिक्रिया मिली और अकसर उन्होंने लीक से हटकर मदद की। (यह कहना पड़ेगा कि यह उपयोगी रहा)। आमतौर पर भारतीय लोगों के दिल में टाटा के लिए, टाटा समूह के लिए और टाटा परिवार के लिए बेहद स्नेह है और उन्हें टाटा पर और टाटा ने जो हासिल किया है, उस पर गर्व है।

यह तो है, लेकिन टाटा लोकोपकार और सदिच्छाओं से कहीं ज्यादा है। मुंबई में एक बिजनेस पत्रकार ने टाटा के बारे में कहा कि यह भारत में वाकई प्रोफेशनल ढंग से चलाई जा रही फर्मों में से एक है। भारतीय सलाहकार रजनीश कर्की ने टाटा को एक ऐसे भारतीय उपक्रम के उदाहरण के रूप में पेश किया, जो खास तौर पर अंतरराष्ट्रीय विस्तार में सफल रहा है। यह उल्लेखनीय बदलाव है, खासकर यह देखते हुए कि हाल में वर्ष 2000 में शिक्षाविद् सुमंत्र घोषाल ने टिप्पणी की थी कि टाटा वक्त से पीछे छूटता प्रतीत होता है और इसके अंतरराष्ट्रीयकरण की दौड़ में पीछे रहने की संभावना है।[4] जैसाकि हम अध्याय 4 में देखेंगे कि टाटा के बारे में धारणाएँ हमेशा आज की तरह सकारात्मक नहीं रही हैं।

आज आँकड़े अपनी कहानी खुद बयाँ करते हैं। 31 मार्च, 2009 को समाप्त हुए वित्तीय वर्ष में टाटा कंपनियों का सकल राजस्व 70.8 अरब अमेरिकी डॉलर था और उसमें से 65 फीसदी राजस्व भारत के बाहर से आया था।[v] अब यह महज एक भारतीय कंपनी नहीं रह गई है, टाटा की अब वैश्विक मंच पर मौजूदगी है।

## बड़ी संख्याएँ

भारत के अंदर टाटा का अपने ग्राहकों, अपने कर्मचारियों और भारतीय समाज के साथ कुल मिलाकर बड़ा गहरा और जटिल रिश्ता है। इसकी परंपराएँ, धरोहर व मूल्य और इनके साथ वे समकालीन कहानियाँ, जो इस अध्याय के शुरू में गिनाई गई हैं, ये सब मिलकर टाटा को एक सशक्त छवि प्रदान करते हैं। ब्रांड पर नजर रखनेवाले सर्वे टाटा के ब्रांड को किसी अन्य भारतीय कंपनी या औद्योगिक समूह की तुलना में ज्यादा दिखाई देनेवाला और ज्यादा सकारात्मक आभा मंडलवाला दिखाते हैं।[5]

सन् 1997 में ब्रांड सलाहकार इंटरब्रांड ने टाटा कॉरपोरेट ब्रांड का मूल्य 3,720 करोड़ रुपए या लगभग 83 करोड़ अमेरिकी डॉलर लगाया। वर्ष 2005 में इंटरब्रांड ने इसी तरह का आकलन किया। इस बार उसने टाटा के स्वामित्ववाले ब्रांडों जिसमें ताज होटल और टाटा मोटर्स द्वारा निर्मित इंडिका कार जैसे उपभोक्ता ब्रांड शामिल हैं, और कॉरपोरेट ब्रांड दोनों का मूल्यांकन किया। इसने सिर्फ कॉरपोरेट ब्रांड का मूल्य 11,629 करोड़ रुपए या 2.6 अरब अमेरिकी डॉलर लगाया। जब इनमें अन्य ब्रांडों को जोड़ा गया तो कुल मूल्य 24,396 करोड़ रुपए या 5.4 अरब अमेरिकी डॉलर पहुँच गया।[6]

फिर वर्ष 2007 में एक अन्य सलाहकार कंपनी लंदन स्थित ब्रांड फाइनेंस ने अपना मूल्यांकन पेश किया। इस बार आँकड़ा 11.4 अरब डॉलर आया। ब्रांड फाइनेंस के अनुसार, इसने टाटा को दुनिया का 57वाँ सबसे बड़ा कॉरपोरेट ब्रांड बना दिया।[7] वर्ष 2008 में ब्रांड फाइनेंस ने आकलन किया कि ब्रांड का मूल्य पिछले साल गिरकर 9.9 अरब डॉलर पर आ गया है। लेकिन वर्ष 2008 में वैश्विक आर्थिक मंदी का दौर चल रहा था और दरअसल इस कारण टाटा के ब्रांड मूल्य में 16 फीसदी की गिरावट आई और यह शीर्ष 500 वैश्विक ब्रांडों में औसत 24 फीसदी गिरावट की तुलना में कम ही रही। ब्रांड फाइनेंस की गणनाओं के अनुसार, कुछ ब्रांडों ने तो अपना 60 फीसदी मूल्य खो दिया था। इस हिसाब से टाटा वैश्विक लीग टेबल में 51वें स्थान पर आ गया। टाटा अब वैश्विक ब्रांड मूल्यांकन लीग में 65वें स्थान पर है। वर्ष 2010 की रिपोर्ट के अनुसार, कंपनी का ब्रांड मूल्य 11.2 अरब डॉलर है।[8]

**ब्रांड ट्रैक करने वाले सर्वे दिखाते हैं कि टाटा का ब्रांड किसी अन्य भारतीय कंपनी या औद्योगिक समूह की तुलना में ज्यादा दिखाई देनेवाला और ज्यादा सकारात्मक छविवाला है।**

एक चकित टाटा अधिकारी ने कहा, 'मुझे रकम दिखाइए। मैं जानना चाहता हूँ कि रकम की गंध किस तरह की है।' वस्तुत: सावधानी बरतने—यहाँ तक कि संशय करने की जरूरत है। ब्रांड मूल्यांकन एक तरह का काला जादू है।[9] तीन प्रमुख ब्रांड मूल्यांकन एजेंसियाँ—इंटरब्रांड, ब्रांड फाइनेंस और डब्ल्यू. पी.पी. के स्वामित्ववाला मिलवार्ड ब्राउन ऑप्टिमर—सभी भिन्न प्रणालियाँ अपनाती हैं। इंटरब्रांड 'आर्थिक उपयोग मॉडल' अपनाता है, जो कि अस्पष्ट कमाइयों पर आधारित होता है। इसकी गणना उस ब्रांड राजस्व के रूप में की जाती है, जिसमें से संचालन लागत, टैक्स और पूँजी के उपयोग के लिए शुल्क को घटा दिया जाता है। इस शुद्ध कमाई के आँकड़े से 'ब्रांड डिस्काउंट' निकाला जाता है, जो कि इसके प्रतियोगी ब्रांडों, प्रमुख बाजारों के उतार-चढ़ाव और अन्य बातों के संदर्भ में इसकी स्थिति को दरशाता है। (पाठकों को इस बात के लिए माफ किया जा सकता है कि उन्होंने इस पर सवाल खड़ा किया कि ब्रांड डिस्काउंट निकाला कैसे जाता है।) दूसरी ओर, ब्रांड फाइनेंस बेंचमार्क नजरिया अपनाता है, जो कॉरपोरेट ब्रांडों के प्रदर्शन की एक-दूसरे से तुलना करता है। भारत में ब्रांड फाइनेंस के प्रबंध निदेशक उन्नी कृष्णन के अनुसार, यह अध्ययन-प्रणाली कॉरपोरेट ब्रांडों के तमाम पहलुओं को ज्यादा महत्त्व देती है, जिसमें कर्मचारियों और वित्तीय समुदाय की नजर में उनका मूल्य भी शामिल है। एक अन्य पर्यवेक्षक मैनचेस्टर बिजनेस स्कूल के प्रो. गैरी डेवीज जटिल फॉर्मूले से बचते हैं और वह सुझाव देते हैं कि एक मजबूत ब्रांड एक साल के टर्नओवर के समकक्ष है। (और इस नियम का यदि अनुसरण किया जाए तो टाटा का कॉरपोरेट ब्रांड मूल्य 70 अरब डॉलर से भी ज्यादा होगा, जो कि ऊपर बताए गए किसी भी मूल्यांकन से कहीं ज्यादा है।)[10]

इसलिए, ब्रांड मूल्यांकन में काफी अंतर हो सकता है। यह इस पर निर्भर करता है कि मूल्यांकन कौन कर रहा है। उदाहरण के लिए, वर्ष 2007 में ब्रांड फाइनेंस ने कोका कोला का ब्रांड मूल्य 43 अरब डॉलर आँका, जबकि इंटरब्रांड ने 67 अरब डॉलर मूल्य आँका।[11] टाटा के पूरे आकलित ब्रांड मूल्य में यह गड़बड़ी दोगुनी से भी ज्यादा है। तीन एजेंसियों द्वारा शीर्ष 100 ब्रांडों के आकलित

मूल्यों की लीग टेबल की तुलना करना शिक्षाप्रद है। तीनों सूचियों में करीब 30 नाम ही कॉमन हैं।[12]

इसलिए, आँकड़े अपने आप में खास मायने नहीं रखते। वे महज संकेतात्मक हैं। लंदन बिजनेस स्कूल के टिम एंबलर, जो कि ब्रांडिंग और ब्रांड मूल्यांकन की एक प्रमुख हस्ती हैं, का कहना है कि असली बात यह है कि टाटा ब्रांड बहुत बड़ा और बहुत मूल्यवान् है। आप उस मूल्य पर क्या आँकड़ा फिट करते हैं, वह कम प्रासंगिक है। जहाँ तक टाटा कॉरपोरेट ब्रांड की बात है, यह समझना मुश्किल है कि उस मूल्य की गणना कैसे की जा सकती है, खासकर यह देखते हुए कि समूह का परिसंघात्मक ढाँचा है और टाटा संस का खुद अधिकांश स्वामित्व चैरिटेबल ट्रस्टों का है।

इतना ही नहीं, ऊपर दिए गए मूल्य एक प्रमुख पहलू को भूल जाते हैं। टाटा कॉरपोरेट ब्रांड का एक कार्य ऐसा है, जो राजस्व पैदा करने या यहाँ तक कि प्रमुख स्टेकहोल्डर समूहों के साथ संबंध बनाने से भी कहीं गहरा है। जैसाकि पहले गया, यह उन प्रमुख चीजों में से एक है, जो टाटा समूह को एकजुट किए रहता है। यह एक समन्वय प्रणाली है—समन्वय प्रणाली के किसी और रूप की अनुपस्थिति में—जो टाटा परिसंघ के सदस्यों को एक समूह के रूप में काम करने में मदद करता है। वस्तुतः टाटा समूह के कॉरपोरेट सदस्य खुद एक स्टेकहोल्डर समूह हैं। उनका ब्रांड के साथ एक संबंध है—यह उन्हें और उनके कार्यों को प्रभावित करता है और वे बदले में इसके विकास एवं प्रगति को प्रभावित करते हैं।

तो इस पुस्तक का मकसद इसकी पड़ताल करना है कि टाटा कॉरपोरेट ब्रांड क्या है और यह कैसे काम करता है। हमें यहाँ मौद्रिक मूल्य के मुद्दों की कम चिंता है, बजाय इसके हम पता करना चाहते हैं कि ब्रांड क्या है और यह क्या करता है? वह क्या है, जो टाटा ब्रांड बनाता है? यह कहाँ से आता है, यह किस पर आधारित है? इसे ग्राहकों द्वारा, कर्मचारियों द्वारा, वित्तीय समुदाय द्वारा और सरकार द्वारा, भारत की जनता द्वारा और उन तमाम देशों की जनता द्वारा जहाँ यह समूह कारोबार करता है—और आखिरकार टाटा समूह के अन्य सदस्यों द्वारा किस नजरिए से देखा जाता है? ब्रांड कैसे अपने समूह में समन्वय करता है और मूल्य वृद्धि करता है? और क्या ऐसी चीजें हैं, जो दूसरी कंपनियों और दूसरे देशों में कॉरपोरेट ब्रांड मैनेजर टाटा के उदाहरण से सीख सकते हैं? जैसे-जैसे यह पुस्तक आगे बढ़ती है, हम इन सवालों के जवाब देने की कोशिश करेंगे।

## कॉरपोरेट ब्रांड क्या करते हैं (सिद्धांत रूप में)

मैरी जो हैच और मैज्केन शुल्ज अपनी पुस्तक 'टेकिंग ब्रांड इनीशिएटिव' में लिखते हैं—"एक कॉरपोरेट ब्रांड किसी व्यापार की सर्वाधिक महत्त्वपूर्ण रणनीतिक परिसंपत्तियों में से एक है। हमारी वैश्वीकरण की दुनिया में जो कंपनियाँ अपने कॉरपोरेट ब्रांडों का प्रभावशाली ढंग से प्रबंधन करती हैं, उन्हें बाजार में प्रवेश करने, पैठ बनाने और अपने प्रतियोगियों से अलग दिखने में इस तरह लाभ मिलता है कि इससे उन्हें अपनी व्यापक गतिविधियों को एकीकृत करने में मदद मिलती है।"[13] यह इतना अहम क्यों है? क्योंकि लेखक कहते हैं, एक कॉरपोरेट ब्रांड परिभाषित करता है कि फर्म क्या है। यह अपने में इसके मूल्यों और इसकी पहचान को समा लेता है और तमाम स्टेकहोल्डरों को इसकी व्याख्या करता है, चाहे वह ग्राहक हो, कर्मचारी हो, निवेशक हो या आम समाज हो। एक कॉरपोरेट ब्रांड को इसके घटकों में विघटित करें और आप मूर्त परिसंपत्तियाँ नहीं पाते, बल्कि आप प्रतीकों, रहस्यों, छवियों, धारणाओं—कभी-कभी भ्रामक धारणाओं की एक श्रृंखला पाते हैं; लेकिन इससे वे कम ताकतवर नहीं हो जाते। इन घटकों को फिर से जोड़ दें और आप पाते हैं कि एक कॉरपोरेट सभी स्टेकहोल्डरों की फर्म के बारे में धारणाओं, इसकी प्रतिष्ठा और इसके मूल्यों का कुल योग है।

किसी कॉरपोरेट ब्रांड का निर्माण एक जटिल प्रक्रिया है। बहरहाल, इसे नष्ट करना अपेक्षाकृत आसान है। हैच एवं शुल्ज ब्रिटिश एयरवेज का उदाहरण देते हैं, जिसने 1990 के दशक के मध्य में अपने यात्री विमानों के पीछे के पंखे से ब्रिटिश झंडा हटाने का फैसला किया, ताकि वह ब्रिटिश एयरलाइन के बजाय वर्ल्ड (वैश्विक) एयरलाइन बन सके। समस्या यह थी कि फर्म को अभी भी ब्रिटिश एयरवेज कहा जाता था, और दरअसल यह पता चला कि लोग जिसमें गैर-'ब्रिटिश' भी शामिल थे—कंपनी के बारे में जिन चीजों को अहमियत देते थे, उनमें उसका ब्रिटिश होना भी शामिल था। 'वर्ल्ड' एयरलाइन बनने का विचार लोगों को रिझाने में विफल रहा। और हालाँकि विमानों के पीछे के पंखों पर ब्रिटिश झंडे फिर से लगा दिए गए, लेकिन भ्रम बना रहा। ब्रिटिश एयरवेज अब किस बात के लिए जाना जाता था? इसके क्या मूल्य थे? चंद प्रतीक चिह्नों पर रंग पोत देने की साधारण क्रिया ने लोगों की धारणाओं और उनके विश्वासों को नष्ट कर दिया था, और इसके कारण ब्रांड का नुकसान हुआ।

हैच एवं शुल्ज कहते हैं, "एक कॉरपोरेट ब्रांड फर्म के साथ जीवन भर

चलता है। एक कॉरपोरेट ब्रांड अंदर और बाहर के तमाम स्टेकहोल्डरों को लक्ष्य करता है। यह ऊपर से लेकर नीचे तक संगठनात्मक गतिविधियों को प्रभावित करता है और हर उस चीज का समावेश करता है, जो कंपनी—कहती है और करती है-अभी और हमेशा के लिए।''[14] (इसलिए कॉरपोरेट ब्रांड मैनेजर : तब कोई दबाव नहीं) हैच एवं शुल्ज विश्वास करते हैं कि एक सफल कॉरपोरेट ब्रांड मैनेजमेंट इसमें निहित है कि तीन अहम कारकों का साथ-साथ प्रबंधन किया जाए : रणनीतिक दृष्टि, संगठनात्मक संस्कृति और स्टेकहोल्डरों की छवियाँ। वे कहते हैं, इन तीनों चीजों को एक साथ लाइए और एक मजबूत ब्रांड सामने आ जाएगा। स्टेकहोल्डरों कंपनी की संस्कृति को देखेंगे और इसके साथ पहचान बनाएँगे : मजबूत संस्कृति एक रणनीतिक दृष्टि के विकास को प्रोत्साहित करेगी और स्पष्ट रणनीतिक दृष्टि कंपनी के स्टेकहोल्डरों के हितों के साथ पहचान बनाने की इजाजत देगी और इस तरह एक सद्गुणी वृत्त का निर्माण हो जाएगा।

यह अपेक्षाकृत सरल ध्वनित होता है। लेकिन जैसाकि एक अन्य गुरु, प्रशियन स्टाफ ऑफिसर और रणनीति लेखक कार्ल वॉन क्लॉजवित्ज ने एक बार टिप्पणी की, 'रणनीति में हर चीज बहुत साधारण है। लेकिन इसका यह मतलब नहीं कि रणनीति में हर चीज बहुत आसान है।' 'रणनीति' के लिए 'प्रबंधन' को प्रतिस्थापित कर दें। रणनीतिक दृष्टि को गढ़ना और उसे सँवारना संभवतः अपेक्षाकृत आसान है। मगर एक संगठनात्मक संस्कृति का प्रबंध करना और उसे प्रभावित करना काफी मुश्किल है। संस्कृतियाँ स्वभावतः स्वेच्छा से विकसित होती हैं और प्रबंधकों को अकसर उस रोमन सीनेटर की स्थिति में रख दिया जाता है, जो अपने घर के बाहर से गुजर रही भीड़ को देखकर चिल्लाया था, 'मेरे लोग जा रहे हैं! मुझे उनके पीछे जाना चाहिए, ताकि मैं पता कर सकूँ कि वे किधर मेरा नेतृत्व चाहते हैं।[15] और जहाँ तक स्टेकहोल्डरों की धारणाओं के प्रबंधन का सवाल है, जैसाकि ब्रिटिश एयरवेज का उदाहरण दरशाता है, यह एक ऐसी गतिविधि है, जो आसानी से बहुत गलत हो जा सकती है।

अन्यों ने सवाल खड़ा किया है कि ब्रांडों के बारे में हमारी सोच क्या सही लाइनों पर जा रही है? क्या एक फर्म अपने स्टेकहोल्डरों की धारणाओं को वाकई गढ़ सकती है? या मामला ऐसा है कि स्टेकहोल्डर अपना नजरिया बना लेते हैं और फर्म ज्यादा-से-ज्यादा यह कर सकती है कि सही जानकारी प्रदान कर उन नजरिए या धारणाओं को प्रभावित करने की कोशिश करे? इंग्लैंड में एक्सटर बिजनेस स्कूल के प्रोफेसर जोनाथन श्रोडर का झुकाव बादवाली स्थिति की तरफ

है। वह ब्रांडों के सह-सृजन की बात करते हैं, जहाँ फर्म और इसके स्टेकहोल्डरों के बीच अपनी कार्य-व्यवहार से, न कि दोनों के बीच एकतरफा ट्रैफिक की बदौलत ब्रांड की छवि उभरती है। ब्रांडिंग पर पहले के कुछ लेखकों ने ब्रांड इक्विटी और ब्रांड वैल्यू जैसे मुद्दों पर जोर दिया है। वह लिखते हैं—''इन दृष्टिकोणों से जो चीज अकसर गायब रहती है, वह है सांस्कृतिक प्रक्रियाओं पर जोर, जो कि समसामयिक ब्रांडों, जिसमें ऐतिहासिक संदर्भ, नैतिक चिंताएँ और सांस्कृतिक परंपराएँ शामिल हैं, को प्रभावित करती हैं। दूसरे शब्दों में, न तो प्रबंधकों का और न ही उपभोक्ताओं का ब्रांड निर्माण की प्रक्रियाओं पर संपूर्ण नियंत्रण रहता है—सांस्कृतिक संहिताएँ इसे सीमित करती हैं कि ब्रांड कैसे मूल्य सृजित करते हैं।[16] एशिया में ब्रांड निर्माण के बारे में हम जो जानते हैं, उसके अनुसार यहाँ पश्चिम की तुलना में संस्कृति कहीं ज्यादा अहम भूमिका निभाती है। उन वजहों से जो खुद राष्ट्रीय और स्थानीय संस्कृति में जड़ बनाए रहती हैं, लोग प्रतीकों को ज्यादा अहमियत देते हैं और उन प्रतीकों के जो अर्थ हैं, उनकी व्याख्याएँ वे खुद कर लेते हैं।[17]

ज्यादातर मामलों में कॉरपोरेट ब्रांडों के साथ विविध प्रकार के दूसरे ब्रांड भी जुड़े होते हैं, आमतौर पर ग्राहक-मुखी ब्रांड या उपभोक्ता ब्रांड, जिन पर कंपनी का स्वामित्व होता है। इन अन्य ब्रांडों के अपने काम होते हैं और वे खास ग्राहक वर्ग या लक्षित लोगों के साथ संवाद करते हैं। ऐसे में कॉरपोरेट ब्रांड की एक भूमिका यह होती है कि वह उनका समर्थन सहयोग करे। टिम एंबलर कहते हैं, ''कॉरपोरेट ब्रांड पुनराश्वासन और गुणवत्ता की गारंटी प्रदान करते हैं।[18] ब्रांडों पर एक अन्य प्रमुख विशेषज्ञ लंदन बिजनेस स्कूल के प्रोफेसर पैट्रिक बारवाइज कहते हैं कि दो अहम कारक हैं—क्वालिटी—क्या कॉरपोरेट ब्रांड गुणवत्ता का पुनराश्वासन प्रदान करता है, जो कि उत्पाद ब्रांड को और मजबूत करता है ? और फिट होना—क्या पृथक् उत्पाद ब्रांड उपभोक्ताओं और अन्य स्टेकहोल्डरों की नजर में कॉरपोरेट ब्रांड के साथ ठीक से फिट बैठता है ?[19]

मुंबई की विज्ञापन एजेंसी ड्राफ्ट एफ.सी.बी. उल्का के सी.ई.ओ. अंबी परमेश्वरन कहते हैं, ''एकल ब्रांड अपनी लड़ाई खुद लड़ते हैं। कॉरपोरेट ब्रांड उन्हें ऊपरी सुरक्षा प्रदान करता है।'' अन्य इसे एक छाते की उपमा देना पसंद करते हैं, जिसके तहत कॉरपोरेट ब्रांड छोटे उत्पाद और सर्विस ब्रांडों को आश्रय और सुरक्षा प्रदान करते हैं।

**'एकल ब्रांड अपनी-अपनी लड़ाई लड़ते हैं। कॉरपोरेट ब्रांड ऊपरी या हवाई सुरक्षा प्रदान करता है।'**

## टाटा ब्रांड को समझना

निश्चित रूप से आखिर की ये दोनों बातें टाटा ब्रांड के लिए बड़ी प्रासंगिक हैं। जैसाकि हम देखेंगे, टाटा ब्रांड और उसकी किसी एकल कंपनी और उत्पाद-सर्विस ब्रांडों के बीच एक काफी मजबूत और सहजीवी रिश्ता है। लेकिन महत्त्वपूर्ण यह है कि जैसाकि पहले सुझाया गया था, यह रिश्ता भी एकतरफा नहीं है। टाटा ब्रांड वाकई 'हवाई कवच' या छतरी प्रदान करता है; लेकिन यह एकल ब्रांडों से बदले में शक्ति भी हासिल करता है। जैसाकि इस अध्याय की शुरुआत में हमने देखा, नैनो की सफलता ने न सिर्फ टाटा मोटर्स को बल्कि पूरे टाटा कॉरपोरेट ब्रांड को मजबूत किया। इसी तरह ब्रांड पर नजर रखनेवाला आँकड़ा दरशाता है कि ताजमहल होटल पर हमला और इस दुःखद हादसे के प्रति टाटा की जोरदार प्रतिक्रिया ने भी पूरे समूह की प्रतिष्ठा और ब्रांड को मजबूत किया है। हम जैसे-जैसे आगे बढ़ेंगे, देखेंगे कि यह कैसे और क्यों होता है।

टाटा के अधिकारी भी ब्रांड संस्कृति और सह-सृजन की अवधारणाओं को समझते हैं और दोनों को ही गंभीरतापूर्वक लेते हैं। टाटा के इतिहास और उसकी परंपराओं व मूल्यों के बारे में स्टेकहोल्डरों को अच्छी तरह पता है, जिन्होंने टाटा के बारे में अपने रहस्य गढ़ रखे हैं (हम इस रहस्यवाद का खुलासा अध्याय 2 और 3 में विस्तार से करेंगे)। कॉरपोरेट ब्रांड निर्माण के तहत स्टेकहोल्डरों के साथ काम किया जाता है कि वे कंपनी के बारे में क्या जानते हैं और सकारात्मक छवि को और मजबूत करने की कोशिश की जाती है; लेकिन वे संपूर्ण आच्छादन से छवि गढ़ने की कोशिश नहीं करते हैं।

यह सही है कि जब यह महसूस करता है कि खास स्टेकहोल्डर समूहों का पर्याप्त रूप से सकारात्मक नजरिया नहीं है, तब टाटा उस नजरिए को प्रभावित करने का प्रयास करता है। पिछली सदी में 90 के दशक के दौरान यह साफ हो गया कि टाटा युवा भारतीयों के साथ अपना संपर्क खो रहा है। वे उसे बीते समय की खबर मानने लगे थे, जैसाकि एक रिपोर्ट ने कहा, 'मेरे पिता का टाटा' तब से, टाटा ने युवा भारतीयों का ध्यान और विश्वास जीतने के लिए अहम प्रगति की है। लेकिन इसने जान-बूझकर 'युवा टाटा' की छवि गढ़ने की कोशिश नहीं

की और न ही बाजार में इस छवि को बेचने की कोशिश की है। इसके बजाय यह प्रदर्शित करने का निरंतर प्रयास किया गया है कि टाटा युवा लोगों के हितों के साथ वाकई अपनी पहचान बनाता है और उन्हें पेश करने के लिए उसके पास कुछ है।

**टाटा के इतिहास और उसकी परंपराओं एवं उसके मूल्यों के बारे में स्टेकहोल्डरों को अच्छी तरह मालूम है।**

जागो रे! विज्ञापन अभियान बस एक उदाहरण है। हम आपको समझते हैं। यह अंतर्निहित संदेश है, आइए और हमसे बात कीजिए। और युवा लोग अब टाटा के साथ अन्य माध्यम से जुड़ते हैं, जैसेकि टाटा क्रुसिबल बिजनेस क्विज या टाटा जागृति यूथ प्रोग्राम, जो कि युवा भारतीयों को सामाजिक कार्यक्रमों को कार्यरूप में दिखाने के लिए देश भर की ट्रेन यात्रा पर ले जाते हैं (देखें अध्याय 4)। इन गतिविधियों का मकसद लोगों को टाटा के मूल्यों से जोड़ना है।

और टाटा कॉरपोरेट ब्रांड की किसी भी समझदारी की शुरुआत टाटा के मूल्यों के साथ शुरू करनी पड़ेगी। व्यापारिक भाषा में, 'मूल्यों' शब्द को हाल के वर्षों में काफी ज्यादा आधार-विहीन कर दिया गया है। हर कंपनी दावा करती है कि उसके अपने 'मूल्य' हैं और हर कंपनी उन्हें अपनाने का दावा करती है; जबकि कभी-कभी यह एकदम साफ हो जाता है कि वे वैसा नहीं कर रही हैं। हालाँकि टाटा में यह शब्द अभी भी काफी ठोस है। ऐसा नहीं है कि सिर्फ टाटा के लोग अपने मूल्यों के बारे में बात करते हैं, बल्कि जो भी उनके संपर्क में आता है, वह उनके मूल्यों के बारे में बात करता है। टाटा की 111 पृष्ठों की एक पूरी आचार-संहिता है। यह उन लोगों के लिए है, जिन्हें टाटा के मूल्यों को प्रभावी रूप देने में कोई दिक्कत आती हो।[20] लेकिन मैंने टाटा के अधिकारियों एवं मैनेजरों, कर्मचारियों, ग्राहकों, विज्ञापन और ब्रांड-निर्माण के विशेषज्ञों और भारत में जन- सामान्य से जो ढेरों बातचीत की, इससे साफ है कि स्टेकहोल्डरों के दृष्टिकोण के मूल में तीन खास मूल्य हैं—

1. विश्वास : किसी से भी पूछिए कि वे टाटा और टाटा ब्रांड के बारे में सबसे ज्यादा किसे भाव देते हैं, और ज्यादा संभावना है कि यही 'विश्वास' पहला शब्द होगा जिसे आप सुनेंगे। लोग टाटा पर विश्वास करते हैं, क्योंकि वे महसूस करते हैं कि वे टाटा पर भरोसा कर सकते हैं। यह एक अन्य सद्गुणी वृत्त बन जाता है—समूह जितना ज्यादा विश्वास पैदा

करता है, उसके लिए अधिक विश्वास पैदा करना और आसान हो जाता है।

2. भरोसा : गुणवत्तावाले उत्पादों और सेवाओं के प्रति टाटा की संकल्पबद्धता चिर परिचित है और लोगों का निजी अनुभव भी इसकी पुष्टि करता है। यह एक कारण था जिससे सुनील बुधवानी ने नैनो कार खरीदी। वह कहते हैं, उन्हें मालूम था कि यह भरोसेमंद होगी। और वह यह भी जानते थे कि यदि कुछ गलत हुआ और यह खराब हो गई तो टाटा उनकी देखभाल करेगा और बगैर शिकायत के जो भी समस्या होगी, उसे दूर करेगा। उन्होंने और अन्यों ने भी कहा कि टाटा उत्पाद पैसे की अच्छी कीमत का प्रतिनिधित्व करते हैं।
3. समुदाय के प्रति निष्ठा : इसे ज्यादा आँकना या यहाँ तक कि इसकी गणना करना भी मुश्किल है। जे.आर.डी. टाटा का बयान कि 'लोगों से जो कुछ आया, वह कई गुना बनकर लोगों में वापस चला गया है' अकसर उद्धृत किया जाता है। ऐसा ही जमशेदजी टाटा का काफी शुरुआती दर्शन है कि[vi] 'एक स्वतंत्र उपक्रम में समुदाय व्यापार में महज एक और स्टेकहोल्डरों नहीं है, बल्कि वास्तव में उसके वजूद का असली कारण है।'[21]

ये मूल्य तीन तरह से प्रभावित करते हैं। पहला, वे रणनीति को प्रभावित करते हैं, जिसमें ब्रांड रणनीति भी शामिल है। और यह समूह व स्वतंत्र कंपनी दोनों स्तरों पर होता है। रणनीतिक सोच के लिए मूल्य एक अहम ढाँचा बनाते हैं। उदाहरण के लिए, नैनो के मामले में विश्वसनीय और भरोसेमंद कार जो लोगों की जरूरतें पूरी करे, बनाने की जरूरत ने पूरी योजना और डिजाइन प्रक्रिया को संचालित किया। दूसरा, वे कार्यों और व्यवहारों को प्रभावित करते हैं। हरेक टाटा ग्रुप कंपनी के हरेक कर्मचारी को समूह की आचार-संहिता पर दस्तखत करना और उसका पालन करना होता है। समूह की कंपनियाँ अपने स्टेकहोल्डरों के साथ जो संबंध बनाती हैं, उन्हें ये मूल्य मार्गदर्शन प्रदान करने और आकार देने में मदद करते हैं।

---

**समूह की कंपनियाँ अपने स्टेकहोल्डरों के साथ जो रिश्ता बनाती हैं, उनका मार्गदर्शन करने और उन्हें आकार देने में ये मूल्य मदद करते हैं।**

---

और तीसरा मूल्य सीधे स्टेकहोल्डर के नजरिए को भी प्रभावित करते हैं।

चूँकि टाटा के मूल्य अत्यंत परिचित हैं और भारत में इनका व्यापक प्रसार है, इसलिए लोग जब टाटा के बारे में सोचते हैं तो वे इन्हें एक संदर्भ के रूप में इस्तेमाल करते है।[vii] गुणवत्ता और विश्वास के प्रति इसकी संकल्पबद्धता, जैसाकि हमने नैनो के मामले में फिर से देखा, लोगों के दिमाग में एक कारक बनता है जब वे विकल्पों का आकलन करते हैं और विकल्प चुनते हैं। इसका और नाटकीय प्रदर्शन तब हुआ, जब वर्ष 2003 में टाटा फाइनेंस ढह गया। एक कहानी में, जो कि हाल के वर्षों में काफी चर्चित हुई, एक ब्लैक होल कंपनी के खातों में प्रकट हुआ और 500 करोड़ रुपए से भी ज्यादा के नुकसान के साथ यह डूब गया। इसके बहुत सारे निवेशक आम नागरिक थे, जो अब अपनी जीवन भर की जमा-पूँजी गँवा बैठे थे। यह बात प्रतिष्ठा को मार डालने वाली थी। मगर, टाटा समूह ने हरेक निवेशक को पूरी रकम के भुगतान करने का वादा किया और बाद में उसे निभाया भी। और इस तरह उसने दीर्घकाल के लिए अपनी प्रतिष्ठा वाकई बढ़ा ली।

टाटा में ब्रांड मूल्य का सृजन दरशाता है कि प्रभाव कैसे काम करते हैं। समूह की रणनीति कार्यों और व्यवहारों को संचालित करती है, जबकि दोनों पहले

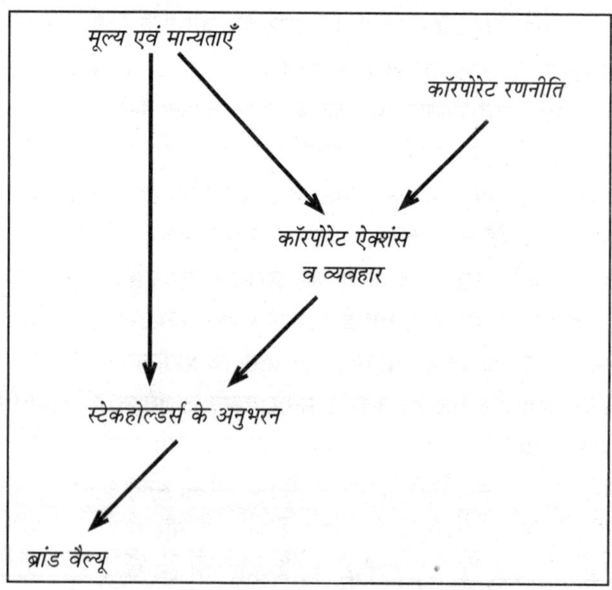


*चित्र 1.1 : टाटा में ब्रांड मूल्य का सृजन*

से ही मूल्यों के द्वारा अनुकूलित होते हैं। समूह के कार्य और व्यवहार तब स्टेकहोल्डर के नजरिए को प्रभावित करते हैं, जो कि पहले से बनाई धारणाओं को और मजबूत करते हैं। ये कार्य और व्यवहार कई चीजें हो सकते हैं—समूह द्वारा दिया गया सार्वजनिक बयान, इसके एजेंटों और बिक्री कर्मचारियों का व्यवहार, विफलता के प्रति इसका रवैया, जैसेकि एक दोषपूर्ण उत्पाद को वापस लिया जाना हो या जब कोई सेवा नहीं प्रदान की जाती है। जैसाकि वादा किया गया था, इसकी कॉरपोरेट एवं व्यक्तिगत ब्रांड संवर्धन गतिविधियाँ और कई अन्य चीजें—इन सभी पर स्टेकहोल्डरों की नजर रहती है। वे ब्रांड और उसके मूल्यों के बारे में पहले से जो जानते हैं, उसके आधार पर उनकी व्याख्या करते हैं।

और बदले में, यह स्टेकहोल्डर का नजरिया ही है, जो ब्रांड को इसका मूल्य देता है। ब्रांड के प्रति उनकी प्रतिक्रियाएँ—खरीदने की, टाटा के लिए काम करने की, उसे वित्त देने की, उसके साथ राजनीतिज्ञ और नौकरशाहों की तरह काम करने की उनकी इच्छा, एक संगठन के रूप में उनका उसमें विश्वास—ब्रांड मूल्य का सृजन करती हैं। यदि वे ब्रांड में विश्वास खो देते हैं तो वे छिटक जाएँगे और प्रतियोगियों से खरीदेंगे (अथवा उनके लिए या काम करेंगे या निवेश करेंगे) और इस तरह ब्रांड मूल्य खत्म होगा। जब तक उनका ब्रांड में विश्वास है, ब्रांड मजबूत बना रहेगा। इसलिए टाटा जिन मूल्यों की उद्घोषणा करता है और उन्हें जीता है, ब्रांड के मूल्य में वह एक सीधी रेखावाला रिश्ता है।

यह कम-से-कम शुरुआती परिकल्पना है। देखते हैं, जैसे-जैसे पुस्तक आगे बढ़ती है, कि क्या यह बात खरी उतरती है।

## पुस्तक का ढाँचा

टाटा ब्रांड को समझने के लिए यह समझना आवश्यक है कि इसकी प्रतिष्ठा और इसके मूल्य कैसे विकसित हुए हैं। अगले दो अध्याय इस विकास-क्रम का वर्णन करते हैं। टाटा का पूरा इतिहास बताने के लिए यहाँ जगह नहीं है, क्योंकि इसके लिए एक संपूर्ण पुस्तक की जरूरत पड़ेगी। इसके बजाय उद्देश्य यह दिखाना है कि टाटा की प्रतिष्ठा कैसे स्थापित हुई और यह कैसे आगे बढ़ी। जैसाकि जोनाथन श्रोडर कहते हैं, 'ब्रांडों के बारे में लोग जो रहस्य बुनते हैं, वे खुद ब्रांड के विकास में अहम भाग निभाते हैं।'[23] बीते वर्षों में टाटा और इसके नेताओं के बारे में रहस्यों व कहानियों के समृद्ध संग्रह बने हैं और हम इन पर नजर डालेंगे तथा देखेंगे कि टाटा ब्रांड के निर्माण में इन्होंने किस तरह की भूमिका निभाई है।

इसलिए अध्याय 2 और 3 खुद टाटा समूह और इसकी प्रतिष्ठा एवं छवि दोनों के विकास के प्रति समर्पित है।

**बीते वर्षों में टाटा और इसके नेताओं के बारे में रहस्यों एवं कहानियों का एक समृद्ध संग्रह बन गया है।**

अध्याय 4 पिछली सदी में '90 के दशक की शुरुआत में कॉरपोरेट ब्रांड के विकास का वर्णन करता है। इसके पहले टाटा ने एक कॉरपोरेट ब्रांड विकसित करने की कोई कोशिश नहीं की थी और एकल कंपनियाँ टाटा का नाम मन-माफिक तरीके से इस्तेमाल करती थीं। रतन टाटा कहते हैं, 'हमारे पास प्रतिष्ठा थी, लेकिन हमारे पास ब्रांड नहीं था।' उस प्रतिष्ठा की नींव पर ब्रांड का निर्माण किस तरह किया गया, यह इस अध्याय का मुख्य विषय है। यह हमें अध्याय 5 पर ले जाता है, जिसमें इस बात का आकलन किया गया है कि आज ब्रांड की क्या स्थिति है। इसमें यह भी शामिल किया गया है कि कॉरपोरेट ब्रांड और एकल कंपनी व उत्पाद-सेवा ब्रांडों के बीच किस तरह का सहजीवी रिश्ता है। और टाटा के बढ़ते अंतरराष्ट्रीयकरण से किस तरह के दबाव बन रहे हैं या चुनौतियाँ मिल रही हैं, इस पर भी ध्यान दिया गया है। हम टाटा समूह की दस कंपनियों को और उनके ब्रांडों को लेंगे तथा चर्चा करेंगे कि ये संबंध कैसे काम करते हैं।

पुस्तक के दूसरे हिस्से में हम टाटा ब्रांड के नजरिए पर गौर करेंगे कि मुख्य स्टेकहोल्डरों समूहों द्वारा ब्रांड को किस नजरिए से देखा जाता है। अध्याय 6 टाटा ब्रांड का एक उपभोक्ता ब्रांड के रूप में वर्णन करता है। अध्याय 7 में ब्रांड के बारे में कर्मचारियों के दृष्टिकोण का अध्ययन किया गया है।

अध्याय 8 टाटा ब्रांड के बारे में अन्य स्टेकहोल्डरों, जिसमें सरकार और वित्तीय समुदाय शामिल हैं, के दृष्टिकोण की चर्चा करता है।

अध्याय 9 में टाटा ब्रांड की भारत में प्रतिष्ठा के संदर्भ में चर्चा की गई है। समुदाय की सेवा करना हमेशा से ही टाटा के मूल मूल्यों में से एक रहा है। जमशेदजी टाटा और जे.आर.डी. टाटा के नेतृत्व में टाटा का लक्ष्य था भारतीय अर्थव्यवस्था को मजबूत करना और राष्ट्रीय समृद्धि पैदा करना। इस विचार को समूह की मानसिकता में बड़ी लगन और मेहनत से भर दिया गया। रतन टाटा ने इस परंपरा को जारी रखा है, जैसाकि इस अध्याय के शुरू में दी गई तीन कहानियाँ इसे स्पष्ट करती हैं। 'सामुदायिक ब्रांड यदि हम उसे ऐसा कह सकें, ब्रांड मूल्य को बढ़ाता है। वह समूह की प्रतिष्ठा को बढ़ाता है और इसलिए ग्राहक, कर्मचारी एवं

वित्तीय ब्रांडों को मजबूत करता है। टाटा को भारतीय एक 'अच्छी' और 'महान्' कंपनी मानते हैं। यह एक ऐसी कंपनी है, जिससे लोग चीजें खरीद सकते हैं या उसमें निवेश कर सकते हैं, अथवा उनके लिए काम कर सकते हैं—और ऐसा करते हुए खुद के बारे में अच्छा महसूस कर सकते हैं। इस तरह से ब्रांड के मूल्य में जो वृद्धि होती है, उसकी गणना करने का कोई वास्तविक तरीका नहीं है, फिर भी इसमें संदेह नहीं कि ब्रांड का मूल्य बढ़ता है।

---

**समुदाय की सेवा करना हमेशा से ही टाटा के प्रमुख मूल्यों में से एक रहा है।**

---

आखिरकार, अध्याय 10 पिछले चार अध्यायों को एक साथ लाकर यह दरशाता है कि स्टेकहोल्डरों के ब्रांड के बारे में दृष्टिकोण एक साथ कैसे ब्रांड मूल्य का सृजन करते हैं। यह अध्याय ब्रांड प्रबंधन के बारे में टाटा के नजरिए का निष्कर्ष प्रस्तुत करता है और ब्रांड द्वारा सामना की जा रही प्रमुख चुनौतियों में से कुछ पर नजर डालता है, जिसमें भारत के आधुनिकीकरण और खास तौर से विश्व बाजारों में टाटा की बढ़ती उपस्थिति और संलिप्तता शामिल है। क्या अन्य देशों में ग्राहकों, कामगारों और फाइनेंसरों से टाटा ब्रांड को इसी तरह की प्रतिक्रिया मिलेगी, यह एक प्रमुख सवाल है और समूह के भविष्य की सफलता बहुत कुछ इसके जवाब पर निर्भर करती है।

साथ ही, इस अध्याय में इसकी चर्चा की गई है कि टाटा ब्रांड से सीखे गए सबक क्या हैं और इसके अनुभव से क्या सीखा जा सकता है। क्या ऐसा कुछ है, जिसे टाटा ने शानदार ढंग से प्रदर्शित किया है और इसे कहीं और दोहराया जा सकता है? यह सही है कि हर ब्रांड अनूठा होता है। वस्तुतः यह उनका अनूठापन ही होता है, जो उन्हें ब्रांड बनाता है, न कि जेनरिक उत्पाद या सेवाएँ। लेकिन कुछ गुण होते हैं, जैसे—विश्वास, भरोसा, सेवा, ग्राहक (या कर्मचारी, या जो भी) के प्रति प्रतिबद्धता जो तमाम सफल ब्रांडों में पाए जाते हैं। क्या टाटा ब्रांड के पास अन्य कॉरपोरेट ब्रांड मैनेजरों को सिखाने के लिए कुछ है—और यदि हाँ, तो क्या?

## संदर्भ :

(i) गैर-भारतीय पाठकों के लाभ के लिए 1 लाख =1,00,000 और 1 करोड़ =100 लाख या 10 मिलियन। मुद्रा विनिमय दर सिर्फ लगभग हैं।

(ii) टाटा इस मायने में अनूठा नहीं है। रिलायंस और बिड़ला समूह जैसे अन्य भारतीय

व्यापार समूह भी इसी तरह वैविध्यपूर्ण हैं।

(iii) वर्ष 1868 उस तारीख के संदर्भ में है, जब जमशेदजी टाटा ने अपना पहला कारोबार स्थापित किया और टाटा समूह इसे अपना स्थापना दिवस मानता है। आज जिसे हम 'टाटा संस' के रूप में जानते हैं, उसकी स्थापना वर्ष 1887 में की गई थी। अध्याय 2 भी देखें।

(iv) टाटा संस खुद सार्वजनिक रूप से कोटेड कंपनी नहीं है, लेकिन समूह के कुछ सदस्य जैसेकि टाटा मोटर्स भारतीय और विदेशी शेयर बाजारों में सूचीबद्ध हैं।

(v) तकनीकी रूप से, टर्नओवर के संदर्भ में सरकारी कंपनी भारतीय तेल निगम (इंडियन ऑयल कॉरपोरेशन या आई.ओ.सी.) भारत में सबसे बड़ी कंपनी है और सबसे बड़ी निजी कंपनी रिलायंस इंडस्ट्रीज लिमिटेड (आर.आई.एल.) है। दोनों ही टाटा समूह के सबसे बड़े सदस्य टाटा स्टील से काफी बड़ी कंपनियाँ हैं। लेकिन एक साथ मिलाकर टाटा समूह आई.ओ.सी. और आर.आई.एल. दोनों से बहुत बड़े अंतर से आगे है।

(vi) जैसाकि निर्माल्य कुमार इसका निष्कर्ष निकालते हैं।

(vii) बहरहाल, जैसे-जैसे टाटा का और अंतरराष्ट्रीयकरण होता है, एक अन्य अहम सवाल उभरता है—विदेशों में वे मूल्य कितने प्रचारित-प्रसारित किए गए हैं, और दूसरे लोग व दूसरी संस्कृतियाँ उनके लिए कैसी प्रतिक्रिया व्यक्त करेंगी? हम बाद में इस पुस्तक में, खासकर अध्याय 5 में, इस मुद्दे पर वापस आएँगे।

❑

2

# वह इनसान जिसने आने वाला कल देखा

अमेरिकी खनन इंजीनियर चार्ल्स पेज पेरिन ने लिखा—'मैं दफ्तर में कुछ खातों पर मनन कर रहा था। तभी दरवाजा खुला और एक अजनबी ने अजीब लिबास में प्रवेश किया। वह चलकर मेरे पास आया और मेरी डेस्क पर झुक गया और पूरे एक मिनट तक चुपचाप मुझे देखता रहा। अंतत: उसने गहरी आवाज में कहा, 'क्या आप चार्ल्स पेज पेरिन हैं ?' मैंने कहा 'हाँ'। उसने मुझे फिर चुपचाप देर तक देखा। फिर धीरे से कहा, 'मेरा मानना है कि मैं जिस शख्स की तलाश में था, उसे मैंने खोज लिया है।'

अजीब पोशाक पहने अजनबी ने खुलासा किया कि वह भारत में एक इस्पात कारखाना लगाने के लिए सलाह देने के लिए पेरिन को एक सलाहकार इंजीनियर के रूप में रखना चाहते हैं। पेरिन को स्थान तय करने और कारखाने की डिजाइन बनाने में पूरी आजादी रहेगी, और वह अजनबी इस सबका खर्च उठाएगा। पेरिन ने कहा, 'जैसा कि स्वाभाविक था। मैं अवाक् रह गया और कुछ बोल नहीं पाया। लेकिन आप नहीं जानते हैं कि टाटा के चेहरे से किस किस्म का किरदार और बल फूटता था—और दयालुता भी।"[1]

करिश्माई व्यक्तित्व, जो पेरिन के दफ्तर के अंदर गया था, वह कोई और नहीं, जमशेदजी एन. टाटा[i] थे, जो भारत के संस्थापक उद्यमियों में से एक थे। उनसे ही टाटा समूह की कहानी शुरू होती है। समूह के अंदर उन्हें अकसर बस 'संस्थापक या द फाउंडर' के नाम से पुकारा जाता है। मुंबई में समूह के मुख्यालय बॉम्बे हाउस में दर्शक जब विशालकाय प्रवेश-द्वार से अंदर घुसते हैं तो जिन चीजों

पर सबसे पहले नजर जाती है, उनमें से उनकी (जमशेदजी टाटा की) संगमरमर की बनी आवक्ष प्रतिमा एक है।[ii] हालाँकि उन्हें स्वर्ग सिधारे सौ साल से भी ज्यादा का समय बीत चुका है, लेकिन उनका प्रभाव अभी भी महसूस किया जा सकता है। खासकर, टाटा के मूल मूल्यों व आदर्शों के लिए वह एक कसौटी हैं। विश्वास और समुदाय की सेवा जैसे आदर्शों में जमशेदजी टाटा की दृढ़ आस्था थी और जिन व्यापारों की उन्होंने स्थापना की, उनमें इन मूल्यों को उन्होंने पिरोया और इस तरह पिरोया कि वे उनकी संस्कृति का हिस्सा बन गए, इन संगठनों के ताने-बाने में रच-बस गए।

टाटा के मूल्यों की कोई भी चर्चा जमशेदजी टाटा और उनकी मूल दृष्टि से शुरू करनी पड़ेगी। इस अध्याय में हम देखेंगे कि वह दृष्टि कैसे विकसित हुई, जिन तीन कारोबारों—एंप्रेस मिल्स, ताजमहल होटल और टाटा आयरन एंड स्टील कंपनी (टिस्को), जिसे अब 'टाटा स्टील' कहते हैं, की उन्होंने स्थापना की, उनमें इसने क्या रूप लिया और आज टाटा ब्रांड पर इसका क्या प्रभाव है।

## संस्थापक

जमशेदजी नसरवानजी टाटा का जन्म 3 मार्च, 1839 को दक्षिणी गुजरात के नवसारी में हुआ था।[2] उनके पिता नसरवानजी टाटा ने मुंबई में एक सफल व्यापार एवं बैंकिंग व्यवसाय की स्थापना की थी। परिवार पारसी था, जो उन शरणार्थियों का वंशज था, जो कोई 1000 साल पहले धार्मिक उत्पीड़न से बचने के लिए फारस से भागकर यहाँ आ गया था। अपने लंबे प्रवास के बावजूद उन्होंने अपने पूर्वजों के प्राचीन पारसी विश्वास को बरकरार रखा। नवसारी पारसी पूजा-केंद्रों में से एक था।

उत्तर-पश्चिम भारत के व्यापारी वर्गों में पारसी और पहले से नहीं तो कम-

से-कम अठारहवीं सदी से मशहूर थे। टाटा के सबसे हालिया जीवनी-लेखक आर.एम.लाला ने इसे रेखांकित किया है कि पारसी समाज में हिंदू जाति प्रणाली वाली पाबंदियों का अभाव था और वे ज्यादा लचीले एवं प्रतिभा के कद्रदान होते थे। खासकर उच्च जाति के हिंदू अपनी धार्मिक पाबंदी की वजह से विदेश यात्रा नहीं करते थे। पारसियों पर ऐसी कोई बंदिश नहीं थी और वे व्यापक रूप से यात्रा कर सकते थे और उन्होंने यात्रा की भी। टाटा के वैश्विक दृष्टिकोण का यह एक कारण हो सकता है, क्योंकि अपने जीवन में उन्होंने विस्तृत यात्राएँ कीं और व्यापक रूप से विविध विचारों को आत्मसात् किया, जिनमें से कई ने उनके कारोबारी सौदों को प्रभावित किया।

जमशेदजी टाटा की शिक्षा मुंबई में एल्फिंस्टन कॉलेज में हुई। इस कॉलेज की स्थापना उन्नीसवीं सदी में शहर के उदारवादी गवर्नर माउंट स्टुअर्ट एलिफिंस्टन ने की थी। एलिफिंस्टन का मानना था कि आर्थिक विकास और राजनीतिक स्थिरता दोनों के लिए शिक्षित भारतीय मध्य वर्ग का होना जरूरी है। इस कॉलेज में उन्होंने (जमशेदजी) अंग्रेजी की शिक्षा ली और अंग्रेजी साहित्य में उनकी जिंदगी भर के लिए रुचि विकसित हुई। इस कॉलेज से सन् 1858 में पास करने के बाद उन्होंने सुदूर पूर्व में अपने पिता के प्रतिनिधि के तौर पर काम किया और हांगकांग में एक सहायक कारोबार की स्थापना की।

वर्ष 1865 में टाटा ब्रिटेन गए, जहाँ वह 1868 तक रहे। वह लंकाशायर की कपास मिलों को देखने गए और वहाँ कपास उद्योग की मूल बातों को सीखा। उन्होंने लंदन में रह रहे और काम कर रहे कई उदार भारतीय कारोबारियों से दोस्ती भी गाँठी। इस अवधि के दौरान टाटा जॉन रस्किन, जॉन स्टुअर्ट मिल और रिचर्ड कॉबडेन जैसे उदारवादी चिंतकों के विचारों से भी परिचित हुए और इन विचारों का उनके बाद की सोच पर काफी प्रभाव रहा, खासकर अर्थशास्त्र और शिक्षा पर। उन्होंने कारोबार का अवसर भी देखा। भारत के वस्त्र बाजार पर ब्रिटिश कंपनियों का दबदबा था; लेकिन टाटा में यह विचार विकसित हुआ कि यदि ढंग से चलाई जाए तो भारतीय कंपनियाँ इस प्रभुत्व को चुनौती दे सकती हैं। उन्होंने इस विचार को परखने का संकल्प लिया।

---

**टाटा समूह की कहानी भारत के इस एक अग्रगामी उद्योगपति जमशेदजी एन. टाटा से आरंभ होती है।**

---

किंवदंती है कि टाटा ने मैनचेस्टर में दार्शनिक एवं इतिहासकार थॉमस

कार्लाइल द्वारा दिया गया भाषण सुना और उन्होंने कार्लाइल को यह उद्घोषणा करते हुए सुना कि 'जो राष्ट्र इस्पात का नियंत्रण हासिल कर लेता है, वह शीघ्र ही सोने पर भी नियंत्रण हासिल कर लेता है।' इसका कोई सबूत नहीं है कि कार्लाइल ने ऐसा कोई भाषण दिया और यह संभव है कि कार्लाइल के उपन्यास 'सार्तोर रेसार्तस' (Sartor Resartus) से टाटा ने यह विचार ग्रहण किया हो। इस उपन्यास का प्रकाशन सन् 1833–34 में हुआ था, जिसमें इसी तरह के विषय पर चर्चा की गई है।[iii] चाहे जिस भी स्रोत से यह विचार आया हो, युवा कारोबारी ने अपने दिमाग में एक ओर लोहा एवं इस्पात उद्योग और दूसरी ओर आर्थिक एवं राजनीतिक शक्ति के बीच संबंध को भर लिया था।

वर्ष 1868 में भारत लौटने के बाद उन्होंने हीराबाई दाबू से शादी की। उनके बारे में आर.एम. लाला कहते हैं कि 'बहुत कम जानकारी उपलब्ध है।' उनके कई बच्चे हुए, जिनमें दो बेटे दोराब और रतन शामिल थे। टाटा ने 1868 में ही मुंबई के बाहरी इलाके चिंचपोकली में स्वतंत्र रूप से एक कपास मिल की स्थापना की। इस मिल का नाम था एलेक्जेंड्रा मिल, जिसे उन्होंने दो वर्ष बाद मुनाफा लेकर बेच

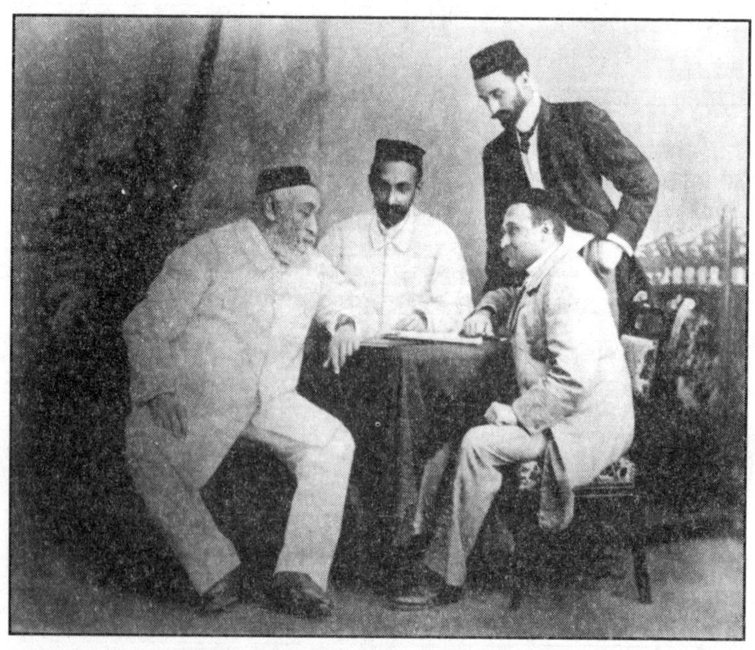

*टाटा संस के फाउंडर निदेशकों की बैठक*

दिया। टाटा इंग्लैंड लौट गए। उनका मकसद कपास उद्योग का और अध्ययन करना तथा नई मशीनरी के बारे में और अधिक सीखना था। बहरहाल, रास्ते में वह एक पर्यटक के तौर पर लंबे समय तक मिस्र और फिलिस्तीन में रहे। इस मोड़ पर हमारे सामने एक ऐसे बेचैन युवा शख्स की तसवीर सामने आती है, जो उदार विचारों से भरा हुआ था, लेकिन उसने यह तय नहीं किया था कि वह अपने जीवन में क्या करना चाहता था।

एक बार फिर भारत आने पर टाटा ने वर्ष 1874 में अपने पिता और अन्य भागीदारों के साथ मिलकर 'सेंट्रल इंडिया स्पिनिंग, बीविंग एंड मैन्यूफैक्चरिंग कंपनी' की स्थापना की। इस कंपनी ने कपास पैदा करनेवाले एक अहम जिले नागपुर शहर के पास एक नई मिल की स्थापना की। इसने अच्छा कारोबार किया। इसकी आंशिक वजह यह थी कि टाटा ने दो प्रतिभावान् सहायकों को नियुक्त किया था। ये थे—एक पूर्व रेलवे अधिकारी जिनका नाम था बेजोनजी मेहता, जो कपास मिल का कोई अनुभव नहीं होने के बावजूद शीघ्र ही एक अति कुशल मिल मैनेजर बन गए और अंग्रेज जेम्स ब्रुक्सबी, जिन्हें एक तकनीकी सलाहकार के रूप में रखा गया था और जिन्होंने मिल को सर्वोत्तम व सर्वाधिक उन्नत मिल तकनीक हासिल करने में मदद की।[iv] टाटा ने स्पष्टत: यह सीख लिया था कि सबसे बढ़िया लोगों को कैसे खोजा जाए और उन्हें अपने साथ काम करने के लिए आकर्षित किया जाए और यह बात उनकी बाद की कारोबारी सफलता का एक प्रमुख कारक बनी।

इस मिल की स्थापना सन् 1877 में की गई थी और महारानी विक्टोरिया के सम्मान में इसका नाम एंप्रेस मिल रखा गया था। महारानी ने भारत की सम्राज्ञी का ताज भी ग्रहण कर लिया था। इसके एकदम विरोधाभास में अगली मिल, जो कुछ साल बाद मुंबई के पास लगाई गई, का नाम 'स्वदेशी मिल' रखा गया। 'स्वदेशी' शब्द भारत में एक अति प्रभावी शब्द है, खासकर उन लोगों के बीच जिनका जन्म आजादी के पूर्व हुआ था। यह शब्द संस्कृत भाषा से है और इसका मतलब है 'अपने देश का'; लेकिन इसका बेहतर अनुवाद आत्म-निर्भरता के रूप में किया जाता है। बाद में गांधी और अन्यों ने इस शब्द का प्रयोग व्यापक स्वतंत्रता आंदोलन के हिस्से के रूप में किया। लेकिन इस शब्द का प्रयोग स्पष्ट करता है कि टाटा का अपना विचार किस तरह का ठोस रूप ले रहा था।

यह जानकर कोई बड़ा आश्चर्य नहीं होता है कि जमशेदजी टाटा वर्ष 1885 में भारतीय राष्ट्रीय कांग्रेस की शुरुआती बैठकों में से एक में मौजूद थे (कांग्रेस के

संस्थापकों में से एक दादाभाई नौरोजी उनके करीबी दोस्त थे)।[4] टाटा का अपना नाम संस्थापकों में नहीं आता, लेकिन ऐसा माना जाता है कि वह पार्टी के एक प्रारंभिक सदस्य थे और अपने जीवन के अंत तक सदस्य बने रहे।[5]

उनके बाकी कारोबारी उपक्रमों के विस्तार में जाने की जरूरत नहीं है; उनके जीवनी-लेखक आर.एम. लाला ने अपनी पुस्तक 'फॉर द लव ऑफ इंडिया' में उनका पूरा विवरण दिया है। उनके अन्य योगदानों में से एक और स्थायी योगदान था 1887 में अपने कारोबार को एक कंपनी के रूप में परिवर्तित करना। टाटा एंड संस नामक कंपनी उनके बड़े बेटे दोराब और उनके चचेरे भाई रतन दादाभाई टाटा के साथ एक भागीदारी थी। रतन दादाभाई टाटा को आमतौर पर आर.डी. टाटा कहते हैं, ताकि उन्हें दोराब के छोटे भाई रतन (जो दो साल बाद कंपनी में भागीदार बने) से भिन्न किया जा सके। टाटा एंड संस वह माध्यम बन गया, जिसके जरिए परिवार इन विविध उपक्रमों में अपना निवेश करता रहा। इन उपक्रमों में अन्य भागीदार भी शामिल हुए।[6] यह परिसंघात्मक ढाँचे की शुरुआत थी, जो कि टाटा की आज भी खासियत है। टाटा एंड संस ने बाद में अपना नाम बस टाटा संस कर लिया।

बाद के दो सबसे सफल उपक्रमों—ताजमहल होटल (जो 1903 में खुला) और टिस्को (जिसकी स्थापना 1907 में हुई और 1911 में उत्पादन शुरू हुआ) की कहानी पर हम शीघ्र ही आएँगे। उनके कुछ और उपक्रम भी सफल रहे थे, जैसेकि जल विद्युत् पैदा करने और बॉम्बे को बिजली आपूर्ति करने की योजना, हालाँकि बाँध और बिजली संयंत्र उनकी मौत के छह साल बाद यानी 1910 में जाकर चालू हो सके।[v] एक जहाजरानी कंपनी शुरू करने की कोशिश विफल रही। कृषि उत्पादन में प्रयोग और कृषि भूमि की गुणवत्ता को सुधारने की कोशिशों का कोई उल्लेखनीय परिणाम नहीं निकला। आगे बढ़ते-बढ़ते ऐसा लगता है, टाटा ने महसूस किया कि उनके पास पर्याप्त रकम है और उन्हें अपना कारोबार बढ़ाते जाने की जरूरत नहीं है। जैसाकि उन्होंने अपने दोस्त लॉर्ड रीचे, जो बॉम्बे के पूर्व गवर्नर एवं भारत के लिए सेक्रेटरी ऑफ स्टेट रह चुके थे, को लिखा—'मुझ पर ईश्वर की कृपा रही है और दुनिया की चीजों का खासा हिस्सा मुझे मिला है। मुझे अपने जीवन में जो सफलता मिली है, उसके लिए अनुकूल परिस्थितियों का असामान्य संयोग उत्तरदायी है। इसलिए मैंने महसूस किया है कि अपने कम भाग्यशाली देशवासियों के लिए मैं वैसी ही परिस्थितियाँ पैदा करूँ, ताकि उन्हें आगे बढ़ने का माहौल मिले।'[7]

**आर.एम. लाला जमशेदजी टाटा को कहते हैं, 'ऐसा इनसान, जिसने आनेवाला कल देखा।'**

## कारोबार और आदर्शवाद

इसमें कोई अनोखी बात नहीं है कि एक सफल पुरुष या महिला कारोबारी कम भाग्यशाली लोगों की मदद के लिए आगे आएँ, खासकर तब जब उसने सफलता का एक मुकाम हासिल कर लिया हो। जमशेदजी टाटा के समकालीन जैसे कि एंड्रयू कार्नेगी और विलियम लीवर ने भी ऐसा किया और आधुनिक शख्सियतों में बिल गेट्स इस परंपरा को जीवित रखे हुए हैं। इस पुस्तक के नजरिए से जो सबसे ज्यादा मायने रखता है, वह यह नहीं कि जमशेदजी टाटा लोकोपकारी थे, बल्कि यह कि उनकी लोकोपकारी सोच ने क्या स्वरूप अख्तियार किया और टाटा समूह पर उनके विचारों का किस तरह प्रभाव जारी है।

वैसे यह याद रखना महत्त्वपूर्ण है कि वह (जमशेदजी टाटा) लोकोपकारी थे और जिन परोपकारी कार्यों के लिए उन्होंने सहायता प्रदान की, उनकी सूची से कई पृष्ठ भरे जा सकते हैं। उन्नीसवीं सदी के उत्तरार्ध में मुंबई एक बहुत ही अस्वास्थ्य शहर था, जो चेचक, प्लेग और हैजा जैसी महामारियों से ग्रस्त था। टाटा ने पीड़ितों की उदारता से मदद की और चेचक समाप्त करने के अभियान को वित्तीय मदद की और उत्साहवर्धन किया। पनबिजली के लिए उनके समर्थन के पीछे मुंबई की आबोहवा को साफ करने की मंशा का भी हाथ था। शहर की कई फैक्टरियों (जिनमें उनकी फैक्टरियाँ भी शामिल थीं) के भापवाले जनरेटरों में कोयले का इस्तेमाल होता था और उसके धुएँ से शहर का वायुमंडल प्रदूषित हो गया था। उनके लोकोपकारी कार्य भारत के बाहर भी चलते थे। निधन के पहले उन्होंने जो आखिरी लोकोपकारी दान दिया था, वह रूस-जापान युद्ध में मारे गए परिवारों के लिए था। यह युद्ध कुछ ही समय पहले शुरू हुआ था।

**जमशेदजी टाटा को जो बात वाकई अलग ठहराती है, वह है उनका राजनीतिक, सामाजिक एवं व्यावसायिक हितों का संयोजन और उनका एक मजबूत तथा स्वतंत्र भारत के निर्माण के लिए एकल बल के रूप में प्रयोग करना।**

लेकिन ऐसे और अन्य हितों का समर्थन करने में वह अकेले नहीं थे। जो

बात जमशेदजी टाटा को अलग ठहराती है और उनके एक स्वप्नद्रष्टा होने के दावे को कुछ समर्थन देती है, वह है उनका राजनीतिक, सामाजिक और व्यावहारिक हितों का संयोजन और वह उनका इस्तेमाल एक मजबूत व स्वतंत्र भारत के निर्माण को आगे बढ़ाने के लिए एकल बल के रूप में करते थे। शुरुआती दौर में ही स्वदेशी की अवधारणा को उनके द्वारा अपना लेना इसका एक उदाहरण है। टाटा ने इंग्लैंड में जिन उदारवादी राजनीतिक एवं समाजवादी विचारों को सीखा था, उनका अब उन्होंने औद्योगिकीकरण के जरिए आर्थिक आत्मनिर्भरता के विचार से मिश्रण कर दिया था। यह सीख उन्हें कार्लाइल से मिली थी। आर.एम. लाला जमशेदजी टाटा को एक ऐसे शख्स के रूप में मानते हैं, जिन्होंने आने वाले कल को देखा था। वह मानते थे कि एक दिन भारत एक स्वतंत्र देश होगा। उन्होंने भविष्य के भारत के बारे में सोच रखा था कि उसे आर्थिक और राजनीतिक रूप से मजबूत होने की जरूरत पड़ेगी। और इन दोनों क्षेत्रों में मजबूत होने के लिए भारत को एक सुदृढ़ शिक्षा-प्रणाली की भी जरूरत पड़ेगी।

तदनुसार; टाटा ने अपना योगदान किया। उन्होंने भारतीय राष्ट्रीय कांग्रेस का समर्थन किया; लेकिन किस हद तक, यह ज्ञात नहीं है। उन्होंने बंबई विश्वविद्यालय समेत विविध शिक्षा संस्थानों को सहयोग-समर्थन दिया। लेकिन इस क्षेत्र में उनकी ज्यादा ऊर्जा बंगलुरु में भारतीय विज्ञान संस्थान की स्थापना में लगी। बंबई विश्वविद्यालय की तरह भारत के विश्वविद्यालय सिर्फ पढ़ाई और परीक्षा लेने में मशगूल थे, कोई मौलिक शोध नहीं हो रहा था, कोई नया ज्ञान सृजित नहीं हो रहा था। कारोबारी लोगों द्वारा 'अनुसंधान' शब्द का प्रयोग किए जाने से काफी पहले टाटा ने इसका महत्त्व जान लिया था। वह सन् 1989 से ही एक भारतीय शोध संस्थान स्थापित करने की सोचने लगे थे और 1893 तक उनकी यह धारणा पुख्ता हो गई थी। उन्होंने मुंबई के अन्य प्रमुख नागरिकों का एक समूह जुटाया, बंगलुरु के पास एक उचित स्थल की तलाश की और मैसूर में सरकारी अधिकारियों को वह जमीन दान देने के लिए राजी किया और भारत के वायसराय लॉर्ड कर्जन को इस प्रोजेक्ट का समर्थन करने और यहाँ तक कि सरकारी वित्तीय मदद देने के लिए भी मना लिया।

---

**जमशेदजी टाटा के प्रोजेक्टों में से एक बंगलुरु में भारतीय विज्ञान संस्थान भारत का एक प्रमुख वैज्ञानिक शोध संस्थान है।**

---

अपने कई अन्य प्रोजेक्टों की तरह टाटा अपने इस कार्य को भी फलदायी

होते नहीं देख सके। उनकी सन् 1904 में दिल की बीमारी से मौत हो गई। उन्होंने अपनी संपदा का एक-तिहाई हिस्सा इस नए संस्थान के नाम कर दिया था। फिर उनके बेटों ने इस संस्थान का निर्माण पूरा करवाया।[8] भारतीय विज्ञान संस्थान की स्थापना सन् 1909 में की गई और तब से यह भारत की प्रमुख वैज्ञानिक शोध संस्थाओं में से एक है। और इसके पास भारत के सबसे बढ़िया वैज्ञानिक पुस्तकालयों में से एक है। भारत के कई शीर्ष वैज्ञानिक इसी संस्थान के दरवाजों से पास होकर निकले हैं।

जमशेदजी टाटा का विश्वास था कि राजनीतिक और व्यक्तिगत आजादी आर्थिक व व्यावसायिक ताकत पर निर्भर करती है। उनका यह विचार टाटा समूह की एक सबसे सशक्त विरासत है। आर.एम. लाला द्वारा इस समूह के इतिहास पर लिखी गई पुस्तक का शीर्षक 'द क्रिएशन ऑफ वेल्थ' इस विचार के भाव को उजागर करता है, लेकिन सिर्फ आशिंक रूप से। जैसाकि लाला ने खुद रेखांकित किया है, टाटा खुद के लिए नहीं बल्कि भारत की खातिर धन सृजित करने में विश्वास करते थे, ताकि देश को मजबूत और लोगों को स्वतंत्र बनाया जा सके। वह लोगों के लिए धन कमाना चाहते थे, टाटा के लिए नहीं।

बाद में, जब जे.आर.डी. टाटा ने कहा कि 'जो कुछ लोगों से आया, वह कई गुना होकर लोगों के पास चला गया', तो वह जमशेदजी टाटा की विरासत का ही संदर्भ ले रहे थे। (यह उद्धरण अभी भी टाटा समूह में व्यापक रूप से इस्तेमाल किया जाता है।) और क्योंकि भारतीय इसे जानते हैं और जानते हैं कि जमशेदजी टाटा के क्या उसूल थे, वे भी उसी परंपरा का अनुसरण होते हुए देखना चाहते हैं। इस परंपरा की याद लाला द्वारा लिखी गई जमशेदजी की जीवनी 'फॉर द लव ऑफ इंडिया', भारतीय विज्ञान संस्थान के बाहर स्थित मूर्ति और बॉम्बे हाउस में स्थित उनकी आवक्ष प्रतिमा और जमशेदपुर शहर के रूप में धड़कता इस्पात नगर दिलाते रहते हैं। भारतीय न सिर्फ यह जानते हैं कि टाटा समूह राष्ट्र-निर्माण के प्रति समर्पित है, बल्कि वे उससे ऐसी ही अपेक्षा रखते हैं। अगर टाटा ऐसा कुछ करे, जो भारत के हितों के खिलाफ हो तो इसे उस विरासत और परंपरा के प्रति विश्वासघात माना जाएगा। भारत में टाटा की प्रतिष्ठा का बड़ा भाग इस परंपरा के प्रति उसके निरंतर समर्पण की वजह से है, और यह कहना संभवत: अतिशयोक्ति नहीं होगा कि ब्रांड की भविष्य में ताकत कम-से-कम भारत में इस पर निर्भर करेगी कि आनेवाली पीढ़ियाँ उस विरासत और जमशेदजी के मूल्यों को निभाने में कितना बढ़िया रहती हैं।

इसे बेहतर ढंग से समझने के लिए कि व्यावहारिक रूप में एक कारोबारी मामले में उन मूल्यों का क्या आशय है, हम जमशेदजी टाटा के तीन सर्वाधिक सफल कारोबारी उपक्रमों—एंप्रेस मिल्स, ताजमहल होटल और टिस्को (टाटा आयरन एंड स्टील कंपनी) पर ध्यान दें।

## एंप्रेस मिल्स

जैसाकि हमने ऊपर देखा, पहली एंप्रेस मिल 1877 में नागपुर में खुली और इसके प्रबंधन की गुणवत्ता एक आंशिक कारण रही कि यह लगभग शुरू से व्यावसायिक रूप से सफल रही। मशीनरी में लगातार सुधार और कताई के लिए इस्तेमाल की गई रूई की गुणवत्ता ने भी अपनी भूमिका निभाई। उसी स्थल पर और भी मिलें खोली गईं और परिसर 'एंप्रेस मिल्स' के नाम से मशहूर हो गया। यह नागपुर के सबसे बड़े नियोक्ताओं में से एक हो गया—ठीक वैसे ही जैसे सदी के शुरू में स्कॉटलैंड में रॉबट ओवेन की न्यू लैनार्क मिल हो गई थी। एंप्रेस मिल्स भारतीय प्रबुद्ध पूँजीवाद की एक मिसाल बन गई।

जमशेदजी टाटा ओवेन, विलियम लीवर या टाइटस साल्ट जैसे प्रबुद्ध ब्रिटिश

उद्यमियों की कार्यशैली के बारे में कितना जानते थे, यह कहना मुश्किल है। लेकिन यह मानना मुश्किल है कि उन्होंने लंकाशायर और ब्रिटेन में वस्त्र उत्पादन करनेवाले अन्य जिलों में काफी समय बिताया और उन्हें इन ब्रिटिश उद्यमियों के बारे में जानकारी नहीं रही होगी, खासकर यह देखते हुए कि उनके ब्रिटिश उदारवाद के साथ संपर्क थे। ओवेन ने ग्लासगो के पास न्यू लैनार्क शिफ्ट करने के पूर्व मैनचेस्टर में काम किया था। लीवर की शुरुआत भी लंकाशायर से ही थी और यार्कशायर के टाइटस साल्ट एक उद्योगपति और राजनेता दोनों रूपों में मशहूर थे।[vi] टाटा ने एंप्रेस मिल्स में श्रम प्रबंधन में जो अभिनव तरीके अपनाए, वे शर्तिया सर्वोत्तम ब्रिटिश कार्यशैली से मिलते-जुलते थे।

रॉबर्ट ओवेन की तरह टाटा ने पाया कि कामगार बेहतर कार्य करते हैं, यदि वे प्रेरित हों और यदि उनके काम की गुणवत्ता को मान्यता दी जाए। उन्होंने सर्वश्रेष्ठ कामगारों की पहचान के लिए वार्षिक पुरस्कार समारोहों की स्थापना की और इन्हें आम महोत्सवों का रूप दे दिया। ऐसे वक्त में, जबकि भारत में वस्त्र उद्योग में अनुपस्थिति 20 फीसदी जितनी ऊँची थी, एंप्रेस मिल्स में यह गिरकर तकरीबन शून्य हो गई।[9] टाटा ने वर्ष 1886 में अपने पैसे से कामगारों के लिए एक पेंशन फंड की स्थापना की और इसके बाद काम के दौरान घायल होने वाले के लिए एक हादसा क्षतिपूर्ति कोष की स्थापना की। उन्होंने हादसों को घटानेवाले कदम भी उठाए, जैसे कि आग पर जल छिड़काव (फायर स्प्रिंकलर्स) की व्यवस्था की। एक अन्य अभिनव काम उन्होंने यह करवाया कि उन्होंने धूल स्तर कम रखने के लिए नमी पैदा करने की व्यवस्था की। इससे कामगारों और मशीनों दोनों की सेहत की रक्षा होती थी। सर्वोत्तम प्रबुद्ध पूँजीपतियों की तरह उन्होंने भी अपने कामगारों और उनके परिवारों के लिए अन्य सुविधाएँ प्रदान कीं, जिसमें एक पुस्तकालय, मनोरंजन एवं खेलकूद सुविधाएँ, बच्चों के लिए खेल के मैदान और आवासीय सुविधा शामिल थीं।

**व्यापारियों द्वारा 'इन्नोवेशन' शब्द का प्रयोग शुरू करने के काफी पहले जमशेदजी टाटा ने इसका महत्त्व जान लिया था।**

यह नया और जोशीला कदम था। कुछ अन्य भारतीय नियोक्ताओं ने एंप्रेस मिल्स द्वारा शुरू की गई मिसाल का अनुसरण किया, ठीक वैसे ही जैसे न्यू लैनार्क या साल्टेयर के उदाहरणों का कुछ अन्य ब्रिटिश नियोक्ताओं ने अनुसरण किया था। मगर जमशेदजी टाटा ने निश्चित रूप से अपने कारोबार के लिए एक पैमाना

स्थापित कर दिया था। कर्मचारियों के साथ नैतिक व्यवहार करना और उनके कल्याण के लिए चिंता करना टाटा के प्रबंधकीय विश्वासों में निरूपित हो गया। फिर, यह विशुद्ध रूप से लोकोपकार नहीं था, इस नजरिए के पीछे प्रबुद्ध स्व-हित की भावना निहित थी। कारोबार तब ज्यादा सक्षम होते हैं, जब उनके कर्मचारी खुश और स्वस्थ होते हैं। उन्होंने (टाटा ने) सन् 1895 में एक विरले सार्वजनिक भाषण में कहा, 'हम दूसरे लोगों से ज्यादा निस्स्वार्थ, ज्यादा उदार या ज्यादा लोकोपकारी होने का दावा नहीं करते। लेकिन हम सोचते हैं कि हमने ठोस और सीधे कारोबारी सिद्धांतों के आधार पर शुरुआत की। अपने शेयरधारकों, अपने कर्मचारियों के स्वास्थ्य और कल्याण का खयाल रखना हमारी समृद्धि की शर्तिया नींव है।[10] टाटा में आज भी ये शब्द कभी-कभी उद्धृत किए जाते हैं।

प्रबुद्ध स्वार्थ का वह सिद्धांत आनेवाले वर्षों में टाटा की विशेषता बन गया और उसकी प्रतिष्ठा में रच-बस गया और यह आज टाटा ब्रांड का हिस्सा है। टाटा की प्रतिष्ठा एक अच्छे और नैतिक नियोक्ता की है। अगर टाटा अपनी इस शोहरत से विमुख होते हैं तो उसकी प्रतिष्ठा और ब्रांड पर काफी आँच आएगी, जैसाकि तब तकरीबन देखा गया जब टाटा ने 1988 में एंप्रेस मिल्स से अपना हाथ खींच लिया।

1970 का दशक आते-आते एंप्रेस मिल्स कठिनाइयों में घिर गया। प्रबंधन की उत्तरोत्तर आती पीढ़ियों ने निरंतर आधुनिकीकरण के प्रति जमशेदजी टाटा की प्रतिबद्धता को बरकरार नहीं रखा और फर्म की तकनीक बुरी तरह वक्त से पिछड़ गई। वह खासकर पूर्वी एशिया की नई मिलों से कीमत के मोरचे पर प्रतिस्पर्धा नहीं कर सकी। टाटा संस के मौजूदा चेयरमैन रतन टाटा ने 1977 में एंप्रेस मिल्स को अपने हाथ में लिया और कुछ समय के लिए इसकी लाभदायक स्थिति बहाल करने में सफलता पाई, लेकिन '80 के दशक के मध्य में दबाव फिर बढ़ने लगा। रतन टाटा ने मिल के आधुनिकीकरण के लिए टाटा संस से निवेश करने को कहा। मगर चर्चा के बाद निदेशकों ने इनकार कर दिया और एंप्रेस मिल्स में अपनी हिस्सेदारी बेचने का फैसला किया। तब इस फर्म का महाराष्ट्र प्रदेश वस्त्र निगम (एम.एस.टी.सी.) ने अधिग्रहण कर लिया। इस निगम की स्थापना सन् 1966 में की गई थी, ताकि वह बीमार वस्त्र मिलों का अधिग्रहण करे और उन्हें चलाए।[vii]

टाटा के लिए इसके गंभीर परिणाम हो सकते थे। एंप्रेस मिल्स हालाँकि अब समूह की फ्लैगशिप फर्म नहीं थी, लेकिन यह समूह की सबसे पुरानी कंपनी थी और इसका संस्थापक (जमशेदजी) के साथ मजबूत भावनात्मक जुड़ाव था। भारत

में अधिकतर लोगों को इस बारे में पता था और टाटा के लिए एंप्रेस मिल्स के प्रतीकात्मक महत्त्व के बारे में भी उन्हें मालूम था, भले ही बीमार वस्त्र व्यापार की वास्तविकताओं के बारे में उन्हें धुँधली जानकारी ही हो। अधिकतर लोगों को यह भी मालूम था कि सरकार को कंमनी सौंपने से इसका अंत होने में सिर्फ विलंब हो सकता है, लेकिन इसे एकदम रोका नहीं जा सकता। एंप्रेस मिल्स को न सँभाल पाने के लिए मीडिया के कुछ वर्गों में टाटा की आलोचना भी की गई।[11] तर्क दिया गया कि टाटा ने अतीत में एंप्रेस मिल्स से काफी कमाई की थी और अब जबकि कंपनी मुसीबत में है, तो बाकी समूह ने इससे मुँह मोड़ लिया।

वैसे, इसके विरोध में भी काफी तर्क दिए गए। जहाँ तक कमाई करने की बात है तो टाटा ने काफी पैसा समुदाय में लगा दिया था; प्रबुद्ध पूँजीवाद धन सृजन करने के बारे में है, न कि मृतप्राय कंपनियों को सहारा देने के लिए धन लुटाने के बारे में है। ऐसे कई तर्क दिए गए। लेकिन ऐसे मामलों में तर्क का औचित्य नहीं देखा जाता। नजरिया ही सबकुछ होता है। अगर टाटा को इस रूप में देखा जाता कि उसने असम्मानजनक या अनुचित रूप से काम किया तो उसकी प्रतिष्ठा पर वास्तविक और स्थायी आँच आती। दरअसल, ऐसा नहीं हुआ। संभवत: इसके कई कारण थे। पहला, एंप्रेस मिल्स अकेली वस्त्र निर्माण कंपनी नहीं थी, जो मुसीबत में थी और उस क्षेत्र की ज्यादातर मिलों का वर्षों पहले एम.एस.टी.सी. ने अधिग्रहण किया था या उन्हें उबारा था। टाटा ने बस मुसीबत शुरू होते ही अपना पिंड नहीं छुड़ा लिया था, उसने कम-से-कम फर्म को चलाते रहने की कोशिश की थी। और दूसरा, टाटा की साख काफी अच्छी थी। वह एक नैतिक नियोक्ता के रूप में जाना जाता था और यदि उसने कहा कि यह कंपनी बचाई नहीं जा सकती और सिर्फ यही विकल्प है कि या तो इसे बंद कर दिया जाए या राज्य सरकार के हवाले कर दिया जाए तो शेयरधारक संभवत: इस बात पर यकीन करने को तैयार थे। लेकिन इससे पहले कि लोगों का भरोसा उठने लगे, ऐसा कितनी बार किया जा सकता है।[viii]

## ताजमहल

किंवदंती के अनुसार, ताजमहल होटल की स्थापना उसके बाद की गई जब जमशेदजी टाटा को एक ऐसे यूरोपीय मालिक के होटल में घुसने से मना कर दिया गया, जिसमें एक साइनबोर्ड लगाकर कुत्तों और भारतीयों के प्रवेश करने पर पाबंदी लगा दी गई थी। उन्होंने (जमशेदजी) एक ऐसा लग्जरी होटल बनाने का संकल्प

लिया, जो भारतीयों के लिए खुला रहेगा और जहाँ भारतीय मनोरंजन कर सकें तथा बगैर किसी अपमान के लुत्फ उठा सकें।[12]

बहरहाल, इसमें काफी संदेह है कि यह कहानी सच्ची है। ताजमहल के उप-महाप्रबंधक बिर्गित जॉर्निगर कहते हैं कि इस तरह का साइनबोर्ड होता था, लेकिन यह लगभग शर्तिया बात है कि इस वजह से जमशेदजी टाटा ने यह होटल बनाने का फैसला नहीं किया। वास्तविक कारण यह था कि वह भारतीय अर्थव्यवस्था को विकसित करने के लिए संकल्पबद्ध थे। मुंबई में होटल कम और खराब किस्म के थे, जो कि पर्यटकों और स्थानीय लोगों को समान रूप से अखरते थे। अमेरिकी लेखक मार्क ट्वेन ने शिकायत की है कि वह जिस होटल में ठहरे थे, उसका रसोइया सिर्फ एक डिश आयरिश स्ट्यू (धीमी आँच में पकाया गया मांस और सब्जियों का डिश) पकाना जानता था। उसने यही डिश अलग-अलग फ्रेंच नामों से चौदह बार परोसी, यह छुपाने के लिए कि लोगों को पता न चले कि कौन सी डिश आ रही है। यहाँ तक कि सबसे बढ़िया होटलों में से भी कुछेक चूहों से भरे पड़े थे, जो कि खासकर नाखुश करनेवाली बात थी, क्योंकि शहर में समय-समय पर चूहों के जरिए फैलनेवाला प्लेग होता रहता था। टाटा यूरोपीय और अमेरिकी पूँजी तथा तकनीकी विशेषज्ञों को शहर में आकर्षित करना चाहते थे; लेकिन वह जानते थे कि ऐसा करने की संभावना तब तक एकदम कम है जब तक पर्यटकों को ऐसे होटल की सुविधा न दी जाए, जो साफ-सुथरा और सुरक्षित हो।[ix]

दरअसल, भारत में कोई लग्जरी होटल था ही नहीं और पूरे एशिया में भी बहुत थोड़े थे। पेनाग में ईस्टर्न एंड ओरिएंटल होटल और रंगून में स्ट्रैंड, दोनों के ही मालिक सार्काइज ब्रदर्स थे, ही सिर्फ लग्जरी होटल थे। सिंगापुर में रैफल्स होटल भी सार्काइज का ही था और उस समय उसमें केवल 10 कमरे थे और वह एशियाई लोगों को स्टाफ के अलावा किसी और रूप में प्रवेश ही नहीं करने देता था। जमशेदजी टाटा का विचार एक ऐसा लग्जरी होटल—शुरुआती योजना 500 मेहमानों के ठहरने के लिए थी—बनाने की थी, जहाँ यूरोपीय और एशियाई समानता के साथ मिल सकें और कारोबार के बारे में चर्चा कर सकें। यह विचार आर्थिक और सामाजिक दोनों संदर्भों में क्रांतिकारी था।

---

**भारतीय न केवल यह जानते हैं कि टाटा समूह राष्ट्र-निर्माण के प्रति समर्पित है, वे उससे ऐसी ही अपेक्षा भी रखते हैं।**

---

जमीन 1898 में खरीदी गई और 1900 में वहाँ पर काम शुरू हो गया। जैसाकि

*मूल ताजमहल होटल। पुराने बगीचे और मोटर वाहन रास्ते की जगह अब स्वीमिंग पूल ने ले ली है।*

वह आमतौर पर करते थे, टाटा ने अपनी शुरुआती जरूरतें बता दीं और फिर अपने विश्वस्त विशेषज्ञों को डिजाइन बनाने और होटल का निर्माण करने की जिम्मेदारी सौंप दी, हालाँकि कहा जाता है कि काम की प्रगति देखने के लिए वह ज्यादातर दिन कार्यस्थल पर जाते थे। उनकी मुख्य आवश्यकता थी कि हर चीज उसी क्वालिटी की होनी चाहिए, जो उन्होंने खुद यूरोपीय और अमेरिकी लग्जरी होटलों में देखी थीं—कमरे, फर्नीशिंग्स, रेस्तराँ, दुकानें, लॉण्ड्री सुविधा। रोशनी की व्यवस्था के लिए एक विद्युत् जेनरेटर लगाया गया और एयर कंडीशनिंग के ईजाद के पहले के उन दिनों में उन्होंने निर्देश दिया कि कमरे ऐसे डिजाइन किए जाने चाहिए कि उनमें हवा आ-जा सके।[x] ताजमहल होटल 16 दिसंबर, 1903 को खुल गया।

टाटा ने इस प्रोजेक्ट के लिए अपनी जेब से धन दिया, जो तब 25 लाख रुपए बैठा था। यह टाटा एंड संस का प्रोजेक्ट नहीं था और उनकी ऐसी मंशा भी नहीं थी कि यह होटल समूह का हिस्सा बने। जैसाकि आर.एम. लाला कहते हैं, 'इसे (ताज होटल) शहर को उनकी ओर से एक भेंट बनना था। उन्होंने एक अनुभवी होटल संचालक को खोजने की कोशिश की, जो इसे भली-भाँति सँभाले; लेकिन मई 1904 में निधन के पूर्व तक वह ऐसा शख्स नहीं ढूँढ़ सके। तब इस होटल को चलाने की जिम्मेदारी दोराब टाटा और टाटा एंड संस में उनके भागीदारों पर आ पड़ी।'

मुंबई के लोगों ने इस होटल के प्रति बेहद स्नेह प्रदर्शित किया और गर्व

महसूस किया। यह कई वर्षों तक टाटा के घोंसले में एक कोयल की तरह रहा। यह समूह की अन्य कंपनियों से हर तरह से भिन्न था। इसे मूल टाटा कारोबार के रूप में नहीं देखा गया। अंततः, समूह ने महसूस किया कि ताज के रूप में उनके पास न केवल एक अहम भौतिक संपदा है, बल्कि यह एक बहुत महत्त्वपूर्ण संभावित ब्रांड भी है और आज ताज ब्रांड टाटा समूह में सबसे मजबूत ब्रांडों में से एक है (देखें अध्याय 5)। लेकिन यह प्रक्रिया पूर्व निर्धारित डिजाइन के तहत नहीं पूरी हुई।

एक इतिहासकार और सर दोराबजी टाटा ट्रस्ट के दीर्घकाल तक निदेशक रहे आर.एम. लाला टाटा समूह के इतिहास के बारे में किसी भी जीवित व्यक्ति से ज्यादा जानते हैं। सर दोराबजी टाटा ट्रस्ट उन संगठनों में से एक है, जो टाटा संस के स्वामी हैं। जब मैं उनसे मुंबई में वर्ष 2009 में मिला, मैंने उनसे पूछा कि उनकी राय में टाटा की सफलता का राज क्या है ? वह रुके और फिर बोले, 'यह सही है, तकदीर होती है।' और ताज उसका एक उदाहरण है। यह तथ्य कि टाटा के मुकुट का एक रत्न अपनी शुरुआत में लगभग बेच डाला गया था और फिर तिरस्कृत रहा, जिज्ञासा जगाता है। क्या जमशेदजी टाटा के बेटों और उनके निकटवर्ती उत्तराधिकारियों ने सोचा कि एक लग्जरी होटल महात्मा गांधी के युग में स्वदेशी और राष्ट्र-निर्माण के आदर्शों से मेल नहीं खाता है ? क्या वे इस होटल के संस्थापक के प्रति सम्मान की भावना (साथ ही, स्पष्ट मुनाफे के मद्देनजर) से इसे थामे रहे ? हम इस बात को कभी नहीं जान पाएँगे। दोनों ही पक्षों के लिए सौभाग्यशाली यह रहा कि वे इस होटल को सँभाले रहे और आज यह जेवर वाकई बहुत तेज चमकता है।

---

**जिन लोगों ने कभी इसके दरवाजे के अंदर कदम नहीं रखा था, वे भी इस पर गर्व करते थे। यहाँ एक होटल था, जो दुनिया के सर्वोत्तम होटलों से मुकाबला करता था—ऐसा जिसका निर्माण एक भारतीय ने किया—जिसकी डिजाइन एक भारतीय वास्तुशिल्पी ने बनाई और जो भारतीयों द्वारा संचालित किया जाता है।**

---

ताज की कहानियाँ हमें याद दिलाती हैं कि लोग अपने रहस्य गढ़ लेते हैं। अगर ताज टाटा की छवि के अनुरूप आवश्यक रूप से नहीं बैठता था तो यह निश्चित रूप से मुंबई की छवि के साथ फिट बैठता था। जिन लोगों ने कभी इसके दरवाजे के अंदर कदम नहीं रखा, वे भी इसे गौरव मानते थे। यहाँ एक होटल था, जो दुनिया के सर्वोत्तम होटल के मुकाबले खड़ा था, जिसका निर्माण एक भारतीय

ने किया था, जिसकी डिजाइन एक भारतीय वास्तुशिल्पी ने बनाई थी और जिसे भारतीयों द्वारा ही संचालित किया जाता था। आज, सौ साल बाद भी गौरव और श्रेष्ठता का यह भाव ताज ब्रांड के दिल में समाहित है। ताज ने ऐलान किया कि भारत अब दोयम दर्जे का नहीं रहा; यह दुनिया में किसी की भी तरह अच्छा है। इस बात पर गौर न करें कि इसके बारे में कुछ कहानियाँ सच्ची नहीं हैं। वे अच्छी कहानियाँ हैं। लोग उनका मजा लेते हैं तथा वे भवन के मिथक को और गहराते हैं। और अब, 26/11 के बाद, ताज की कहानियों की नई फसल आ गई है, जिनमें कुछ दर्दनाक भी हैं; लेकिन सभी शक्तिशाली हैं। किंवदंती जारी है और यह विस्तृत होते जा रहे होटल साम्राज्य के दिल में है और यह साम्राज्य पूरी दुनिया को अपने दायरे में लेता जा रहा है। ऐसा कभी न कहें कि मिथकों और ब्रांडों का आपस में कुछ लेना-देना नहीं है।[xi]

## टिस्को

जमशेदजी टाटा जब पहली बार ब्रिटेन गए, तभी से उनके दिमाग में एक ऐसी अर्थव्यवस्था का विचार पनप रहा था, जो सही मायने में आत्मनिर्भर होने के लिए इस्पात बनाने में सक्षम हो। वर्ष 1982 में उन्होंने एक जर्मन सर्वेक्षक की रिपोर्ट देखी, जिसमें बताया गया था कि मध्यप्रांत की पहाड़ियों में भारी मात्रा में लौह अयस्क का भंडार हो सकता है। इसी क्षेत्र में कोयला भंडार होने की बात भी कही गई। टाटा ने इन संसाधनों के दोहन के लिए एक कंपनी बनाने की योजना बनानी शुरू कर दी; लेकिन वह जल्द ही नौकरशाही की दीवार से टकरा गए। भारत सरकार, जो कि लोहा और कोयला के रणनीतिक महत्त्व से वाकिफ थी, इन्हें अपने ही हाथों में रखने के लिए दृढ़ संकल्प लिये हुए थी।[13]

लेकिन रेलवे और हथियारों के लिए इस्पात की माँग आपूर्ति की तुलना में तेजी से बढ़ी और वर्ष 1899 में भारत के वायसराय लॉर्ड कर्जन ने अपनी नीति में बदलाव किया और इस उद्योग में निजी कंपनियों को प्रवेश करने की इजाजत दे दी।

टाटा ने तुरंत रुचि दिखाई। यह जानते हुए कि उन्हें विदेश से मदद की जरूरत पड़ेगी, वह अमेरिका गए। जैसाकि पहले बताया गया है, उन्होंने चार्ल्स पेज पेरिन को अपना सलाहकार इंजीनियर नियुक्त किया। पेरिन ने अपने सहायक सी.एम. वेल्ड और भारतीय भूगर्भ-शास्त्रियों के एक दल के सहयोग से मध्यप्रांत में खोज की और वहाँ भारी मात्रा में लौह अयस्क के भंडार होने की पुष्टि की।[xii]

*टिस्को बिलेट मिल, 1958*

बहुत लंबा समय नहीं बीता, जब जमशेदजी टाटा का निधन हो गया; लेकिन उनके बेटे और उत्तराधिकारी दोराब ने यह काम जारी रखा। उन्होंने आखिरकार कलकत्ता से 150 मील पश्चिम बंगाल प्रेसिडेंसी में साकची गाँव के पास एक स्थल का चयन किया और उस स्थल को एक ब्रांच लाइन के जरिए रेलवे नेटवर्क से जोड़ने के लिए सरकार को राजी किया। टाटा आयरन एंड स्टील कंपनी (टिस्को) की स्थापना वर्ष 1907 में की गई और इसमें टाटा एंड संस तथा कई भारतीय निवेशकों की हिस्सेदारी रही। ढलाई-घर का काम सन् 1908 में शुरू हुआ; 1911 के अंत में लोहे का उत्पादन शुरू हुआ और 1912 में इस्पात का उत्पादन होने लगा।

ढलाई-घर और खान बनाने की यह कहानी जितनी आसान लगती है उतनी थी नहीं। भारत के इस भाग का अधिकांश क्षेत्र (अब झारखंड राज्य) घने जंगलों से आच्छादित था। बीमारियों और बाघों की मुसीबतों के साथ नाराज आबादी का भी खतरा था। यह भारत के सबसे गरीब क्षेत्रों में से एक था और अब भी है। काफी आबादी आदिवासियों की थी, जो अंग्रेजों और भारतीयों को समान रूप से

नापसंद करते थे।[viii] उन्नीसवीं सदी के प्रारंभ में यहाँ दो बड़े विद्रोह हुए थे और 1896-1900 के बीच तीसरा विद्रोह बिरसा मुंडा के नेतृत्व में फूटा था। इस विद्रोह को दबाने के लिए हजारों अंग्रेज और भारतीय फौजियों को लगाना पड़ा था।[14]

लोगों को वहाँ आने, रहने और काम करने को राजी करने के लिए टिस्को को हर तरह की सुविधा देनी पड़ी—न सिर्फ घर बल्कि दुकानें, मनोरंजन सुविधाएँ और पूजा-स्थल। इसका मतलब था नए सिरे से एक शहर बसाना। जमशेदजी टाटा ने इस जरूरत को भाँप लिया था। अपने स्वभाव के मुताबिक उन्होंने जोर दिया कि नया शहर न सिर्फ उनके कामगारों को निवास प्रदान करे, बल्कि एक वास्तविक समुदाय प्रदान करे। उन्होंने सन् 1902 में अपने बेटे दोराब को एक पत्र लिखा, जिसका अकसर उद्धरण दिया जाता है—

''यह सुनिश्चित करो कि छायादार वृक्षों के साथ चौड़ी सड़कें बनाई जाएँ, हरेक वृक्ष तेजी से बढ़नेवाला हो। यह भी देखो कि लॉन और बगीचों के लिए काफी जगह रखी जाए। फुटबॉल, हॉकी और पार्कों के लिए बड़े क्षेत्र रिजर्व रखे जाएँ। हिंदुओं के लिए मंदिरों, मुसलमानों के लिए मसजिदों और ईसाइयों के लिए चर्चों के लिए क्षेत्र चिह्नित कर दिए जाएँ।''[15]

हालाँकि इसका कोई सीधा सबूत नहीं है, ऐसा लगता है कि प्रत्यक्ष या अप्रत्यक्ष रूप से जमशेदजी टाटा 'गार्डन सिटी' की अवधारणा से प्रभावित थे। सर इबेंजर हावर्ड की 'गार्डन सिटीज ऑफ टुमॉरो', जिसने इसकी अवधारणा सामने रखी, भी सन् 1902 में प्रकाशित हुई थी।[16] होवार्ड की नजर एक ऐसे नियोजित शहर की थी, जहाँ बीमारी-मुक्त अच्छा निवास हो, प्रचुर मात्रा में हरे-भरे क्षेत्र, पार्क और पेड़ हों, ताकि अच्छे स्वास्थ्य एवं मनोरंजन को बढ़ावा मिले और जहाँ स्कूल व चिकित्सकीय सुविधाओं जैसी तमाम सहूलियतें मुहैया कराई जाएँ। जमशेदपुर होकर गुजरते हुए मुझे हावर्ड के विचारों के अनुसार बने वेल्वीन और मिल्टन कीन्स जैसे ब्रिटिश गार्डन सिटीज की याद आई। यहाँ तक कि सड़कों की योजना में भी समानताएँ नजर आती थीं।[xiv]

जमशेदजी टाटा की इच्छाओं के अनुरूप इस्पात मिल के इर्द-गिर्द एक नियोजित शहर उभर आया और वर्ष 1912 तक वहाँ 400 से भी ज्यादा आवासीय इकाइयाँ थीं। इसके अलावा एक अस्पताल, स्कूलों, पार्कों, क्लबों और खेल के मैदानों का भी वजूद हो गया था। टाटा स्टील एक आदर्श (मॉडल) नियोक्ता भी था। भारत में अन्य क्षेत्रों में कानून बनने के काफी पहले इसने 8 घंटे का कार्य दिवस

तय किया। साथ ही दुर्घटनाओं और चोट लगने पर मुआवजा, भुगतान-युक्त छुट्टी, जन-कल्याण और चिकित्सकीय देखभाल के लिए प्रावधान, बच्चों के लिए स्कूल, लाभ में हिस्सेदारीवाला बोनस जैसी सुविधाएँ भी दी गईं। टिस्को न सिर्फ भारत में ऐसा करनेवाली पहली कंपनी थी, बल्कि ऐसा करनेवाली दुनिया की कंपनियों में से एक थी। वर्ष 1916 में दोराब टाटा ने ब्रिटिश फेवियन सोशलिस्ट नेताओं बीएट्रिस और सिडनी वेब—दोनों शिक्षा और आवासीय सुधार के प्रबल समर्थक थे—को भारत आने के लिए आमंत्रित किया और सुझाव देने के लिए कहा कि भविष्य में विकास किस तरह होना चाहिए। वेब्स और उनके सहयोगियों ने सेवाओं के भविष्य के विकास के लिए एक योजना बनाई। यहाँ तक तो अच्छा रहा।

---

**टाटा की प्रतिष्ठा एक अच्छे और नैतिक नियोक्ता की है। एक मॉडल नियोक्ता होनेवाली भारत की यह पहली कंपनी है।**

---

मगर जैसाकि रुद्रांगशु मुखर्जी टाटा स्टील के अपने शतकीय इतिहास में लिखते हैं—'जमशेदपुर के निर्माण का मतलब था कि एक स्टील कंपनी को एक टाउन प्लानर और एक नगरपालिका की भूमिका निभानी पड़ी।'[17] यह काम कुछ ऐसा था कि टाटा में इसे करने का किसी के पास अनुभव नहीं था। ऐसा लगता है कि टाटा ने इसकी लागत को कम आँका। वर्ष 1919 तक टिस्को जितने लोगों के लिए आवासीय सुविधा मुहैया करा सकती थी, उसकी तुलना में काफी तेजी से कर्मचारियों की तादाद बढ़ी थी। और उस साल की एक सरकारी रिपोर्ट में उल्लेख किया गया कि जमशेदपुर की तीन-चौथाई आबादी, जो सबसे गरीब कामगार और उनके परिवार हैं, नियोजित शहर के बाहर झुग्गियों में रह रही थी। कंपनी ने ज्यादा विशेषज्ञ बुलाए, ताकि वे ज्यादा-से-ज्यादा घर और सुविधाएँ प्रदान करने के लिए सलाह दें। लेकिन घरों की आपूर्ति के मुकाबले आबादी का बढ़ना फिर भी जारी रहा। 1931 तक जमशेदपुर में 80 हजार से ज्यादा लोग थे और कंपनी उसमें से एक छोटे हिस्से को ही आवास प्रदान कर सकी थी।

अंशत: टिस्को अपनी सफलता की खुद शिकार रही है। कंपनी का विकास बहुत तेजी से हुआ और यह विकास कुछ हद तक उस पर बाहर से थोपा गया। प्रथम विश्व युद्ध टिस्को में इस्पात उत्पादन शुरू होने के दो साल बाद ही शुरू हो गया था और इस्पात की माँग काफी ऊँची हो गई थी। वायसराय की सरकार ने टिस्को को आदेश दिया कि वह अपने साधनों में कई गुना बढ़ोतरी करे और यह उसकी योजना से काफी तेज थी। कंपनी ने अमेरिकी महाप्रबंधकों और इंजीनियरों

की भरती करना जारी रखा। वे फ्रेडरिक विंसलो टेलर द्वारा बनाए गए वैज्ञानिक प्रबंधन की विधा में रमे हुए थे और मानते थे कि एक संयंत्र को सबसे सक्षम ढंग से चलाने का तरीका यह है कि कम-से-कम वेतन पर कामगारों का ज्यादा-से-ज्यादा पसीना बहाया जाए।[18] इन अमेरिकी मैनेजरों में से कुछेक कामगारों के बीच बेहद अलोकप्रिय हो गए।

---

**आज टाटा समूह के चारों ओर 'अच्छाई' का जो आभामंडल है और जो इसके ब्रांड का भी हिस्सा है, उसकी आंशिक उत्पत्ति जमशेदपुर में हुई।**

---

नतीजा यह हुआ कि सन् 1920 की शुरुआत में शृंखलाबद्ध हड़तालें हुईं; कभी-कभी हिंसक विद्रोह भी हुए और प्रबंधन ने कभी-कभी कामगारों के खिलाफ बल का भी इस्तेमाल किया (जैसाकि अमेरिका में प्रचलित था)। गांधी ने वर्ष 1925 में शहर का दौरा किया और दोनों पक्षों के बीच सुलह कराने की कोशिश की; लेकिन सन् 1928 में एक विवाद ने मिल को चार महीने से भी ज्यादा समय तक बंद करा दिया।

टिस्को में प्रबंधकीय संस्कृति में बदलाव के बाद ही इस समस्या की समाप्ति हुई। मुखर्जी का मानना है कि अहम तारीख 1938 में आई, जब जे.आर.डी. टाटा ने अध्यक्ष के रूप में काम सँभाला। उन्होंने श्रम संबंधों के प्रति एक नया और ज्यादा सहयोगात्मक नजरिया अपनाया। अंतर-सांस्कृतिक संघर्ष को कम करने के लिए कंपनी ने भी अमेरिकी मैनेजरों की जगह भारतीय मैनेजर रखना तेजी से शुरू किया। इसके बाद जमशेदपुर में श्रम संबंधों में काफी सुधार आया। हालाँकि वर्ष 1942 और 1958 में छोटी हड़तालें हुईं, लेकिन तब से माहौल शांतिपूर्ण रहा है।[xv]

भारतीयों में जमशेदपुर के बारे में आज जो छवि है, उसकी तुलना में उसका शुरुआती इतिहास कुछ अराजक और विरोधाभासी रहा है। ताज की तरह यह (टिस्को) राष्ट्रीय गौरव का एक स्रोत रहा है। यह भारत का पहला एकीकृत इस्पात संयंत्र था और आर्थिक मजबूती एवं आत्मनिर्भरता का प्रतीक था। जमशेदपुर का नियोजित शहर प्रबुद्ध पूँजीवाद का एक मॉडल (नमूना) माना जाता है। और यह कई तरह से ऐसा है। टाटा के लोग नगरपालिका विकास के विशेषज्ञ नहीं थे और उन्होंने गलतियाँ कीं (लेकिन उन्होंने उस समय मुंबई और कोलकाता के नगर नियोजकों से कम ही गलतियाँ की थीं)। लोग जो आज याद करते हैं, वे परिणाम नहीं बल्कि मंशा देखते हैं। टाटा समूह के इर्द-गिर्द आज जो 'अच्छाई' का आभामंडल है, और यह इसके ब्रांड का भी हिस्सा है, उसकी आंशिक उत्पत्ति जमशेदपुर में ही

हुई थी। लोग अच्छा करने की इच्छा को याद रखते हैं और बीच रास्ते में हुई गलतियों को भूल जाते हैं या माफ कर देते हैं।

## व्यक्ति और मिथक

हरेक सफल और दीर्घकालीन कंपनी के पीछे एक पौराणिकी होती है, जो प्रायः इसके संस्थापक या अन्य प्रमुख नेताओं को केंद्रित कर रची जाती है।[20] कंपनी अपने स्टेकहोल्डरों के बीच जो छवि पेश करती है, उसके केंद्र में यह पौराणिकी होती है। यह कंपनी की अपनी अवधारणा के भी केंद्र में होती है और यह रणनीति और नवाचार से लेकर नैतिक व्यवहार की अवधारणाओं तक हरेक चीज को प्रभावित करता है।

---

**हर समाज की एक पौराणिकी होती है और इसी तरह हरेक कंपनी के साथ भी एक खास उम्र हासिल कर लेने के बाद होता है।**

---

बहुत लोग 'मिथ' का आशय ऐसी चीज से लगाते हैं, जो काल्पनिक है या गढ़ा गया है। जरूरी नहीं कि ऐसा हो। अंग्रेजी के ऑक्सफोर्ड शब्दकोश में 'मिथ' की एक परिभाषा दी गई है—'परंपरागत कथा, जिसमें प्राकृतिक या सामाजिक धारणा के बारे में लोकप्रिय विचार निहित हों'। प्राचीन यूनानियों या प्राचीन भारतीयों के मिथक रूपक कथाएँ हैं। वे इस बात का प्रतिनिधित्व करते हैं कि समाज में क्या हो रहा है। अकसर उनका उपदेशात्मक कार्य भी होता है। वे समाज को मूल्य प्रदान करते हैं, समाज के नए सदस्यों को पाठ पढ़ाते हैं और पुराने सदस्यों को सतर्क करते हैं। वे लोगों को खास तरह से व्यवहार करने के लिए प्रोत्साहित करते हैं और दुर्व्यवहार करने के परिणामों की चेतावनी भी देते हैं। हर समाज की एक पौराणिकी होती है और इसी तरह एक खास उम्र हासिल कर लेने के बाद हर कंपनी की भी पौराणिकी है।

नॉर्स पौराणिकी में देवताओं ने अपने अभिमान और लालच के द्वारा खुद को नष्ट कर लिया और अपना बुरा हश्र खुद कर लिया। इसके सबूत हैं कि जो कंपनियाँ अपनी पौराणिकी से विमुख हो जाती हैं, वे उसी तरह के हश्र का खतरा उठाती हैं, या कम-से-कम अपने मूल्यों से समझौता करने और अपनी छवि को नुकसान पहुँचाने का खतरा उठाती हैं। मिथक मैनेजरों और कर्मचारियों को याद दिलाते हैं कि उन्हें क्या करना चाहिए और किस तरह का आचरण करना चाहिए,

*शुरुआती दिनों में जमशेदपुर के मुख्य मार्गों में से एक साकची बाउलेवार्ड।*

और यदि उन्होंने ऐसा नहीं किया तो परिणामों की चेतावनी भी देते हैं। कॉरपोरेट पौराणिकी की सँभाले रहनेवाली भूमिका भी होती है। सही ढंग से इस्तेमाल किए जाने पर यह लोगों को प्रोत्साहित कर सकती है, उन्हें कार्योन्मुख कर सकती है और यहाँ तक कि प्रेरित कर सकती है। और जैसाकि उल्लेख किया गया, एक बार जब पौराणिकी कंपनी के बाहर फैल जाती है तो यह दूसरों के नजरिए को भी प्रभावित करती है। बाहरी स्टेकहोल्डर भी इन मिथकों के प्रभाव में आना शुरू हो जाते हैं और वे इन्हें स्वीकार कर लेते हैं—और यहाँ तक कि मिथक गढ़ने में मदद करते हैं, जैसाकि हमने खास तौर पर ताज के मामले में देखा।

टाटा समूह ने जमशेदजी टाटा की पौराणिकी का इस्तेमाल इन तमाम उद्देश्यों के लिए किया—लोगों को अपने मूल्यों व आदर्शों के बारे में बताने के लिए, अपनी नैतिक संहिता तय करने के लिए, लोगों को अपने उदाहरण का अनुपालन करने को प्रेरित करने के लिए, धन कमाने के लिए, काम करने और भारत को मजबूत बनाने का संदेश देने के लिए तथा स्टेकहोल्डर को अपनी छवि बताने के लिए। किसी को उदाहरण ढूँढ़ने के लिए समूह के इतिहास पढ़ने या इसकी वेबसाइट खँगालने की जरूरत नहीं है कि यह कैसे किया जाता है। कॉरपोरेट के दस्तावेजों में अकसर ही उनके उद्धरण भरे पड़े हैं। हालाँकि उनका निधन हुए सौ से भी ज्यादा साल हो गए हैं, उनके आदर्श अभी भी जीवित हैं।

**अगर हम जमशेदजी टाटा को एक ब्रांड मानें, जो कि कुछ हद तक वह थे, तो हम कहेंगे कि उन्होंने 'ब्रांड को जीया'; जिन मूल्यों का उन्होंने समर्थन किया, उस पर उन्होंने अमल भी किया।**

जे.एन. टाटा की विरासत (परंपरा) को जीवित रखना समूह के नेताओं की समझ-बूझकर अपनाई गई नीति रही है। जमशेदजी के उत्तराधिकारी व टाटा एंड संस के चेयरमैन के रूप में सर दोराबजी टाटा ने फ्रैंक हैरिस को अपने पिता की जीवनी लिखने का कार्यभार सौंपा। विद्वत्ता के लिहाज से उस जीवनी में चाहे जो भी कमियाँ रही हों, इसने उनकी याद को सुरक्षित रखने में मदद की कि उन्होंने क्या किया और उनके क्या आदर्श थे। उनके आग्रह पर ही सरकार ने टिस्को के स्टील मिल के स्थल का नाम 'साकची' से बदलकर 'जमशेदपुर' कर दिया और यह दोराबजी के पिता के प्रति सम्मान व्यक्त करने के लिए किया गया। लेकिन काफी हद तक जमशेदजी टाटा ने खुद अपने शब्दों, अपनी गतिविधियों और अपने कामों के जरिए मिथक गढ़ा। भारत में, लोग उनकी प्रतिष्ठा का आकलन इस आधार पर करते हैं कि उन्होंने क्या कहा और क्या किया। अगर हम जमशेदजी टाटा को एक ब्रांड मानें—जो कि कुछ हद तक वह थे—तो हम कहेंगे कि उन्होंने ब्रांड को जीया; जिन मूल्यों का उन्होंने समर्थन किया, उन पर अमल भी किया।

जमशेदजी टाटा की कहानी मूल्यों, कार्यों एवं प्रतिष्ठा के बीच संबंध को स्पष्ट कर देती है और हर मजबूत ब्रांड के केंद्र में यही बातें रहती हैं। टाटा अपनी पौराणिकी बनाए रखने और मिथक का बार-बार संदर्भ लेने में बुद्धिमान रहे हैं, क्योंकि यही वे प्लेटफॉर्म हैं, जिन पर आधुनिक ब्रांड का निर्माण किया गया है।

## संदर्भ :

(i) कभी-कभी 'जमशेतजी' या 'जमशेदजी' लिखा जाता है, खासकर शुरुआती रचनाओं में। टाटा खुद हमेशा 'जमशेतजी' बोलते-लिखते थे।

(ii) जो पाठक भारत से अपरिचित हैं, उनकी सलाह के लिए बता दें कि हालाँकि शहर का नाम औपचारिक तौर पर 'मुंबई' कर दिया गया है, लेकिन कई लोग अभी भी इसे 'बॉम्बे' कहना पसंद करते हैं और बॉम्बे हाउस जैसे नामी स्थलों ने अपना नाम नहीं बदला है। किसी प्रकार के भ्रम से बचने के लिए मैंने अपनी पुस्तक में हर जगह शहर को 'मुंबई' ही लिखा है।

(iii) कहने का आशय यह नहीं कि भाषण नहीं हुआ। बात सिर्फ इतनी है कि भाषण होने का या टाटा के उसमें मौजूद होने का कोई सबूत नहीं है। टाटा कार्लाइल की पुस्तक से परिचित थे, इसलिए 'सार्तोर रेसार्तस' से विचार लेना एक संभावित विकल्प है।

निश्चित तौर पर इस पुस्तक ने अन्यों को प्रभावित किया। यहूदी राष्ट्रवादी लेखक व्लादिमीर जानोतिंस्की ने भी अपने उपदेशात्मक उपन्यास 'प्रील्यूड टु पेलिलाह' में तर्क दिया था कि लोहे और इस्पात का नियंत्रण राजनीतिक शक्ति से जुड़ा हुआ है। यह विचार सीधे कार्लाइल से लिया गया था।

(iv) वर्ष 1911 में किंग जॉर्ज पंचम ने बेनोनजी मेहता को उद्योग के क्षेत्र में उनकी सेवाओं के लिए 'नाइट' की उपाधि देकर सम्मानित किया।

(v) टाटा की अमेरिकी इंजीनियर जॉर्ज वेस्टिंग हाउस से बातचीत हुई थी। वह बिजली उत्पादन के क्षेत्र में प्रवर्तक थे। उनसे बातचीत कर और नियाग्रा फॉल्स में एक विद्युत् स्टेशन का दौरा करने से टाटा इस प्रोजेक्ट को शुरू करने के लिए प्रेरित हुए। अंतरराष्ट्रीय घटनाओं व प्रदर्शनों को देखने और तकनीकी प्रगति ने टाटा की सोच व कारोबारी चलनों में बड़ी भूमिका निभाई। (आज टाटा पावर निजी क्षेत्र में भारत की सबसे बड़ी बिजली इकाई है, जो बिजली पैदा करने, उसके संचार, वितरण और विपणन में लगी हुई है।)

(vi) ओवेन श्रम प्रबंधन के क्षेत्र में एक प्रणेता थे। छोटी कार्यावधि और समुचित कार्य-व्यवहारों को लागू करने के वह समर्थक थे। वह ब्रिटिश समाजवाद के संस्थापकों में से एक थे और उन्होंने सहकारिता आंदोलन चलाने में मदद की थी। लीवर ने पोर्ट सनलाइट में फैक्टरी बनाई और मॉडल टाउन बनाया तथा अपने कामगारों को कई लाभ प्रदान किए। उनकी कंपनी लीवर ब्रदर्स ही बाद में 'यूनिलीवर' बनी। साल्ट ने प्रदूषित शहर ब्रैडफोर्ड से अपनी मिल और अपने कामगारों को हटाया तथा सॉल्टेयर में एक नई फैक्टरी स्थापित की, ताकि कामगारों को बेहतर जीवन और कार्य की परिस्थितियाँ प्रदान कर सकें।

(vii) एंप्रेस मिल्स वर्ष 2002 तक घाटे में चलती रही और तब एम.एस.टी.सी. ने अपनी तमाम मिलों को बंद कर दिया और लाखों कामगारों की छुट्टी कर दी।

(viii) बाद की कहानी के तौर पर, एम.एस.टी.सी. ने एंप्रेस मिल्स की जमीन 2006 में एक प्रॉपर्टी डेवेलपर को बेच दी। अब यह एक आवासीय परिसर है। मूल एंप्रेस मिल्स को ताज होटल्स, रिसॉर्ट्स एंड पैलेसेस, जो कि टाटा ग्रुप का एक हिस्सा है, ने एक होटल में तब्दील कर दिया।

(ix) चार्ल्स एलेन और शारदा द्विवेदी ने अपनी पुस्तक 'द ताज : स्टोरी ऑफ द ताजमहल होटल, बॉम्बे, 1903-2003' ने भी 'नो डॉग्स, नो इंडियंस' (कुत्ते नहीं, भारतीय नहीं) की कहानी को खारिज कर दिया है। उनका सुझाव है कि एक मकसद यह हो सकता है कि वर्ष 1896 में शहर में महामारी फैली थी, जिससे शहर का माहौल मातमी हो गया था और टाटा का होटल प्रोजेक्ट नागरिक गौरव को बहाल करने का एक प्रयास था। इस कारक को दरकिनार नहीं किया जाना चाहिए।

(x) होटल डिजाइन के प्रति टाटा के नजरिए की यात्री विमानों की डिजाइनिंग के प्रति हॉलैंड एंड वोल्ट के चेयरमैन विलियम पिरी के नजरिए से तुलना करना रोचक है। 1880 के दशक तक यात्री विमान शिकंजेनुमा, तकलीफदेह और पतले होते थे। फिर यूरोपीय लग्जरी होटलों को नमूने के बतौर इस्तेमाल करते हुए पिरी ने ऐसी डिजाइन

पेश की, जो तैरते हुए महलों की तरह थी, जिसमें हर तरह की ऐशो-आराम की सुविधा थी (कम-से-कम प्रथम श्रेणी के यात्रियों के लिए)। उनकी डिजाइन ने यात्री विमान बाजार में काफी कुछ उसी तरह क्रांति ला दी जैसे कि ताज ने एशियाई होटलवालों के लिए नया पैमाना तय कर दिया था।

(xi) ताज ग्रुप का जैसे-जैसे अंतरराष्ट्रीयकरण होता गया, यह विशुद्ध 'भारतीय' छवि से दूर हटता गया। लेकिन ताज होटल के किसी अधिकारी से 5 मिनट तक बात करते ही आप आश्वस्त हो जाएँगे कि गौरव की वह अनुभूति अभी भी बरकरार है। वे खुद ही अपनी प्रतिष्ठा पर अविश्वसनीय रूप से गर्व करते हैं। सवाल है, बाकी दुनिया क्या उसी तरह गर्व महसूस करेगी जैसाकि भारत करता है? इस पर नजर रखें।

(xii) इन भंडारों का कैसे पहले पता लगाया गया और इसकी सूचना दी गई, इसकी कहानी विस्तार से लाला की पुस्तक 'द रोमांस ऑफ टाटा स्टील' और मुखर्जी की पुस्तक 'ए सेंटेनरी ऑफ ट्रस्ट' में दी गई है।

(xiii) फिर गैर-भारतीय पाठकों के लाभ के लिए बता दें कि आदिवासी भारतीय उपमहाद्वीप के मूल निवासियों के वंशज हैं। बाद में इंडो-आर्य और द्रविड़ लोगों द्वारा अंदर के इलाकों में प्रवेश करने से वे (आदिवासी) ज्यादा सुदूर व सीमांत क्षेत्रों में जाने को मजबूर हो गए। वे भारत के सबसे गरीब लोगों में से हैं।

(xiv) यह संभव है कि वह (जमशेदजी टाटा) अन्य नियोजित औद्योगिक शहरों जैसे कि जर्मनी में इसेन से प्रभावित रहे हों लेकिन फिर इसका भी कोई प्रत्यक्ष सबूत नहीं है। इसेन शहर स्टील-निर्माता अल्फ्रेड क्रुप ने बसाया था।

(xv) झारखंड में अन्यत्र की परिस्थिति से एकदम विरोधाभासी; देखें अध्याय 7।

❑

3

# लोगों के लिए एक न्यास

आज टाटा का नाम लीजिए, और अधिकतर भारतीय तुरंत एक आदमी के बारे में सोचते हैं—जहाँगीर रतनजी दादाभाई टाटा। अपने दोस्तों में वह 'जेह' नाम से जाने जाते हैं; लेकिन अधिकांश समकालीनों और बाद की पीढ़ी के लिए एक समान रूप से बस 'जे.आर.डी.' के रूप में जाने जाते हैं। उन्होंने सन् 1938 से 1991 तक टाटा ग्रुप के चेयरमैन के रूप में सेवा की और अपने से पहले के जमशेदजी टाटा की तरह टाटा समूह पर अपने विश्वासों व मूल्यों की बहुत मजबूती से छाप छोड़ी। भारत में उनकी प्रतिष्ठा बेहद थी और अभी भी है। टाटा की अपनी अवधारणा में भी वह एक केंद्रीय शख्सियत हैं। जमशेदजी टाटा की तरह ही हरेक टाटा कंपनी के दफ्तर में उनकी तसवीर टँगी हुई होती है और उनके शब्द अकसर औपचारिक व अनौपचारिक संवादों में उद्धृत किए जाते हैं।

जे.आर.डी. और जमशेदजी द्वारा दुनिया के समक्ष जो छवि पेश होती है, उसमें काफी तीव्र विरोधाभास है।[1] जमशेदजी आमतौर पर भारतीय कपड़ों में पूरी दाढ़ी रखे हुए, दूरदृष्टिवाले, एक भारतीय नजर आते हैं। जे.आर.डी. एकदम दाढ़ी साफ किए हुए और क्लार्क गैबल शैली की मूँछ और फैशनेबल यूरोपीय सूट में नजर आते हैं, जो काम के आदमी, दुनिया की शख्सियत लगते हैं। फिर भी यह विरोधाभास कारगर रहता है, क्योंकि यह टाटा की प्रतिष्ठा के दो पक्षों—दृष्टि और काम, भारतीय और फिर भी विश्वोन्मुखी को पेश करता है। और वे शर्तिया समान मूल्योंवाले थे, जिसमें विश्वास एवं ईमानदारी की जरूरत और भारत में राष्ट्र-निर्माण के प्रति वही निष्ठा शामिल थी।

यहाँ तक कि जमशेदजी टाटा से भी अधिक जे.आर.डी. मानते थे कि व्यापार करने का पूरा मकसद ही समुदाय की सेवा करना है। उन्होंने वर्ष 1955 में

जयप्रकाश नारायण को लिखा—'मैं ईमानदारी से इसमें विश्वास करनेवाला हूँ कि किस्मत ने जिनमें उत्पादन के साधनों का नियंत्रण सौंपा है, चाहे उनकी निजी संपत्ति हो या नहीं, उन्हें उस नियंत्रण और शक्ति ज़िसका वे इंस्तेमाल करते हैं, को लोगों के लिए एक न्यास के रूप में समझना चाहिए।'[1] तदनुसार उन्होंने कर्मचारियों के प्रति टाटा ग्रुप की प्रतिबद्धता को और मजबूती व गहराई से निरूपित किया। लेकिन वह भारत सरकार के खिलाफ टाटा समूह के अधीर संरक्षक भी थे। सन् 1947 में आजादी प्राप्त करने के बाद के वर्षों में भारत सरकार कभी-कभी टाटा समूह को समाप्त करने पर आमादा दिखती थी। टाटा मानते थे कि राष्ट्रीय समृद्धि और ताकत को सुनिश्चित करने की दिशा में समाजवाद और केंद्रीय योजना की तुलना में प्रबुद्ध पूँजीवाद ज्यादा कारगर तरीका है। उन्होंने तर्क दिया कि टाटा के हितों की रक्षा करने में वह भारत के हितों की ही रक्षा कर रहे थे।

---

**अपने से पहले जमशेदजी टाटा की तरह, जे.आर.डी. ने भी टाटा समूह पर अपने विश्वासों और मूल्यों की छाप बहुत मजबूती से छोड़ी।**

---

जे.आर.डी. टाटा की लंबी अध्यक्षता के दौरान समुदाय के प्रति टाटा की निष्ठा के बारे में जन-धारणा, जो कि पहले से मजबूत थी, और भी मजबूत हुई। टाटा समूह एक ऐसे समय में ईमानदारी का प्रतीक बन गया, जब भारत में भ्रष्टाचार क्रमिक रूप से बढ़ता जा रहा था। जहाँ अन्य कंपनियाँ सरकारी ठेके हासिल करने के लिए रिश्वत देती थीं, टाटा के लोग एकदम ईमानदार लोग थे, जो घूस देकर खुद को असम्मानित करने के बजाय एक ठेके को शीघ्र खो देते थे। विश्वास और ईमानदारी टाटा की प्रतिष्ठा की पहचान बन गए। सन् 1980 के दौर में, जब जे.आर.डी. की अपनी शक्तियाँ क्षीण होने लगी थीं, उस प्रतिष्ठा पर थोड़ी आँच आई, लेकिन यह बच गई और फिर मजबूत हुई। वस्तुतः इस अवधि में प्रतिष्ठा पर जो भी आँच आई हो, इससे टाटा को महसूस हुआ कि यह प्रतिष्ठा उसके लिए वाकई कितनी मूल्यवान् है।

## विकास और निराशा

जैसाकि अध्याय 2 में बताया गया, जमशेदजी टाटा के बाद उनके उत्तराधिकारी उनके पुत्र दोराब जी टाटा हुए और टाटा संस के अध्यक्ष के रूप में वह टाटा समूह की कंपनियों के व्यावहारिक नेता बने। उद्योग की सेवा के लिए ब्रिटिश राजशाही ने वर्ष 1910 में दोराबजी को सम्मानित किया। उन्होंने अपने समूह का प्रथम

विश्वयुद्ध और राजनीतिक रूप से अस्थिर 1920 के दौर में मार्गदर्शन किया। 1932 में अपने निधन के कुछ समय पहले उन्होंने दो चैरिटी संस्थाओं की स्थापना की। एक, सर दोराबजी टाटा ट्रस्ट, जो शिक्षा और गरीबी से राहत के लिए काम करता और दूसरा, लेडी टाटा मेमोरियल ट्रस्ट, जो कैंसर शोध के लिए कार्य करता। दूसरा ट्रस्ट उन्होंने अपनी पत्नी मेहरबाई के सम्मान में बनाया। मेहरबाई की मौत कैंसर से हुई थी।[ii] उन्होंने दूसरे परमार्थ के कामों को भी समर्थन देने की परंपरा जारी रखी। उन्होंने निजी रूप से उस भारतीय टीम का खर्च उठाया, जिसने सन् 1924 के पेरिस ओलंपिक में भाग लिया था। यह टाटा और संगठित खेलकूद के बीच संबंध की शुरुआत थी (देखें अध्याय 9)।

उनकी मृत्यु के बाद चेयरमैन के रूप में उनके उत्तराधिकारी बने उनके प्रथम चचेरे भाई सर नौरोजी सकलतवाला। इतिहासकार आर.एम. लाला कहते हैं कि 'उनकी अध्यक्षता में कुछ भी महत्त्वपूर्ण शुरुआत नहीं हुई।'[2] दूसरे लोग अलग विचार पेश करते हैं, जिनके अनुसार नौरोजी ने कई टाटा कंपनियों के वित्तीय आधार को मजबूत किया और भविष्य के विकास के लिए इसने नींव का काम किया। उन्होंने मुंबई में एक कैंसर अस्पताल की योजना को कार्यरूप देने की शुरुआत की। इस अस्पताल का नाम टाटा मेमोरियल अस्पताल है, जिसे सन् 1941 में खोला गया और यह टाटा के नाम से जुड़नेवाले सबसे प्रसिद्ध संस्थानों में से एक है। जब नौरोजी का निधन 1938 में हुआ तो जे.आर.डी. उनके उत्तराधिकारी बने।

---

**संभवतया जमशेदजी टाटा से भी अधिक जे.आर.डी. मानते थे कि कारोबार करने का पूरा मकसद ही समुदाय की सेवा करना है।**

---

जे.आर.डी. के पिता आर.डी. टाटा जमशेदजी टाटा की माँ के भतीजे थे।[3] वह मूल टाटा एंड संस में एक भागीदार थे, लेकिन वह फिर पैरिस चले गए, जहाँ उन्होंने अपने बूते एक कारोबार स्थापित किया (हालाँकि उन्होंने परिवार से निश्चित रूप से संपर्क बनाए रखा और टाटा एंड संस में अपनी हिस्सेदारी भी बनाए रखी और यह भी संभव है कि वह यूरोप में टाटा के कारोबार का प्रतिनिधित्व भी करते हों)। उन्होंने एक फ्रेंच महिला सुजैन ब्रीयरे से विवाह किया और जे.आर.डी. उनके बड़े बेटे हुए, जिनका जन्म सन् 1904 में हुआ। परिवार का इंग्लिश चैनल के तट पर एक घर था, और वहाँ एक छोटे लड़के के रूप में जे.आर.डी. ने लुइस ब्लेरिएट को इंग्लिश चैनल के ऊपर से पहली ऐतिहासिक उड़ान भरते देखा था।

वह फ्रांस में बड़े हुए और वहीं शिक्षित हुए। वर्षों बाद कुछ भारतीयों ने टिप्पणी की कि वह अभी भी फ्रेंच उच्चारण के साथ बोलते हैं। उनका लालन-पालन और शिक्षा, उनकी माँ का फ्रेंच महिला होना और उनकी पत्नी थेल्मा का ब्रिटिश होना[iii] इन बातों ने जे.आर.डी. को अपने कई भारतीय समकालीनों, जिनमें से कुछेक सरकार में ऊँचे ओहदों तक भी पहुँचे, की तुलना में एकदम भिन्न विश्व-दृष्टि प्रदान की। एक बार उन्होंने अपने एक दोस्त से कहा, 'मैं एक अंतरराष्ट्रीयवादी हूँ, मैं दुनिया का आदमी हूँ।' वह दिखावा नहीं कर रहे थे, वह बस बयाँ कर रहे थे कि वह दुनिया को और खुद को कैसे देखते हैं।

*जे.आर.डी. का विमानन से अत्यधिक जुड़ाव था। टाटा एयरलाइंस की कराची-मुंबई उड़ान की तीसवीं वर्षगाँठ के मौके पर वह विमान के साथ खड़े नजर आ रहे हैं।*

वह वर्ष 1926 में कैंब्रिज विश्वविद्यालय जाने को थे कि तभी उनके पिता का देहांत हो गया। वह भारत लौट आए, जहाँ वह 22 साल की उम्र में टाटा एंड संस के एक निदेशक के रूप में अपने पिता के उत्तराधिकारी बने।

हालाँकि उन्होंने टाटा स्टील के निदेशक के रूप में भी काम किया और टाटा एंड संस में अन्य पदों पर भी रहे, लेकिन टाटा ने पहले पारिवारिक कारोबार पर अपना पूरा ध्यान नहीं लगाया। विमान उड़ाने का उनका शुरुआती प्यार बना रहा और 1929 में वह बॉम्बे फ्लाइंग क्लब में शामिल हो गए और विमान उड़ाने का पाठ सीखा। उन्हें भारत में दिया जानेवाला प्रथम पायलट का लाइसेंस मिला। वर्ष

1930 में उन्होंने आगा खाँ ट्रॉफी प्रतियोगिता में भाग लिया। इंग्लैंड और भारत के बीच अकेले उड़ान भरनेवाले शख्स को यह ट्रॉफी मिलनी थी। लाला के अनुसार (1996), वह (जे.आर.डी.) रास्ते में एक अन्य पायलट, जो दोषपूर्ण स्पार्क प्लग के कारण एलेक्जेंड्रिया में फँस गए थे, की मदद करने के लिए चले गए। नतीजा यह हुआ कि जे.आर.डी. के प्रतियोगी पायलट ने कुछेक घंटों के फर्क से उन्हें हरा दिया और ट्रॉफी हासिल कर ली। कई वर्षों बाद जे.आर.डी. टाटा ने टाटा एयरलाइंस की स्थापना की और खुद कराची व बॉम्बे के बीच पहली मेल उड़ान भरी।

टाटा ने एक बार खुद कहा कि डायरेक्टरों का उनको चेयरमैन बनाने का फैसला 'मानसिक विचलन का एक क्षण' था।[4] वह अपने सहयोगियों से काफी युवा थे और उनमें प्रबंधकीय अनुभव का निश्चित रूप से अभाव था। वह खुद कभी पूरी तरह स्पष्ट नहीं हुए कि उन्हें क्यों चुना गया। दो कारण प्रतीत होते हैं। पहला, उनका उपनाम टाटा था और इसलिए समूह खुद को जनता की नजर में संस्थापक जमशेदजी टाटा की प्रतिष्ठा के साथ फिर से जोड़ना चाहता हो। और दूसरा, अन्य निदेशकों ने जब उन्हें देखा तो वे उनकी ऊर्जा और प्रतिभा के कायल हो गए।

जे.आर.डी. टाटा के 53 वर्षों तक टाटा समूह के सर्वोच्च पद पर बने रहने से संबंधित विस्तृत बातों में जाने की कोई जरूरत नहीं है। एक संक्षिप्त सारांश ही पर्याप्त होगा। वर्ष 1939 में ग्रुप में 14 कंपनियाँ थीं और उनकी बिक्री 280 करोड़ रुपए की थी। वर्ष 1993 में, उनके पद छोड़ने के दो वर्ष बाद, समूह की कुल बिक्री 15 हजार करोड़ रुपए पहुँच गई। टाटा समूह में अब 50 से भी ज्यादा मैन्युफैक्चरिंग कंपनियाँ हो गई थीं। इसके अलावा इसकी अनेक होल्डिंग, निवेश, सहायक और संबद्ध फर्में थीं और इन सबको मिलाकर यह भारत का सबसे बड़ा कारोबारी समूह बन गया था।

रास्ते में समूह ने कई चुनौतियों का सामना किया। अन्य प्रतिद्वंद्वी कारोबारी समूह परिदृश्य पर उभर आए थे, जिसमें धीरूभाई अंबानी का रिलायंस समूह और जी.डी. बिड़ला एवं उनकी संबद्ध कंपनियाँ, जिन्हें आमतौर पर बिड़ला समूह के रूप में जाना जाता है, शामिल थीं। दोनों ही प्रतिद्वंद्वी समूहों का प्रबंधन आक्रामक ढंग से किया गया और दोनों ने तेजी से विकास किया। जे.आर.डी. के पास इन प्रतिद्वंद्वियों के लिए कोई वक्त नहीं था। उनका दावा था कि वे ग्राहकों के हितों के ऊपर अपने मुनाफे को नजर में रखते हैं।[iv] जे.आर.डी. तब बेहद नाराज हुए थे, जब वर्ष 1977 में बिड़ला ग्रुप सकल आकार के संदर्भ में (कम-से-कम कुछ

वर्षों के लिए) भारत में सबसे बड़ा औद्योगिक समूह बन गया था।

मगर टाटा समूह को इससे काफी ज्यादा खतरा सरकार से था। जे.आर.डी. ने कांग्रेस पार्टी के लिए अपने परिवार का समर्थन देना जारी रखा था, हालाँकि दूरी बरतते हुए; लेकिन वह यह नहीं मानते थे कि कारोबारी नेताओं को राजनीति में सीधे तौर पर शामिल होना चाहिए। लेकिन उनके जवाहरलाल नेहरू के साथ पहले और बाद में 1947 में भारत के आजाद होने के बाद प्रधानमंत्री बनने पर भी काफी गहरे संबंध थे और उन्हें प्रथम नाम लेकर बुलाते थे। वह दोस्ती संभवतः टाटा समूह को ऐसी सरकार से बचा ले गई, जो उत्तरोत्तर समाजवादी नीतियों की समर्थक थी और केंद्रीय योजना तथा प्रमुख उद्योगों के राष्ट्रीयकरण के लिए प्रतिबद्ध थी, लेकिन यह दोस्ती पर्याप्त नहीं थी। टाटा के बीमा समूह का राष्ट्रीयकरण कर दिया गया। इतना ही नहीं, यही हश्र जे.आर.डी. के निजी गौरव और आनंद के स्रोत एयर इंडिया का हुआ। जे.आर.डी. को इससे तीखी निराशा हुई। टिस्को भी तीव्र लॉबी करके ही बचाई जा सकी। आमतौर पर कारोबार के लिए माहौल उत्तरोत्तर मुश्किल होता गया।[5] वेतन व मूल्य नियंत्रण, उच्च आयात शुल्क और कुछ परियोजनाओं के आयात पर सीधे प्रतिबंध, पूँजी नियंत्रण और अन्य तरह के कदमों से बदनाम 'लाइसेंस राज' का दौर चला, जहाँ लाल फीताशाही और नियमनों के जरिए कारोबार का दम घोंटा गया। इन परिस्थितियों में टाटा समूह ने जिस तरह विकास किया, वह उल्लेखनीय था।

फिर भी, अपने तमाम वैचारिक नजरिए के बावजूद, नेहरू और उनकी बेटी व उत्तराधिकारी इंदिरा गांधी दोनों को पता था कि भारत को टाटा की जरूरत है। कुछ कथनों के अनुसार, टिस्को को इस कारण बचाया जा सका कि भारत को इस्पात की बेहद जरूरत थी और टिस्को देश में सबसे सक्षम इस्पात निर्माता कंपनी थी। यहाँ तक कि भारतीय नौकरशाहों ने भी माना कि वे टिस्को फर्म को उतने सक्षम ढंग से चलाने की उम्मीद नहीं कर सकते हैं जितनी सक्षमता से टाटा चलाते हैं। और कभी-कभी जब लाइसेंस राज ने देश के लिए समस्या खड़ी की तो ऐसा हुआ कि टाटा ने निदान पेश किया। 1950 के दशक की शुरुआत में सरकार ने भारतीय घरेलू उत्पादकों को बढ़ावा देने के लिए कई संरक्षणवादी कदम उठाए। इन्हीं कदमों में से एक के तहत सरकार ने तमाम विदेशी साबुनों, सौंदर्य प्रसाधनों और इत्रों पर प्रतिबंध लगा दिया। वह संभवतः यह भूल गई कि अभी इस क्षेत्र में कोई घरेलू उद्योग है ही नहीं। भारतीय महिलाओं ने प्रधानमंत्री की बेटी इंदिरा गांधी के नेतृत्व में जोरदार प्रतिरोध किया। उनके विरोधों के मद्देनजर सरकार

जे.आर.डी. के पास गई। पूछा कि क्या वह अपने कारोबार का विस्तार करते हुए सौंदर्य-प्रसाधन का निर्माण भी शुरू कर सकते हैं ? टाटा समूह कर सकता था और उसने किया भी। समूह ने वर्ष 1952 में एक फ्रेंच फर्म की साझेदारी में लक्मे कंपनी की स्थापना की। लक्मे भारत के सबसे सफल रिटेल ब्रांडों में से एक बन गया।

---

**बदनाम 'लाइसेंस राज' के तहत टाटा ग्रुप के लिए इस कदर विकास करना सचमुच उल्लेखनीय था।**

---

जे.आर.डी. टाटा ने कम-से-कम 1940 के दशक से लेकर 1991 में इस्तीफा देने तक टाटा समूह पर अपना दबदबा कायम रखा। हालाँकि वह दृढ़ता से सहमति के आधार पर प्रबंधन में विश्वास करते थे (जैसाकि हम शीघ्र ही देखेंगे)। इसमें कोई शक नहीं कि यह उनका व्यक्तित्व और करिश्मा ही था, जिसने समूह को साथ जोड़े रखा। टाटा संस की ग्रुप की तमाम कंपनियों में नियंत्रणकारी हिस्सेदारी नहीं थी। वस्तुतः सन् 1979 में टिस्को में टाटा संस की हिस्सेदारी 4 फीसदी से भी कम थी (जबकि उसके प्रतिद्वंद्वी बिड़ला की टिस्को में टाटा की तुलना में ज्यादा हिस्सेदारी थी)।[6] लेकिन 1980 के दशक में यह साफ होता जा रहा था कि जे.आर.डी. की भारी शक्तियाँ क्षीण होने लगी थीं। यह भी संभावना थी कि टाटा समूह एकदम पृथक् कंपनियों के तौर पर बिखर जाए। जे.आर.डी. ने अपने उत्तराधिकारी की घोषणा काफी विलंब से की, जिससे कि समस्या और भी जटिल हो गई। वरिष्ठ प्रबंधकों के बीच गुटबाजी उभरने लगी और एक आम अनिश्चितता छा गई कि टाटा समूह किस ओर जा रहा है।[7]

बदतर परिस्थिति अभी आनी थी। जे.आर.डी. ने अपने तमाम कर्मचारियों के लिए उच्चतम नैतिक मानदंड बनाए थे, लेकिन उनका नियंत्रण कमजोर पड़ते ही वे मानदंड पीछे छूटने लगे। 1980 के उत्तरार्ध में सरकारी एजेंसियों ने टाटा समूह की कंपनियों के खिलाफ एक जाँच-शृंखला चलाई, जो ज्यादातर टैक्स और उत्पाद नियमों के कथित उल्लंघन से जुड़ी थीं। इनमें से कई जाँच छोटी किस्म की थीं; लेकिन इस तथ्य ने कि यह टाटा के साथ हुआ, उन्हें ज्यादा गंभीर रूप दे दिया, क्योंकि टाटा को तमाम बड़ी भारतीय कंपनियों में सर्वाधिक नैतिक दर्जा हासिल था। एक भारतीय कारोबारी इतिहासकार गीता पिरामल ने अपनी पुस्तक 'बिजनेस लीजेंड्स' के जे.आर.डी. टाटा वाले अध्याय में लिखा कि अधिकांश प्रेस ने टाटा को संदेह का लाभ दिया और उन्हें मूलतः मानवीय भूल करार दिया, न कि

भ्रष्टाचार। वह लिखती हैं—'टाटा का महान् नैतिक मूल्य चोटिल और रक्तरंजित होकर निकला, लेकिन कमोबेश यह बरकरार रहा।'[8] लेकिन इसमें कोई संदेह नहीं कि इन घटनाओं ने टाटा समूह में कई को काफी गहरे हिलाकर रख दिया और वे सतर्क हो गए। उनकी प्रतिष्ठा भले ही महान् थी, लेकिन यह अभेद्य और अकाट्य नहीं थी।

---

**नेहरू और इंदिरा गांधी दोनों को पता था कि भारत को टाटा की जरूरत है।**

---

जे.आर.डी. टाटा के उत्तराधिकारी रतन टाटा के दिशा-निर्देशन में कैसे वह प्रतिष्ठा बहाल की गई और फिर मजबूत की गई, इसकी कहानी अध्याय 4 में कही जाएगी। जहाँ तक जे.आर.डी. की बात है, वह भारत के किंवदंती बने कारोबारी नेताओं में से एक बने हुए हैं। लेकिन उनके नेतृत्व में टाटा समूह के विकास के बावजूद उन्होंने अपना ज्यादातर वक्त समूह की रक्षा करने, इसकी स्वतंत्रता के लिए संघर्ष करने और कभी-कभी इसका वजूद बचाने में लगाया। हम सिर्फ अनुमान लगा सकते हैं कि यदि वह एक स्वतंत्र अर्थव्यवस्था में रहे होते और काम किए होते और उन्होंने अपनी इच्छा के मुताबिक कारोबार किया होता तो वह क्या कुछ हासिल कर सकते थे? उन्होंने टाटा के लिए, भारत के लिए और कितना ज्यादा किया होता? और फिर भी, यह लंबा संघर्ष खुद जे.आर.डी. टाटा के रहस्य का एक हिस्सा है। जनता की कल्पना में वह एक ऐसे शख्स थे जिन्होंने कभी हाथ खड़े नहीं किए, जिन्होंने हमेशा उसी का समर्थन किया, जिसे उन्होंने सही समझा। आज उनकी छवि के केंद्र में नैतिक ईमानदारी का वह शक्तिशाली भाव विद्यमान है—टाटा समूह के अंदर भी और विस्तृत भारत में भी।

## स्नेह के साथ नेतृत्व

जे.आर.डी. टाटा की एक अन्य विरासत का उल्लेख करना जरूरी है, क्योंकि यह टाटा कॉरपोरेट ब्रांड को प्रत्यक्ष या अप्रत्यक्ष तौर पर प्रभावित करना जारी रखे हुए है और यह थी सहमतिजन्य प्रबंधन के लिए उनकी प्रतिबद्धता। इस सहमति वाली शैली का वह उपदेश देते थे और खुद पालन भी करते थे। उन्होंने सन् 1965 में एक पत्र में लिखा—'अच्छे मानवीय रिश्ते न केवल व्यक्तिगत पुरस्कार दिलाते हैं, बल्कि किसी भी उपक्रम की सफलता के लिए अनिवार्य हैं।'[9]

जैसाकि हमने पिछले अध्याय में देखा, 1938 में चेयरमैन के रूप में कार्यभार सँभालने के बाद टिस्को में अच्छे श्रम संबंध स्थापित करने में उन्होंने बड़ी भूमिका निभाई। खासकर वह श्रमिक संघों को विरोधी के रूप में नहीं, बल्कि कारोबार में साझीदार के रूप में देखते थे। यूनियन नेताओं ने खुद इस बात को स्वीकार किया। टाटा वर्कर्स यूनियन के प्रमुख वी.जी. गोपाल ने 1970 में उद्‌गार व्यक्त किया—'जे.आर.डी. के प्रवेश के बाद टाटा स्टील के प्रबंधन ने अपनी टकराव की नीति बदली। श्रमिक संघ न सिर्फ स्वीकार्य हो गए, बल्कि एक सहयोगी बन गए, जो कि कामगारों के हितों के लिए महत्त्वपूर्ण था।'[10]

*जे.आर.डी. टाटा भारत की प्रगति और उत्थान के लिए कटिबद्ध थे।*

---

**जे.आर.डी. भारत के किंवदंती बने कारोबारी नेताओं में से एक बने हुए हैं—टाटा समूह के अंदर और व्यापक भारत में आज उनकी छवि के केंद्र में उनकी नैतिक ईमानदारी का शक्तिशाली भाव बना हुआ है।**

---

टिस्को संभवतः भारत की पहली कंपनी थी, जिसके पास एक समर्पित मानव संसाधन विभाग था और यह व्यवस्था टाटा की अन्य कंपनियों में भी अपनाई गई। गीता पिरामल लिखती हैं—'टाटा के अनुसार, किसी भी सफल श्रम नीति का सार इसमें है कि कामगारों को महसूस कराया जाए कि उनकी जरूरत है। आधुनिक उद्योग में विशाल श्रम-बल होता है, लेकिन इसकी अंतर्निहित कमियों में से एक यह है कि हर आदमी एक मित्रवत् और मानव संगठन का मूल्यवान् सदस्य महसूस करने के बजाय यह महसूस करता है कि वह किसी आत्माविहीन मशीन का महज एक पुरजा है।'[11] जे.आर.डी. इस आत्माविहीन तत्त्व को खत्म करना चाहते थे। वह अपने कामगारों के साथ सहानुभूति रखते थे और उनकी जरूरतों एवं उनके दिलोदिमाग को समझने की कोशिश करते थे।

जैसाकि जमशेदजी टाटा के मामले में था, यहाँ निस्संदेह प्रबुद्ध स्वार्थ का तत्त्व था। दर्जनों अध्ययनों में यह दरशाया गया है कि वे फर्में, जो अपने कर्मचारियों के साथ सम्मान के साथ पेश आती हैं, उनसे ज्यादा प्रभावशाली होती हैं, जो ऐसा नहीं करती हैं। श्रम शांति हासिल करने के लिए यूनियनों के साथ सहयोग करना

एक रणनीति थी। कुल मिलाकर इसका अच्छा नतीजा निकला। टिस्को में 1958 में एक अलग हुए कम्युनिस्ट यूनियन ने हिंसक अराजक हड़ताल का आयोजन किया, लेकिन टाटा वर्कर्स यूनियन ने इसका समर्थन करने से इनकार कर दिया। जिस तत्परता और शिद्दत से जे.आर.डी. ने इस विषय पर अपने विचारों का खुलासा किया, इससे लोगों में यह विश्वास पैदा हुआ कि वह अपने कर्मचारियों का भला चाहने में वाकई ईमानदार हैं। आखिरकार, वह भारत की व्यापक भलाई के लिए प्रतिबद्ध थे और उनके कामगार भारतीय थे। इसका यह मतलब नहीं कि वह लोकतंत्र के पक्के समर्थक थे। उनके कई मित्रों को तब सदमा लगा, जब उन्होंने 1975-77 में आपातकाल के दौरान संविधान निलंबित करने का समर्थन किया[12] और एक बार तो अनौपचारिक टिप्पणी में बेनितो मुसोलिनी की तारीफ की। अपने कामगारों के प्रति उनका रवैया अभी भी समुचित रूप से मित्रवत् था, लेकिन वह अपने कर्तव्य और जिम्मेदारियों को लेकर बहुत दृढ़ थे और उन पर खरा उतरने के लिए अपनी ओर से सर्वोत्तम प्रयास करते थे। अमेरिकी तेल उद्योगपति जॉन डी. रॉकफेलर की तरह नहीं, जो अपने कामगारों और मैनेजरों के साथ बुरा व्यवहार करते थे, लेकिन दान में लाखों लुटाते थे। जे.आर.डी. टाटा अपने कामगारों के साथ सम्मानपूर्वक व्यवहार करते थे। उन्होंने अपने मूल्यों को जीया, और वह आज भी इसी रूप में याद किए जाते हैं।

उनकी प्रबंधकीय शैली इस तरह का प्रबुद्ध स्वार्थ दरशाती है—मैं निश्चित रूप से एक सहमतिवाला आदमी हूँ। लेकिन इसका यह मतलब नहीं कि मैं असहमत नहीं होता हूँ या मैं अपने विचार व्यक्त नहीं करता हूँ। मूल बात यह है कि सवाल विभिन्न उपक्रमों के प्रमुखों से काम लेने का है।¨ आपको उनके तरीकों के अनुसार खुद को ढालना है और उसके अनुसार व्यवहार करना है तथा हरेक आदमी से सर्वोत्तम काम लेना है। अगर मेरे अंदर कोई योग्यता है तो यह व्यक्तियों के साथ उनके तरीकों और उनकी विशेषताओं के अनुसार बरताव करने की है। पचास वर्षों में मैंने सौ शीर्ष डायरेक्टरों के साथ काम किया है और मेरी उन सबके साथ बनी है। कभी-कभी खुद को दबाना भी पड़ता है। यह कष्टदायक होता है, लेकिन जरूरी है।¨ एक नेता होने के लिए आपको मनुष्यों के साथ स्नेह से पेश आना पड़ेगा।[13]

फिर, जे.आर.डी. इन सिद्धांतों का केवल समर्थन नहीं करते थे, वह उन्हें जीते भी थे। चाहे जो भी हो, वह अत्यधिक सहमतिवादी थे। 1980 के दशक में वरिष्ठ प्रबंधन के तहत बढ़ते मजबूत गुटों के बीच सहमति बनाने के लिए वह

इतने इच्छुक थे कि आवश्यक फैसले निलंबित कर दिए गए या लिये ही नहीं गए। लेकिन उनकी छवि के संदर्भ में यह प्रसंगेतर है। एक ऐसे भारत में जहाँ दृढ़ इच्छावाले, बड़बोले, ताकतवर उद्यमी भरे पड़े हैं, जो दूसरों पर अपनी इच्छा लादे रहते हैं, यह कहा जाता है कि टाटा के नेताओं के भिन्न आदर्श और मूल्य हैं, जो कि काफी कुछ जे.आर.डी. के उदाहरण से लिए गए हैं।[v] वे बात करते हैं, वे सुनते हैं, वे संवाद करते हैं, वे सहानुभूति रखते हैं। और दूसरों के लिए सम्मान, सहनशीलता, शिष्टता और सम्मान के ये गुण टाटा कॉरपोरेट ब्रांड में समाहित हो गए हैं।

---

**'एक नेता होने के लिए आपको लोगों का नेतृत्व स्नेह के साथ करना होता है।'–जे.आर.डी.**

---

जब वर्ष 1987 में महत्त्वाकांक्षी राजनीतिज्ञ एवं भविष्य के प्रधानमंत्री वी.पी. सिंह ने बिड़ला एवं अंबानी जैसे अन्य उद्योगपतियों के साथ–साथ टाटा पर आरोप लगाए कि वे 'देश के विश्वासघाती हैं' और 'समानांतर अर्थव्यवस्था चलाते हैं' और पैसा देश के बाहर भेजते हैं तो बहुत कम लोग टाटा के बारे में यह यकीन करने को तैयार थे। जे.आर.डी. ने इस पर जो दृढ़ सार्वजनिक प्रतिक्रिया व्यक्त की, जिसमें उन्होंने 'करीब सौ वर्ष तक राष्ट्र के लिए समर्पित सेवा का हवाला दिया' के पीछे एक खास नैतिक बल था।[14]

## एयर इंडिया

अगर कोई उदाहरण भारत के प्रति जे.आर.डी. की प्रतिबद्धता और निस्स्वार्थ रूप में व्यवहार करने की उनकी योग्यता को दरशाता है तो वह निश्चित रूप से 45 वर्षों के दौरान टाटा एयरलाइंस और फिर एयर इंडिया के साथ उनका जुड़ाव है।[15] यह जानना रोचक है कि बाद के जीवन में जब उनसे पूछा गया कि उनकी राय में उनकी सबसे बड़ी उपलब्धि क्या है, तो उन्होंने सिर्फ एयर इंडिया के लिए श्रेय लिया और उन्होंने कहा कि बाकी हरेक चीज उनके सहयोगियों और सहायकों द्वारा हासिल की गई है।[16] जैसाकि हमने पहले देखा, एक छोटे लड़के के रूप में उनकी ब्लेरिएट परिवार से दोस्ती के जरिए टाटा में उड़ान भरने का कीड़ा कुलबुलाने लगा था। उन्होंने तब ब्लेरिएट को इंग्लिश चैनल के ऊपर से मशहूर उड़ान भरते देखा था। ब्लेरिएट का बेटा उनका बचपन का दोस्त था और दोनों लड़कों को कभी–कभी एयरक्राफ्ट हैंगर में मदद करने की इजाजत मिल जाती थी। विमानन उनके लिए एक जबरदस्त आसक्ति थी और यदि उन्हें टाटा एंड संस में अपने पिता

का उत्तराधिकारी बनने के लिए नहीं बुलाया गया होता तो यह एकदम संभव था कि उन्होंने विमानन को ही अपना कैरियर बनाया होता।

टाटा एयरलाइंस और इसके विकास तथा इसके साथ जे.आर.डी. के गहरे व्यक्तिगत जुड़ाव की बड़े विस्तार से कहानी आर.एम. लाला द्वारा लिखी जीवनी 'बियॉण्ड द लास्ट ब्लू माउंटेन' में बताई गई है। वर्ष 1932 में टाटा एयरलाइंस की स्थापना करने के बाद जे.आर.डी. ने स्वतंत्रता-प्राप्ति के शीघ्र बाद नई भारत सरकार के सामने एक अंतरराष्ट्रीय एयरलाइन एयर इंडिया इंटरनेशनल शुरू करने की योजना रखी। तब स्वतंत्र देशों के लिए अंतरराष्ट्रीय एयरलाइन का होना उतनी ही प्रतिष्ठा की बात थी, जितना अपना झंडा और राष्ट्रगान का होना। सरकार मान गई और उसने नए उपक्रम में 49 फीसदी अपना हिस्सा रखा और टाटा संस का हिस्सा 25 फीसदी रखा गया। जे.आर.डी. के प्रभारी रहते हुए चीजें बड़ी तेजी से आगे बढ़ीं और जून 1948 में एयर इंडिया के एयरलाइनर 'मलाबार प्रिंसेस' ने बॉम्बे से लंदन की उद्‌घाटन उड़ान भरी। जे.आर.डी. और उनकी पत्नी यात्रियों में शामिल थे।

---

**स्वतंत्रता-प्राप्ति के शीघ्र बाद जे.आर.डी. नई भारत सरकार के पास गए और एक अंतरराष्ट्रीय एयरलाइन शुरू करने की योजना प्रस्तुत की।**

---

अभी तक तो हालत ठीक-ठाक थी। लेकिन नवंबर 1946 में अफवाहें उड़ने लगीं कि ब्रिटिश राज एयरलाइनों के राष्ट्रीयकरण के बारे में सोच रही है।[17] जे.आर.डी. ने तुरंत एतराज जताया। उन्होंने कहा कि अगर यह दिखाया जा सके कि राष्ट्रीयकरण जनहित में है तो वह एकदम इसके पक्ष में होंगे। मगर कोई सबूत नहीं है कि ऐसा होगा। भारत की नई सरकार के पास एयरलाइंस चलाने का कोई अनुभव नहीं है और खासकर जहाँ तक यात्रियों की सुरक्षा का सवाल है, यह अहम है कि प्रबंधन अनुभवी हाथों में ही रहे। सरकार का जवाब था कि एयरलाइन उद्योग मुसीबत में है। भारत में प्रथम विश्वयुद्ध के पहले और बाद में कई अन्य एयरलाइंस स्थापित की गई हैं और बहुत ज्यादा विमान बहुत कम यात्रियों के पीछे भाग रहे हैं; कई एयरलाइंस 1949 में दिवालिया हो गईं। राष्ट्रीयकरण से इस उद्योग में व्यवस्था और औचित्य कायम किया जाएगा। जे.आर.डी. का प्रत्युत्तर बेकार गया। वर्ष 1953 तक फैसला ले लिया गया। बहरहाल, जे.आर.डी. के हाथ एक सफलता आई। सरकार ने पहले प्रस्ताव रखा था कि तमाम 11 घरेलू विमानन कंपनियों और इंटरनेशनल कैरियर एयर इंडिया को मिलाकर एक एयरलाइन बनाई जाए। जे.आर.डी. ने तर्क दिया कि अंतरराष्ट्रीय एयरलाइन को एक अलग कॉरपोरेशन

रहना चाहिए। सरकार राजी हो गई और फिर उसने जे.आर.डी. से पूछा कि क्या वह एयर इंडिया के चेयरमैन बने रहेंगे।

सरकार का एक नई राष्ट्रीयकृत कंपनी के चेयरमैन से अपने पद पर बने रहने के लिए कहना असामान्य है? और चेयरमैन के लिए न सिर्फ सेवा करने के लिए तैयार होना, बल्कि वेतन नहीं लेना और भी असामान्य बात है।

*एयर इंडिया के क्रू के साथ जे.आर.डी.।*

लंबे सोच-विचार और परामर्श के बाद उन्होंने लिखा—'मैं इस निष्कर्ष पर पहुँचा कि मुझे देश और भारतीय विमानन के प्रति कर्तव्य निभाने के अवसर से मुँह नहीं मोड़ना चाहिए। मुझे इस बात की खास तौर पर चिंता है कि राष्ट्रीयकरण के द्वारा एयर इंडिया इंटरनेशनल का मौजूदा उच्च स्तर प्रभावित नहीं होना चाहिए।'[18] विकल्प थे कि अपनी प्यारी एयरलाइन से अलग हट जाएँ और अनुभवहीन, सरकार द्वारा नियुक्त मैनेजरों को इसका स्तर गिराने दें या पद पर बने रहें और जिसे उन्होंने बनाने में मदद की है, उसे भारत की बृहत्तर भलाई के लिए संरक्षित रखें। उन्होंने पद पर बने रहने का विकल्प चुना और ऐसे कम ही फैसले उनकी जिंदगी में हैं, जो इससे ज्यादा उस शख्सियत और उनके मूल्यों के बारे में बयाँ करते हों।

जे.आर.डी. ने अगले पच्चीस वर्षों तक एयर इंडिया को चलाया। वह इस

दौरान टाटा संस के चेयरमैन और टाटा समूह में अन्य कंपनियों में डायरेक्टर भी बने रहे। वह एयर इंडिया को अपनी दूसरी नौकरी मानते रहे। उनके नेतृत्व में एयर इंडिया एक विशाल और लाभकारी एयरलाइन बन गया, क्योंकि यात्रियों की तादाद लगातार बढ़ती जा रही थी। उन्होंने इसे सुनिश्चित क्रिया कि स्तर के साथ समझौता न किया जाए। भारतीय एवं अंतरराष्ट्रीय यात्रियों के बीच एयर इंडिया का सुरक्षा रिकॉर्ड और इसकी प्रतिष्ठा दोनों ही शानदार थे। उन्होंने सरकार के हस्तक्षेप के खिलाफ एयरलाइन के हितों की रक्षा की और फलस्वरूप अपने दुश्मन बना लिये।

फरवरी 1978 में प्रधानमंत्री मोरारजी देसाई ने जे.आर.डी. को एयर इंडिया के चेयरमैन के पद से हटा दिया। टाटा को खुद यह खबर एक मित्र के जरिए सुनने को मिली, और फिर अगले दिन एक समाचार बुलेटिन से। कई दिनों बाद प्रधानमंत्री ने जे.आर.डी. को एक सरसरी पत्र लिखा, जिसमें इस फैसले के बारे में कोई खुलासा नहीं किया गया। इस फैसले ने भारत में गुस्से का इतना विस्फोट किया कि देसाई शायद ही इसके लिए तैयार रहे होंगे। एयर इंडिया के प्रबंध निदेशक और उनके डिप्टी ने तुरंत ही इस्तीफा दे दिया। द टाइम्स ऑफ इंडिया ने टिप्पणी की कि 'देसाई ने जब से प्रधानमंत्री का पद सँभाला है, तब से इस फैसले ने उनके लिए सबसे खराब प्रचार किया' और उनके अपने ही कई समर्थक उनसे असहमत दिखे। आर.एम. लाला का कहना है कि सत्तारूढ़ गठबंधन में इस मसले पर विवाद ने अगले साल इसके पतन में और फिर देसाई के सत्ता से पतन में एक भूमिका निभाई और वह इस आकलन में सही हो सकते हैं।[19]

लेकिन यह विमानन के साथ टाटा के जुड़ाव का अंत था। इसके बावजूद कि कई मौकों पर आवेदन किया गया, लेकिन भारत सरकार ने टाटा समूह को एक एयरलाइन चलाने का लाइसेंस देने से अभी तक इनकार कर रखा है। यह तब है जबकि भारत में एक बार फिर से कई निजी एयरलाइनें चल रही हैं और एयर इंडिया समाप्ति की ओर अग्रसर हो रहा है।[vi]

---

**जे.आर.डी. के नेतृत्व में एयर इंडिया एक विशाल और लाभकारी एयरलाइन बन गया।**

---

जे.आर.डी. टाटा के विमानन के साथ जुड़ाव को भारत में याद किया जाना जारी है। उनकी ब्लेरिएट की पहली उड़ान को देखने या भारत में पायलट का पहला लाइसेंस प्राप्त करने या उड़ान प्रतियोगिताओं में उनकी भागीदारी करने की कहानियों को भी याद किया जाता है और अकसर दोहराया जाता है। और वे बदले

में एयर इंडिया की याद ताजा कर देते हैं, क्योंकि इस एयरलाइन को उन्होंने खड़ा किया और इसे शानदार सफलता के साथ चलाया। राष्ट्रीयकरण के बाद (बगैर वेतन) एयरलाइन को चलाते रहने का उनका सम्मानजनक व्यवहार और अपनी बरखास्तगी को सम्मानित ढंग से स्वीकार करना—ये सब बातें उनकी छवि को बनाने में योगदान देती हैं।

जे.आर.डी. को शेक्सपीयर के एक दु:खांत नाटक के हीरो के रूप में देखना आसान है, जिसमें एक भद्र शख्स को उनके इर्द-गिर्द के निम्न कोटि के लोगों द्वारा नष्ट कर दिया जाता है। दरअसल, वह इससे भी कहीं ज्यादा जटिल आदमी हैं। वह कोई संत नहीं थे। लेकिन उन्होंने एक मनुष्य के रूप में अपने सिद्धांतों के साथ जीने और भारत की सेवा करने का सर्वोत्तम काम किया और इसके लिए उन्हें अभी भी प्यार किया जाता है और सम्मानित किया जाता है। वह सन् 1993 में स्वर्ग सिधार गए, लेकिन जब मैंने 2009 में मुंबई व जमशेदपुर और अन्यत्र लोगों से बात की, वे अभी भी उनके बारे में कई बार वर्तमान काल में बात करते हैं, मानो वह अभी भी जीवित हों। उनकी याद शर्तिया बनी हुई है और उनकी याद टाटा ब्रांड को सँभालने तथा पोषित करने का काम अभी भी जारी रखे हुए है।

## दुनिया का आदमी

जैसाकि ऊपर उल्लेख किया गया, जे.आर.डी. टाटा ने एक बार खुद को एक अंतरराष्ट्रीयतावादी और दुनिया का आदमी कहा था। यह कई मायनों में सच था। खासकर वह पहले भारतीय कारोबारी थे, जो भारत के बाहर व्यापक रूप से जाने गए। एयर इंडिया ने खासकर यूरोप और अमेरिका में जनसाधारण का ध्यान उनकी ओर आकर्षित करने में एक बड़ी भूमिका निभाई। एयर इंडिया के चेयरमैन होने के नाते उन्होंने इंटरनेशनल एयर ट्रांसपोर्ट अथॉरिटी (आई.ए.टी.ए.) के चेयरमैन का एक कार्यकाल भी पूरा किया।

भारत के बाहर उनका पहला बड़ा सार्वजनिक रोल तब वर्ष 1969 में सामने आया, जब वह स्वीडन में नोबेल फाउंडेशन के एक सलाहकार बने। इस भूमिका में उनके साथ अंग्रेज कवि डब्ल्यू.एच. ऑडेन, लेखक आर्थर कोएस्तलर और दो बार के नोबेल विजेता डॉ. लाइनस पॉउलिंग भी थे। 1970 में 'एस्क्वायर' पत्रिका ने दुनिया के सर्वाधिक 300 लोगों की एक सूची छापी। उसमें जे.आर.डी. का नाम और उनके अलावा सिर्फ एक और भारतीय प्रधानमंत्री इंदिरा गांधी का नाम था।[20] 'इंटरनेशनल एनसाइक्लोपेडिया ऑफ बिजनेस एंड मैनेजमेंट' के संपादकों ने 1994

में भारत से एकमात्र कारोबारी नेता के रूप में टाटा का चयन किया और उनके बारे में अपने पृष्ठों में लिखा।[21] कई वर्षों तक जे.आर.डी. टाटा भारतीय कारोबार का चेहरा बने रहे।

---

**जे.आर.डी. टाटा पहले भारतीय कारोबारी थे, जिन्हें भारत के बाहर व्यापक रूप से जाना गया। वर्ष 1969 में उन्होंने स्वीडन में नोबेल फाउंडेशन के एक सलाहकार के रूप में काम किया।**

---

आज सही है कि सीन बदल गया है और कई भारतीय उद्यमी भारत के बाहर जाने जाते हैं। कुछ की टाटा की तरह ही उच्च प्रतिष्ठा है तो अन्यों की वैसी नहीं है। और अपनी मौत के 15 साल बीत जाने के बाद भी जे.आर.डी. भारत में एक सार्वजनिक शख्सियत बने हुए हैं, लेकिन बाकी दुनिया में वह मोटे तौर पर भुला दिए गए हैं। टाटा की अंतरराष्ट्रीय छवि अब ज्यादातर उसके उत्पादों, उसकी सेवाओं और उनकी प्रतिष्ठा पर आधारित है और बहुत कम लोग, जिनका टाटा के साथ सीधा संपर्क नहीं है, टाटा ग्रुप के मौजूदा चेयरमैन का नाम भी बता सकते हैं। लेकिन जे.आर.डी. ने भारत की एक नई और ज्यादा सकारात्मक छवि बनाने में मदद की और एयर इंडिया की सफलता के जरिए भारतीय कारोबार की भी बढ़िया छवि बनाई। अपने ऊँचे स्टैंडर्ड और सुरक्षा के अच्छे रिकॉर्ड के बूते एयर इंडिया ने एक बार फिर दिखाया कि 'भारतीय' उत्पाद एवं सेवाएँ आवश्यक रूप से दोयम दर्जे की नहीं हैं। दुर्भाग्य से, इस उप-महाद्वीप से निकलनेवाले कई उत्पाद और कई सेवाएँ दोयम दर्जे की थीं। बाद के वर्षों में टाटा समूह की टाइटन इंडस्ट्रीज जैसी कंपनियों को इस नजरिए का सामना करना पड़ा।

जे.आर.डी. की विरासत का तब यह हिस्सा नहीं था कि टाटा ब्रांड को एक अंतरराष्ट्रीय छवि प्रदान की जाए, लेकिन यह दिखाता था कि ऐसा करना संभव है। आज टाटा को जिस एक सवाल का सामना करना पड़ रहा है, वह यह कि क्या उसके मूल्यों और उसकी छवि की दुनिया के अन्य भागों में वैसी ही अनुगूँज होगी जैसी कि उनकी भारत में है? जे.आर.डी. का उदाहरण दरशाता है कि हालाँकि यह अनुगूँज एकदम उसी स्तर की न भी हो, लेकिन प्रभाव पैदा करना निश्चित रूप से संभव है। टाटा ब्रांड जैसे-जैसे वैश्विक होने की कोशिश करता है, जे.आर.डी. टाटा इस मुहिम में लगातार प्रेरणा के स्रोत हो सकते हैं।

## संदर्भ :

(i) जे.आर.डी. टाटा के दादा जमशेदजी टाटा की माँ के भाई थे।

(ii) ये पहली टाटा ट्रस्ट नहीं थीं—जमशेदजी टाटा ने युवा भारतीयों को यूनिवर्सिटी स्कॉलरशिप देने के लिए एक ट्रस्ट की स्थापना की थी और सर दोराबजी के भाई सर रतन टाटा, जिनका निधन 1918 में हुआ, ने भी अपनी वसीयत में एक अन्य ट्रस्ट के लिए दान दिया था।

(iii) जे.आर.डी. टाटा की पत्नी थेल्मा वीकाजी एक भारतीय कारोबारी और एक अंग्रेज डॉक्टर की बेटी थीं।

(iv) एक विचार जिसे कुछ समर्थन प्राप्त हैं; देखें पिरामल का 'बिजनेस महाराजास' में विश्लेषण।

(v) यह सही है कि यह पूरी तरह सच नहीं है और इन्फोसिस के नारायण मूर्ति की तरह ढेरों भारतीय कारोबारी नेता हैं, जो सहमति में विश्वास करते हैं और अपने कामगारों के साथ अच्छा बरताव करते हैं। हालाँकि हम फिर अध्याय-5 में देखेंगे कि यह नजरिया है, जो सबसे ज्यादा मायने रखता है।

(vi) ताज एयर नाम की एक छोटी कंपनी है, जो कि ताज होटल ग्रुप की एक सहायक कंपनी है, लेकिन यह प्राइवेट ग्राहकों को ही विमान सेवा मुहैया कराती है, यह कोई यात्री एयरलाइन नहीं है।

❑

4

# टाटा की छवि बदलना

जब जे.आर.डी. टाटा ने सन् 1991 में टाटा संस के चेयरमैन के पद से इस्तीफा दिया और कमान रतन टाटा को सौंपी, तब भारत बदलाव के कगार पर खड़ा था। स्वतंत्रता-प्राप्ति के बाद से पिछले 43 वर्षों तक भारत की अर्थव्यवस्था सरकार द्वारा नियंत्रित रही थी। लेकिन वर्ष 1991 में पहले आर्थिक सुधार लागू किए गए और कारोबारी माहौल बदलना शुरू हुआ। 1920 के दशक में इन्फोसिस, विप्रो और रैनबेक्सी जैसी कंपनियाँ उभरीं, जो नई, आधुनिक और उच्च-तकनीकवाली थीं तथा जिन्होंने भारत का एक नया चेहरा दुनिया को दिखाया। इसमें से कुछ कंपनियों की विकास दर अद्भुत थी। और पुराने मैन्युफैक्चरिंग आधारित समूह भी विकास की दिशा में अपनी उछाल भरने लगे थे। हमने पिछले अध्याय में देखा कि कैसे बिड़ला समूह ने भारत में सबसे बड़े औद्योगिक समूह के दर्जे के लिए टाटा समूह को पहले से ही चुनौती देना शुरू कर दिया था और उनके विकास का प्रतिबिंब रिलायंस, महिंद्रा एंड महिंद्रा और अन्य समूहों में भी दिखने लगा था।

इस नए युग में टाटा ग्रुप कुछ इस तरह दिखने लगा जैसे वह भारत के अतीत की चीज हो, जैसाकि ब्रांड छवि पर एक रिपोर्ट ने उसे 'माई फादर्स टाटा' (मेरे पिता के जमाने का टाटा) बताया। कंपनी की अभी भी प्रशंसा की जाती थी और उस पर विश्वास किया जाता था, यहाँ तक कि सम्मान किया जाता था। भारत के प्रति टाटा की प्रतिबद्धता और राष्ट्र-निर्माण में उसके द्वारा निभाई गई भूमिका के प्रति कोई संदेह नहीं था। 1980 के दशक में प्रतिष्ठा पर आई कुछ आँच के बावजूद उस पर कोई संदेह नहीं था। कुल मिलाकर टाटा समूह अभी भी अपने मूल्यों, जिसमें विश्वास, भरोसा और सेवा शामिल थे, के प्रति गहराई से समर्पित था।

**वर्ष 1991 में पहले आर्थिक सुधार लागू किए गए और कारोबारी माहौल बदलना शुरू हो गया। नई आधुनिक उच्च तकनीकवाली कंपनियों ने दुनिया को भारत का एक नया चेहरा दिखाया।**

लेकिन क्या इतना पर्याप्त था? क्या भविष्य की इससे कुछ ज्यादा की माँग नहीं थी? इन्फोसिस और रैनबेक्सी जैसी कंपनियाँ अपनी उद्यमशीलता व अभिनव प्रयोग के आधार पर अपनी प्रतिष्ठा बना रही थीं। क्या टाटा उसी तरह कर सकता था? या क्या यह अतीत से ही चिपका पड़ा रहेगा? 1990 के दशक में लोग चकित होने लगे कि संभवत: टाटा समूह का वक्त गुजर चुका है। जाहिर, समूह को अपनी छवि बदलने की जरूरत थी।

ढाँचागत परिवर्तन करने की भी जरूरत थी। टाटा समूह के पुराने तौर-तरीकों वाले नजरिए के पीछे आंशिक रूप से यह तथ्य था कि इसका ढाँचा कैसा है और इसका प्रबंध कैसे किया जाता है। प्रो. सुमंत्र घोषाल ने लिखा—'1970 के दशक तक अति स्वतंत्र टाटा कंपनियों को कई एकीकृत करनेवाली प्रक्रियाओं के रेशमी धागों से एकजुट रखा जाता था।' उन्होंने पहचाना कि इनमें से सबसे ज्यादा महत्त्वपूर्ण था जे.आर.डी. का व्यक्तिगत नेतृत्व। जे.आर.डी. समूह के मूल्यों का प्रतिनिधित्व करते थे। कंपनी के अंदर व बाहर उनका बेहद सम्मान था और इसलिए उनका पूरे समूह पर प्रचुर अधिकार था। इसके अलावा विभिन्न कंपनियों के बीच मैनेजरों का ट्रांसफर होता रहता था।[1] मैनेजरों की यह गतिशीलता टाटा प्रशासकीय सेवा (टी.ए.एस.) के जरिए संभव हो पाता था। 1950 के दशक से ही यह एक तरह की मैनेजमेंट ट्रेनिंग एकेडमी थी। यह नियुक्त करती थी और प्रतिभावान् युवा मैनेजरों को विकसित करती थी और उन्हें तथा बाकी ग्रुप को प्रोत्साहित करती थी कि विभिन्न टाटा कंपनियों में वे समय-समय पर नौकरी करें। घोषाल कहते हैं कि इससे न केवल उनका कैरियर विकसित होता था, बल्कि समूह के अंदर ज्ञान का प्रसार करने में भी मदद मिलती थी और उसके मूल्यों को मजबूती मिलती थी।

**इन्फोसिस और रैनबैक्सी जैसी कंपनियाँ उद्यमशीलता व इन्नोवेशन के आधार पर प्रतिष्ठा बना रही थीं। साफ है कि टाटा समूह को अपनी छवि बदलने की जरूरत थी।**

बहरहाल 1980 के दशक के उत्तरार्ध आते-आते ये प्रणालियाँ चरमराने लगी

थीं। जे.आर.डी. की शक्तियाँ जैसे ही कम हुईं, मैनेजरों के जिस समूह को उन्होंने 50 और 60 के दशक में आगे बढ़ाया था, अब वे अपनी कंपनियाँ स्वायत्त रूप से चलाने लगे। उनके मैनेजरों और कामगारों की निष्ठा अब अधिकाधिक उनके प्रति थी, न कि समूह के प्रति। मैनेजरों का पार्श्विक तबादला कम होने लगा, क्योंकि टाटा के कारोबार एक-दूसरे से प्रतियोगिता करने लगे।[2]

रतन टाटा आज याद करते हैं, 'हमारे पास जागीरें थीं, जो अलग-अलग दिशाओं में जा रही थीं। उसी कारोबार में हमारे पास ऐसी कंपनियाँ थीं, जो एक-दूसरे से प्रतियोगिता कर रही थीं। नए व्यापार में जाने का हमारे पास अनियंत्रित प्रवेश था।' अगर कोई कंपनी एक नया व्यापार शुरू करना चाहती थी तो वह आगे बढ़कर ऐसा कर डालती थी और इस बारे में वह बाकी समूह से परामर्श भी नहीं करती थी। टाटा कहते हैं, 'इसलिए हमारे पास ऐसी कंपनियाँ थीं, जो क्षमता से कम कारोबार कर रही थीं। उनके पास बड़ा पैमाना या अहम आकार नहीं था।'

---

**रतन टाटा दो टूक कहते हैं, 'हमारे पास ब्रांड नहीं था। हम पंद्रह या बीस भिन्न तरीकों से अपने ब्रांड की पहचान करते थे। हर कंपनी अपने तरीके से चल रही थी।'**

---

ब्रांड के मामले में, स्थिति समान रूप से अराजक थी। रतन टाटा दो-टूक कहते हैं, 'हमारे पास ब्रांड नहीं था। हम अपने ब्रांड की पहचान पंद्रह या बीस भिन्न तरीकों से करते थे। हर कंपनी अपने तरीके से चल रही थी।'

हर कारोबार अलग-अलग तरीकों से टाटा के नाम और चिह्न का इस्तेमाल करता था, जैसा उसे पसंद हो। जब 1981 में रतन टाटा ने समूह की रणनीति में समरसता लाने के लिए एक स्ट्रैटजिक प्लानिंग फोरम (रणनीति नियोजन मंच) की स्थापना का प्रस्ताव रखा तो उनके सहयोगियों ने उनका विरोध किया। कुछ ने महसूस किया कि वह उन पर लगाम लगाने और उनकी स्वायत्तता को कम करने की कोशिश कर रहे हैं। अन्य तो बस दूसरी टाटा कंपनियों के साथ सूचना साझा करने के ही खिलाफ थे, क्योंकि वे उन्हें प्रतिद्वंद्वी मानते थे।[3] कम-से-कम बाहरी लोगों को लगने लगा कि मानो जो गोंद टाटा को एकजुट किए हुए था, वह विलीन होना शुरू हो गया है।

## नियंत्रण स्थापित करना

जे.आर.डी. टाटा से पद-भार लेने के बाद रतन टाटा के प्रथम कार्यों में से एक था टाटा संस और समूह की अन्य कंपनियों में संपर्क-संबंध को फिर से बनाना। अन्य बातों के साथ इसका मतलब था स्वामित्व ढाँचे में बदलाव करना। पिछले कई दशकों के दौरान समूह की अन्य कंपनियों में टाटा संस की हिस्सेदारी नाटकीय रूप से कम हो गई थी।[i] जैसाकि हमने अध्याय-2 में देखा, 1980 के दशक के आते-आते स्टील बनानेवाली टिस्को में टाटा संस के पास अपने प्रतिद्वंद्वी बिड़ला से कम शेयर थे। कार और ट्रक बनानेवाली टाटा इंजीनियरिंग एंड लोकोमोटिव कंपनी लिमिटेड (टेल्को) में टाटा संस की हिस्सेदारी गिरकर महज 3 फीसदी रह गई थी और इंडियन होटल्स, जो कई ताज होटलों की अभिभावक कंपनी है, में उसकी हिस्सेदारी महज 12 फीसदी थी। पूरे ग्रुप के लिए यह बात सच थी। जैसाकि इतिहासकार गीता पिरामल ने इंगित किया, खुद टाटा संस में परिवार की हिस्सेदारी सिकुड़कर 1.5 फीसदी रह गई थी; जबकि कंस्ट्रक्शन मालिक पलोनजी मिस्त्री के पास 17.5 फीसदी हिस्सेदारी थी। रतन टाटा कहते हैं, 'यह सवाल था कि क्या इन कंपनियों का प्रबंध करने का दावा करने का हमारे पास अधिकार है? दरअसल हमारे पास कानूनी अधिकार नहीं था, या यहाँ तक कि नैतिक अधिकार भी नहीं था उनका प्रबंध करने का।'

*रतन टाटा ने जे.आर.डी. से पदभार ग्रहण किया।*

तो पहला कदम था नियंत्रण बहाल करना और इसके लिए जरूरी था कि ग्रुप की हरेक कंपनी में टाटा संस की हिस्सेदारी 26 फीसदी की हो जाए, क्योंकि इतनी हिस्सेदारी पर एक शेयरधारक बोर्ड स्तर पर किसी प्रस्ताव को रोक सकता है। रतन टाटा कहते हैं, 'फिर हमने अपने लिए यह लक्ष्य तय किया कि हम कैसे ज्यादा केंद्रीय नियंत्रण के साथ एक ज्यादा सार्थक और पहचान योग्य कंपनियों के समूह के रूप में दिखें।' समूह ने अपनी सबसे अहम कंपनियों की भविष्य के लिए

समीक्षा करनी शुरू की और हमने लाभ एवं राजस्व-वृद्धि के संदर्भ में लक्ष्य तय करने शुरू किए।

**टाटा संस ने क्रमिक रूप से हिचक रहे और अड़ रहे बोर्डों को समझाया कि यह उनके सर्वाधिक हित में है कि वे मिलकर काम करें तथा सहयोग के पुराने मॉडल की ओर लौटें।**

टाटा कहते हैं, 'सदस्य कंपनियों द्वारा इस सबका काफी जोरदार तरीके से विरोध किया गया।' यह प्रक्रिया काफी नाजुक थी और सदस्य कंपनियों के निरंकुश चेयरमैनों से काफी सावधानी से निपटना था। कुछेक ने टाटा स्टील के रूसी मोदी की तरह इस्तीफा देकर समस्या का हल निकाला। अन्यों को एक ऐसी प्रक्रिया के जरिए रास्ते पर लाया गया, जिसे प्रो. निर्माल्य 'फुसलाना' कहते हैं।[5] सदस्य कंपनियों के बोर्डों में अपने प्रतिनिधियों के माध्यम से टाटा संस ने अपनी इच्छाएँ जाहिर कर दीं और क्रमिक रूप से आनाकानी कर रहे बोर्डों को समझाया कि यह उनके सर्वाधिक हित में है कि वे मिलकर काम करें और सहयोग के पुराने मॉडल पर लौट आएँ।

कुल मिलाकर यह काम कर गया। रतन टाटा कहते हैं, 'वक्त गुजरने के साथ पर्याप्त हद तक मिलन और समन्वय हो गया है।' सदस्य कंपनी के बोर्ड तब कम शंकालु हो गए जब यह साफ हो गया कि लक्ष्य ऊपर से थोपे नहीं जाएँगे, बल्कि बोर्डों से मशविरा करके ही तय किए जाएँगे और पारस्परिक आधार पर लाभ और राजस्व लक्ष्य तय किए जाएँगे। बोर्ड स्वायत्त बने रहेंगे और अपनी कंपनियों को अपने तरीके से चलाएँगे; लेकिन ग्रुप सकल रणनीति तय करेगा, जिसमें भौगोलिक लक्ष्य और उद्देश्य जैसे चीजें भी शामिल होंगी। शुरुआत में ही रतन टाटा ने तय किया कि समूह को भारत से बाहर विस्तार करने की जरूरत है, और यह वही थे जिन्होंने इस प्रयास का नेतृत्व किया और वह ढाँचा विकसित किया जिसके तहत हर टाटा कंपनी विदेश में अपना काम करेगी।[6]

**शुरुआत में ही रतन टाटा ने तय किया कि समूह को भारत से बाहर विस्तार करने की जरूरत है।...**

जब टाटा के मूल्यों और आदर्शों का अनुपालन सुनिश्चित करने की बात आई तो स्वामित्व के नए ढाँचे ने भी—सिद्धांत में—टाटा संस को ज्यादा शक्ति प्रदान की। वर्ष 1998 से ग्रुप में हरेक कंपनी को टाटा की आचार संहिता पर

दस्तखत करने पड़े। अगर कोई कंपनी इस संहिता के अनुसार काम न करे, या ऐसे कदम उठाने के बारे में सोचे जो समूह के हितों को नुकसान पहुँचाएगा तो टाटा संस अपने शेयर का विनिवेश करने का विकल्प लागू कर सकता था। टाटा संस के कार्यकारी निदेशक आर. गोपालकृष्णन के अनुसार, ऐसी व्यवस्था की गई है। लेकिन वास्तविकता में यह एक आपातकालीन हथियार है, जिसका प्रयोग तभी किया जा सकता है, जब अन्य सभी उपाय फेल हो जाएँ। अगर चीजें इस हद तक बिगड़ गई हैं कि टाटा संस को विनिवेश करने की धमकी देनी पड़ रही है तो इसका मतलब है कि ग्रुप और उस सदस्य कंपनी के बीच रिश्ते काफी निम्न स्तर तक गिर गए हैं और उनके बीच विश्वास का रिश्ता क्षतिग्रस्त हुआ है, शायद घातक रूप से। कुल मिलाकर समूह अड़ंगेबाजी कर रहे सदस्यों को 'फुसलाना' ज्यादा पसंद करता है। समूह को एकीकृत करने के संदर्भ में कम-से-कम पिछले एक दशक में ज्यादा महत्त्वपूर्ण बात यह हुई है कि कॉरपोरेट ब्रांड की ताकत और दृश्यता बढ़ती गई है।

## ब्रांड को संहिताबद्ध करना

संगठनात्मक ज्ञान पर लिखनेवाले अकसर दो तरह के ज्ञान 'संहिताबद्ध' और 'असंहिताबद्ध' के बीच फर्क करते हैं। संहिताबद्ध ज्ञान वह ज्ञान है जिसकी अवधारणाओं को आसानी से परिभाषित व अभिव्यक्त किया जा सकता है। इसे साफ-साफ और स्पष्टता से लिखा बोला जा सकता है और इसे आसानी से अन्य लोगों तक हस्तांतरित किया जा सकता है।

दूसरी ओर, असंहिताबद्ध ज्ञान ऐसी चीजों का प्रतिनिधित्व करता है, जिसे हम जानते तो हैं, लेकिन उसे ठोस रूप देने में दिक्कत होती है। इस तरह, जब असंहिताबद्ध ज्ञान के बारे में सवाल किए जाते हैं तो हमें जवाब देने में मुश्किल होती है। एक महान् क्रिकेटर बता सकता है कि एक स्वीप शॉट कैसे खेला जाता है और करके दिखा भी सकता है कि यह कैसे किया जाता है। यह संहिताबद्ध ज्ञान है। लेकिन यदि यह पूछा जाए कि वह कैसे जानता है कि वह शॉट कब खेलना है तो क्रिकेटर को उत्तर देने में मुश्किल हो सकती है। इस चयन के पीछे आँखों से गेंद को देखने और सोचने की प्रक्रिया उसके लिए परिचित है, लेकिन उसे शब्दों में बयाँ कर पाने में उसे दिक्कत होगी। ऐसा इसलिए, क्योंकि इस तरह का ज्ञान असंहिताबद्ध है। कोई सही या गलत नहीं है, कोई काला या सफेद नहीं है, बस भूरे रंग के कई शेड हैं।

काफी हद तक, ब्रांड असंहिताबद्ध ज्ञान का एक रूप हैं। लोग जानते हैं कि वे ब्रांडों के बारे में किसे महत्त्व देते हैं, लेकिन उन्हें शब्दों में बता पाने में दिक्कत होती है। हाल में मैंने अपने एम.बी.ए. के विद्यार्थियों से पूछा कि आईफोन ब्रांड में वे किसे महत्त्व देते हैं? उन्होंने माना कि यह एक काफी शक्तिशाली ब्रांड है। लेकिन इस ब्रांड के महत्त्व के बारे में उन्होंने कुछ देर सोचा और अंततः उत्पाद का वर्णन करने के लिए उसे 'मस्ती' और 'उपभोक्ता-प्रिय' जैसे विशेषणों की शृंखला से नवाजा। लेकिन एक अवधारणा के रूप में ब्रांड को शब्दों में बता पाने में उन्हें मुश्किल हुई।

यही कारण है कि नाम और ब्रांड चिह्न जैसे प्रतीक इतने अहम होते हैं, क्योंकि वे संहिताबद्ध किए जा सकते हैं और वे बदले में ब्रांड के बारे में अगर पूर्णतः नहीं तो आंशिक रूप से असंहिताबद्ध ज्ञान पर आधारित फैसलों व प्रतिक्रियाओं की एक शृंखला खड़ी कर देते हैं। टाटा कॉरपोरेट ब्रांड की स्थापना में सबसे पहले कदमों में से एक था ब्रांड चिह्न को समरस करना, क्योंकि समूह के अंदर कंपनियाँ इसका इस्तेमाल करती थीं। जैसाकि रतन टाटा कहते हैं, 'कंपनियों द्वारा इस्तेमाल किए गए प्रतीकों से आप एक दीवार भर सकते थे।' इन सबको हटा दिया गया और एकरूप शैली अपनाई गई। टाटा नाम के लिए एक एकल टाइपफेस लागू किया गया और ब्रांड चिह्न के रूप में प्रसिद्ध 'नीला दीर्घवृत्त', एक नीले अंडाकार के बीच में एक शैली में लिखा टी (T) अपनाया गया।

एक और परिवर्तन खुद टाटा नाम को और दृष्टिगोचर बनाना था। दशकों से समूह में टिस्को, टेल्को और टोम्को (टाटा ऑयल मिल्स कंपनी) जैसे नामोंवाली कंपनियाँ भरी पड़ी थीं। हालाँकि उनमें से प्रत्येक जानती थी कि वह टाटा कंपनी है, लेकिन टाटा से संपर्क को खुलकर दरशाती नहीं थी। इसलिए टाटा आयरन एंड स्टील कंपनी (टिस्को) अब बस टाटा स्टील बन गई, जबकि टाटा इंजीनियरिंग एंड लोकोमोटिव कंपनी (टेल्को) अब टाटा मोटर्स बन गई।[ii] नए नाम छोटे और ज्यादा ध्यान खींचनेवाले थे।

यह तरीका एक समान रूप में नहीं अपनाया गया। कॉरपोरेट ब्रांडिग के कुछ सिद्धांतकारों का मानना है कि तमाम सहायक कंपनियों को कॉरपोरेट ब्रांड नाम अपनाना चाहिए, जैसे कि जनरल इलेक्ट्रिक की तमाम सहायक कंपनियों के नाम के पहले जी.ई. लगा होता है।[8] बहरहाल, टाटा में ऐसा न करने के कभी-कभी अच्छे कारण थे। उदाहरण के लिए, ताज के मामलों में समूह ने महसूस किया कि यह अपने आप में एक महत्त्वपूर्ण ब्रांड है, जिसकी अपनी मजबूत पहचान है। रतन

टाटा कहते हैं कि उसे बदलना एक पीछे ले जानेवाला कदम होता

अन्य मामलों में, जहाँ एक कंपनी मुख्य ग्रुप के बाहर पाई गई और/या एक ऐसे क्षेत्र में खतरेवाला उपक्रम माना गया, जहाँ ग्रुप की बेहद कम उपस्थिति या अनुभव है, तब 'टाटा' नाम के इस्तेमाल की इजाजत नहीं दी गई। रतन टाटा कहते हैं, 'नई कंपनियों की एक पूरी शृंखला थी, जहाँ हमने उन कंपनियों को टाटा नाम के इस्तेमाल से मना कर दिया।' इनमें से एक खुदरा उपक्रम थी ट्रेंट, जिसकी स्थापना सिमोन टाटा ने सन् 1998 में की थी।[9] सिमोन टाटा एक अति सफल अधिकारी थीं, जिन्होंने पिछले दशक में लक्मे कॉस्मेटिक व्यापार के बिक्री होने तक इसका नेतृत्व किया था। लेकिन उनमें और रतन टाटा में सहमति थी कि यह नया उपक्रम एक ऐसे क्षेत्र में है, जिसमें ग्रुप ने पहले कभी काम नहीं किया है और इसलिए इसे टाटा नाम सीधे इस्तेमाल नहीं करना चाहिए। ग्रुप से इतना करीबी संबंध होना चाहिए कि उसे कॉरपोरेट ब्रांड का लाभ मिल सके, लेकिन इतना भी करीब नहीं होना चाहिए कि इसके विफल होने पर टाटा के नाम पर कोई बट्टा लगे। ट्रेंट (TRENT) टाटा रीटेल एंटरप्राइज का छोटा नाम है और दोनों जरूरतों को पूरा करने के लिहाज से यह एक समझौते का प्रतिनिधित्व करता है।[iii]

अंततः, टाटा संस ने औपचारिक कानूनी आधार पर टाटा ब्रांड की स्थापना की। वर्ष 1998 से कंपनियाँ खुद को टाटा नहीं कह सकती थीं और ब्रांड का इस्तेमाल मन-माफिक नहीं कर सकती थीं। इसके बजाय उन्हें टाटा संस के साथ एक 'ब्रांड इक्विटी और व्यापार संवर्धन' समझौता करना आवश्यक था।

टाटा की आचार-संहिता का प्रावधान 14 नियम व शर्तें तय करता है—'टाटा नाम और ट्रेडमार्क का इस्तेमाल टाटा संस द्वारा जारी किए गए नियम-पुस्तकों, संहिताओं और करारों के जरिए प्रशासित किया जाएगा। टाटा ब्रांड इक्विटी एवं व्यापार संवर्धन समझौते द्वारा टाटा ब्रांड का इस्तेमाल परिभाषित एवं नियमन किया जाता है। विशेष रूप से अधिकृत किए बगैर कोई भी तीसरा पक्ष या संयुक्त उपक्रम अपने हित को आगे बढ़ाने के लिए टाटा ब्रांड का इस्तेमाल नहीं करेगा।' अन्य बातों के बीच समझौतों पर दस्तखत करनेवाली कंपनी को टाटा बिजनेस एक्सीलेंस मॉडल (टाटा व्यापार श्रेष्ठता प्रतिमान) भी अपनाना पड़ेगा। इसका उद्देश्य मैनेजरों को संगठनात्मक कार्य-प्रदर्शन को मापने और सुधार करने में मदद करना है। बिजनेस एक्सीलेंस मॉडल का मकसद कंपनियों को ज्यादा अनुसंधानकारी बनाना और कारोबारी प्रक्रियाओं को बेहतर करना था, ताकि उत्पाद और सेवा की गुणवत्ता पर बढ़िया प्रभाव पड़े। और इन दोनों का महत्त्वपूर्ण असर

ब्रांड के नजरिए पर पड़ता था। यह ग्रुप की कंपनियों की प्रगति पर भी नजर रखता है। इसके लिए अंतर-कंपनी आकलन कार्यक्रम वार्षिक आधार पर चलाया जाता है। इससे टाटा कंपनियाँ देख सकती हैं कि वे कहाँ तक पहुँची हैं।

दूसरे शब्दों में, टाटा संस अब नियंत्रण करता है कि ब्रांड का कैसे इस्तेमाल किया जाए। समझौते सदस्य कंपनियों को टाटा नाम और चिह्न का इस्तेमाल करने का अधिकार देते हैं और उन शर्तों को तय करते हैं जिनके तहत वे कंपनियाँ ऐसा कर सकती हैं। बदले में, समझौते पर दस्तखत करनेवाली कंपनियाँ अपने वार्षिक टर्नओवर का 0.25 फीसदी के बराबर रकम का भुगतान करती हैं (जो कंपनी टाटा के नाम का सीधे इस्तेमाल नहीं करती है, जैसे कि टाइटन, ट्रेंट या ताज, उन्हें कम भुगतान करना होता है)। इस तरह जो राजस्व प्राप्त होता है, उसका प्रयोग ब्रांड को आगे बढ़ाने और उसकी रक्षा करने तथा कई समर्थनकारी सेवाएँ देने में किया जाता है, जिसमें टाटा बिजनेस एक्सीलेंस मॉडल का प्रशासन भी शामिल है।

यह प्रणाली, कुछ समायोजन के साथ, आजकल लागू है और टाटा ब्रांड को बनाए रखने में यह एक प्रमुख भूमिका निभाती है। भारत में सलाहकार फर्म ब्रांड फाइनेंस के प्रबंध निदेशक उन्नीकृष्णन मानते हैं कि 'टाटा के ब्रांड वैल्यू प्रशासन के तरीके दुनिया के सर्वोत्तम तरीकों में से हैं। शायद ही किसी पश्चिमी कंपनी ने ब्रांड वैल्यू प्रशासन को अपने समूह में उस तरह संस्थागत रूप दिया है, जैसाकि टाटा ने दिया है।'

यह गौर करने की बात है कि समझौता करना बाध्यकारी नहीं है, बल्कि इससे एकदम परे है। गोपालकृष्णन कहते हैं, 'टाटा नाम इस्तेमाल करने का अधिकार अपनी मेहनत से हासिल करना होता है।' नई कंपनियों, अधिग्रहणों या शुरुआत करनेवालों के मामले में समूह को यह सुनिश्चित होना पड़ता है कि नई कंपनी के लक्ष्य और मकसद टाटा ग्रुप के लक्ष्यों एवं मकसद में 'फिट' बैठते हों। अगर नहीं तो जैसाकि लंदन बिजनेस स्कूल के प्रो. पैट्रिक बार्वाइज कहते हैं, 'खुद कॉरपोरेट ब्रांड को नुकसान हो सकता है।' वह वॉक्सवैगन का उदाहरण देते हैं, जिसने वी.डब्ल्यू. बैज का इस्तेमाल करते हुए लग्जरी कार उतारने की कोशिश की। यह कोशिश विफल रही और इसका वी.डब्ल्यू. ब्रांड पर नकारात्मक असर पड़ा। जैसाकि हमने ऊपर देखा, ट्रेंट टाटा नाम का इस्तेमाल नहीं करता है। कोरस और जगुआर लैंडरोवर जैसे नए अधिग्रहणों को समझौते करने की जरूरत नहीं होती है और कई सीधे ऐसा नहीं करते हैं। टाटा संस के प्रमुख संचालन अधिकारी फारूख सूबेदार कहते हैं, 'हम दबाव नहीं डालते। हम इंतजार करते हैं कि कंपनियाँ खुद

आएँ और समझौते के लिए कहें। हर नया कारोबार एकदम से टाटा के स्तर को नहीं छू पाता है और इसके समायोजन के लिए समय की जरूरत पड़ती है। टाटा कोई समय सीमा नहीं तय करता। समझौते पर तभी दस्तखत किए जाते हैं। जब दूसरी कंपनी तैयार हो और जब टाटा को भी लगे कि वह कंपनी वाकई तैयार है, उसके पहले नहीं।'

इन तमाम गतिविधियों से टाटा ब्रांड को संहिताबद्ध करने और उसे बनाने में मदद मिली और इसके पीछे जो मूल्य निहित हैं, उन्हें भारतीय स्टेकहोल्डरों द्वारा ज्यादा स्पष्टता और ज्यादा एक समान रूप से समझा गया। समूह में सभी कंपनियों के लोग अब टाटा ब्रांड की मोटे तौर पर एक ही तरह व्याख्या करते हैं। इसके दो परिणाम हुए। पहला, इसने समूह की कंपनियों को वापस एकजुट होने और समूह के साझा मूल्यों की पहचान करने में मदद की। और दूसरा, इसने समूह और इसकी सदस्य कंपनियों को दुनिया के सामने ब्रांड की छवि काफी ज्यादा सुसंगत ढंग से पेश करने में मदद की। इससे स्टेकहोल्डरों के नजरिए में ऐसा ही सुसंगत प्रभाव पड़ा।

## ब्रांड के बारे में लोगों को बताना (कम्यूनिकेशन)

स्टेकहोल्डर के नजरिए पर जाने के पहले यह देखना रोचक है कि टाटा ने अपने ब्रांड के बारे में लोगों को बताने के लिए क्या तरीके अपनाए, कम-से-कम कुछ तरीकों को। नोकिया या कोका-कोला जैसे वैश्विक ब्रांड विज्ञापन देने पर बुरी तरह निर्भर रहते हैं। इसके अलग टाटा अपने अधिकांश वक्त में अपने ब्रांड को आगे बढ़ाने में कम सक्रिय रहा। भारत और विदेशों में उसने सीमित कॉरपोरेट विज्ञापन ही दिए।

पहले के शोध ने संकेत दिया कि 1970 के दशक में खासकर टाटा की प्रतिष्ठा कमजोर पड़ गई थी। पहला, देखा गया कि समूह ने भारत के युवा वर्ग के साथ संपर्क खो दिया है। युवा पीढ़ी ही कल के नेता (और उपभोक्ता व कर्मचारी) प्रदान करेगी। दूसरा, ऐसा नजरिया बन गया था कि समूह अब प्रयोगधर्मी नहीं रह गया है। लोक-धारणा बन गई थी कि टाटा धातु पीटने, इस्पात और लॉरी बनाने और पुरानी अर्थव्यवस्था के उद्योगों के साथ ही जुड़ा हुआ है, न कि आधुनिक टेक्नोलॉजी के साथ। विज्ञापन अभियान और अन्य संवर्धन गतिविधियों ने इस नजरिए को बदलने की कोशिश की।

भारत में दो ब्रांड विज्ञापन मुहिम वर्ष 2002-03 और 2004-05 में चलाई

गई, ताकि टाटा के 'परंपरागत' मूल्यों को मजबूत किया जाए और इसकी विरासत को वर्तमान व भविष्य के साथ जोड़ा जाए। दो प्राथमिक पट्टियाँ चलाई गईं—'ए सेंचुरी ऑफ ट्रस्ट' (विश्वास की एक सदी) और 'इंप्रूविंग द क्वालिटी ऑफ लाइफ' (जीवन की गुणवत्ता को सुधारना)। छपाईवाले (प्रिंट) विज्ञापनों ने दिखाया कि कैसे टाटा आधुनिक उच्च तकनीकी प्रणालियों का इस्तेमाल करते हुए भारत और उसके लोगों के भले के लिए काम जारी रखे हुए है और कैसे नई प्रौद्योगिकियों को जन्म दे रहा है। एक विज्ञापन ने दिखाया कि कैसे टाटा कंपनियाँ उपग्रह प्रौद्योगिकी का इस्तेमाल करते हुए किसानों को अपनी पैदावार बढ़ाने में मदद कर रही हैं। एक दूसरे विज्ञापन ने एक सॉफ्टवेयर प्रोग्राम का वर्णन किया, जो लोगों को महज 48 घंटों में एक अखबार को अच्छी तरह पढ़ना सिखा सकता है।

वर्ष 2004 टाटा ग्रुप का दोहरा शताब्दी वर्ष था। यह संस्थापक जमशेदजी टाटा के निधन की सौवीं वर्षगाँठ थीं और यह जे.आर.डी. के जन्म का सौवाँ साल भी था। एक अन्य विज्ञापन अभियान ने उनके मूल्यों और विश्वासों को आधुनिक भारत से जोड़ने का प्रयास किया। जमशेदजी या जे.आर.डी. की याद को जीवंत करने का कोई खुला प्रयास नहीं था, इसके बजाय विज्ञापनों ने युवा लोगों को दिखाया और यह रेखांकित किया कि टाटा समूह के पूरे इतिहास में जो मूल्य

*सेंचुरी ऑफ ट्रस्ट (विश्वास की सदी) विज्ञापनों में से एक, जो 2004-05 में प्रिंट अभियान में नजर आया।*

उसकी विशेषता रहे हैं, वे दरअसल भारतीय लोगों के मूल्य थे।

वर्ष 2004 में भी समूह ने 'ए सेंचुरी ऑफ ट्रस्ट' (विश्वास की एक सदी) नामक एक यात्रा प्रदर्शनी विकसित की। यह टाटा की कहानी कहती थी और अपने दर्शकों को टाटा की विरासत से परिचित कराती थी, खासकर विश्वास और राष्ट्र के लिए प्रतिबद्धता जैसे प्रमुख मूल्यों को उभारती थी। टाटा सर्विसेज में कॉरपोरेट मामलों के उपाध्यक्ष अतुल अग्रवाल के अनुसार, इस प्रदर्शनी को 80 हजार वयस्क लोगों और 2 लाख से ज्यादा बच्चों ने देखा। बच्चों की प्रतिक्रिया को देखते हुए ही समूह ने स्कूलों के साथ एक ज्यादा दीर्घकालीन रिश्ता बनाने का फैसला किया। परिणाम था 'बिल्डिंग इंडिया' (भारत निर्माण) स्कूल निबंध प्रतियोगिता, जिसमें देश भर के स्कूलों के विद्यार्थी एक प्रश्नावली का उत्तर देते थे, जिसमें उनसे भारत के भविष्य पर विचार देने को कहा जाता था। पहले के प्रश्नों में इस तरह के विषय रखे गए 'भारत को एक वैश्विक महाशक्ति बनाने के लिए आप क्या करेंगे?' और '2016 के ओलंपिक खेलों में 20 स्वर्ण पदक जीतने के लिए भारत को क्या करना चाहिए?'

---

**वर्ष 2004 में विज्ञापनों में युवा लोगों को दिखाया गया और यह बात रेखांकित की गई कि टाटा समूह के पूरे इतिहास में जो मूल्य उसकी विशेषता रहे, वे दरअसल भारतीय लोगों के मूल्य थे।**

---

बेहद अच्छी प्रतिक्रिया मिली। वर्ष 2006 में, जो कि प्रतियोगिता का पहला साल था, छह शहरों में 1 लाख विद्यार्थियों ने इसमें हिस्सा लिया। इसके अगले साल यह संख्या तिगुनी हो गई और जीतनेवाले प्रतियोगियों को भारत की राष्ट्रपति प्रतिभा पाटिल से मिलने के लिए दिल्ली आमंत्रित किया गया। वर्ष 2009-10 में यह प्रतियोगिता सौ शहरों के 3,500 हजार स्कूलों में आयोजित की गई। यह प्रतियोगिता छह भाषाओं में हुई। टाटा सर्विसेज में ब्रांड मैनेजर और इस प्रतियोगिता के आयोजकों में से एक अभिषेक पाठक का अनुमान है कि इसमें करीब 20 लाख बच्चों ने भाग लिया। यह सही है कि भारत एक ऐसा देश है जिसकी आबादी 1 अरब से भी ज्यादा है और उसमें 20 लाख की संख्या तो महासागर में बूँद के समान है। लेकिन इस प्रतियोगिता की लहर का असर काफी विस्तृत होता है। जितने लोग इसमें वाकई भाग लेते हैं, उससे काफी ज्यादा लोग इसके बारे में जानते हैं।[10]

युवाओं के लिए प्रतिबद्ध कंपनी के रूप में टाटा की छवि को मजबूत बनाने

में टाटा जागृति यात्रा ने भी अपनी भूमिका निभाई है। यह एक टेन यात्रा है, जो युवा भारतीयों को देश भर में विविध सामाजिक उपक्रमों और सामुदायिक परियोजनाओं को कार्यरूप में दिखाती है। महज कुछ सौ युवा हर साल इस यात्रा में शामिल होते हैं, लेकिन फिर इसकी लहर का असर भी काफी होता है। वर्ष 2008 में जब पहली यात्रा हुई थी तो इसने मीडिया में दिलचस्पी पैदा की थी। टाटा सर्विसेज में ब्रांड मैनेजर एन पिंटो-रॉड्रिग्स, जो यात्राओं के आयोजन में मदद करते हैं, कहते हैं कि यह यात्रा दिखाती है कि राष्ट्र-निर्माण एवं सामाजिक उद्यमशीलता टाटा के दर्शन का केंद्रीय तत्त्व हैं और खासकर यह युवा लोगों को संदेश पहुँचाने में मदद करती है। एक अन्य स्तर पर, टाटा क्रुसिबल बिजनेस क्विज बिजनेस स्कूल के विद्यार्थियों और युवा मैनेजरों के दिमाग में समूह की छवि को निखारते हैं। यह क्विज सालाना आयोजित किया जाता है। अब इसे भारत के अलावा सिंगापुर और लंदन में आयोजित किया जाता है। जब से इसकी शुरुआत हुई है, यह धीरे-धीरे ज्यादा लोकप्रिय होता गया है।

टाटा इंडस्ट्रीज के प्रबंध निदेशक किशोर ए. चौकर कहते हैं, 'नवाचारी होना आधुनिक होने का हिस्सा है।' टाटा इंडस्ट्रीज टाटा समूह का मुख्य साधन है, जिसके जरिए वह नवाचारी एवं उद्यमशील नए उपक्रम विकसित करता है। लेकिन नवाचारी होना एक बात है और नवाचारी प्रयासों के लिए मान्यता मिलना एकदम दूसरी बात है। दरअसल, नए उत्पाद एवं नई सेवाएँ तथा नई प्रक्रियाएँ विकसित करने में टाटा ग्रुप का शानदार रिकॉर्ड रहा है। बिजनेस एक्सीलेंस मॉडल के जेहन में नवाचारी प्रयोग करना बसा हुआ है और टाटा समूह की तमाम कंपनियाँ इस मॉडल को अपनाती हैं। लेकिन यह साफ था कि यह बात लोगों तक नहीं पहुँच रही थी।

'इंप्रूविंग द क्वालिटी ऑफ लाइफ' विज्ञापनों, जिनका ऊपर जिक्र किया गया था, ने टाटा की नवाचारी प्रयोग करने अन्वेषण करने की क्षमता को दरशाने की मुहिम छेड़ी। बहरहाल, कंपनियों ने खुद अधिकांशत: नजरिए को बदलना शुरू किया। उन्होंने ऐसे नए उत्पाद बनाए, जो उपभोक्ताओं की जरूरतों को ज्यादा बढ़िया ढंग से पूरा करते थे। उन्होंने खुद को टेक्नोलॉजी के उत्पाद के रूप में पेश किया, चाहे वह दुनिया की सबसे पतली घड़ी रही हो, दुनिया की सबसे सस्ती कार रही हो या किसी निजी कंपनी द्वारा बनाया गया भारत का पहला सुपर कंप्यूटर रहा हो। बिजनेस एक्सीलेंस मॉडल या 2007 में स्थापित किए गए टाटा ग्रुप इनोवेशन फोरम पूरे समूह में नए नवाचारी कार्यक्रमों को प्रोत्साहित करते हैं, ऐसी

पहल को आगे बढ़ाने में मदद करते हैं। समूह ऐसे प्रयासों को अति औपचारिक बनाने को लेकर चिंतित है। रतन टाटा इस बात को लेकर शंकालु हैं कि अनुसंधान और नवाचार को संस्थागत रूप दिया जा सकता है। आर. गोपालकृष्णन का मानना है कि टाटा ग्रुप इनोवेशन जैसे प्रयासों का मुख्य मकसद 'कुहरे को साफ करना' है, लोगों में सर्जनात्मक क्षमता को जगाना है और यह दिखाना है कि अपने विचारों को कैसे आगे ले जाया जा सकता है।

अनुसंधान की पहल कॉरपोरेट ब्रांड और बाकी समूह के बीच संबंध का एक अच्छा प्रदर्शन है। अनुसंधान को दिखने के लिए समूह की कंपनियों को इसका अभ्यास करना पड़ता है, उन्हें इन पर अमल करना होता है, न कि उन्हें करने के बारे में महज बातें करनी होती हैं। कॉरपोरेट ब्रांड बाकी समूह की उपलब्धियों के आधार पर एक व्यापक तसवीर बनाता है, जिससे अनुसंधान एक ऐसी चीज बन जाता है, जो महज कुछ कंपनियों तक सीमित न होकर पूरे समूह में व्याप्त दिखता है।

---

**आर. गोपालकृष्णन मानते हैं कि टाटा ग्रुप इनोवेशन फोरम जैसे प्रयासों का मुख्य मकसद 'कुहरे को छाँटना' है, लोगों की सर्जनात्मक प्रवृत्तियों को जगाना है और उन्हें दिखाना है कि अपने विचारों को कैसे आगे ले जाया जाता है।**

---

नतीजा? भारत में टाटा के लिए ब्रांड ट्रैकिंग अध्ययनों में अब रुटीन रूप में टाटा को अन्य भारतीय कंपनियों, जिसमें इन्फोसिस जैसी टेक्नोलॉजी कंपनियाँ भी शामिल हैं, से ज्यादा अनुसंधानप्रिय दिखाया जाता है और यह प्रतिष्ठा व्यापक विश्व में फैल गई है। अप्रैल 2008 में 'बिजनेस वीक' पत्रिका ने दुनिया की 50 सबसे ज्यादा अनुसंधानप्रिय कंपनियों की अपनी सूची छापी।[11] इस सूची में शीर्ष पाँच स्थान पर एपल, गूगल, टोयोटा, जनरल इलेक्ट्रिक और माइक्रोसॉफ्ट को रखा गया। उनके बाद छठे स्थान पर टाटा समूह को रखा गया, यानी आई.बी.एम., सोनी और नोकिया से आगे। वैसे, कोई इस पर तर्क कर सकता है कि 'सबसे ज्यादा अनुसंधान करनेवाली' सूची कैसे बनाई जाती है। लेकिन एक बार फिर नजरिया ही सबकुछ है। अगर दुनिया मानती है कि टाटा एक अति अनुसंधान करने वाली कंपनियों का समूह है तो यह विश्वास ब्रांड को अतिरिक्त शक्ति और चमक प्रदान करता है।

## ब्रांड की रक्षा करना

मजबूत ब्रांड लंबे पोस्ते के लक्षणों से पीड़ित होते हैं, यानी कि वे जितना ज्यादा मशहूर और मूल्यवान् होते हैं, उस पर हमला करने या अतिक्रमण करने की संभावना भी उतनी ही बढ़ जाती है। फारूख सूबेदार ने मुझसे कहा कि टाटा ट्रेडमार्क 1930 के दशक से ही अतिक्रमण का शिकार रहा था; लेकिन पिछले दशक में समस्या काफी बदतर हो गई, क्योंकि ब्रांड स्थापित और अधिक दृष्टिगोचर हो गया था। समस्याएँ दो रूपों में सामने आई हैं। पुरानी तरह की ब्रांड चोरी काफी होती रही हैं। टाटा नाम अकसर किसी और द्वारा बनाए गए कम गुणवत्तावाले उत्पादों पर चिपका दिए जाते थे। टाटा नाम या उसके ब्रांडों में से किसी एक के नाम से डोमेन नामों का भी पंजीकरण कराया जाता रहा है।

टाटा नाम की रक्षा करना आसान सिद्ध नहीं हुआ है। खुद टाटा आश्चर्यजनक रूप से अन्य भाषाओं में एक सामान्य शब्द है—उदाहरण के लिए, कुछ ब्रिटिश 'टा टा' मुहावरे का प्रयोग विदाई के रूप में करते हैं। ऐसे स्थान भी हैं, जिन्हें टाटा कहा जाता है, जिसमें हंगरी में एक शहर भी शामिल है। वस्तुतः कभी-कभी कुछ लोगों या कारोबार ने टाटा नाम वाकई अज्ञानतावश अपना लिया है। यही बात टाटा समूह के ब्रांडों जैसे कि ताजमहल, ट्रेंट और टाइटन के लिए भी सही है।

सूबेदार कहते हैं, ब्रांड के नाम की चोरी करनेवालों और ट्रेडमार्क या डोमेन नाम के अतिक्रमण से निपटने में टाटा नरम नजरिया अपनाता है। वे स्वचालित ढंग से हर अतिक्रमण करनेवाले के पीछे नहीं पड़ जाते हैं और उसे कारोबार से बाहर नहीं कर देते हैं। वह कहते हैं, 'हम गली में आम आदमी के पीछे नहीं पड़ते हैं।' सूबेदार कहते हैं कि प्रमुख मसला तब खड़ा होता है जब कोई अतिक्रमण या उल्लंघन समूह की छवि खराब करता है। उदाहरण के लिए, अगर कोई उत्पाद खतरनाक माना जाता है या उससे नुकसान होने की आशंका हो या वह फर्जी आधार पर बेचा जा रहा है, तब टाटा संस अदालतों के जरिए काररवाई करता है और कड़ाई से मुकदमा लड़ता है। घरेलू चोरी के मामलों में भारतीय अदालतों में केस लड़ा जाता है और विदेशी मामलों को वर्ल्ड इंटेलेक्चुअल प्रॉपर्टी ऑर्गेनाइजेशन (विश्व बौद्धिक संपदा संगठन, यानी डब्ल्यू.आई.पी.ओ.) के हवाले कर दिया जाता है। यह संयुक्त राष्ट्र संघ का एक निकाय है, जो दुनिया भर में बौद्धिक संपदा की रक्षा को बढ़ावा देता है।[12] यह संस्था दरअसल ऐसे मामलों में अंतरराष्ट्रीय पंचाट अदालत की तरह काम करती है।

---

**भारत में कंपनी के लिए किए गए ब्रांड ट्रैकिंग अध्ययन अब एक रुटीन की तरह टाटा को अन्य भारतीय कंपनियों से ज्यादा अनुसंधान करने वाले ठहराते हैं।...और यह प्रतिष्ठा व्यापक दुनिया में फैल गई है।**

---

वामपंथी प्रेस कभी-कभी टाटा पर आरोप लगाता है कि वह तमाम चुनौती देनेवालों को अपनी आर्थिक ताकत के बूते दबा देता है; लेकिन दरअसल टाटा जितने केस अदालत में ले जाता है, उनमें से प्रत्येक केस वह जीत नहीं जाता है। वर्ष 2000 में टाटा ग्रुप की कंपनी टाइटन इंडस्ट्रीज ने शिकायत की कि उसके आभूषण ब्रांड तनिष्क नाम का उपयोग अबू धाबी स्थित एक कंपनी के डोमेन नेम में किया जाता है। डब्ल्यू.आई.पी.ओ. ने पाया कि दूसरी कंपनी ने यह नाम अच्छे भरोसे के तहत इस्तेमाल किया है। उसकी टाइटन के बौद्धिक संपदा अधिकार का अतिक्रमण करने की कोई मंशा नहीं है, और केस को खारिज कर दिया। और फारूख सूबेदार कहते हैं, टाटा छोटी मछलियों को अकेले छोड़ देता है। ब्रांड का अतिक्रमण अपने आप में वाकई मायने नहीं रखता है। सिर्फ तभी जब टाटा की प्रतिष्ठा और मूल्यों पर आँच आती है, तब ग्रुप निर्णायक कारवाई करता है।

## नया टाटा

वर्ष 2002 से टाटा समूह ने भारत में अपने कॉरपोरेट ब्रांड के नजरिए पर नजर रखी है और दूसरे भारतीय कॉरपोरेट ब्रांडों की तुलना में अपनी स्थिति का जायजा लिया है। ब्रांड की निगरानी तीन पहलुओं के आधार पर की जाती है— 1. ब्रांड की प्रासंगिकता (यानी ब्रांड से संबंध को लोग कितना सापेक्षिक महत्त्व देते हैं, ब्रांड मेरे लिए क्या करता है) 2. ब्रांड से निकटता (यानी ब्रांड के बारे में लोगों की जागरूकता और रिश्ते की मजबूती; मैं ब्रांड के कितना करीब हूँ) 3. ब्रांड का व्यक्तित्व (यानी लोग ब्रांड में क्या खूबियाँ या गुण देखते हैं)।

ब्रांड की निगरानी मुंबई स्थित एजेंसी जी.एफ.के. मोड द्वारा साल में दो बार की जाती है। जी.एफ.के. मोड के अधिकारी विशिख तलवार ने मुझे ब्रांड पर निगरानी रखने की पद्धति समझाई और कहा कि उनके शोध करनेवाले जितना ज्यादा-से-ज्यादा संभव हो उतना अपना जाल फैलाते हैं। फरवरी 2009 में किए गए अध्ययन में भारत भर में 15 अलग-अलग शहरों में 3,300 लोगों का इंटरव्यू लिया गया। इन लोगों को तीन स्टेकहोल्डर श्रेणियों में रखा गया—आम जन (उपभोक्ताओं समेत), 'सूचित' दर्शक जिसमें मीडिया, शिक्षाशास्त्री, नौकरशाह

जैसे लोग शामिल किए गए और 'अंदर के लोग' यानी वे लोग जिनका टाटा के साथ पहले से ही सीधा संपर्क है, जैसे कि कर्मचारी या ठेकेदार।

हर पहलू में, टाटा कॉरपोरेट ब्रांड अपने प्रतिद्वंद्वी ब्रांडों की तुलना में अकसर 10 या 15 फीसदी अंक ज्यादा लाया। हालाँकि कुल अंक में थोड़ा फर्क रहा, लेकिन यह देश भर में सही रहा और हरेक दर्शक वर्ग में सर्वे किए गए हरेक ग्रुप ने प्रासंगिकता, निकटता और व्यक्तित्व के संदर्भ में अन्य भारतीय कॉरपोरेट ब्रांडों की तुलना में टाटा ब्रांड को ज्यादा ऊँचा आँका। टाटा के बारे में पुराना, चूका हुआ और अप्रासंगिक नजरिया एकदम खत्म हो गया। ब्रांड की व्यक्तित्व संबंधी तीन विशेषताओं—विजेता, मार्गदर्शक और संघर्ष करनेवाला—के आधार पर यदि दस वर्ष पहले सर्वे किया गया होता तो टाटा 'मार्गदर्शक' के रूप में शीर्ष पर आता और 'विजेता' के रूप में भी अच्छे अंक हासिल किए होते, लेकिन 'संघर्ष करनेवाले' के रूप में नहीं देखा जाता। मगर अब यह संघर्ष करनेवाला भी है। जो लोग टाटा को एक संघर्ष करने वाले के रूप में देखते हैं, उनकी तादाद 2002 में 50 फीसदी से कम थी, लेकिन यह बढ़ते-बढ़ते 2009 में करीब 70 फीसदी तक पहुँच गई है।

कहने की आवश्यकता नहीं कि जो लोग टाटा कॉरपोरेट ब्रांड का प्रबंधन करते हैं, वे इन सब बातों से प्रसन्न होंगे। लेकिन इस सफलता के लिए वे किस हद तक जिम्मेदार हैं?

अध्याय-1 में हमने सह-सृजन की अवधारणा की चर्चा की, जिसमें हमने देखा कि लोग ब्रांडों के बारे में सूचना आत्मसात् करते हैं और फिर अपने हिसाब से छवि गढ़ लेते हैं। हाल में इसके कई उदाहरण सामने आए हैं। उदाहरण के लिए, अध्याय-1 में ही बताया गया कि टाटा की प्रतिष्ठा पर नैनो का व्यापक और काफी अज्ञात असर पड़ा, जिसका पहले कोई अनुमान नहीं किया गया था और इसने टाटा कॉरपोरेट ब्रांड की प्रतिष्ठा को बहुत मजबूती दी। लेकिन नैनो की कहानी का एक और पक्ष भी है, जिसका असर टाटा ब्रांड पर प्रतिबिंबित होता है।

टाटा मोटर्स ने वर्ष 2006 में पश्चिम बंगाल के सिंगुर, जो कि कोलकाता से करीब 40 किलोमीटर दूर है, के एक हरे-भरे स्थल में नैनो के लिए एक नया उत्पादन संयंत्र लगाने का फैसला किया। पश्चिम बंगाल की सरकार ने इसे पूरा समर्थन दिया, खासकर यह देखते हुए कि राज्य के औद्योगिकीकरण में टाटा मोटर्स भारी निवेश कर रहा है। बहरहाल, यह मसला जल्द ही राजनीतिक रूप से गरमा गया। विपक्षी दलों ने माँग की कि सरकार इस प्रोजेक्ट के लिए दी गई 300 एकड़

जमीन किसानों को लौटा दे, क्योंकि उनका मानना था कि यह जमीन प्रोजेक्ट के लिए जरूरी नहीं है। यह बहस काफी गरमा गई व अंततः टाटा मोटर्स को संयंत्र और अपने कामगारों की सुरक्षा की चिंता होने लगी। इस प्रोजेक्ट में टाटा मोटर्स 1,500 करोड़ रुपए निवेश कर चुका था। इसके बावजूद रतन टाटा और टाटा मोटर्स के तत्कालीन प्रबंध निदेशक रविकांत ने घोषणा की कि वे सिंगुर से अपना प्रोजेक्ट वापस ले रहे हैं। नैनो कहीं और बनाई जाएगी।[V]

ब्रांड ट्रैकिंग ने दरशाया कि इन घटनाओं के कारण पूर्वी भारत में टाटा की प्रतिष्ठा में थोड़ी कमी आई, लेकिन भारत के बाकी हिस्सों में इसकी प्रतिष्ठा वस्तुतः बढ़ी। ऐसा नजरिया था कि तृणमूल कांग्रेस इस मसले पर टाटा मोटर्स को ब्लैकमेल कर रही है और कंपनी ने प्रोजेक्ट वापस लेकर सही काम किया है। एक पत्रकार मित्र ने मुझसे मुंबई में कहा, 'मैंने जब यह खबर सुनी तो इसकी तारीफ की।' बगैर किसी मंशा के और अपने नियंत्रण से एकदम बाहर रहते हुए भी टाटा ने अपनी प्रतिष्ठा में एक और तत्त्व जोड़ दिया था।

---

**⋯कई लोग मानते थे कि पश्चिम बंगाल के नंदीग्राम में विशेष आर्थिक जोन की स्थापना के पीछे टाटा कंपनी का हाथ है। दरअसल, कंपनी का इस प्रोजेक्ट से कुछ लेना-देना नहीं था⋯ जब भी कोई एक विशाल भारतीय कारोबार के बारे में सोचता है तो वे अकसर पहले टाटा समूह के बारे में सोचते हैं।**

---

मार्च 2007 में पश्चिम बंगाल के नंदीग्राम में विशेष आर्थिक क्षेत्र (सेज) बनाए जाने के खिलाफ विरोध हिंसक हो उठा और पुलिस की गोलियों से 14 लोगों की मौत हो गई तथा कई अन्य घायल हो गए। फिर, ब्रांड ट्रैकिंग शोध से यह बात सामने आई कि कई लोग मानते थे कि सेज की स्थापना के पीछे टाटा कंपनी का हाथ है। दरअसल, टाटा का इस प्रोजेक्ट से कुछ लेना-देना नहीं था। जो कंपनी इसके पीछे थी, वह था इंडोनेशिया स्थित सलीम ग्रुप। फिर भी टाटा के बारे में जनधारणा ऐसी है कि जब भी कोई किसी विशाल भारतीय कारोबार के बारे में सोचता है तो वह सबसे पहले टाटा समूह के बारे में सोचता है। यह बात भारत के बाहर भी सही है। कई वर्ष पहले आर्सेलर मित्तल ग्रुप ने कनाडा के शहर हैमिल्टन में एक इस्पात कारखाने का अधिग्रहण किया। हालाँकि इस कारखाने के मुख्य भवन के बगल में बड़े अक्षरों में 'मित्तल' लिखा हुआ है, लेकिन यदि आप हैमिल्टन में कई लोगों से पूछें कि इस मिल का मालिक कौन है, तो वे आपको

कहेंगे कि टाटा है। और यदि मित्तल ग्रुप गलतियाँ करता है या कर्मचारियों की छँटनी करता है तो दोष टाटा ग्रुप पर लगेगा।

यह फिर लंबे पोस्ते के लक्षणवाला मामला है। संभवत: आम भ्रम के कारण कि क्या हुआ और क्यों हुआ, नंदीग्राम की घटना ने टाटा समूह पर बहुत खराब असर नहीं डाला और समूह ने धामरा पोर्ट की समस्याओं से खुद को अलग करने में सफलता पाई है। लेकिन यह निश्चित है कि यह मामला फिर उठेगा। ब्रांड की छवि और उसके मूल्यों को चाहे जितनी बार और चाहे जितनी मजबूती से संप्रेषित किया जाए, स्टेकहोल्डर हमेशा अपना नजरिया गढ़ लेते हैं।

इसलिए, हालाँकि ब्रांड ट्रैकिंग के आँकड़े मूल्यवान् और महत्त्वपूर्ण हैं, लेकिन वे कुछ हद तक वास्तविकता को ढक लेते हैं। जिन लोगों का सर्वे किया गया है, उनके कुल अंक, जो उनके सकल नजरिए को प्रतिबिंबित करते हैं, इस तथ्य पर परदा डाल देते हैं कि इंटरव्यू लिये गए 3,300 लोगों में से हरेक व्यक्ति का, और उस मायने में हरेक भारतीय का, टाटा के बारे में अपना व्यक्तिगत और खास नजरिया होता है। यह कई चीजों पर आधारित होता है, जैसे—पृष्ठभूमि, आर्थिक स्थिति, राजनीतिक सहानुभूति, टाटा के लिए काम करने का अनुभव, टाटा के मूल्यों और उसकी परंपराओं की समझ, जमशेदजी टाटा और जे.आर.डी. जैसी महान् शख्सियतों के बारे में लोक-धारणाएँ। संक्षेप में, बीते वर्षों में टाटा के इर्द-गिर्द बने तमाम मिथकों और प्रतीकों के योग तथा अपना एवं दूसरों के अनुभवों को मिलाकर यह छवि गढ़ी गई होती है। और जबकि यह सच हो सकता है कि टाटा ब्रांड सभी स्टेकहोल्डरों के नजरिए का सकल योग है, यह याद रखना जरूरी है कि व्यक्तिगत रूप से वह नजरिया जटिल और काफी भिन्नता लिये हुए है।

---

**पिछले दस वर्षों पर नजर डालें तो यह साफ प्रतीत होता है कि कॉरपोरेट ब्रांड प्रबंधन के संदर्भों में टाटा ने तीन चीजें बहुत अच्छे ढंग से की हैं—सूचना देना, एक सुसंगत कहानी कहना और वादों को पूरा करना।**

---

क्या टाटा वाकई अपने ब्रांड का प्रबंधन करता है? या यह बस स्टेकहोल्डरों के विश्वास को प्रभावित करता है, ताकि वे ब्रांड के बारे में और अनुकूल धारणा बनाएँ? (या ब्रांड प्रबंधन क्या वाकई यही है, सिद्धांत रूप में चाहे जो कहा जाए?) पिछले दस वर्षों पर नजर डालें तो यह साफ प्रतीत होता है कि कॉरपोरेट ब्रांट प्रबंधन के संदर्भों गें तीन चीजें हैं, जिन्हें टाटा ने बहुत अच्छे ढंग से की हैं और यह भी साफ लगता है कि इन चीजों ने ब्रांड के बारे में स्टेकहोल्डरों के

नजरिए को प्रभावित किया है। ब्रांड ट्रैकिंग रिसर्च भी दरशाता है कि इससे आमतौर पर ज्यादा अनुकूल छवि बनी, हालाँकि हमें यह बात फिर ध्यान में रखनी चाहिए कि सामान्य तसवीर विविध व्यक्तिगत छवियों को ढँक लेती है। ये तीन चीजें हैं—सूचना देना, एक सुसंगत कहानी कहना और वादों को पूरा करना।

कॉरपोरेट ब्रांड के लिए हाल के वर्षों में जो खास विज्ञापन अभियान चलाए गए, उसमें यह संदेश निहित था कि 'हम जो करते हैं, वह यह है'। ऊपर उल्लिखित दो ब्रांड संवर्धन अभियानों में टाटा के मूल्यों के बारे में बताया गया; लेकिन उनमें चीजों के बारे में तथ्यात्मक सूचना भी दी गई, जैसे नई तकनीकें जो लोगों को पढ़ना सिखा सकती हैं, किसानों की मदद कर सकती हैं आदि। ये कोई अस्पष्ट, उलझे हुए बयान नहीं थे, बल्कि उन चीजों के बारे में खास उदाहरण थे, जो टाटा की कंपनियों ने की हैं।

ब्रांड के नाम एवं चिह्न को समरस और एकरूप बनाने से ज्यादा सुसंगत संदेश पैदा करने में मदद मिली; लेकिन यह काम एकदम अलग तरीके से बिल्डिंग इंडिया ऐस्से कंपिटीशन (भारत निर्माण निबंध प्रतियोगिता) और टाटा जागृति यात्रा जैसे कार्यक्रमों से भी किया गया। इन सबसे लोगों में यह संदेश घर कर गया कि टाटा भारत और इसके विकास के लिए अभी भी प्रतिबद्ध है। और अंततः नैनो जैसे अभिनव प्रोजेक्टों और बिजनेस एक्सिलेंस मॉडल (कारोबार श्रेष्ठता प्रतिमान) में निहित अनुसंधान और गुणवत्ता के लिए प्रतिबद्धता के जरिए टाटा ने वादों की एक शृंखला को पूरा किया है। इसने दिखाया कि वह ऐसी चीजें कर सकता है, जिसे करने का साहस किसी और कंपनी ने नहीं किया है। और ब्रांड निर्माण के संदर्भ में, यह संभवतः सबसे ज्यादा संभावनापूर्ण और शक्तिशाली संदेश है।

---

**'जब भी आप सफल होते हैं, पाते हैं कि लोग आपसे और ज्यादा अपेक्षा करते हैं। हम इसमें समय-समय पर लोगों को यह याद दिलाकर समझाते हैं कि हम भी इनसान हैं।'**

---

इसका यह मतलब नहीं कि विफलताएँ नहीं हैं—और पिछले दस वर्षों ने टाटा फाइनेंस के डूबने जैसी घटनाएँ भी देखी हैं, जिसके बारे में हम अध्याय-8 में अध्ययन करेंगे। फिर, कुछ हद तक टाटा खुद अपनी सफलताओं का शिकार रहा है : इसकी प्रतिष्ठा अब ऐसी है कि कोई भी विफलता समूह और इसकी छवि को दोगुनी कड़ाई से नुकसान पहुँचाती है। आर. गोपालकृष्णन कहते हैं, 'जब भी आप सफल होते हैं, आप पाएँगे कि लोग आपसे और ज्यादा अपेक्षा करेंगे।' वह व्यंग्य

से कहते हैं, 'हम इससे समय-समय पर उन्हें यह याद दिलाकर समझाते हैं कि हम भी इनसान हैं।' यहाँ तक कि यह भी, एक विचित्र तरीके से, संभवतः मदद करती है। अपने ऊँचे नैतिक मानदंडों पर गर्व करने के बावजूद न तो टाटा परिवार ने और न ही टाटा समूह ने अपनी कोई विशिष्ट छवि विकसित की है। जबकि एक भारतीय कारोबारी हस्ती दक्षिण मुंबई में अपने विशालकाय महल पर करोड़ों खर्च करता है, वहीं टाटा कोलकाता में एक नया कैंसर अस्पताल बना रहे हैं। एक बार फिर वे अपना पैसा वहाँ लगा रहे हैं, जहाँ उनके आदर्श हैं। भारतीय इसे जानते हैं, और यह एक कारण है कि उनके (टाटा के) ब्रांड क्यों अपने प्रतिद्वंद्वी ब्रांडों पर हर पहलू में इतने भारी पड़ते हैं।

---

**नैनो जैसे इन्नोवेटिव प्रोजेक्टों के जरिए और विजनेस एक्सिलेंस मॉडल में निहित अनुसंधान व गुणवत्ता के लिए प्रतिबद्धता के जरिए टाटा ने यह दिखाया कि वह ऐसी चीजें कर सकता है, जिसे किसी दूसरी कंपनी ने करने का अभी तक साहस नहीं किया है।**

---

## विदेशों में नजरिया

बहरहाल, भारत की सीमाओं से बाहर कदम रखें तो तसवीर तेजी से बदलती है। यहाँ तक कि इंग्लैंड जैसे देशों में, जहाँ भारत के बाहर समूह की सबसे मजबूत उपस्थिति है, अपेक्षाकृत कम लोग टाटा ब्रांड के बारे में या इसके मूल्यों के बारे में जानते हैं। दक्षिण अफ्रीका में, जहाँ टाटा ब्रांड को काफी मजबूती से संवर्धित किया गया है, ब्रांड के बारे में और उसके मूल्यों के बारे में जागृति ऊँची है। अन्यथा, अंतरराष्ट्रीय वित्तीय क्षेत्रों में टाटा एक सुपरिचित नाम है और कुछ क्षेत्रों में लोग जानते हैं कि टाटा कंपनी इस क्षेत्र में शामिल है—टाटा केमिकल्स अन्य केमिकल कंपनियों को ज्ञात है, टाटा कम्युनिकेशंस की टेलीकॉम सेक्टर में अच्छी प्रतिष्ठा है आदि। टाटा कंसल्टेंसी सर्विसेज, जिसके दुनिया भर में 1,30,000 कर्मचारी हैं, से अपेक्षा की जा सकती है कि वह भारत के बाहर टाटा का सबसे जाना-पहचाना चेहरा है; लेकिन यह कंपनी अकसर बस टी.सी.एस. के रूप में जानी जाती है और लोग हमेशा इसे टाटा से जोड़कर नहीं देखते हैं। कई लोग आंशिक रूप से टाटा समूह के बारे में जानते हैं, लेकिन तुलनात्मक रूप से बहुत कम लोग पूरे समूह को जानते हैं।

उदाहरण के लिए, इप्सॉस पब्लिक अफेयर्स द्वारा वर्ष 2007 में चीन में

कराए गए मार्केट रिसर्च का निष्कर्ष था कि "टाटा के बारे में जागृति कोई गहरी नहीं है और कुछ मामलों में तो गलत जानकारी है।"[13] यह शोध 'विशिष्ट वर्ग'—कारोबारी लोगों, सरकारी अधिकारियों, शिक्षाविदों और प्रेस के बीच किया गया। इसने पाया कि इनमें से करीब 50 फीसदी लोगों को तो टाटा के बारे में कोई जानकारी ही नहीं थी। जिन्होंने यह दावा किया कि उन्होंने टाटा के बारे में सुना है उनमें से करीब एक-चौथाई लोगों को यह मालूम नहीं था कि यह एक भारतीय कंपनी है, और करीब एक-चौथाई लोग एक भी उद्योग का नाम नहीं बता सके, जिसमें टाटा शामिल है। रिपोर्ट का निष्कर्ष था कि चीनी लोगों को टाटा के बारे में कम-से-कम कोई नकारात्मक नजरिया नहीं है। इसलिए ब्रांड निर्माण के संदर्भ में टाटा एकदम नई इबारत लिख सकता है। लेकिन खतरे भी हैं—'जब तक टाटा की छवि कम जागृति के आधार पर बनाई जाती है, दूसरे जिनके दिमाग में टाटा के सर्वोत्तम हित नहीं हैं, कंपनी (टाटा) की छवि को आकार दे सकते हैं। इसलिए टाटा के लिए यह महत्त्वपूर्ण है कि वह जोरदार ढंग से सक्रिय हो, ताकि वह दूसरों को उसकी छवि बनाने से रोक सके।' यह देखते हुए कि टाटा समूह ने अपने दीर्घकालीन विकास के लिए चीन के बाजार को अपना लक्ष्य बनाया है, यह स्थिति एक गंभीर चिंता की बात है।

यही बात अमेरिका के लिए भी सही है, जहाँ टाटा कंसल्टेंसी सर्विसेज और टाटा केमिकल्स जैसी कंपनियों ने भारी निवेश कर रखे हैं। अमेरिका में वर्ष 2008 में वैसे ही विशिष्ट वर्ग के बीच किए गए शोध में पाया गया कि जिन लोगों का सर्वे किया गया, उनमें से करीब आधे लोगों ने कभी टाटा का नाम ही नहीं सुना था और जिन्होंने सुना था, उन्हें उसके मूल्यों के बारे में बहुत कम जानकारी थी। संभवत: अमेरिका में टाटा कंसल्टेंसी सर्विसेज की मजबूत उपस्थिति के कारण ऐसा था। वे टाटा का नाम ज्यादातर आई.टी. और आउटसोर्सिंग के साथ जोड़ते थे। और यहाँ भी भारतीय कारोबार के बारे में पहले से बनी-बनाई धारणाएँ थीं, जो पर्यावरण और नैतिकता के संदर्भ में खराब रिकॉर्ड रखती थीं। टाटा समूह के मूल्यों या उसकी परंपराओं के बारे में कुछ भी जानकारी न होने के कारण लोग टाटा के बारे में भी वही नजरिया अपना लेते थे।[14]

इसी वक्त इंग्लैंड में विशिष्ट वर्ग के बीच वर्ष 2008 में किए गए शोध ने टाटा ब्रांड के बारे में काफी ऊँची जागरूकता दिखाई। यहाँ, कोरस और जगुआर लैंड रोवर के अधिग्रहण ने टाटा का नाम खबरों में ला दिया था। इसके पहले जागरूकता काफी सीमित थी। टाटा टी ने वर्ष 2000 में टेटले टी का अधिग्रहण

किया था, लेकिन यह बात भुला दी गई थी। इसलिए जब वर्ष 2005 में टाटा केमिकल्स ने ब्रुनर मॉण्ड को खरीदा तो मैनेजिंग डायरेक्टर जॉन केरिगन और उनके अधिकारियों ने सोचा कि उनकी कंपनी इंग्लैंड में टाटा का पहला अधिग्रहण है, उन्हें सिर्फ बाद में पता चला कि ऐसा नहीं है। टाटा स्टील यूरोप के प्रबंध निदेशक किर्बी एडम्स (इसने अब ब्रिटिश कंपनी कोरस को खरीद लिया है) कहते हैं कि टाटा स्टील स्टील उद्योग में जाना-पहचाना नाम था और लोगों को पर्याप्त जानकारी थी कि कंपनी क्या कर रही है। लेकिन जगुआर लैंडरोवर, जिसका अधिग्रहण वर्ष 2008 में किया गया, के पूर्व सी.ई.ओ. डेविड स्मिथ कहते हैं कि कर्मचारियों की शुरुआती प्रतिक्रिया थी, 'टाटा कौन है ?'

लेकिन स्मिथ कहते हैं, एक बार जब उनके स्टाफ ने कंपनी के बारे में ज्यादा जानना शुरू किया तो उन्होंने इसे दिलचस्प पाया और जैसा उन्होंने देखा, उसे पसंद किया। यह विचार उन तमाम बड़ी कंपनियों में प्रतिध्वनित हुआ, जिनका टाटा समूह ने ब्रिटेन में अधिग्रहण किया है : शुरू में वे टाटा के बारे में ज्यादा नहीं जानते थे, लेकिन जब उन्होंने ज्यादा जाना तो उन्होंने अनुकूल राय बनाई। हालाँकि उन कंपनियों के बाहर काफी ज्यादा अनिश्चितता है। सड़कों पर बहुत से पुरुष और महिलाएँ (और आव्रजन अधिकारी) ने नैनो के बारे में सुन रखा है। अधिकतर लोग कोरस और जगुआर लैंडरोवर के अधिग्रहण के बारे में भी जानते हैं। लेकिन यह बहुत कम लोग जानते हैं कि टाटा के सिद्धांत व उद्देश्य क्या हैं और उसके मूल्य क्या हैं। इप्सॉस पब्लिक अफेयर्स ने जिन विशिष्ट लोगों का सर्वे किया, उनमें से कम लोग ही टाटा के लोकोपकारी और सामुदायिक सेवा के रिकॉर्ड के बारे में जानते हैं, यह तथ्य कि टाटा संस में अधिकांश हिस्सेदारी चैरिटेबल ट्रस्टों की है, व्यापक रूप से ज्ञात नहीं है।

कवि एलेक्जेंडर पोप ने लिखा—'थोड़ी जानकारी खतरनाक चीज होती है।' इप्सॉस रिसर्च ने दिखाया कि ब्रिटेन में 80 फीसदी से भी ज्यादा विशिष्ट लोगों को टाटा के नाम के बारे में पता था और 59 फीसदी ने दावा किया कि वे अनुकूल राय रखते हैं; लेकिन महज 40 फीसदी ने कहा कि वे टाटा के नाम को भरोसेमंद मानते हैं। यह देखते हुए कि विश्वास टाटा के केंद्रीय मूल्यों में से एक है (देखें अध्याय-1), साफ है कि यहाँ अंतर है। अमेरिका की तुलना में ब्रिटेन में भारतीय कारोबार की कुल मिलाकर बेहतर प्रतिष्ठा है; लेकिन ब्रिटिश लोगों को विदेशी स्वामित्व के बारे में लंबे समय से जन्मजात संदेह है। वे इसे परिसंपत्ति हनन और नौकरियों की हानि के रूप में लेते हैं और कुछ मामलों में यह बिना कारण भी नहीं है। इस

विचार को कि टाटा ब्रिटिश अर्थव्यवस्था में दीर्घकालीन निवेश कर रहा है, भली-भाँति नहीं समझा गया है। और रेडकार में कोरस संयंत्र को बंद करने और दिसंबर 2009 में 1,700 कामगारों की छुट्टी करने की घोषणाओं ने इस नजरिए को सुधारने में मदद नहीं की है, हालाँकि यह एक उचित रूप से समझा जाने योग्य कारोबारी फैसला था।[vi]

अंग्रेज या तो टाटा के बारे में बहुत ज्यादा जानते हैं या पर्याप्त नहीं जानते हैं। उन्हें टुकड़ों में समूह के बारे में जानकारी होती है और इन्हीं के आधार पर वे अपना नजरिया बना लेते हैं; लेकिन उनके पास इतनी पर्याप्त जानकारी नहीं होती है कि उनका नजरिया सही हो सके। टाटा ग्लोबल बेवॅरिजेज के सी.ई.ओ. पीटर एंसवर्थ याद करते हैं कि कैसे नवंबर 2009 में ब्रिटिश श्रमिक संघों ने एक असम टी एस्टेट में कई महीनों से हड़ताल कर रहे कामगारों के पक्ष में समर्थन जुटाने की कोशिश की। चूँकि इस टी एस्टेट का स्वामित्व एक ऐसी कंपनी के हाथ में था, जिसमें टाटा टी की साझेदारी थी, ब्रिटिश ट्रेड यूनियनों ने टाटा को एक 'अनुचित' नियोक्ता घोषित कर दिया और तब चिंता हो रही थी कि वे टेटले को निशाना बनाना शुरू कर सकते हैं। दरअसल, नोवेरा नुडी एस्टेट में हड़ताल का ब्योरा अस्पष्ट है (वहाँ कई कामगारों ने एस्टेट के मेडिकल स्टाफ के एक सदस्य के साथ मारपीट की थी और उसका अपहरण कर लिया था। इसके बाद एस्टेट में तालाबंदी कर दी गई थी) और उस एस्टेट के प्रबंधन में टाटा का कोई सीधा हाथ नहीं है। टाटा समूह के ढाँचे और इसकी कार्य-प्रणाली, इसके मूल्यों और भारत में व अन्यत्र चाय उद्योग में इसकी अधिक सामान्य भूमिका के बारे में जानकारी और समझदारी के अभाव ने टाटा के प्रतिकूल नजरिए को जन्म दिया है।

और क्योंकि ज्यादातर अंग्रेज टाटा या उसके मूल्यों को नहीं समझते हैं, ब्रिटेन में टाटा की सहायक कंपनियाँ, खासकर वे जो उपभोक्ता ब्रांड हैं, टाटा से अपने संबंध को काफी नजदीकी ढंग से विज्ञापित करने में हिचकती हैं। खासकर जगुआर लैंडरोवर और टेटले में अफसर इस बात पर अड़े रहते हैं कि उनके अपने ब्रांडों और टाटा के बीच कोई संपर्क-संबंध नहीं होना चाहिए। अभी ऐसा संपर्क बनाने से पहले से सुस्थापित इन ब्रांडों की शक्ति क्षीण होगी। पीटर एंसवर्थ सोचते हैं कि वक्त आएगा, जब इंग्लैंड में बेचे जानेवाले टेटले टी के डिब्बों पर टाटा ब्रांड को लिखना संभव होगा लेकिन वह मानते हैं कि टाटा ब्रांड के बारे में जागरूकता धीरे-धीरे बढ़ेगी और इसमें वर्षों लग सकते हैं। कुल मिलाकर टाटा के अधिकारी इससे सहमत प्रतीत होते हैं। वे भी चिंतित हैं कि जिस तरह की अनिश्चितता की

परिस्थितियाँ हैं और जागरूकता का अभाव है, उसमें यदि ब्रिटेन में टाटा ब्रांड को बहुत ज्यादा सामने लाया गया तो यह उनके अपने ब्रांड को खतरे में डाल सकता है। नतीजा है कि जॉन केरिगन जैसे अधिकारी, जो टाटा ब्रांड को स्वीकार करने में एकदम खुश होंगे, उन्हें भी विनम्रता से प्रतीक्षा करने के लिए कहा जा रहा है; अभी तक सही समय नहीं आया है।

दोनों ही तरफ सावधानी को समझा जा सकता है। लेकिन यहाँ खतरे भी हैं। महज इसलिए कि टेटले एवं जगुआर लैंडरोवर और कोरस एवं ब्रुनर मॉण्ड टाटा के नाम का इस्तेमाल नहीं करते हैं, इसका यह मतलब नहीं कि लोग उन्हें टाटा से जोड़कर नहीं देखते हैं। अध्याय-1 में हमने चर्चा की कि कंपनी और स्टेकहोल्डरों के बीच कैसे ब्रांडों का 'सह-सृजन' होता है। ब्रांड अंततः स्टेकहोल्डर के नजरिए का कुल योग होता है, लेकिन कंपनी को अपने, अपने मूल्यों और अपनी मंशाओं के बारे में सही सूचना देकर उस नजरिए को पैदा करना चाहिए। अगर यह ऐसा नहीं करती है तो लोग कहीं और से सूचना माँगेंगे, जिसमें दुनिया के अन्य हिस्सों में हुई घटनाओं के बारे में खराब और विकृत ढंग से समझी गई खबरें भी शामिल होंगी, जैसे कि असम में हड़ताल। अगर टाटा अपनी छवि बनाने के लिए सक्रिय नहीं होता है, जैसाकि इप्सॉस रिपोर्ट ने चीन के बारे में कहा, तब दूसरे उसकी छवि को बनाएँगे। किर्वी एडम्स कहते हैं, 'हम कभी-कभी बहुत शांत होकर भूल करते हैं। मैं वस्तुतः यकीन करता हूँ कि इस वक्त ब्रांड को कम आँका गया है, उसकी कम बिक्री हुई है। एक वैश्विक औद्योगिक ब्रांड के रूप में इस बात का प्रत्येक कारण है कि कैसे यह जी.ई. की तरह एक घरेलू नाम हो सकता है, और उसे होना चाहिए।'

अगर टाटा ब्रांड अत्यधिक दृष्टिगोचर होता है तो यह कुछ स्थापित ब्रांडों को हलका कर सकता है। लेकिन यदि यह पर्याप्त रूप से नहीं दिखता है और लोग 'अपना टाटा गढ़ लेते हैं', जो कि समूह के लिए अनुकूल छवि नहीं होगी तो भी वे ब्रांड हलके या कमजोर पड़ जाएँगे। टाटा इस समय ब्रिटेन में जिस समस्या का सामना करता है, वह अन्य देशों—खासकर पश्चिमी यूरोप और उत्तरी अमेरिका में—वक्त गुजरने के साथ और गंभीर हो जाएगी। स्पष्टतः टाटा भारत के बाहर एक सफल कॉरपोरेट ब्रांड बना सकता है, जैसाकि हम अगले अध्याय में तब देखेंगे जब हम दक्षिण अफ्रीका के मामले की चर्चा करेंगे। लेकिन हरेक भौगोलिक क्षेत्र अपनी चुनौतियाँ पेश करेगा। इस चुनौती से कैसे निपटा जाए, इसके कुछ सूत्र टाटा कॉरपोरेट ब्रांड और समूह के अन्य ब्रांडों के बीच रिश्ते पर ज्यादा आम चर्चा में खोजे जा सकते हैं, और अब हम अपना ध्यान इसी संबंध पर लगाएँगे।

## संदर्भ :

(i) ऐसा होने के विविध कारण रहे हैं, लेकिन एक सामान्य कारण था सदस्य कंपनियों द्वारा नए शेयर जारी करना, जिससे टाटा की मूल हिस्सेदारी कम पड़ गई।

(ii) TOMCO टाटा समूह की खाद्य तेल एवं साबुन कंपनी इस पुनर्गठन का हिस्सा नहीं बनी, क्योंकि यह पहले ही हिंदुस्तान लीवर को बेच दी गई थी।

(iii) अन्य कंपनियों, खासकर विदेशी कंपनियों के साथ संयुक्त उपक्रमों, भागीदारियों और सहयोग के मामलों में भी अपवाद किए जाते हैं, जहाँ दोनों कंपनियों के नाम साथ-साथ प्रकट होते हैं। ऐसे उदाहरणों में हाल की दो मोबाइल फोन साझेदारी हैं—टाटा वर्जिन और टाटा डोकोमो तथा बीमा संयुक्त उपक्रम टाटा ए.आई.जी.।

(iv) समूह ढेरों लाभ भी प्रदान करता है, जिनमें से कुछ ब्रांड से जुड़े होते हैं और कुछ नहीं, जिसमें जन-संपर्क, ट्रेड मार्क सुरक्षा, प्रशिक्षण, कानूनी सहायता आदि समेत समूह की मानव संसाधन प्रबंधन सेवाएँ शामिल हैं।

(v) इस पुस्तक के लिखे जाने के समय गुजरात राज्य के सानंद में एक नया संयंत्र स्थापित किया जा रहा है।

(vi) कुल मिलाकर ब्रिटिश प्रेस ने रेडकार घटना की खबर देते समय कोरस के साथ टाटा के संबंध को बहुत तवज्जो नहीं दी; लेकिन यह तथ्य कि टाटा ही कोरस का मालिक है, देश में सर्वज्ञात है।

(vii) टाटा ग्लोबल बेवरिजेज एक एकीकृत प्रबंधन छतरी है, जिसमें टाटा टी, टेटले और एट ओ' क्लॉक कॉफी तथा अन्य कई ब्रांड शामिल हैं।

❑

## 5

# ब्रांड सहजीवन

बेंगलुरु शहर के इर्द-गिर्द ढेरों विज्ञापन-पटों पर एक नारा चस्पाँ था—'नया करो'। यह वर्ष 2009 का शरत्काल था और टाटा डोकोमो टाटा टेलीसर्विसेज की ओर से नया ब्रांड था।[1] प्रति मिनट शुल्क लेने के आम चलन के बदले टाटा डोकोमो ने घोषणा की कि वह उपभोक्ताओं से फोन उपयोग का शुल्क प्रति सेकंड के हिसाब से लेगा। 1 पैसा प्रति सेकंड के शुल्क ने भी ध्यान खींचा : यह मुद्रा की सबसे छोटी इकाई थी, जो समय की सबसे छोटी इकाई को खरीद रही थी।[ii]

यह घोषणा एक ऐसे वक्त में आई, जब भारत के बड़े मोबाइल फोन संचालक भारती एयरटेल, रिलायंस और वोडाफोन एस्सार मूल्य युद्ध कर रहे थे, जिससे कीमतें अभूतपूर्व ढंग से नीचे गिरी थीं। दरअसल, जैसाकि कई अखबारों ने शीघ्र ही इंगित किया, टाटा डोकोमो का शुल्क, जो 60 पैसे प्रति मिनट बैठता है, सबसे सस्ता उपलब्ध शुल्क नहीं है; कुछ ऑपरेटर 50 पैसे प्रति मिनट के हिसाब से प्रस्ताव दे रहे हैं। उससे फर्क नहीं पड़ा। टाटा ने एक बार फिर सुर्खियाँ बटोर ली थीं। विज्ञापन-पटों और अखबार के विज्ञापनों ने ऐसी पट्टियों का प्रयोग किया 'बिना इस्तेमाल के भुगतान क्यों करते हैं?' और 'एक सेकंड का पल्स या धड़कन। जिंदगी के लिए।' पहले ने रकम की कीमत का वादा किया तो दूसरे ने दिल की धड़कन की ध्वनि के साथ टाटा के अन्य मूल्यों के साथ अंतर्निहित संपर्क जोड़ा, जैसेकि लोगों का जीवन बेहतर बनाने के प्रति टाटा के भरोसा और प्रतिबद्धता जैसे मूल्य।

टाटा टेलीसर्विसेज भारतीय मोबाइल फोन बाजार में प्रमुख खिलाड़ियों में से एक नहीं है, और कई वर्षों से एयरटेल व एस्सार को पकड़ने में लगा हुआ है। वर्ष 2009 में इसने 3 करोड़ 60 लाख ग्राहकों का दावा किया, जो भारतीय

*टाटा डोकोमो को विज्ञापन*

बाजार के 10 फीसदी से थोड़ा ज्यादा बैठता है। टाटा टेलीसर्विसेज के प्रबंध निदेशक अनिल सरदाना कहते हैं, 'प्रतियोगिता करने के लिए कंपनी को अपने से बड़े प्रतिद्वंद्वियों की तुलना में ज्यादा नवाचारी होना पड़ेगा। प्रति सेकंड शुल्क एवं 'नया करो' अभियान निश्चित रूप से नवाचारी थे और इसने बाजार को गुंजित किया। बहरहाल, इस पुस्तक के नजरिए से जो बात दिलचस्प है, वह है ब्रांड निर्माण के परिणाम।

जैसाकि हमने देखा, टाटा डोकोमो ब्रांड ने टाटा के मूल्यों और कॉरपोरेट ब्रांड का संदर्भ लिया है। इससे एक ओर तो कंपनी की विरासत की अप्रत्यक्ष दुहाई दी गई तो दूसरी ओर नवाचारी प्रयोग के लिए टाटा की बढ़ती प्रतिष्ठा का प्रत्यक्ष सहारा लिया गया। साथ ही, इस अभियान से जो प्रचार मिला, उसने कॉरपोरेट ब्रांड को भी पोषित किया और उसे मजबूत बनाने में मदद दी। नैनो को बाजार में उतारने की तरह प्रति सेकंड शुल्क एक ऐसी चीज बन गया है, जिसे लोग न सिर्फ टाटा डोकोमो या टाटा टेलीसर्विसेज से जोड़ते हैं, बल्कि वे इसे आमतौर पर टाटा नाम से भी जोड़ते हैं। सेवा और अनुसंधान के लिए टाटा की प्रतिष्ठा इससे बढ़ी है।

इस अध्याय में हम कॉरपोरेट ब्रांड एवं अन्य ब्रांडों के बीच रिश्ते पर नजर डालेंगे और यह दिखाने की कोशिश करेंगे कि यह संबंध कैसे काम करता है। यह स्पष्ट कर देना चाहिए कि यह चर्चा सिर्फ टाटा और इसके कॉरपोरेट ब्रांडों को लेकर है। मेरी ऐसी मंशा नहीं है कि अन्य ब्रांडों की तुलना में फँस जाऊँ या ब्रांडों को एक-दूसरे के खिलाफ मापूँ कि वे कितना 'अच्छा' काम करते हैं। यहाँ मकसद ब्रांडों के एक परिवार के अंदर रिश्तों का वर्णन करना है।

## टाटा ब्रांड परिवार

टाटा समूह के अंदर कई ब्रांड हैं, जिनमें से टाटा कॉरपोरेट ब्रांड एक ब्रांड है। हमने पिछले अध्याय में कॉरपोरेट ब्रांड के निर्माण के बारे में चर्चा की।

विशिष्ट उत्पाद एवं सेवा ब्रांड भी हैं। फिर, इनमें से कुछ टाटा का नाम खुलकर इस्तेमाल करते हैं, उदाहरणार्थ टाटा नैनो और टाटा इंडिका कार ब्रांड—जबकि अन्य जैसे कि तनिष्क, वेस्टसाइड डिपार्टमेंट स्टोर और किफायती होटलों की जिंजर चेन टाटा के नाम का इस्तेमाल नहीं करते हैं। पूरे टाटा समूह में ऐसे कई ब्रांड हैं।

---

**टाटा डोकोमो के साथ सेवा और अनुसंधान के लिए टाटा की प्रतिष्ठा बढ़ गई है।**

---

इनके बीच में एक और ब्रांड बैठा हुआ है, जिसे ब्रांड इक्विटी[1] कहते हैं। इसे परिभाषित करना अपेक्षाकृत कठिन है। जैसाकि हमने अध्याय–1 में गौर किया, टाटा समूह सौ से ज्यादा कंपनियों का एक परिसंघ है और इनमें से कुछ, खासकर सबसे बड़ी और सबसे पुरानी, अपनी तरह से कॉरपोरेट ब्रांडों की तरह ही आचरण करती हैं। उन्होंने कम–से–कम कुछ स्टेकहोल्डर समूहों के साथ अपने संबंध बना लिये हैं और वे खुद टाटा ब्रांड से अलग देखे जाते हैं, भले ही महज थोड़ा हो। उन्हें कैसे परिभाषित किया जाए या उनका कैसे वर्णन किया जाए, यह इस मामले में एक जटिल समस्या सिद्ध हुई है। लंदन बिजनेस स्कूल के प्रो. पैट्रिक बार्वाइज कहते हैं, 'एक कॉरपोरेट ब्रांड क्या है। इस बारे में ऐसी परिभाषाएँ नहीं हैं, जिन पर सर्व सहमति हो।[iii] किसी बेहतर नाम के अभाव में मैं उन्हें 'कंपनी ब्रांड' कहता हूँ, ताकि टाटा कॉरपोरेट ब्रांड के बरक्स उनकी अधीनस्थ स्थिति का संकेत किया जा सके और साथ ही कॉरपोरेट ब्रांडों के मुख्य गुणों को बरकरार रखा जा सके।[iv]

प्रो. बार्वाइज सलाह देते हैं कि जो बात मायने रखती है, वह यह नहीं कि हम उन्हें क्या कहते हैं, बल्कि वे कैसे काम करते हैं। अंतर जानने की कोशिश करने और उन्हें तय करने के लिए हम विभिन्न स्टेकहोल्डरों की स्थिति को लेते हैं। उपभोक्ताओं के लिए, यह साफ है कि प्राथमिक मतलब उत्पाद या सर्विस ब्रांड से है। टाटा संस के कार्यकारी निदेशक आर. गोपालकृष्णन कहते हैं, 'जब एक ग्राहक एक टाटा इंडिका खरीदता है, तब वह उस ब्रांड को खरीद रहा है'; लेकिन वह प्रतिष्ठा को भी खरीद रहा है, वह आभामंडल जो टाटा के नाम से आता है।' टाटा और उसकी प्रतिष्ठा उपभोक्ता के निर्णय को प्रभावित करने में एक भूमिका निभाता है। टाटा मोटर्स और इसकी प्रतिष्ठा उपभोक्ता के नजरिए में वृहत्तर टाटा ब्रांड के अंदर समाहित रहती है। बहुत कम ग्राहक ही सीधे टाटा मोटर्स से सौदा करते हैं। वे डीलर के जरिए कारें खरीदते हैं। यह बात अन्य अधिकतर मामलों में भी सही है। हालाँकि यह प्रभाव तब थोड़ा कम होता है, जब

ग्राहक उन कंपनियों से उत्पाद या सेवाएँ खरीदते हैं, जिनके साथ टाटा का नाम जुड़ा हुआ नहीं है, जैसेकि टाइटन या भारत में ताज होटल या इंग्लैंड में टेटले टी)।

बहरहाल, अलग-अलग कारोबार के ग्राहकों के मामले में तसवीर बदल जाती है। टाटा स्टील के ग्राहक मुख्यत: इसकी गुणवत्ता और सेवा की प्रतिष्ठा के लिए इसे खरीद रहे हैं, न कि पूरे टाटा समूह की प्रतिष्ठा के लिए। वैसे प्रभाव होता है, जिसे गोपालकृष्णन 'उपच्छाया प्रभाव' कहते हैं : टाटा और इसकी प्रतिष्ठा है, लेकिन पृष्ठभूमि में। यह टाटा स्टील है, जो ग्राहक के दिमाग में प्रमुखता से छाया रहता है। (टाटा स्टील के अपने उत्पाद ब्रांड हैं, लेकिन वे उतनी मजबूत ग्राहक छवि वाले नहीं हैं जितने टाटा मोटर्स के कार ब्रांड के हैं) अध्याय-6 में हम विभिन्न टाटा ब्रांडों, कॉरपोरेट, 'कंपनी' और उत्पाद/सेवा के साथ विभिन्न ग्राहक समूहों के रिश्तों के बारे में चर्चा करेंगे।

**टाटा और इसकी प्रतिष्ठा उपभोक्ता के फैसले को प्रभावित करने में एक भूमिका निभाती है।**

मगर ग्राहक महज एक स्टेकहोल्डर समूह हैं। कर्मचारियों का भिन्न नजरिया होता है। उनके लिए उत्पाद और सेवा ब्रांड मोटे तौर पर अप्रासंगिक होते हैं। उनकी प्राथमिक निष्ठा और उनका संबंध या इसका अभाव उस कंपनी के लिए होता है, जो उन्हें रोजगार देती है और तनख्वाह का भुगतान करती है। इस तरह उनके लिए 'कंपनी' ब्रांड बहुत महत्त्वपूर्ण है। फिर भी, कंपनी को काफी मजबूती से कॉरपोरेट ब्रांड का समर्थन मिलता है और इससे उसकी प्रतिष्ठा और बढ़ती है। जमशेदपुर में कई कामगारों की टाटा स्टील के प्रति दृढ़ निष्ठा की भावना है; लेकिन वे आपसे यह भी कहेंगे कि यदि कंपनी टाटा समूह का हिस्सा नहीं होती तो यह काम करने के लिहाज से एक अलग जगह होती। टाटा समूह के पास अपने दम पर एक सुदृढ़ नियोक्ता ब्रांड है और वह ब्रांड एवं 'कंपनी' ब्रांड दोनों ही लोगों को साथ-साथ प्रभावित करते हैं। टाटा ब्रांड के साथ कर्मचारियों के रिश्ते की चर्चा अध्याय-7 में विस्तार से की गई है।

वित्तीय समुदाय का ज्यादा ध्यान विशिष्ट कंपनियों पर भी होता है और दुनिया के शेयर बाजारों में हरेक सूचीबद्ध कंपनी के प्रदर्शन पर निवेशकों की नजर लगी होती है। फिर भी, वे टाटा की व्यापक छवि से प्रभावित होते ही हैं, चाहे यह सिर्फ अवचेतन स्तर पर ही क्यों न हो, खासकर टाटा की सच्चाई और ईमानदारी

के लिए प्रतिष्ठा उन्हें आकर्षित करती है। इसे हम अध्याय-8 में देखेंगे। अंततः, जब हम व्यापक समुदाय पर आते हैं तो कम-से-कम भारत में टाटा कॉरपोरेट ब्रांड लोगों के नजरिए पर हावी रहता है। लोग 'टाटा' को एक इकाई के रूप में लेते हैं; लेकिन वस्तुतः वे संगठनात्मक रूप से एकदम तरल और पृथक् हैं। यह संबंध अध्याय-9 का विषय है।

कॉरपोरेट ब्रांडिंग पर उपलब्ध साहित्य जबकि सहायक और उत्पाद ब्रांडों के महत्त्व को मानते हैं, उनका अकसर यह आशय होता है कि कॉरपोरेट ब्रांड की अन्यों के ऊपर प्रमुखता होती है।[2] हम 'ब्रांड वृक्ष' जैसी उपमा देखते हैं, जहाँ कॉरपोरेट ब्रांड को जड़ और तना माना जाता है तो उत्पाद ब्रांडों की शाखाएँ व उपशाखाएँ। जड़ और तना बाकी अवयवों को सहारा देते हैं। अन्य लेखक कॉरपोरेट ब्रांड को एक 'छतरी' की तरह मानते हैं जो उत्पाद ब्रांडों को आश्रय देती है। या 'हवाई कवच' जैसी उपमा दी जाती है, जैसाकि हमने अध्याय-1 में देखा है, जिसका अर्थ है कि कॉरपोरेट ब्रांड उत्पाद ब्रांडों को समर्थन और सहारा देता है।

यह देता है, लेकिन कम-से-कम टाटा में यह सिर्फ आधी कहानी है। जैसाकि हमने टाटा डोकोमो के मामले में देखा, कॉरपोरेट ब्रांड भी उत्पाद ब्रांडों से शक्ति ग्रहण करता है। वे जो करते हैं, उसकी छाया कॉरपोरेट ब्रांड और अन्य उत्पाद एवं कंपनी ब्रांडों पर भी प्रतिबिंबित होती है। सलाहकार जी.एफ.के. मोड के विशिख तलवार इसे 'स्नोवॉल इफेक्ट' (तेजी से फैल जाना) कहते हैं, जबकि अन्य इसे 'रियल इफेक्ट' (लहर का असर) कहते हैं। मैं जीव विज्ञान की उपमा 'सिंबियोसिस' (सहजीवन) पसंद करता हूँ। यह शब्द प्राचीन यूनान से लिया गया है, जिसका शाब्दिक अर्थ है 'साथ रहना'; लेकिन जीव विज्ञान में इसकी ध्वनि है पारस्परिक निर्भरता और एक-दूसरे से ताकत व पोषण प्राप्त करना, एक-दूसरे के साथ जीना और परस्पर इतना जुड़ा होना कि यह परिभाषित कर पाना मुश्किल हो जाए कि एक का कहाँ अंत होता है और दूसरा कहाँ से शुरू होता है।

टाटा कंसल्टेंसी सर्विसेज के उपाध्यक्ष एस. रामादोराई कहते हैं, 'यह दोनों ओर जाता है। हमारे ब्रांड के लिए टाटा का नाम और कॉरपोरेट दर्शन केंद्रीय तत्त्व हैं, लेकिन आभामंडल का भी प्रभाव है। हम जो कुछ भी करते हैं, वह मातृ ब्रांड को भी प्रभावित करता है।' इस सहजीवन का पता करने के लिए हम टाटा कॉरपोरेट ब्रांड और उसकी दस कंपनियों, जहाँ उचित हो, उनके उत्पादों और सेवा ब्रांडों के बीच रिश्ते पर गौर करेंगे। ये दस हैं—

- **टाटा स्टील** : टाटा समूह में यह सबसे पुरानी कंपनियों में से एक है

और यह सबसे बड़ी भी है। टाटा स्टील ने हाल के वर्षों में विदेशों में कई अधिग्रहण भी किए हैं, जिनमें सिंगापुर में नैटस्टील एशिया, थाइलैंड में मिलेनियम स्टील और ब्रिटिश स्टील निर्माता कोरस भी शामिल है। टाटा स्टील अब दुनिया की दस सबसे बड़ी इस्पात निर्माता कंपनियों में से है।

- **टाटा टी** (अब टाटा ग्लोबल बेवरिजेज का हिस्सा) : इसकी स्थापना वर्ष 1964 में की गई थी। भारत में ब्रांडवाले चाय बाजार में इसका प्रभुत्व है और ब्रिटिश कंपनी टेटले को खरीदकर यह दुनिया की सबसे बड़ी ब्रांडयुक्त चाय उत्पादक कंपनियों में से एक हो गई है। यह अन्य ब्रांडवाले पेय पदार्थों में भी विविधीकृत हो गई है। इसने अमेरिका में एट ओ क्लॉक कॉफी ब्रांड और भारत में हिमालय मिनरल वाटर ब्रांड का अधिग्रहण कर लिया है। इसने हाल में अपने कई मूल चाय बागानों का विनिवेश किया है और अब यह खुद को एक ग्लोबल ब्रांडेड बेवरिजेज ग्रुप के रूप में स्थापित करने को तैयार है।
- **टाटा केमिकल्स :** इसकी स्थापना वर्ष 1939 में की गई थी। यह एक विविधीकृत कंपनी है, जो सोडा एश, रसायनों, खादों और खाद्य नमक का उत्पादन करती है। भारत में ब्रांडवाले नमक बाजार के 50 फीसदी हिस्से पर इसका नियंत्रण है। विदेशों में इसके अधिग्रहणों में ब्रिटेन में ब्रुनर मॉण्ड और अमेरिका में जनरल केमिकल्स शामिल हैं।
- **टाटा कम्युनिकेशंस :** इस कंपनी के जीवन की शुरुआत वी.एस.एन.एल. (विदेश संचार निगम लिमिटेड) के रूप में हुई थी। टाटा ने भारत सरकार से इसका अधिग्रहण वर्ष 2002 में किया था। बाद में इसने अन्य कंपनियों का अधिग्रहण किया, जिसमें कनाडाई कंपनी टेलीग्लोब शामिल है और वर्ष 2008 में पूरी इकाई का नामकरण 'टाटा कम्युनिकेशंस' कर दिया गया। इसका नाम अब वॉयस टेलीफोनी सर्विसेज के सबसे बड़े थोक विक्रेता के रूप में शुमार किया जाता है। और यह बिजनेस टाटा सर्विसेज प्रदान करनेवाली एक प्रमुख कंपनी भी है। इसका कार्य-संचालन 30 से भी ज्यादा देशों में है और न्यू जर्सी, मॉण्ट्रियल, सिंगापुर एवं लंदन में इसके कार्यालय हैं।
- **टाटा टेलीसर्विसेज :** इसकी स्थापना वर्ष 1996 में की गई। टाटा टेलीसर्विसेज भारतीय ग्राहकों को मोबाइल और फिक्स्ड लाइन टेलीफोन

सर्विस प्रदान करती है। इसने भारत में वर्जिन मोबाइल और सबसे हाल में एन.टी.टी. डोकोमो के साथ संयुक्त कारोबार शुरू किया है। यह अपने वायरलेस नेटवर्क के लिए सी.डी.एम.ए. और जी.एस.एम. टेक्नोलॉजी दोनों ही प्लेटफॉर्म का इस्तेमाल करती है। किसी भी तरह से यह भारत में सबसे बड़ा मोबाइल टेलीफोन ऑपरेटर नहीं है; लेकिन इस पुस्तक के लिखे जाते समय यह आक्रामक विपणन में मशगूल है, ताकि बाजार का बड़ा हिस्सा हासिल कर सके।

- **टाटा मोटर्स :** इसकी स्थापना टेल्को के रूप में वर्ष 1945 में की गई थी। टेल्को (टाटा इंजीनियरिंग एंड लोकोमोटिव कंपनी) वर्षों तक व्यावसायिक वाहनों, खासकर हलके और भारी ट्रकों के निर्माण में लगी रही। इसने 1990 के दशक में यात्री कारों के निर्माण में कदम रखा। वर्ष 2009 में इसने सबसे सस्ती छोटी कार 'नैनो' को लॉञ्च कर दुनिया भर में प्रसिद्धि पाई। इसने विदेशों में कई अधिग्रहण भी किए हैं, जिनमें देबू की व्यावसायिक वाहन शाखा और वर्ष 2008 में फोर्ड कंपनी से 2.3 अरब डॉलर में खरीदा गया जगुआर व लैंडरोवर भी शामिल हैं।
- **टाटा कंसल्टेंसी सर्विसेज ( टी.सी.एस. ) :** वर्ष 1968 में इसकी स्थापना टाटा संस की एक शाखा के रूप में की गई। टी.सी.एस. दुनिया भर में आई.टी. सेवाएँ, आउटसोर्सिंग और कंसल्टिंग सर्विसेज अपने क्लाइंट्स को प्रदान करती है। इसके यूरोप, अफ्रीका और उत्तरी व दक्षिणी अमेरिका तथा एशिया भर में दफ्तर हैं। यह वर्ष 2004 में एक अलग कंपनी बन गई। कंपनी की अपनी वेबसाइट के अनुसार, इसमें और इसकी सहायक कंपनियों में वर्ष 2009 में 1 लाख 30 हजार लोग कार्यरत थे। कामगारों की संख्या के लिहाज से यह टाटा समूह की सबसे बड़ी कंपनी है। टाटा समूह की तमाम कंपनियों में अभी हाल तक टी.सी.एस. भारत से बाहर सबसे ज्यादा परिचित और दिखाई देनेवाली कंपनी थी।
- **टाइटन इंडस्ट्रीज :** टाटा समूह और तमिलनाडु औद्योगिक विकास निगम ने सन् 1984 में एक संयुक्त उपक्रम के रूप में टाइटन इंडस्ट्रीज की स्थापना की थी। भारतीय घड़ी बाजार में टाइटन कंपनी का दबदबा है। यह हर साल 1 करोड़ से भी ज्यादा घड़ियाँ बेचती है। इसकी घड़ी के कई ब्रांड हैं और इसने आभूषण व आईवीयर (चश्मे) के क्षेत्र में भी कारोबार शुरू किया है। इसका तनिष्क आभूषण ब्रांड आभूषण उत्पादों

की श्रृंखला और खुदरा बिक्री केंद्र दोनों के संदर्भ में है। इसका सूक्ष्म इंजीनियरिंग डिवीजन देश-विदेश में कार एवं एयरोस्पेस निर्माताओं को विभिन्न उत्पादों की आपूर्ति करता है।

- **ट्रेंट** : इसकी स्थापना सन् 1998 में की गई थी। यह भारत में पहली बड़ी खुदरा बिक्री श्रृंखला की संचालक है। इसका सबसे महत्त्वपूर्ण ब्रांड डिपार्टमेंट स्टोर चेन वेस्टसाइड है; लेकिन यह भी अन्य ब्रांडों के साथ विविधीकृत हो गया है, जिसमें स्टार बाजार सुपर मार्केट चेन, लैंडमार्क बुक स्टोर और खुदरा वस्त्र विक्रेता फैशन यात्रा शामिल हैं।
- **ताज होटल्स रिसॉर्ट्स एंड पैलेसेस** : मूल ताजमहल होटल की स्थापना वर्ष 1903 में की गई थी। आज 'ताज होटल्स' शब्दों का इस्तेमाल इंडियन होटल्स कंपनी और इसकी विविध सहायक कंपनियों के संदर्भ में किया जाता है। इसके देश और विदेश में करीब 80 होटल हैं। इसके ब्रांडों की रेंज में लग्जरी फाइव-स्टार ताज होटल्स, ताज एक्सोटिका स्पाज एवं रिसॉर्ट्स, ताज सफारीज और फिर वैल्यू चेनवाले अपर अपस्केल होटल्स, गेटवे होटल्स एवं अंततः बजट होटलों की श्रृंखला जिंजर शामिल हैं। विदेशों में उल्लेखनीय अधिग्रहणों में न्यूयॉर्क पियरे होटल का अधिग्रहण शामिल है। इसे सजा-सँवारकर फिर से वर्ष 2009 में खोला गया है।

इन दस कंपनियों में समूह की कुछ सबसे पुरानी और कुछ एकदम नई कंपनियाँ शामिल हैं और ये भारी उपयोग से लेकर उच्च तकनीकवाली हैं। दस में से सात 'टाटा कंपनी' ब्रांड हैं, जबकि तीन 'गैर-टाटा कंपनी' ब्रांड हैं। इन तीनों में से प्रत्येक के टाटा नाम का इस्तेमाल नहीं करने के भिन्न कारण हैं। ट्रेंट, जैसाकि हमने पहले देखा, के बारे में माना गया कि यह एक ऐसे क्षेत्र में खतरे से जुड़ा निवेश है, जिसमें टाटा समूह को कोई पूर्व अनुभव नहीं है। इसलिए टाटा नाम को छुपा लिया गया—'ट्रेंट' नाम, मूल नाम टाटा रीटेल एंटरप्राइजेज से छोटे रूप में निकाला गया। टाइटन की स्थापना एक संयुक्त उपक्रम के रूप में तमिलनाडु सरकार के साथ की गई थी। इसमें तमिलनाडु सरकार की टाटा की तुलना में थोड़ी ज्यादा हिस्सेदारी है। इसलिए इसका नाम दोनों को मिलाकर टाई—टाटा इंडस्ट्रीज के लिए और टन—तमिलनाडु के लिए—रखा गया। यानी टाइटन नाम इस साझेदारी को प्रतिबिंबित करता है।[v] और जैसाकि हमने अध्याय-2 में देखा, ताजमहल होटल के निर्माण का खर्च जमशेदजी टाटा ने निजी रूप से उठाया था

और इसे टाटा समूह में वर्ष 1904 में लगभग चूक से समाहित किया गया था। इसका ब्रांड पहले अर्ध-स्वतंत्र रूप में विकसित हुआ और यह बस पिछले बीस वर्षों में इसका टाटा ब्रांड परिवार के साथ एकीकरण हुआ है।

## ब्रांड के साथ जुड़ना या आकर्षित होना

हमने ऊपर में विभिन्न स्तर के ब्रांड के बीच फर्क के बारे में जो चर्चा की, वह कुछ हद तक कृत्रिम है। स्टेकहोल्डर आमतौर पर ब्रांडों के बीच बहुत फर्क नहीं करते हैं। अकसर वे उनके बारे में अदल-बदलकर बात करते हैं। अकसर यह इस पर निर्भर करता है कि वे किस बारे में बात कर रहे हैं। उदाहरण के लिए, उपभोक्ता जब उत्पाद के गुण-दोष के बारे में बात कर रहे होते हैं तो वे उत्पाद या सेवा ब्रांड के संदर्भ में बात करते हैं, लेकिन जब वे विश्वास और भरोसे जैसे मुद्दों के बारे में चर्चा कर रहे होते हैं तो वे सीधे टाटा का संदर्भ लेते हैं। जब आप टाटा कंपनियों के कर्मचारियों से बात करते हैं तो यही बात गौर करने लायक होती है। जमशेदपुर में मैं टाटा स्टील के कर्मचारियों से मिला, जिन्होंने अदल-बदलकर टाटा स्टील और बस 'टाटाज' के बारे में बात की। यह इस पर निर्भर किया कि वे रोजगार और काम की परिस्थितियों के बारे में बात कर रहे थे या मूल्यों और आदर्शों के बारे में। लेकिन कम-से-कम यह तो कहा ही जाएगा कि ये फर्क अस्पष्ट हैं और साफ-साफ बताए नहीं गए हैं। एक स्पष्ट सीमाबद्ध नजरिए के क्रम के बजाय प्राय: लोग 'टाटा-पन' की एक आम अनुभूति के प्रति सजग होते हैं, जैसाकि एक इंटरव्यू देने वाले ने कहा। जब स्टेकहोल्डर के नजरिए और प्रतिक्रियाओं पर विचार किया जाए तो विभिन्न स्तर के ब्रांडों के प्रति बहु-आकर्षण को भी दिमाग में रखने की जरूरत है।

यह आकर्षण या जुड़ाव विभिन्न ब्रांडों के साथ भिन्न-भिन्न रूप ले लेता है। खासकर उनके बीच फर्क किए जाने की जरूरत है, जो टाटा नाम इस्तेमाल करते हैं और जो नहीं करते हैं। टाटा ग्लोबल बेवरिजेज के दक्षिण एशिया डिवीजन की अध्यक्ष संगीता तलवार के अनुसार, टाटा कॉरपोरेट ब्रांड एक सुदृढ़ भूमिका निभाता है और अन्य ब्रांडों को मूल्य, शक्ति व समर्थन प्रदान करता है। वह कहती हैं, 'हम जो भी करते हैं, वह हम टाटा के बिना नहीं कर पाएँगे।' टाटा कंसलटेंसी सर्विसेज (टी.सी.एस.) के उपाध्यक्ष एस. रामादोराई भी यही बात कहते हैं, 'टाटा नाम और कॉरपोरेट दर्शन टी.सी.एस. ब्रांड के लिए केंद्रीय तत्त्व हैं।' लेकिन टाइटन में प्रबंध निदेशक भास्कर भट्ट कहते हैं कि स्थिति भिन्न है। टाइटन का कॉरपोरेट ब्रांड

और उत्पाद ब्रांड की अपनी अलग मजबूत पहचान है और कम-से-कम जहाँ तक उपभोक्ताओं की बात है, टाटा और भी पृष्ठभूमि में है।

आश्चर्य नहीं कि भिन्न-भिन्न स्टेकहोल्डर भी विभिन्न तरीकों से इस बहु-आकर्षण या जुड़ाव को व्यक्त करते हैं। उपभोक्ता उत्पाद और सेवा ब्रांडों के साथ करीब से जुड़ते हैं, जबकि कर्मचारी कंपनी ब्रांडों के साथ ज्यादा करीब से जुड़ते हैं, क्योंकि यह कंपनी ही है, जो उनके काम के नियम-कायदे बनाती है और उन्हें भुगतान करती है। समुदाय एक संपूर्ण रूप में पहले टाटा संगठन के बारे में सोचता है और प्रत्यक्ष या अप्रत्यक्ष रूप से टाटा परिवार और टाटा समूह के मूल्यों के बारे में सोचता है। कई लोगों की नजर में टाटा परिवार 'टाटा-पन' को मूर्त रूप देता है। लेकिन ये बस डिग्री के फर्क हैं, न कि प्रकार के। नजरिए और जोर देने में बारीक अंतर होते हैं, लेकिन कुल मिलाकर स्टेकहोल्डर टाटा समूह, विशिष्ट टाटा कंपनियों और उनके उत्पादों व सेवाओं को सकल रूप में सोचते हैं। इसलिए जब हम ब्रांड-सहजीवन पर विचार करते हैं तो हमें याद रखना है कि एक ब्रांड जो करता है, वह दूसरे ब्रांडों की प्रतिष्ठा और छवि पर सीधे प्रतिबिंबित होता है। फिर, हम अगले चार अध्यायों में विभिन्न तरीकों से इस बात का प्रदर्शन देखेंगे।

## सेहत और कुशलता : टाटा कैसे ब्रांडों को सहयोग-समर्थन देता है।

जैसाकि हमने अध्याय-4 में देखा, कॉरपोरेट ब्रांड के विकास के पीछे एक कारक था—समूह में ज्यादा संबद्धता और निरंतरता की जरूरत। इस बात की जरूरत थी कि एक सुसंगत निरंतर छवि हो, साझा मानक और मूल्य हो, जिनका समूह की तमाम कंपनियाँ पालन करें। ब्रांड को संहिताबद्ध करने और नाम व ब्रांड चिह्न जैसे कारकों को एक स्तर और निश्चित रूप देने से सुसंगत छवि बनाने में मदद मिली। रतन टाटा कहते हैं, 'कंपनियों को अब ब्रांड के दृष्टिगोचर होने का लाभ था।'

प्रतीकों और प्रतिनिधित्व में इस सुसंगति ने बदले में बृहत्तर सुसंबद्ध अर्थ प्रदान किया है। टाटा समूह या कम-से-कम वे कंपनियाँ, जो टाटा कॉरपोरेट ब्रांड का इस्तेमाल करती हैं, अब एक साझा पहचान रखती हैं; जबकि वे अपने अनूठेपन को भी बरकरार रखती हैं। वे भारत के राज्यों की तरह हैं। हरेक राज्य अलग है और उसकी अपनी संस्कृति और अपनी खास विशेषताएँ हैं, लेकिन वे 'भारतीयता' की साझा पहचान भी रखते हैं और वे भारतीय संस्कृति का हिस्सा भी हैं। जमशेदपुर

के इस्पात कारखानों और हैं गझाऊ या मॉण्टेवीडियो स्थित टी.सी.एस. के कार्यालयों की संस्कृति में भारी अंतर है; फिर भी वे सब टाटा का हिस्सा हैं और वे सब इसके मूल्यों की साझेदारी करते हैं। और इसकी याद दिलाने के लिए उनके पास टाटा नाम और लोगो (प्रतीक-चिह्न) है।

---

**वे कंपनियाँ, जो टाटा कॉरपोरेट ब्रांड का इस्तेमाल करती हैं, वे अब अपना अनूठापन बरकरार रखते हुए भी एक साझा पहचान रखती हैं।**

---

ब्रांड वैसे यह बगैर सहायता के नहीं करता है। टाटा ने मानव-प्रबंधन प्रक्रियाओं को एकीकृत करने के लिए भी कदम उठाए हैं। टाटा प्रशासकीय सेवा, जिसकी स्थापना 1950 के दशक में की गई थी, का उदाहरण पहले से चला आ रहा है। इसी का आगे और अनुकरण किया गया है। टाटा संस में समूह के मानव संसाधन प्रमुख सतीश प्रधान ने मुझे समझाया कि समूह के प्रतिभा प्रबंधन और नेतृत्व विकास कार्यक्रम कैसे युवा एवं नए भरती हुए मैनेजरों को समूह के मूल्यों व आदर्शों के बारे में बताया जाता है और फिर उन्हें आत्मसात् करने में मदद करते हैं। पुणे स्थित टाटा मैनेजमेंट ट्रेनिंग सेंटर भी इस प्रक्रिया में सहायता करता है। लेकिन ब्रांड लोगों को कुछ ऐसी दिखनेवाली और पहचानने लायक चीज प्रदान करता है, जिसमें वे अपनी ऊर्जा लगा सकते हैं। रतन टाटा कहते हैं, 'ब्रांड कुछ ऐसी चीज है, जिस पर आप अपना हैट (टोपा) टाँग सकते हैं।'

ब्रांड समूह के मूल्यों को संहिताबद्ध करने में मदद करता है और यह बदले में कंपनी ब्रांडों को आगे बढ़ने में सहायता करता है। वे उन मूल्यों को अपनाते हैं और उन्हें अपने उत्पादों व सेवाओं और बाजारों से जोड़ते हैं। उदाहरण के लिए, हम समुदाय की सेवा का मूल्य लें। यह विभिन्न ब्रांडों में विभिन्न तरीकों से परिलक्षित होता है। टाटा टी में यह सेहत पर जोर देने के रूप में है। संगीता तलवार कहती हैं, 'सेहत और कल्याण या कुशलता के मूल्य हमारे तमाम उत्पादों में अपनाए जाते हैं। चाय भारत में सबसे ज्यादा पिया जानेवाला पेय है और भारतीय संस्कृति में यह एक अभिन्न भूमिका निभाती है। हाल में कंपनी ने बोतलबंद हिमालय वाटर ब्रांड को भी अपने उत्पादों में जोड़ लिया है और फ्रूट ड्रिंक्स (फलों के शरबत) उतारने के लिए भी परीक्षण चल रहे हैं। उत्तरोत्तर कंपनी खुद को सेहतमंद पेय पदार्थों की आपूर्तिकर्ता और समर्थक के रूप में अवस्थित कर रही है, जैसाकि टेटले टी के पीटर एंसवर्थ कहते हैं, 'जीवन-संवर्धक पोषणीय जलीकरण वाले पेय' मुहैया करानेवाली कंपनी।

यही बात टाटा केमिकल्स के लिए भी सही है। कम नमकवाले भोजन के प्रति पश्चिमी मोह के बावजूद नमक जीवन के लिए अनिवार्य है। भारत के बहुत से गरीब लोगों में आयोडीन की कमी एक गंभीर स्वास्थ्य समस्या है। टाटा केमिकल्स साफ, शुद्ध, अप्रदूषित नमक की आपूर्ति करता है। टाटा केमिकल्स के प्रबंध निदेशक आर. मुकुंदन कहते हैं, 'जब हमने पहले (1983 में) शुरुआत की तो हमने कहा, हमें ब्रांड की क्या जरूरत है? नमक टाटा के मूल्यों के साथ इतना करीब से जुड़ा हुआ है कि उत्पाद को बस 'टाटा साल्ट' के नाम से बेचा जाता है। अन्य ब्रांड विभिन्न नामों से बाद में बाजार में उतारे गए, लेकिन मुख्य उद्देश्य था मूल टाटा साल्ट ब्रांड से उन्हें अलग दिखाना। इसी तरह, जब खाद और कृषि उत्पाद बेचे जाते हैं तो टाटा केमिकल्स अपने विपणन अभियान में किसानों की जरूरतों को अपने दिल में रखता है। इसका टाटा किसान संसार उपक्रम किसानों को सलाह देता है कि वे किस तरह की खादों का इस्तेमाल करें। यह इस पर निर्भर करता है कि मिट्टी किस किस्म की है और किसान किस फसल की खेती करना चाहते हैं। उद्देश्य यह सुनिश्चित करता है कि किसान उन्हीं खादों को खरीदें जिनकी उन्हें वाकई जरूरत है और वे उन उर्वरकों पर अपने पैसे बरबाद न करें, जो उनके लिए अप्रभावी रहेंगे।

भारत के आकार और आधारभूत ढाँचे की समस्याओं के मद्देनजर मोबाइल फोन एक महत्त्वपूर्ण आर्थिक एवं सामाजिक भूमिका निभाते हैं। वे लोगों को आपस में संवाद करने और साथ काम करने में मदद करते हैं। टाटा टेलीसर्विसेज भारत को आधुनिक और मजबूत बनाने में मदद करने में खुद को अग्रणी भूमिका में रखती है। टाटा कंसल्टेंसी सर्विसेज क्लीवलैंड और हैंगझाऊ जैसे विविध स्थानों पर भी नौकरी सृजित करने की अपनी भूमिका पर जोर देती है। (खासकर अमेरिका में यह एक समझदारीवाला कदम है। वहाँ ज्यादातर अमेरिकी भारतीय कंपनियों को आउटसोर्सिंग और नौकरियाँ खत्म करनेवाली कंपनी के रूप में देखते हैं)। यह लोगों को यह भी याद दिलाती है कि कैटरीना तूफान ने जब न्यू ऑर्लियंस शहर को बरबाद कर दिया था तो टी.सी.एस. के इंजीनियरों ने आपात सेवाओं को काम करने देने के लिए सॉफ्टवेयर प्रदान कर अहम भूमिका निभाई थी। लुइसियाना के गवर्नर ने उनके इस काम की विशेष सराहना की।

टाटा नैनो की डिजाइन के पीछे मूल मंशा लोगों की जान बचाने की इच्छा थी। भारत में सड़क परिवहन का सबसे सामान्य रूप है दो चक्केवाला स्कूटर। ज्यादातर लोग कार नहीं खरीद सकते। परिणामस्वरूप पूरा परिवार एक स्कूटर पर

अकसर यात्रा करता है। कभी-कभी तो वे घरेलू सामान या खरीदे गए सामान के बोझ से भी भारग्रस्त होते हैं। मानसून के दौरान वे वर्षा में भीगे होते हैं; शुष्क मौसम में वे बसों, कारों और ट्रकों के धुएँ में साँस लेने को मजबूर होते हैं। और हर मौसम में उनके बगैर किसी शारीरिक सुरक्षा के बड़े वाहनों से टकराने का खतरा बना रहता है। हर साल लाखों स्कूटर चालक और यात्री इन हादसों में मारे जाते हैं या जख्मी हो जाते हैं।

---

**टाटा अफ्रीका होल्डिंग्स के प्रबंध निदेशक रमन धवन कहते हैं, 'टाटा में हमारे नेता जो कहते हैं, उसके हर शब्द पर वे गंभीर होते हैं, उस पर कायम रहते हैं।'**

---

यह खुद रतन टाटा थे, जिन्होंने तय किया कि कुछ करने की जरूरत है। टाटा मोटर्स के इंडिया ऑपरेशंस के प्रबंध निदेशक प्रकाश तेलंग कहते हैं, '100 फीसदी पहल उनकी (रतन टाटा की) ओर से हुई। कोई रास्ता निकालना था कि आम लोग कार खरीद सकें। मंशा लाभ कमाने की नहीं, लोगों की जान बचाने की थी। टाटा मोटर्स ने उस मूल दृष्टि को अपनाया और उस पर अमल करते हुए नैनो को बनाया। इसने ऐसा किया, क्योंकि इसके अधिकारी और इंजीनियर रतन टाटा के आदर्शवाद और उनकी प्रतिबद्धता की साझेदारी करते थे। यही आदर्शवाद तमाम टाटा कंपनियों और उनके ब्रांडों में संचारित होता है। आर. गोपालकृष्णन कहते हैं, 'हम यहाँ उन समस्याओं का समाधान करने के लिए हैं, जिन्हें कोई दूसरी कंपनी समस्या समझती ही नहीं है।' किसी अन्य कंपनी या अन्य संगठन में, किसी को यह सोचने के लिए माफ किया जा सकता है कि यह महज शब्दाडंबर था। लेकिन टाटा में टाटा अफ्रीका होल्डिंग्स के प्रबंध निदेशक रमन धवन कहते हैं, 'हमारे नेता जो कहते हैं, उसके हरेक शब्द पर वे कायम रहते हैं।'

विश्वास, अधिकृत, गुणवत्ता एवं सच्चाई की गारंटी और एक आदर्श कि कारोबार का उद्देश्य समुदाय और देश की सेवा करना है, न कि पैसे कमाना—या कम-से-कम सिर्फ पैसे कमाना नहीं—ये वे प्रमुख गुण हैं, जिन्हें टाटा कॉरपोरेट ब्रांड समूह के अन्य ब्रांडों को सिखाता है। एक टाटा उपभोक्ता कहते हैं, 'अगर यह टाटा द्वारा बनाया गया है तो आप जानते हैं कि आप उस पर विश्वास कर सकते हैं।' और यह बात टाटा द्वारा बनाई जानेवाली कारों, चाय, नमक, मोबाइल फोन या कंसल्टेंसी सेवाओं आदि सभी के लिए सच है। भारत में इन ब्रांडों के बारे में एक 'अच्छाई' का आभामंडल है, जो कि सीधे टाटा की विरासत से, जमशेदजी

टाटा और जे.आर.डी. के मिथकों से और राष्ट्र-निर्माण एवं 'विश्वास के साथ नेतृत्व' के लिए प्रतिबद्धता से लिया जाता है। जमशेदजी और जे.आर.डी. के उत्तराधिकारियों ने इस विरासत को भलीभाँति सँभाला और निभाया है।

यह तो भारत की बात हुई, लेकिन टाटा कंपनी और उत्पाद ब्रांडों पर तब क्या यही आदर्श लागू होते हैं, जब वे भारत की सीमा को छोड़कर विदेश जाते हैं? क्या कॉरपोरेट ब्रांड यूरोप और अमेरिका में अधिगृहीत किए गए नए ब्रांडों को उसी तरह का सहयोग-समर्थन प्रदान करता है? तसवीर साफ नहीं है। एक ओर टाटा कंसल्टेंसी सर्विसेज के एस. रामादोराई जैसे लोग हैं, जो मानते हैं कि टाटा के मूल्य और टाटा ब्रांड विदेशों में समान रूप से कारगर होते हैं। टी.सी.एस. 20 वर्षों से भी ज्यादा समय से अंतरराष्ट्रीय रूप से काम करता आ रहा है और अंटार्कटिका को छोड़कर हरेक महाद्वीप में उसके कार्य-संचालन होते हैं, इसलिए उनके (रामादोराई के) विचार ध्यान देने योग्य हैं।

---

**एक टाटा ग्राहक कहते हैं, 'अगर यह टाटा द्वारा बनाया गया है तो आप जानते हैं कि आप इस पर भरोसा कर सकते हैं।'**

---

रामादोराई चीन के उदाहरण की ओर इंगित करते हैं, जहाँ जैसाकि हमने

*चीन के हैंगझाऊ सॉफ्टवेयर पार्क में टी.सी.एस.*

पिछले अध्याय में देखा कि टाटा और उसके मूल्यों के बारे में आम समझ इतनी कम है कि उसे शायद ही मापा जा सके। लेकिन टी.सी.एस. ने बस अपने पाँव जमा करके और चीजें करके अपना प्रभाव छोड़ा। हैंगझाऊ में एक छोटे प्रोजेक्ट ने शहर के मेयर से प्रशंसा बटोरी और अनुकूल प्रचार पाया। एक चीनी आई.टी. फर्म के साथ संयुक्त उपक्रम के तहत बीजिंग, शंघाई, हैंगझाऊ और टियानजिन में टेक्नो पार्क स्थापित किए गए—और इससे और भी प्रचार मिला। बैंक ऑफ चीन जैसी कंपनियों ने संपर्क करना शुरू किया और फिर ग्राहक के तौर पर करार किए। परिणामस्वरूप जब चीनी लोग टाटा के बारे में जानेंगे तो संभावना है कि यह टी.सी.एस. की गतिविधियों के कारण होगा। रामादोराई कहते हैं, 'हम सेवा प्रदान करते हैं और हम नौकरियाँ पैदा करते हैं।' इसी का नतीजा है कि चीनियों ने अनुकूल प्रतिक्रिया जताई है।

दूरसंचार सेवा प्रदान करनेवाली कंपनी टाटा टेलीकम्युनिकेशंस के प्रबंध निदेशक एन. श्रीनाथ कहते हैं, 'हमारे मूल मूल्य सार्वभौमिक हैं। टाटा केमिकल्स के आर. मुकुंदन बताते हैं कि ब्रिटिश फर्म ब्रुनर मॉण्ड के अधिग्रहण के दौरान उन्होंने दोनों पक्षों से अपने मूल्यों की एक सूची पेश करने और फिर उनकी तुलना करने को कहा। वह कहते हैं, परिणाम व्यावहारिक रूप से एक समान निकले। ब्रुनर मॉण्ड के प्रबंध निदेशक जॉन केरिगन सहमति व्यक्त करते हैं कि यह एक शानदार सांस्कृतिक मेल था। वह मानते हैं कि टाटा की भारतीय विरासत का बेहद कम असर है। ये टाटा के अपने मूल्य हैं, जो मायने रखते हैं और वे उनके कर्मचारियों को ठीक लगते हैं। वह कहते हैं, 'हम टाटा केमिकल्स कहे जाना और अपने दरवाजों पर टाटा का लोगो (प्रतीक चिह्न) लगे होना पसंद करेंगे।' केरिगन के लिए टाटा ब्रांड के साथ जुड़ने के कई सकारात्मक परिणाम सामने आए हैं। टाटा समूह का हिस्सा होने के नाते कंपनी की मान्यता इस क्षेत्र की कंपनियों के बीच काफी ज्यादा बढ़ी है। वह कहते हैं, 'टाटा का हिस्सा होना हमें शीर्ष तालिका में लेकर गया है।'

---

**टाटा कंसल्टेंसी सर्विसेज के उपाध्यक्ष एस. रामादोराई कहते हैं, 'हम सेवा प्रदान करते हैं और हम नौकरियाँ या रोजगार पैदा करते हैं।'**

---

मुकुंदन और आगे जाते हैं। उन्होंने मुझसे कहा, 'नए अधिग्रहण को एकीकृत करने का हमारा औसत समय अब 50 दिन है।' जब मैंने जवाब दिया कि प्रबंधन के साहित्य के अनुसार, एक नए अधिग्रहण के एकीकरण के लिए न्यूनतम समय

एक साल है, और तीन वर्षों के समय की अनुशंसा की गई थी तो वह हँसे। उन्होंने कहा, 'वास्तव में, हम सोचते हैं कि हम इसे घटाकर 20 दिन कर सकते हैं।' कैसे ? उन कंपनियों की तलाश करके जिनके, मूल्य टाटा के अपने मूल्यों से मेल खाते हैं और जिनकी संस्कृतियाँ एक-दूसरे को समझ सकती हैं। यह तथ्य है कि वह ब्रुनर मॉण्ड की तरह की कंपनियाँ ढूँढ़ पाते हैं, जो टाटा की मूल्य-प्रणाली में फिट बैठती हैं। इसका मतलब है कि उन मूल्यों का निर्यात किया जा सकता है, यदि वे आवश्यक रूप से सार्वभौमिक न हों तो भी।

इसलिए यह दरशानेवाले ढेरों उदाहरण हैं कि टाटा के मूल्य और कॉरपोरेट ब्रांड सफलतापूर्वक निर्यात किए जा सकते हैं, लेकिन जैसाकि हमने अध्याय-4 के अंत में देखा, इसमें सावधानी बरतने के भी ढेरों कारण हैं। जगुआर लैंडरोवर और टेटले टी टाटा ब्रांड को अपनाने में हिचकते रहे हैं, क्योंकि उन्हें डर है कि इससे उनका ब्रांड कमजोर होगा, और कुल मिलाकर टाटा के अधिकारी उनके इस विचार से सहमत हैं और इन ब्रांडों से लंबी दूरी बनाए रखने में संतुष्ट हैं।[vi] टाटा ब्रांड के क्या मायने हैं, इस बारे में अनिश्चितता, विदेशी स्वामित्व के परिणामों को लेकर डर और यह कहना पड़ेगा कि ब्रिटेन व अमेरिका जैसे देशों में—नस्लवाद और विदेशी द्वेष जैसी भावनाएँ—ये तमाम बातें मिलकर भारी बाधा खड़ी करती हैं। जब टाइटन ने 1990 के दशक के उत्तरार्ध में यूरोप में अपनी घड़ियाँ उतारीं तो वे डिजाइन और तकनीकी रूप से उतनी ही अच्छी थीं जितनी दुनिया की कोई भी घड़ी। लेकिन वहाँ जनता की नजर में 'भारतीय' उत्पाद होना कम गुणवत्ता का पर्याय था (जैसाकि 1950 के दशक में 'जापानी' शब्द होता था)। टाइटन का यह प्रयास विफल रहा और अब जाकर टाइटन फिर से प्रयास करने की सोच रहा है। सबक यह प्रतीत होता है कि टाटा ब्रांड के विभिन्न भौगोलिक क्षेत्रों में और विभिन्न स्टेकहोल्डर समूहों के साथ अलग-अलग अर्थ हैं। संदेश और छवि की जो सुसंगति व निरंतरता टाटा ब्रांड ने भारत के अंदर हासिल की है, उसे भारत की सीमाओं के बाहर अभी दोहराया जाना बाकी है।

## प्रभामंडल का असर : ब्रांड कैसे टाटा को समर्थन देते हैं

हमने अध्याय-1 की शुरुआत टाटा समूह में कंपनियों के बारे में तीन कहानियों से की थी—टाटा मोटर्स द्वारा नैनों को बाजार में उतारना, टाटा टी द्वारा भ्रष्टाचार के खिलाफ 'जागो रे!' अभियान और ताजमहल होटल पर आतंकवादी हमले को लेकर कड़ी प्रतिक्रिया। इन तीनों घटनाओं ने इन तीनों कंपनियों के ब्रांड को तो

मजबूत किया ही, उन्होंने कॉरपोरेट ब्रांड को भी मजबूती दी। पहली और तीसरी घटना ने दुनिया भर में टाटा को ज्यादा दृष्टिगोचर बनाया, जबकि दूसरी घटना ने भारत के अंदर टाटा को एक नैतिक और आदर्शवादी, यहाँ तक कि एक द्रष्टा समूह की छवि प्रदान की। पहली दोनों घटनाओं ने साहस भरे सोच व अभिनव प्रयोग और समस्या के समाधान के लिए टाटा की प्रतिबद्धता का प्रदर्शन किया, जैसाकि गोपालकृष्णन कहते हैं कि दूसरी कंपनियाँ उन्हें समस्या के रूप में लेती ही नहीं हैं (या कम-से-कम उनके निदान के लिए अपने संसाधन लगाने को तैयार ही नहीं होती हैं)। जनरल मोटर्स और मारुति दोनों ने भारत में अपनी छोटी और काफी कम कीमतवाली कारें बनाने की घोषणा की है। यह खबर नवाचार व अनुसंधान के लिए टाटा की बढ़ती प्रतिष्ठा को ही पुष्ट करती है।

---

**टाटा स्टील द्वारा कोरस के अधिग्रहण ने कंपनी को दुनिया भर में सुर्खियों में ला दिया।**

---

हमने दूसरे उदाहरण भी देखे हैं। टी.सी.एस. द्वारा चीन में अपने ब्रांड को स्थापित करने से टाटा ब्रांड को कम-से-कम कुछ मोटी मान्यता हासिल करने में मदद मिली है। टाटा डोकोमो के एक सेकंड शुल्क ने लोगों की कल्पना को आकर्षित किया है और लोगों को टाटा के बारे में अलग तरह से सोचने के लिए प्रेरित किया है। टाटा स्टील द्वारा कोरस के अधिग्रहण ने कंपनी को दुनिया भर में सुर्खियाँ प्रदान कीं और अन्य देशों में लोगों ने टाटा नाम के बारे में जाना (भले ही कुछ लोग टाटा को उसके प्रतिद्वंद्वी आर्सेलर मित्तल मानकर भ्रमित होते हैं), जबकि भारत में इस अधिग्रहण ने राष्ट्रीय गौरव के भाव को जगाया—टाटा स्टील कंपनी अब विश्व मंच पर प्रतियोगिता कर रही है और साथ ही अपने संस्थापक जमशेदजी टाटा की शक्तिशाली परंपराओं और उनके इस विचार को तवज्जो दी है कि जो लोहा और इस्पात को नियंत्रित करते हैं, वे अंततः सोने पर भी नियंत्रण करते हैं। राष्ट्र के लिए धन सर्जक के रूप में टाटा की छवि को इससे बल मिला।

टाटा समूह के किसी भी अधिकारी से पूछें कि एक मजबूत ब्रांड को बनाने और बरकरार रखने का राज क्या है, और वे आपसे कहेंगे कि यह वादों को निरंतर कार्यरूप देने और उनका अनुकरण करने में निहित है। 'वॉकिंग द टॉक' (कहने पर चलना) एक प्रिय मुहावरा है। आप मूल्यों के बारे में महज बातें नहीं करते हैं, आप उन्हें जीते हैं। और इसी तरह सहजीवन चलता है। कॉरपोरेट ब्रांड अपने मूल्यों और सुस्पष्ट, सुसंगत संदेश व छवि की आपूर्ति करता है। अन्य ब्रांड उन

मूल्यों के अनुसार जीते हैं। और जब स्टेकहोल्डर उन्हें ऐसा करते हुए देखते हैं और यह तथ्य कि लोग टाटा ब्रांडों के साथ कई स्तर पर संबद्ध रहते हैं, तमाम ब्रांडों के बारे में उनका नजरिया साथ-साथ प्रभावित होता है। जैसाकि टाटा कम्युनिकेशंस के एन. श्रीनाथ ने मुझसे कहा, भारत में नैनो को लॉन्च किए जाने से उनकी अपनी कंपनी की मान्यता और छवि कनाडा में सुधरी है। दुनिया के एक हिस्से में टाटा की कंपनियाँ जो कुछ करती हैं, वे दुनिया के दूसरे हिस्सों में समूह की अन्य कंपनियों को प्रभावित करती हैं—चाहे बेहतरी के लिए या खराबी के लिए।

ब्रांड सहजीवन की इस प्रक्रिया को कार्यरूप में देखने के लिए हम संक्षेप में दो उदाहरणों को देखें—एक, एक नए भौगोलिक क्षेत्र दक्षिण अफ्रीका में विस्तार और दूसरा खास ब्रांड ताज का वैश्विक विस्तार।

## भरोसा पैदा करना : दक्षिण अफ्रीका

अधिसंख्य विदेशी कंपनियों की तरह दक्षिण अफ्रीका में रंगभेद वाले वर्षों के दौरान टाटा की वहाँ कोई उपस्थिति नहीं थी और वह वहाँ तभी गया जब रंगभेद प्रणाली खत्म हो गई और अंतरराष्ट्रीय प्रतिबंध उठा लिये गए। परिणामस्वरूप न केवल टाटा को दक्षिण अफ्रीका का कोई अनुभव नहीं था (हालाँकि टाटा कंपनियाँ अफ्रीकी महाद्वीप के दूसरे देशों में सन् 1977 से ही काम कर रही थीं), बल्कि दक्षिण अफ्रीकी लोग भी टाटा के बारे में कुछ भी नहीं जानते थे। यहाँ तक कि वे टाटा के नाम से भी परिचित नहीं थे।

टाटा अफ्रीका के रमन धवन कहते हैं, 'शुरू में यह बता पाना मुश्किल था कि टाटा क्या है और यह क्या करता है। खासकर दक्षिण अफ्रीकी लोगों को टाटा समूह के आकार और उसकी विविधता को समझ पाने में दिक्कत हुई।' वह कहते हैं, 'हमारी सबसे बड़ी चुनौती उन्हें यह समझाना थी कि एक समूह जो कारें बनाता है, सॉफ्टवेयर भी बना सकता है।' टाटा समूह ने किसी उत्पाद विशेष या सेवा ब्रांड का प्रचार करने के बजाय एक खास ब्रांड संवर्धन अभियान चलाया, ताकि टाटा कॉरपोरेट ब्रांड के बारे में जागरूकता फैले। इस अभियान ने 'प्रभावित करनेवालों' को अपना लक्ष्य बनाया जिसमें शिक्षाविद्, कारोबारी, पत्रकार, सरकार और वित्तीय क्षेत्र में प्रमुख पदों पर आसीन लोग शामिल थे। इसके लिए सीधा संपर्क और विज्ञापन का जरिया अपनाया गया। उदाहरण के लिए, टाटा ने मार्केटिंग काउंसिल ऑफ साउथ अफ्रीका (दक्षिण अफ्रीका विपणन परिषद्) के साथ मिलकर विज्ञापनों

*टी.सी.एस. का विज्ञापन*

की एक शृंखला चलाई, जिसमें टाटा समूह का दक्षिण अफ्रीका में स्वागत किया गया। इन प्रयासों के परिणाम भी मिले। वर्ष 2007 तक ब्रांड पर नजर रखनेवाले सर्वे ने दरशाया कि 'प्रभावित करनेवाले' समूह के बीच टाटा ब्रांड के बारे में जागरूकता 94 फीसदी तक बढ़ चुकी थी।

ज्यादा-से-ज्यादा टाटा कंपनियों ने दक्षिण अफ्रीका में अपने पाँव जमाने शुरू कर दिए—टाटा कंसल्टेंसी सर्विसेज ने दक्षिण अफ्रीकी कंपनियों की कंप्यूटर प्रणालियों को आधुनिक बनाने में मदद देना शुरू किया, टाटा स्टील ने एक नया संयंत्र लगाया, टाटा कम्युनिकेशंस ने टेलीकॉम सेक्टर में अपनी उपस्थिति स्थापित की, टाटा मोटर्स अपनी कारें बेचने लगा और सबसे हाल में ताज होटल में प्रवेश किया और केपटाउन के ऐतिहासिक हृदय स्थल में एक लग्जरी होटल वर्ष 2010 में खोला। इनमें से प्रत्येक कंपनी ने क्रमिक रूप से टाटा ब्रांड की सकल छवि को मजबूत किया। धवन कहते हैं कि लोगों में जागरूकता पैदा करने में कारें सबसे ज्यादा महत्त्वपूर्ण रहीं। एक बैंक के लिए एक कंप्यूटर सॉफ्टवेयर बनाने से वाकई उतनी जन-जागृति पैदा नहीं होती है। लेकिन एक बार जब हमने सड़कों पर अपनी कारें उतारनी शुरू कीं तो लोग सवाल करने लगे। किसने इसे बनाया है? यह कहाँ से आई है? लोगों ने शुरू में यकीन नहीं किया कि भारत कारें बना सकता है।' ताज ग्रुप की मौजूदगी ने भी ब्रांड की प्रोफाइल निखारने में मदद की है।

---

**अपनी विरासत को कायम रखते हुए टाटा कंपनियाँ दक्षिण अफ्रीका में प्रशिक्षण कार्यक्रम में भारी निवेश कर रही हैं। इसके पीछे समुदाय में निवेश करने की मंशा है।**

---

उत्पादों और रोजगार के सृजन ने भी एक महत्त्वपूर्ण भूमिका निभाई है। अपनी विरासत पर कायम रहते हुए टाटा कंपनियाँ दक्षिण अफ्रीका में प्रशिक्षण में भारी निवेश कर रही हैं, जिसमें टाटा मोटर्स और ताज अग्रणी हैं। अधिकांश प्रशिक्षण कार्यक्रमों का सीधा लाभ इन कंपनियों को नहीं मिलेगा; इसके पीछे मंशा समुदाय में निवेश करना है। धवन कहते हैं कि दक्षिण अफ्रीका में टाटा समूह को जमीनी स्तर पर उसके कामों के आधार पर आँका गया है। वह कहते हैं, 'इन भौगोलिक क्षेत्रों में अपने देश भारत में अपनी प्रतिष्ठा के बारे में बातें करने से कोई फायदा नहीं है। लोग आपको देखना चाहते हैं कि आप करते क्या हैं।'

दक्षिण अफ्रीका में टाटा ने 'अपनी बात पर चलने' का काम किया है। अपने उत्पादों व सेवाओं और लोगों व समुदायों के लिए अपनी प्रतिबद्धता के बल पर टाटा ने अपनी एक सुदृढ़ छवि बनाई है। कॉरपोरेट ब्रांड का संवर्धन अन्य स्तरों पर मौखिक संवाद के जरिए किया गया, खासकर संभावित कर्मचारियों के बीच, जिनके लिए टाटा अब नियोक्ता विकल्पों में से एक है। टाटा ब्रांड के मूल्यों

ने दक्षिण अफ्रीका में टाटा कंपनियों के व्यवहार को संचालित किया और बदले में उन कंपनियों की कार्य–गतिविधियों ने उस देश में ब्रांड को और मजबूत व पुष्ट किया।

## एशियाई आधुनिकता : ताज

सलाहकार मार्टिन रोल ने वर्ष 2006 में अपनी पुस्तक 'एशियन ब्रांड स्ट्रैटेजी' में लिखा—'एशियाई आधुनिकता का नया रूप उभर रहा है। ऐसा रूप जो अपनी एशियाई जड़ों से जुड़ा तो है, लेकिन नए एशिया की ऐसी छवि से ओत–प्रोत है, जो अपने भविष्य को आशा और आशावाद भरी नजरों से देख रहा है।'[13] यह देखकर कम ही आश्चर्य होता है कि मार्टिन रोल ने अपनी पुस्तक में टाटा या इसके किसी ब्रांड का कहीं भी जिक्र नहीं किया है। दरअसल, ऐसे कम ही ब्रांड हैं, जो एशियाई आधुनिकता के इस भाव को ताज से कहीं ज्यादा संपूर्ण रूप से प्रतिबिंबित करते हैं।

मुंबई में सागर के सामने एक होटल से शुरुआत करते हुए ताज समूह भारत

*केपटाउन में ताज पैलेस की लॉबी*

और दुनिया भर में 80 से अधिक होटल तक विस्तार कर चुका है, जिसमें पंचसितारा लग्जरी होटल से लेकर बजट होटल भी शामिल हैं। इसके कई उच्च-स्तरीय होटल प्रसिद्ध निशान बन गए हैं—मूल ताज होटल तो है ही, केपटाउन में ताज पैलेस पुराने शहर के मध्य में दो ऐतिहासिक भवनों में अवस्थित है। भारत में इसके कई 'पैलेस' होटल वास्तव में राजमहलों में हैं, जो पूर्व में राजाओं और महाराजाओं द्वारा बनाए गए थे। एक अन्य मशहूर निशान है न्यूयॉर्क में पियरे, जिसे नवीकरण करके वर्ष 2009 में जबरदस्त प्रचार के बीच फिर से खोला गया था। दूसरी ओर, मध्य-पूर्व और मालदीव जैसे स्थानों के रिसॉर्ट्स में बनाए गए कुछ नए ताज होटल आधुनिक वास्तुकला के शानदार उदाहरण हैं।

इस पुस्तक को लिखे जाने के समय ताज समूह आक्रामक ढंग से विस्तार कर रहा है। इंडियन होटल्स (कंपनी का औपचारिक नाम) के प्रबंध निदेशक रेमंड निक्सन ने मुझसे वर्ष 2009 के शरत्काल में कहा कि ताज समूह हर छह सप्ताह में दुनिया में कहीं-न-कहीं एक नया होटल खोल रहा है।

उच्च-स्तरीय ताज होटलों के लिए बनाए गए विपणन साहित्य और पुस्तिकाएँ भारत के अतीत की रोमांटिक छवि पेश करती हैं। ताज समूह की आंतरिक पत्रिका 'कॉफी टेबल' और कुछ प्रचारात्मक ब्रोशरों में भारतीय इतिहास पर लेख छापे गए हैं। ईस्ट इंडिया कंपनी के शासन और ब्रिटिश अवधि का खुलकर उल्लेख किया गया है; बगैर किसी शर्म के भारत के उपनिवेशकालीन अतीत को सामने रखा गया है। यहाँ तक कि गेटवे चेन भी ऐसा ही करते हैं—कोच्चि में एक होटल के बैठक कक्ष का नाम वास्को-डा-गामा के नाम पर रखा गया है। वास्को-डा- गामा एक पुर्तगाली नौचालक थे, जो 1500 ई. में भारत आए थे और इसी से यूरोपीय औपनिवेशिक प्रभुत्व की शुरुआत हुई थी।[vii] लेकिन इससे कोई फर्क नहीं पड़ता। अंतर्निहित संदेश यह प्रतीत होता है कि भारत अब मजबूत है, यह अपना सिर गर्व से ऊँचा रख सकता है। इन शानदार होटलों पर नजर डालें और देखें कि हमने क्या आश्चर्यजनक कमाल किया है।

लेकिन यह सिर्फ भारतीय विरासत नहीं है, जो ब्रांड को मजबूती देती है। ताज समूह का उत्तरोत्तर दुनिया भर में जैसे-जैसे विस्तार हो रहा है वैसे-वैसे वह जिन देशों में होटल बना रहा है, वहाँ की विरासत को भी समेट रहा है और इससे भी ब्रांड को मजबूती मिलती है। वर्ष 2009 में जब पियरे को दुबारा खोला गया तो 'कॉफी टेबल' में एक फीचर प्रकाशित किया गया, जिसमें उन दिनों का उल्लेख था जब होटल की स्थापना की गई थी और न्यूयॉर्क में विलासिता की

कहावत का भी जिक्र किया गया था। लंदन में बॉम्बे ब्रेसरी के अधिग्रहण करने पर भी इसी तरह का फीचर लिखा गया, जिसमें रेस्तराँ के इतिहास की झलक पेश की गई।

ताज का विपणन करनेवाले निश्चित रूप से जानते हैं कि इतिहास का उपयोग कैसे किया जाए। जैसाकि एल.पी. हैटले ने एक बार कहा था, 'अगर अतीत वाकई एक विदेशी देश है तो ताज समूह संभवत: वहाँ एक होटल बनाएगा।' ताज ग्रुप उसके स्टाफ, जिसमें प्रबंध निदेशक रेमंड बिक्सन से लेकर नीचे के कर्मचारी तक शामिल हैं, परंपरा और विरासत के प्रति पूरी तरह सजग हैं। बिक्सन कहते हैं, 'यह टाटा समूह में सबसे पुरानी कंपनी है। इसकी स्थापना संस्थापक (जमशेदजी टाटा) द्वारा की गई थी। हमारे आज भी इस रिश्ते में भारी भावनात्मक मूल्य निहित हैं। और यही वह बात है जिसने हमें अंतरराष्ट्रीय बनने में मदद की है।' विरासत पर गर्व करना भी 'टाटा-पन का एक गुण लगता है। फिर भी, डिजाइन और सेवा की गुणवत्ता के संदर्भ में ये होटल काफी आधुनिक हैं। मार्टिन कोल जिस 'एशियाई आधुनिकता' की बात करते हैं, वह पुरानी परंपराओं और आधुनिक उच्च गुणवत्ता का संयोग है। और इसी मुकाम पर ताज ने खुद को स्थापित किया है।

---

**बिक्सन कहते हैं, 'यह टाटा समूह की सबसे पुरानी कंपनी है। इसकी स्थापना संस्थापक (जमशेदजी टाटा) द्वारा की गई थी। हमारे लिए आज भी इस रिश्ते में भारी भावनात्मक मूल्य निहित हैं। और यही वह बात है जिसने हमें अंतरराष्ट्रीय बनने में मदद की है।**

---

टाटा और ताज के बीच सीधा संपर्क ढूँढ़ पाना कठिन है। मैंने टाटा समूह के जितने भी अधिकारियों का इंटरव्यू लिया, उनमें से सिर्फ बिक्सन और उनकी टीम के अपने कारोबारी कार्ड पर टाटा का मशहूर 'नीला दीर्घवृत्त' निशान नहीं था। इसके बजाय उनके पास सुनहरा ताज लोगो (प्रतीक चिह्न) है और उसके नीचे 'ए टाटा एंटरप्राइज' (टाटा का एक उपक्रम) लिखा रहता है। बाकी टाटा समूह से संपर्क परंपरा, विरासत, भावना पर आधारित है—दरअसल यह एक मिथक पर, फाउंडर (संस्थापक) की कहानी पर और तब से घटी तमाम घटनाओं व बातों पर आधारित है। क्या इससे संबंध कमजोर पड़ता है? इसके विपरीत, ताज और टाटा समूह के बीच आज पारस्परिक संबंध समूह में सबसे मजबूत रिश्तों में से एक है।

आंशिक रूप से इसका कारण यह है कि टाटा ने इस बात को समझा कि यह संबंध कितना सुदृढ़ है और बाकी समूह को इससे क्या लाभ हैं। इंडियन होटल्स में वरिष्ठ बिक्री एवं विपणन उपाध्यक्ष अजय मिश्रा कहते हैं, 'दस साल पहले एक फैसला लिया गया कि ताज ब्रांड को टाटा नाम द्वारा विस्थापित या आच्छादित नहीं किया जाना चाहिए।' ताज बस बेहद मूल्यवान् है। जगुआर या लैंडरोवर की तरह इसकी एक शानदार विरासत है और स्टेकहोल्डरों की नजर में इसकी शक्तिशाली छवि है। इसलिए इसका नाम बदलकर 'टाटा होटल्स' रखना या टाटा की मौजूदगी को बहुत ज्यादा दरशाने से ताज ब्रांड क्षीण होगा और बाकी समूह के लिए भी इसका महत्त्व घटेगा।

रेमंड बिक्सन कहते हैं, 'ताज ब्रांड समूह का मुख्य लग्जरी ब्रांड है।' जहाँ कई टाटा कंपनियाँ या तो मैन्युफैक्चरिंग (निर्माण) या उच्च तकनीकी पर ध्यान केंद्रित करती हैं, ताज टाटा समूह के एक अन्य पक्ष को दरशाता है और वह है उच्च गुणवत्तावाली सेवा प्रदान करने और दुनिया की सर्वोत्तम होटल शृंखला से प्रतियोगिता करने की योग्यता। यह टाटा को और प्रतिष्ठा प्रदान करती है। साथ ही, यह बैठकों के लिए अत्यधिक बढ़िया स्थल मुहैया करता है और अपने विश्व व्यापी विस्तार के जरिए टाटा समूह की वैश्विक प्रतिष्ठा हासिल करने की महत्त्वाकांक्षा को मजबूती प्रदान करता है। अजय मिश्रा कहते हैं, 'सेवा, विरासत, परंपरा और सलीका हमारे ब्रांड की मुख्य विशेषताएँ हैं।' ये तमाम बातें बाकी समूह पर भी प्रतिबिंबित होती हैं।

## 'मेरा टाटा'

इसके पहलेवाले अध्याय और इस अध्याय में हमने देखा कि टाटा और इसके स्टेकहोल्डरों के बीच संबंध कैसे बदला है। 1990 के दशक से, जब कंपनी को पुरानी और वक्त से पीछे, 'मेरे पिता का टाटा' के रूप में देखा जाता था, अब हम ऐसे मुकाम पर पहुँच गए हैं जब 'बिजनेस वीक' जैसी अंतरराष्ट्रीय पत्रिकाएँ भी टाटा का नाम दुनिया की सबसे अधुनातन और अभिनव कंपनियों में लेती हैं। खासकर भारतीय स्टेकहोल्डर अब कंपनी को एक 'संघर्ष करनेवाली', आक्रामक व नवाचारी और फिर भी बेहद नैतिकतावादी एवं भारत व इसके लोगों के प्रति समर्पित कंपनी के रूप में देखते हैं। अब वे इसे 'मेरे पिता का टाटा' के रूप में नहीं, बल्कि 'मेरा टाटा' के रूप में लेते हैं। मगर, विदेशों में तसवीर मिश्रित है। कुछ भौगोलिक क्षेत्रों में जागरूकता कम है और वहाँ कई बाधाओं

से पार पाना है। लेकिन दक्षिण अफ्रीका जैसे उदाहरण और टी.सी.एस. द्वारा चीन में की गई प्रगति यह दरशाती है कि संभावनाएँ मौजूद हैं। और ताज समूह द्वारा की गई तरक्की दरशाती है कि टाटा ब्रांड अपनी कंपनियों और उत्पाद/सेवा ब्रांडों के साथ कई विभिन्न संबंध रख सकता है और फिर भी समान रूप से सफल हो सकता है।

अभी तक हम काफी हद तक सामान्य संदर्भ में बातें करते रहे हैं। लेकिन, जैसाकि हमने इस अध्याय में कई बार गौर किया कि विभिन्न स्टेकहोल्डर समूहों के भिन्न-भिन्न दृष्टिकोण हैं। कॉरपोरेट ब्रांड निर्माण संबंधी साहित्य हमें याद दिलाते हैं कि ग्राहक हालाँकि राजा या रानी हो सकते हैं, लेकिन कॉरपोरेट ब्रांड अन्य स्टेकहोल्डरों को प्रभावित करता है। कर्मचारियों, कारोबारी भागीदारों, वित्तीय समुदाय, सरकार और व्यापक समाज—इन सभी का कॉरपोरेट ब्रांड के बारे में अपना नजरिया होता है। और ब्रांड मैनेजर अपने विनाश का खतरा उठाकर ही इनमें से किसी ग्रुप की अनदेखी कर सकते हैं। मगर कभी-कभी ऐसा होता है, यहाँ तक कि टाटा जैसे समूहों में भी, जहाँ पारिवारिक संबंध को काफी गंभीरता से लिया जाता है। टाटा के ब्रांड बेशक एक परिवार हों, लेकिन परिवार हमेशा समरस या एकरूप होकर काम नहीं करते हैं।

इसलिए अगले चार अध्याय स्टेकहोल्डरों के नजरिए के लिए समर्पित हैं। हम देखेंगे कि टाटा के बारे में क्या सोचते हैं और यह उनके लिए क्या मायने रखता है। इसमें हम न सिर्फ खुद कॉरपोरेट ब्रांड बल्कि 10 प्रतिनिधि कंपनियों और उनसे संबद्ध उत्पाद ब्रांडों के साथ सहजीवी संबंध का भी इस्तेमाल उस नजरिए का विश्लेषण करने के लिए करेंगे। हर स्टेकहोल्डर समूह टाटा के बारे में क्या सोचता है और कैसे उनके विचार ब्रांड को प्रभावित करते हैं।

## संदर्भ :

(i) डोकोमो, जापानी टेलीकॉम कंपनी एन.टी.टी.—डोकोमो के संदर्भ में है, जिसने टाटा टेलीसर्विसेज में हिस्सेदारी ली है।

(ii) गैर-भारतीय पाठकों के लिए, 1 रुपया = 100 पैसा।
एक पैसा करीब .0002 डॉलर या एक सेंट के 200वें हिस्से के बराबर है।

(iii) प्रो. पैट्रिक बार्वाइज, निजी संवाद।

(iv) ब्रांड के वरिष्ठता क्रम से संबंधित साहित्य कई तरह के नामों या संदर्भों का इस्तेमाल करते हैं, जिसमें 'उप-ब्रांड' या 'पारिवारिक ब्रांड' शामिल हैं। मैंने 'कंपनी ब्रांडों' का इस्तेमाल इस तथ्य को प्रतिबिंबित करने के लिए किया है कि ये दूसरे स्तर

के अधीनस्थ ब्रांड अकसर टाटा समूह की एक खास कंपनी के साथ करीबी रूप से पहचाने जाते हैं।

(v) वस्तुतः तमिलनाडु सरकार टाइटन के दैनिक प्रबंधन में बेहद थोड़ी भूमिका निभाती है।

(vi) टाटा के भारतीय-पन से इसका कुछ लेना-देना नहीं है। जगुआर लैंड रोवर के डेविड स्मिथ इसी तरह से अड़े हुए थे कि फोर्ड लोगो उनके ब्रांडों पर नहीं दिखना चाहिए, यहाँ तक कि कॉरपोरेट संवाद के साहित्य में भी नहीं, और फोर्ड से दूरी बनाए रखने के लिए उन्होंने काफी संघर्ष किया। ऐसा प्रतीत होता है कि टाटा ने उनकी बात को स्वीकार कर लिया है : टाटा मोटर्स के उपाध्यक्ष रविकांत ने मुझसे कहा कि जगुआर, लैंड रोवर या रेंज रोवर के साथ टाटा ब्रांड के इस्तेमाल की योजना न तो अभी है और न भविष्य में होगी।

(vii) 'गेटवे' नाम गेटवे ऑफ इंडिया से लिया गया है। गेटवे ऑफ इंडिया मुंबई में समुद्र के किनारे मूल ताज होटल से महज कुछ गज की दूरी पर स्थित है।

❑

6

# टाटा और इसके ग्राहक

भारत विषमता वाला देश है। भौतिक रूप से इसमें काफी विविधताएँ हैं पर्वतों, हिमनदों, मरुस्थलों, जंगलों, मैदानी इलाकों, दूर-दराज के गाँवों और ढेर सारे महानगरों का देश। यहाँ कई विभिन्न जाति समूह, भाषाएँ और संस्कृतियाँ हैं। लोगों की संपत्ति और कमाने की क्षमता में काफी फर्क है। भारत कोई इकाई नहीं है, बल्कि कई भिन्न भारतों का एक सम्मिश्रित संग्रह है। सलाहकार रमा बीजापुरकर अपनी पुस्तक 'वी आर लाइक दैट ओनली' ('120 करोड़ भारतीयों का बाजार') में इस तथ्य की व्याख्या करती हैं।[1] जैसाकि बीजापुरकर और कई अन्य मानते हैं, भारतीयों का उपभोक्ताओं या ग्राहकों के तौर पर सामान्यीकरण करना बहुत मुश्किल है।

जब हम टाटा जैसे विशाल और अति विविधतावाले संगठनों पर नजर डालते हैं तो यह परिभाषित करना कि कौन ग्राहक हैं और यह समझना कि उनके दृष्टिकोण व उनकी मंशाएँ क्या हैं, और भी कठिन हो जाता है। पिछले अध्याय में ब्रांडों की शृंखला के बारे में चर्चा की गई है, जो यह दरशाती है कि टाटा के कई भिन्न बाजार और कई भिन्न तरह के ग्राहक हैं। ऐसा है और ऐसा हो सकता है—'निश्चित टाटा ग्राहक' की तरह की कोई चीज नहीं है। विशिष्ट टाटा समूह की कंपनियाँ अपने खास ग्राहक वर्गों को अपना लक्ष्य बना सकती हैं या बनाती हैं और उत्पाद व सेवा ब्रांड अपने खास बाजार वर्गों पर ध्यान केंद्रित कर सकते हैं (हालाँकि परिणाम हमेशा आशानुरूप नहीं होते)। टाटा कॉरपोरेट ब्रांड को यह छूट उपलब्ध नहीं है। समूह की वैविध्यपूर्ण प्रकृति, साथ में उसकी अपनी विरासत और परंपराओं का अर्थ है कि उसे 'कई भारतों', जैसाकि बीजापुरकर कहती हैं, के सम्मिश्रण का खयाल रखना होगा। और जब भारत से बाहर ब्रांड पर नजर डालते हैं तो समस्या

और भी अधिक जटिल हो जाती है, क्योंकि वहाँ टाटा और इसके ब्रांडों के प्रति आमतौर पर दृष्टिकोण अलग किस्म के हैं।

भारतीय और विदेशी ग्राहकों का यह बहुरूप टाटा को किस नजरिए से देखता है ? टाटा ब्रांड के उनके लिए क्या मायने हैं ? छोटा उत्तर है कि यह विभिन्न लोगों के लिए अलग-अलग मायने रखता है। बहरहाल, यदि हम टाटा समूह के दर्शकों के पूरे परिदृश्य पर नजर डालें तो हम कुछ साझा कारकों को भी देख सकते हैं। एक ठेठ टाटा ग्राहक जैसी चीज न होने के बावजूद ऐसा प्रतीत होता है कि ये कई तथा विविध ग्राहक वर्ग टाटा के बारे में उल्लेखनीय रूप से एक समान धारणा रखते हैं। टाटा के लिए ब्रांड पर नजर रखनेवाले अध्ययन दरशाते हैं कि कम-से-कम भारत में टाटा ब्रांड के बारे में ग्राहकों में समुचित सुसंगत धारणा है।[1]

---

**एक निश्चित टाटा ग्राहक जैसी कोई चीज न होने के बावजूद ऐसा प्रतीत होता है कि ये अनेक और विविध ग्राहक समूह टाटा के बारे में उल्लेखनीय रूप से एक समान विश्वास रखते हैं।**

---

पहली नजर में यह आश्चर्यजनक लग सकता है। ऐसी विविधतावाली पृष्ठभूमि के मद्देनजर हम यह उम्मीद कर सकते हैं कि ग्राहकों के विभिन्न समूह बहुत भिन्न ब्रांड छवियों का 'सह-सृजन' करते होंगे। लेकिन यहाँ मामला ऐसा नहीं लगता है। टाटा के बारे में ग्राहकों की छवि इतनी एक समान क्यों है ? इसका उत्तर लगभग निश्चित रूप से उसके अतीत, टाटा के लंबे इतिहास और उन मिथकों में निहित है, जो भारतीयों ने कंपनी और उसके नेताओं के बारे में बना रखे हैं। वक्त गुजरने के साथ उस विरासत और उन मिथकों ने एक निश्चित ठोस रूप ग्रहण कर लिया है और भारतीय मानस में वे बहुत गहरे समा गए हैं। जैसाकि एक अमेरिकी ब्रांड गुरु अल रीस कहते हैं, 'मजबूत ब्रांड रातोरात पैदा नहीं किए जाते। वे विकसित होने में बहुत लंबा वक्त लेते हैं।'[2]

भारत के बाहर टाटा ब्रांड के लिए इसके निहितार्थ भी हैं। सकारात्मक रूप में, ऐसा प्रतीत होगा कि टाटा के लिए बिलकुल संभव है कि वह विभिन्न संस्कृतियों में विभिन्न ग्राहक वर्गों के बीच अपनी एक सुसंगत निरंतर ब्रांड छवि बना सकता है। लेकिन, उस मजबूत विरासत और उन बाध्यकारी मिथकों के अभाव में उस छवि को ग्राहकों द्वारा ग्रहण करने और समझ पाने में काफी लंबा वक्त लग सकता है।

हम इस अध्याय में बाद में इस पर बात करेंगे। फिलहाल हम ग्राहकों पर

संक्षिप्त नजर डालते हैं। हम इन ग्राहकों को मोटे तौर पर तीन समूहों में बाँटेंगे—खुदरा सामान एवं सेवाओं के भारतीय उपभोक्ता, खुदरा सामान एवं सेवाओं के विदेशी उपभोक्ता और देशी एवं विदेशी कारोबारी ग्राहक। इसका यह मतलब नहीं कि भारतीय और विदेशी कारोबारी ग्राहकों में कोई फर्क नहीं है, लेकिन वे फर्क कम उजागर हैं। खुदरा ग्राहकों की तुलना में विदेशी कारोबारी ग्राहकों के टाटा के साथ ज्यादा परिचित होने (या कम-से-कम इसके बारे में जल्दी जानने) और उसे बेहतर ढंग से समझने की संभावना है।

## संघर्ष करने और सफलता पानेवाले

उपभोक्ताओं के वर्गीकरण के कई तरीके हैं और इनमें से सामाजिक-आर्थिक स्थिति सबसे आसान है। अमेरिका में बीसवीं सदी में विकसित ए.बी.सी. प्रणाली अभी भी व्यापक रूप से इस्तेमाल की जाती है; कभी-कभी संशोधित रूप में। रमा बीजापुरकर ने 'वी आर लाइक दैट ओनली' में इस प्रणाली का रूप प्रस्तुत किया है; लेकिन उनका सुझाव है कि यह शहरी क्षेत्रों में सबसे ज्यादा उपयोगी है। ग्रामीण क्षेत्रों में उपभोक्ताओं के लिए वह एक और वर्गीकरण आर-1 से आर-4 प्रस्तुत करती हैं। इसमें आर-1 वर्ग सबसे बढ़िया ढंग से शिक्षित और सबसे अमीर होता है तथा आर-4 सबसे कम शिक्षित और सबसे गरीब वर्ग होता है।

यह एक दिलचस्प वर्गीकरण है, लेकिन यह संभवत: टाटा कॉरपोरेट ब्रांड की तुलना में उत्पाद और सेवा ब्रांडों के विश्लेषण के लिए ज्यादा उपयोगी है। जैसाकि अभी पहले बताया गया, शोध का सुझाव है कि भारतीय टाटा के बारे में एक बड़ी निरंतर व सुसंगत धारणा रखते हैं, चाहे वे किसी भी सामाजिक-आर्थिक पृष्ठभूमि या देश के किसी भी क्षेत्र से आते हो।[ii] मनोवैज्ञानिक रूपरेखा, जो उपभोक्ताओं का वर्गीकरण मंशा और व्यवहार के जरिए करने की कोशिश करती है, इस विषय को देखने का एक और एवं ज्यादा प्रभावकारी तरीका प्रदान करती है।[iii]

बीजापुरकर भी हमें मनोवैज्ञानिक रूपरेखा के आधार पर भारतीय उपभोक्ताओं का एक वर्गीकरण देती हैं। और पुस्तक के मिजाज से मुझे लगता है कि वह भी इसे उपभोक्ताओं को वर्गीकृत करने का एक ज्यादा प्रभावी तरीका मानती हैं।[4] संक्षेप में, उनके वर्गीकरण में पाँच समूह शामिल हैं—

- **हताश लोग :** ये सबसे गरीब लोग होते हैं, जो बस भरण-पोषण के स्तर पर होते हैं। इनकी एकमात्र महत्त्वाकांक्षा अपना वजूद बचाने की रहती

है। तरक्की करने की उनकी कोई आशा नहीं होती।

- **संघर्ष करनेवाले :** वे लोग, जो मुसीबतों के बीच जन्म लेते हैं, लेकिन अपने लिए और अपने परिवारों की बेहतर जिंदगी के लिए कड़ी-से-कड़ी मेहनत करने के लिए तैयार रहते हैं।
- **मुख्य धारा के लोग :** वे लोग, जिन्होंने समृद्धि का कम-से-कम एक आधारभूत स्तर हासिल कर लिया है और अब वे अपनी स्थिति को पुख्ता करने की कोशिश कर रहे हैं। उनके मुख्य लक्ष्य सामाजिक स्वीकृति और दीर्घकालीन सुरक्षा होते हैं, हालाँकि स्व-उत्पाद की जरूरत भी भूमिका निभाती है।
- **महत्त्वाकांक्षावाले :** बीजापुरकर इन लोगों को 'वनाबेज' (महत्त्वाकांक्षा रखनेवाले) कहती हैं, जो सफलता का ताना-बाना चाहते हैं और हैसियत की इच्छा से प्रेरित होते हैं। यह सही है कि खुद के लिए आराम मायने रखता है, लेकिन पड़ोसी में जलन पैदा करना भी उनके लिए महत्त्वपूर्ण होता है।
- **सफल लोग :** वे महत्त्वाकांक्षी लोग, जो तालिका के शीर्ष पर पहुँच चुके हैं। उनके लिए उपलब्धि, मान्यता और सत्ता मुख्य प्रेरक कारक होते हैं।

अब हम कहीं पहुँच रहे हैं। यह एक वर्गीकरण है, जो आज के भारत की हकीकत को प्रतिबिंबित करता है और मनोवैज्ञानिक सिद्धांत पर आधारित है (इसमें मास्लॉव की आवश्यकताओं के वरिष्ठता-क्रम जैसे सिद्धांतों की स्पष्ट प्रतिध्वनियाँ हैं, हालाँकि यह रोचक है कि बीजापुरकर के पास मास्लॉव के सर्वोच्च स्तर के वर्ग 'स्वयं-सिद्ध' के समकक्ष कोई वर्ग नहीं है। ये स्वयं-सिद्ध लोग किसी भौतिक आवश्यकता से नहीं, बल्कि आध्यात्मिक जरूरतों से प्रेरित होते हैं)।[iv] हालाँकि सबसे महत्त्वपूर्ण बात है कि यह दोनों ही प्रकारों को समझने और टाटा के बारे में उपभोक्ता के नजरिए में साझा कारक प्रदान करता है, बशर्ते हम टाटा के उपभोक्ता आधार के बीच इन तमाम वर्गों की पहचान कर सकें।

---

**रमा बीजापुरकर भारतीय युवा वर्ग को 'पश्चिमी आधुनिकता और भारतीय परंपरा का एक विरोधाभासी मेल' बताती हैं।**

---

मनोवैज्ञानिक चित्रण करनेवाले लोगों के ब्रांडों के साथ निजी संबंध को और उजागर करने में भी मदद करते हैं। यह एक विस्तृत धारणा है कि पश्चिमी

उपभोक्ताओं की तुलना में एशियाई उपभोक्ता ब्रांडों के साथ ज्यादा मजबूत निजी रिश्ता रखते हैं।[6] यह सही हो सकता है। वैसे, एशिया में ब्रांड निर्माण में जो सबूत प्रस्तुत किए गए हैं, मैं उन्हें व्यक्तिगत रूप से भरोसेमंद नहीं पाता हूँ; लेकिन पाठक मुझसे असहमत होने के लिए स्वतंत्र हैं। लेकिन यह निश्चित रूप से सही लगता है कि कई अन्य उपभोक्ताओं की तरह भारतीय भी उन ब्रांडों के प्रति ज्यादा दृढ़ता से प्रतिक्रिया जताते हैं, जिनके साथ वे व्यक्तिगत जुड़ाव महसूस करते हैं। वे ब्रांड को अपना मानते हैं, उससे अपनी पहचान बनाते हैं, उसे गले लगाते हैं और उन्हें अपने करीब रखते हैं।

ड्राफ्ट एफ.सी.बी.+उल्का एजेंसी के सी.ई.ओ. (मुख्य कार्याधिकारी) अंबी परमेश्वरन, जो मुंबई की विज्ञापन हस्ती हैं, का निश्चित रूप से यह विचार है। वह लिखते हैं—'उपभोक्ता को शामिल करने या जोड़ने के लिए हमें उत्पादों में गहरे झाँकना है, उन सच्चाइयों को खोजना है जो मायने रखती हैं और फिर उन्हें उपभोक्ताओं को प्रभावी ढंग से बताना है। और ज्यादा अहम बात है कि यह जंग उन ब्रांडों द्वारा जीती जाएगी, जो नवाचार में समर्थ हैं और उपभोक्ताओं को वाकई ज्यादा लाभ पहुँचाते हैं।[7] हम फिर सह-सृजन के विचार पर लौट आए हैं। भारत में कोई ब्रांड की डिजाइन नहीं कर सकता और उसे उपभोक्ताओं के गले मढ़ नहीं सकता है, क्योंकि वे इसे ठुकरा देंगे; या कम-से-कम वे इसे इस्तेमाल करने और इसे अपनाने के अलग तरीके ढूँढ़ लेंगे, जिसके बारे में ब्रांड मैनेजर ने कभी सोचा भी नहीं होगा। भारत में, कंपनियाँ ग्राहकों की स्वीकृति के लिए ब्रांड प्रस्तुत करती हैं और उनकी रजामंदी प्राप्त करने की उम्मीद करती हैं। ग्राहक ब्रांड की छवि तय करता है और यह फैसला करता है कि ब्रांड जीवित रहता है या मरता है।'

परमेश्वरन और बीजापुरकर जैसे पर्यवेक्षक भारत में युवा वर्ग के बाजार की अहमियत पर भी जोर देते हैं। बीजापुरकर भारतीय युवाओं को 'पश्चिमी आधुनिकता और भारतीय परंपरा का एक विरोधाभासी मेल बताती हैं।'[8] भारतीय उपभोक्ताओं के बीच एक अन्य बड़ी कहानी वह सामाजिक परिवर्तन है, जो 1990 के दशक से देश को बहा ले गया है। आर्थिक उदारीकरण और नई संचार तकनीकों, खासकर सस्ती मोबाइल टेलीफोन सेवा, के संगम ने सामाजिक गतिशीलता बढ़ा दी है, 'सत्ता से दूरी' घटा दी है, सूचना के लिए भूख बढ़ा दी है और सामाजिक न्याय की माँग के परे जाकर आर्थिक अवसर झपटने की लालसा बढ़ा दी है। 'आम लोगों का मसीहा' वाली बात गुजर चुकी है। 'किसी भी काम से ढेरों दौलत कमानेवाला

नया मसीहा' प्रवेश कर चुका है।'[9] लेकिन यह ध्यान देनेवाली बात है कि इन तमाम परिवर्तनों के बीच इतिहास और परंपरा का महत्त्व बना हुआ है। यह एक ऐसा मुल्क है, जहाँ कभी-कभी लोग अपने मोबाइल की फोन रिंग टोन के रूप में प्राचीन वैदिक मंत्रों को डाउनलोड करते हैं। याद और मिथक अभी भी बहुत शक्तिशाली कारक बने हुए हैं और संभवत: पश्चिम की तुलना में यहाँ कुछ ज्यादा ही है।

## टाटापन

इन सब बातों को दिमाग में रखते हुए हम उपर्युक्त पाँच समूहों पर नजर डालें और आकलन करें कि उनमें से हरेक टाटा को किस रूप में महत्त्व देता है। इसके बाद जो सामने आता है, वह कुछ हद तक काल्पनिक है। टाटा का बाजार शोध इस वर्गीकरण का इस्तेमाल नहीं करता और मैंने अपना विश्लेषण वार्त्ताओं व पर्यवेक्षणों तथा द्वितीयक स्रोतों, जिनमें पांडित्यपूर्ण किताबें और भारतीय व विदेशी प्रेस में आए लेख शामिल हैं, पर आधारित किया है। यह एक ऐसा क्षेत्र है जिसमें और शोध किए जाने की जरूरत है।

हताश लोगों के टाटा के संपर्क में आने की ज्यादा संभावना विभिन्न सामाजिक एवं सामुदायिक कार्यक्रमों के जरिए है (देखें अध्याय-9), न कि ग्राहक के रूप में। उनकी आवश्यकताएँ वरिष्ठता क्रम में सबसे निचले स्तर की होती हैं। वे मुख्यत: भोजन, निवास और हिफाजत की इच्छा से प्रेरित होते हैं। जब वे उपभोक्ता के रूप में सामने आते हैं तो उनकी खरीदारी इन जरूरतों को पूरा करने की खातिर होती है। वे नमक खरीदते हैं, क्योंकि जीवन रहने के लिए इसकी जरूरत होती है या कृषि संबंधी सामान खरीदते हैं, ताकि वे पौधे रोप सकें और अपने लिए खाद्यान्न जुटा सकें। उनके पास काफी सीमित संसाधन होते हैं और सूचना तक उनकी पहुँच भी सीमित होती है। इसलिए वे ब्रांड की प्रतिष्ठा और अपने पिछले अनुभव के आधार पर फैसले लेते हैं। टाटा के लिए वे जो प्राथमिक मूल्य आँकते हैं, वह है विश्वास। उदाहरण के लिए, टाटा नमक की प्रतिष्ठा शुद्धता को लेकर है। इसलिए यदि आप इसे खाएँगे तो यह आपको बीमार नहीं करेगा। भरोसा और सुरक्षा सबसे अहम कारक हैं। वर्ष 2003 से लेकर 2009 तक टाटा नमक को भारत का सबसे विश्वसनीय खाद्य ब्रांड चुना गया (बोतलबंद पानी ब्रांड हिमालय की भी इसी तरह की छवि है।)[1] टाटा के सामाजिक एवं सामुदायिक कार्य के बारे में जागरूकता भी ब्रांड के छवि-निर्माण में भूमिका निभाती है। जब ये सर्वाधिक गरीब लोग टाटा का

नाम देखते हैं तो वे जानते हैं कि यह कुछ ऐसा है, जो (क) उन्हें नुकसान नहीं पहुँचाएगा और (ख) अगर वे इनका उपभोग कर सकें तो यह उनके जीवन को थोड़ा आसान बनाएगा। बगैर अतिरिक्त संसाधन के, वे आमतौर पर इससे अधिक उम्मीद नहीं कर सकते।

कड़ी मेहनत करनेवाले लोग ग्राहकों के रूप में काफी ज्यादा नजर आते हैं। उनके पास भी खर्च करने के लिए बहुत कम आय होती है और वे भी अपने सीमित संसाधनों का अपने लिए अधिकतम मूल्य वसूलना चाहते हैं। प्रो. सी.के. प्रह्लाद 'द फॉर्चून एट द बॉटम ऑफ द पिरामिड' में लिखते हैं—'मजबूत धारणा है कि गरीबों में ब्रांड-चेतना नहीं होती है। इसके विपरीत, गरीब ब्रांड को लेकर बहुत सजग होते हैं। वे जरूरत के अनुसार, महत्त्व को लेकर भी अत्यधिक सजग होते हैं।'[10] प्रह्लाद कहते हैं, कड़ी मेहनत करनेवाले अपने सीमित संसाधनों का सर्वाधिक लाभ उठाना चाहते हैं; लेकिन उनकी आकांक्षाएँ भी होती हैं। वे दूसरों की तरह उसी तरह के भोग का आनंद उठाना चाहते हैं, भले ही यह सीमित पैमाने पर हो। इसी जरूरत को पूरा करने के लिए टाटा टी ने हाल में अपने ब्रांडेड टी बैग्स को एक बैग के पैक में बेचना शुरू किया। एक मजदूर, जिसके सिर पर छत नहीं है, वह चाय बैग का पूरा पैकेट नहीं खरीद सकता, लेकिन वह कभी-कभी एक बैग जरूर खरीद सकता है और थोड़ी सावधानी से एक बैग से ही कई कप चाय बना सकता है। टाटा टी की संगीता तलवार कहती हैं, 'ऐसा करते हुए वह मजदूर उसी गुणवत्ता की चाय का आनंद उठा सकता है, जैसा मध्य और उच्च वर्ग के लोग उठाते हैं और एक वक्त के लिए महसूस कर सकता है कि वह भी स्टाइल से जीवन जी रहा है।' इसी तरह, टाटा डोकोमो का 1 सेकंड 1 पैसा का मोबाइल फोन शुल्क भी गरीबों को ऐसा ही अहसास करा सकता है कि मोबाइल फोन सेवा और इससे जुड़ी स्वतंत्रता उनकी पहुँच के अंदर है।

1860 के दशक में डिपार्टमेंटल स्टोर अवधारणा के आविष्कारक एरिस्ताइद और मार्गेराइत बॉसिकाउत ने 'द डिमोक्राइटेजन ऑफ लग्जरी'[11] (भोग-विलास का लोकतंत्रीकरण) के विचार को जन्म दिया था। वे उन सामानों को सर्वसाधारण जनता के बीच ले जाना चाहते थे, जो पहले सिर्फ विशिष्ट वर्ग के लिए उपलब्ध थे। सी.के. प्रह्लाद भारत में कंपनियों से ऐसा ही करने की अपील करते हैं। टाटा टी और ट्रेंट तथा कुछ अन्य कंपनियों के जरिए टाटा इसी मार्ग पर आगे बढ़ रहा है। उनके उत्पाद उपभोक्ता का उत्साहवर्धन करते हैं और वे बदले में टाटा के बारे में ज्यादा गर्मजोशी महसूस करते हैं। टाटा ब्रांड इस समूह के लिए मूल्य

प्रदान करता है, लेकिन यह उनमें आकांक्षा और आशा की भावना को भी जगाता व तुष्ट करता है।

मुख्य धारा के उपभोक्ता भी अपने पैसे की कीमत वसूलना चाहते हैं और यह मुहावरा अकसर सामने आता है, जब टाटा उत्पादों का उल्लेख किया जाता है। उत्पाद या सेवा की विश्वसनीयता और भरोसेमंद होना बहुत महत्त्वपूर्ण होते हैं। लेकिन उत्पाद की सही छवि होना भी जरूरी होता है। जब रतन टाटा ने नैनो के डिजाइनरों से कहा कि वे ऐसी कार सुनिश्चित करें, जिससे किसी को शर्मिंदगी महसूस न हो, तो वे मुख्य धारा के लोगों की महत्त्वाकांक्षाओं को ध्यान में रख रहे थे, क्योंकि कार का लक्ष्य यही समूह है। यह समूह घड़ियाँ, कपड़े, गहने और अन्य चीजों के बेहतर उपभोक्ता सामान पर नजर रखने लगा है। स्टाइल (शैली) और नवाचार उनके लिए मायने रखते हैं, क्योंकि वे इन चीजों के मालिक को हैसियत प्रदान करते हैं और उनका उत्साहवर्धन करते हैं।

इस समूह को जिन विशेषताओं और गुणों की तलाश रहती है, वह पैसे की कीमत, भरोसा और छवि का एक संगम है। लगभग 20 साले पहले, खासकर भारतीय युवाओं के बीच, टाटा के लिए इस समूह के साथ संपर्क टूटने का खतरा पैदा हो गया था। इसका कारण यह था कि ब्रांड अपनी सही छवि नहीं पेश कर रहा था। आज वह स्थिति बदल गई है, या कम-से-कम बदल रही है। ब्रांड पर नजर रखनेवाले सर्वे दिखाते हैं कि लोग टाटा को आधुनिक और नवाचारी कंपनी मानते हैं और टाइटन घड़ियाँ तथा तनिष्क गहने जैसे फैशनेबल ब्रांड लोकप्रिय हैं। लेकिन वे पैसे की कीमत वसूलने की जरूरत

*टाइटन घड़ियाँ और तनिष्क गहने जैसे फैशनेबल ब्रांड लोकप्रिय हैं।*

को भी पूरा करते हैं। उदाहरण के लिए, भारत में सोने के गहनों पर हॉलमार्क नहीं होता है, इसलिए यह बताने का कोई तरीका नहीं होता है कि सोना कितना शुद्ध है। तनिष्क के खुदरा शोरूम सोने की शुद्धता मापने की तकनीक से लैस होते हैं। महिलाएँ कहीं और खरीदे गए गहने लेकर तनिष्क शोरूम में आ सकती हैं और उन्हें नि:शुल्क जाँच करा सकती हैं कि उनका सोना कितने का है (और क्या मूल विक्रेता ने उन्हें चूना लगाया है)। टाइटन के सी.ई.ओ. भास्कर भट्ट कहते हैं, 'तनिष्क में गुणवत्ता, भरोसा, विश्वसनीयता और स्टाइल (शैली) का एक गुणात्मक वृत्त होता है और उपभोक्ता के दिमाग में वे गुण एक-दूसरे को मजबूती प्रदान करते हैं।'

उपलब्धि हासिल करनेवाले या महत्त्वाकांक्षावाले एक वित्तीय सुरक्षा का स्तर पा चुके होते हैं और अब उन्हें हैसियत या प्रतिष्ठा हासिल करने की फिक्र होती है। टाटा के संदर्भ में वे फैशनवाली चीजों के उपभोक्ता, टाटा इंडिगो जैसी ऊँची कीमतवाली कारों के खरीदार के रूप में सबसे ज्यादा नजर आते हैं। हालाँकि मूल अपेक्षाओं के एकदम विपरीत, इस समूह ने नैनो को भी अपना लिया है[vi] और वे बिजनेस होटल जैसी सेवाओं का भी उपयोग करते हैं। भरोसा होना महत्त्वपूर्ण है, लेकिन उपभोग में मुख्य कारक इसके बनने की संभावना होती है कि क्या यह खरीदारी उनकी भौतिक सुख-सुविधा और/या उनके आत्मविश्वास या उत्साह को बढ़ाती है? नए प्रयोग के लिए टाटा की प्रतिष्ठा और 'नए' भारत का हिस्सा होना यहाँ महत्त्वपूर्ण हो जाता है। अंतत: सफल लोग मुख्यत: भोग-विलासवाली सामग्रियों और ताज ग्रुप जैसे लग्जरी होटलों के उपभोक्ता होते हैं। उपलब्धि हासिल करनेवालों की तरह वे भी भौतिक आराम और उत्साहवर्धन की तलाश में रहते हैं।

अब हम इन कारकों को मिलाएँ और देखें कि हमारे पास क्या है। भारतीय उपभोक्ता टाटा को विश्वसनीय, सुरक्षित, भरोसेमंद, पैसे की कीमत देनेवाला और साथ ही नवाचारी, आधुनिक और सलीकेदार समूह मानते हैं। पश्चिमी पाठकों को यह विरोधाभासी लग सकता है। लेकिन जैसाकि बीजापुरकर, परमेश्वरन और अन्य हमें बताते हैं, भारतीय उपभोक्ता इस विरोधाभास से उसी तरह संतुष्ट हैं जैसे कि वे एशियाई परंपरा और पश्चिमी आधुनिकता दोनों के साथ सहज रहते हैं। एक ज्यादा महत्त्वपूर्ण मसला है कि क्यों और कैसे टाटा ने अपनी यह बहुआयामी छवि विकसित की है। टाटा के बारे में ऐसा क्या है, जो वे ऐसी चीजें सोच पाते हैं?

**चाहे वे पैसे की कीमत वसूलना चाह रहे हैं या विश्वसनीयता और स्टाइल की तलाश कर रहे हैं, टाटा अपने ग्राहकों को 'निश्चिंतता का अनुभव' कराने की कोशिश करता है।**

पहले अध्याय में हमने सुझाया था कि उपभोक्ताओं समेत स्टेकहोल्डरों का नजरिया दो चीजों पर निर्भर करता है—समूह के कार्य एवं व्यवहार और इसके मूल्य एवं विश्वास और परंपराएँ। जहाँ तक भारत में टाटा के खुदरा ग्राहकों की बात है, यह एकदम सही प्रतीत होता है। चाहे वे अपने पैसे की कीमत, विश्वसनीयता या सलीका देख रहे हों, टाटा यह सुनिश्चित करने की कोशिश करता है कि उसके ग्राहक 'निश्चितता अनुभव करें'। हमने इस संदर्भ में तनिष्क का जिक्र किया, जो महिलाओं को अपने गहने की गुणवत्ता जाँच करने का मौका देता है। अन्य उत्पाद और सेवा ब्रांड गुणवत्ता की सुदृढ़ गारंटी देते हैं। नैनो एक वारंटी पैकेज देता है, जो भारत में किसी भी अन्य कार ब्रांड से बेहतर है और खरीदार स्पष्ट रूप से यकीन करते हैं कि अगर कोई समस्या हुई तो टाटा उन्हें ठीक कर देगा।

1990 के दशक में टाटा मोटर्स की पहली यात्री कार (भारत की पहली स्वदेशी रूप से विकसित कार) इंडिका को खरीदनेवाले तकनीकी गड़बड़ी की

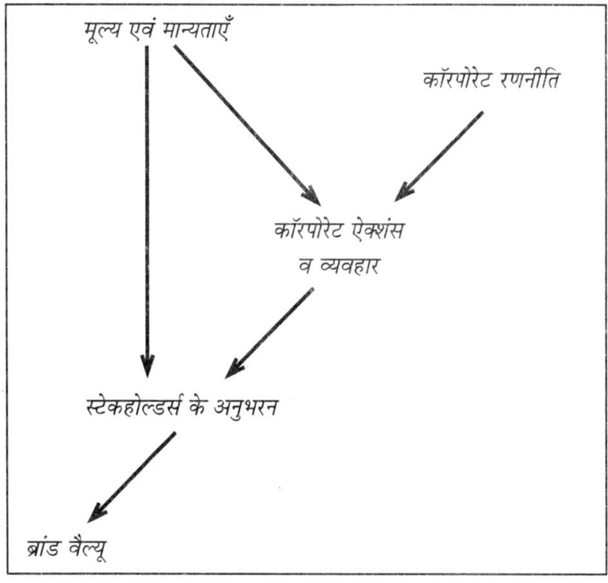


*चित्र 6.1 : टाटा में ब्रांड वैल्यू का सृजन*

शिकायत करने लगे। इसमें कुछ भी खास अनहोनी बात नहीं थी : उदाहरण के लिए, इस पुस्तक के लिखे जाते समय टोयोटा की कई कारों में तकनीकी गड़बड़ियाँ पाई गई हैं। टाटा ने अपने ग्राहकों को तमाम गड़बड़ पुरजे निःशुल्क बदलने का प्रस्ताव दिया। प्रेस में कुछ आलोचना हुई, लेकिन कुल मिलाकर इंडिका खरीदने वाले खुश दिखे। निःशुल्क पुरजे बदलने का प्रस्ताव सुनकर लोगों ने अपने सिर हिलाए और कहा, 'ओह हाँ, टाटा। वे ईमानदार लोग हैं, वे ऐसा ही कुछ करते हैं।' और जब इन समस्याओं का निदान प्रदान कर टाटा ने थोड़ा बाद में इंडिका ब्रांड को इंडिका वी2 नाम से दुबारा लॉञ्च किया तो यह अपने वर्ग में सबसे ज्यादा बिकनेवाली कार साबित हुई।

उत्पाद और सेवा की गुणवत्ता के संदर्भ में टाटा अपेक्षित कार्य करता है। एक ऐसे देश में जहाँ अभी भी काफी अराजकता और गड़बड़झाला है, टाटा निश्चितता प्रदान करने की कोशिश करता है। लेकिन उपभोक्ता जब टाटा कार या गहने, या घड़ियाँ, या नमक, या चाय, या मोबाइल फोन खरीद रहे होते हैं तो वे कुछ और भी कर रहे होते हैं—वे खुद को टाटा के मिथक से जोड़ रहे होते हैं और खुद को कहानी का हिस्सा बना रहे होते हैं।

अंबी परमेश्वरन कहते हैं, 'कहानी कहना हमेशा ही हमारे लोक-साहित्य का हिस्सा रहा है।'[12] वह खासकर मोबाइल फोन के लिए भारतीय जुनून का जिक्र कर रहे थे, लेकिन यही बात आमतौर पर भारत में ब्रांडों के बारे में भी सही है। हर ब्रांड एक कहानी कहता है, लेकिन भारत में उस कहानी को खासतौर पर रोमांचकारी और बाध्यकारी होना होता है। जैसाकि हमने अध्याय 2 और 3 में देखा, टाटा की कहानी एक बाध्यकारी कहानी है। इसमें हीरो और विलेन हैं, युगद्रष्टा नेता हैं, जो ऐसी आश्चर्यजनक चीजें करते हैं, जिसके बारे में पहले किसी ने सोचा भी न हो। इसमें उत्तेजना और यहाँ तक कि एक हद तक ग्लैमर (चमक-दमक) है। और पूरी कहानी में एक निरंतर विशिष्ट स्वर-लहरी चलती है—राष्ट्र-निर्माण, लोगों की सेवा; एक स्वतंत्र, सुदृढ़, गौरवपूर्ण भारत के प्रति समर्पण की लहरी। लोग टाटा परिवार और उसकी परंपरा के बारे में ऐसे बातें करते हैं जैसे वे कोई सार्वजनिक संपदा हों, और कुछ हद तक वे हैं। वे परिवार और समूह के बारे में कहानियाँ कहते हैं—उनमें से कुछ झूठी भी होती हैं, लेकिन इससे फर्क नहीं पड़ता—और वे अपनी तथा अपने बाप-दादा की कहानियों को परस्पर साझा करते हैं। और जब वे एक टाटा उत्पाद या सेवा खरीदते हैं और यदि इस पर स्पष्ट रूप से टाटा ब्रांड दर्ज है तो वे उस परंपरा या

*टाटा मोटर्स की पहली पैसेंजर कार 'इंडिका'*

विरासत (टाटा की) को खरीद रहे होते हैं। सबसे गरीब लोग भी देश के प्रति टाटा की सेवा को जानते हैं और यह भी जानते हैं कि इसके उत्पाद सुरक्षित और क्षमतावान् होंगे। संपन्न लोग भी उस सेवा को याद करते हैं और जानते हैं कि टाटा उच्च आदर्शों व सिद्धांतों के प्रति समर्पित है। जैसाकि हमने पहले कहा, टाटा नाम के बारे में 'अच्छाई का एक आभामंडल' है और यह भारत में इसके ब्रांड का मूल हिस्सा बन गया है।

---

**जब मैंने टाटा के कार्याधिकारियों से बात की तो उन्होंने विश्वास के महत्त्व के बारे में अकसर एकदम जुनून के साथ बातचीत की।**

---

टाटा समूह के इतिहासकार आर.एम. लाला कहते हैं, 'टाटा के बारे में कुछ ऐसा है, जो हटकर है।' मेरे अनुसार, अंतर यह है कि कोई अन्य भारतीय कारोबारी समूह उस तरह की कहानी नहीं सृजित कर सका है जैसा टाटा ने किया है। जब मैंने टाटा के कार्याधिकारियों का इंटरव्यू लिया तो वे अकसर जुनून के साथ बोले कि समूह में विश्वास की क्या अहमियत है। टाटा स्टील के कॉरपोरेट सर्विसेज के उपाध्यक्ष पार्थ सेनगुप्ता कहते हैं, 'विश्वास ब्रांड है।' लेकिन यह पूरी कहानी नहीं है। विश्वास अपने आप में पर्याप्त नहीं है। अल रीस कहते हैं, 'कोडक के अधिकारी दावा करते हैं कि उनकी कंपनी पर भरोसा किया जाता है; लेकिन दरअसल उसपर तमाम लोग अच्छा कैमरा बनाने के लिए विश्वास करते हैं।'[13] विश्वास को कहीं

से आना होता है। टाटा के मामले में, लोग उन पर विश्वास करते हैं, (क) उनकी अतीत की विरासत के कारण (ख) क्योंकि वे उनके मिशन में विश्वास करना जारी रखे हुए हैं और वे इसे गंभीरता से लेते हैं।

> 'भारत अभी भी एक विकासशील देश है, जिसमें काफी असमानताएँ हैं। यह हमारा कर्तव्य है कि उन असमानताओं को कम करने में हम जो भी और जिस भी तरह की भूमिका अदा कर सकते हैं, वह करें। टाटा समूह में हम सबके लिए ये दिशा-निर्देशक सिद्धांत हैं। हम इसमें प्रचार या दिखावे के लिए नहीं हैं। हम इसमें उस संतुष्टि के लिए हैं, जो यह जानकर मिलती है कि हमने कुछ सार्थक हासिल किया है, कि हमने राष्ट्र-निर्माण के चक्के को आगे बढ़ाने में अपना कंधा लगाया है, कि हम देश की सेवा कर रहे हैं, जो हमें संपोषण प्रदान करता है। टाटा के मूल्य इससे कम की अपेक्षा नहीं रखते हैं।'[14]

ये उद्‌गार रतन टाटा के हैं, जो उन्होंने 'कोड ऑफ ऑनर' के प्राक्कथन में कॉरपोरेट सामाजिक जिम्मेदारी के बारे में एक लंबे बयान के तहत व्यक्त किए हैं। टाटा टेलीसर्विसेज के मुख्य कार्याधिकारी अनिल सरदाना इसे और स्पष्ट रूप से रखते हैं, 'लोग जानते हैं कि हम इसमें सिर्फ मुनाफा कमाने के लिए नहीं हैं।' भारतीय इस संदेश को सुनते हैं और उस पर यकीन करते हैं, तथा यह किसी और बात से ज्यादा टाटा ब्रांड को इसकी शक्ति प्रदान करता है।

## दुनिया टाटा को कैसे देखती है

प्रो. ए. गोपालकृष्णन अय्यर और ए. प्रकाश अय्यर अपनी पुस्तक 'इंडिया ब्रांडिश्ड' में घोषणा करते हैं कि 'भारत में बनी चीजों की वैश्विक बाजारों में हैसियत और साख है। हमें बस यह करना है कि वैश्विक कारोबार और राष्ट्रीय इकाइयों से जो 'राष्ट्रीय सद्‌भाव' हासिल हो रहा है, उसे मजबूत बनाना है और उसका भरपूर लाभ लेना है।'[15] लेखक कई कारकों का जिक्र करते हैं—विश्व बाजार में भारतीय सिनेमा और संगीत की सफलता, आधुनिक भारतीय लेखकों की ऊँची वैश्विक रूपरेखा या उनका कद, भारतीय वैज्ञानिकों द्वारा की गई प्रगति, यह तथ्य कि एक भारतीय महिला ने कुछ वर्षों पहले 'मिस यूनिवर्स' का खिताब जीता, आदि बातों ने मिलकर भारत की छवि निखारी है और उसके बारे में

नजरिया सुधरा है। वे ऐलान करते हैं, 'ब्रांड इंडिया बाकी दुनिया की नजरों में वह सब है, जो नया, आधुनिक और प्रगतिशील है।'

एक अन्य दृष्टिकोण दो अन्य भारतीय विद्वानों मनीष गुप्ता और पी.बी. सिंह से आता है। उन्होंने भारतीय प्रेस, खासकर कारोबारी प्रेस में हाल में छपे लेखों का मूल्यांकन करते हुए घोषणा की कि ब्रांड इंडिया वैश्विक महानता की दहलीज पर खड़ा है; मगर अगले ही पल उन्होंने इस विचार पर ठंडा पानी उड़ेल दिया। जिन छत्तीस देशों की ब्रांड छवियों का सर्वे किया गया, अनुकूलता या पसंद के संदर्भ में भारत की ब्रांड छवि को 25वाँ स्थान दिया गया। वे घोषणा करते हैं, 'ब्रांड इंडिया के साथ जो बातें जुड़ी हैं, वे हैं गरीबी, अत्यधिक आबादी और एक ऐसा मोहक पर्यटन स्थल जहाँ जाना बेहद खतरनाक है।'

> इसमें कोई शक नहीं कि भारत की छवि पिछले दस वर्षों में सुधरी है, लेकिन दुनिया के लोग अभी भी भारत की टेक्नोलॉजी और सेवा के क्षेत्र में नई प्रतिष्ठा को कम ही आँकते हैं। जो बात शर्तिया लगती है, वह यह कि भारत की नई ब्रांड छवि अस्थिर और अस्थायी है तथा कुछ चुनिंदा क्षेत्रों और वैश्विक स्तर पर सफल कुछ उद्यमियों की सफलता पर आधारित है। इससे भारत की यह छवि बनने का खतरा है कि वह 'एकल इक्विटी ब्रांड' है और इन क्षेत्रों में कोई भी झटका देश की अच्छी छवि को डुबो सकता है।[16]

इसमें कोई संदेह नहीं कि भाँगड़ा संगीत और बॉलीवुड की सफलताओं ने बाकी दुनिया की नजरों में भारत की छवि निखारी है। लेकिन समान रूप से इसमें भी शक नहीं कि बाकी दुनिया के दिलो-दिमाग में अभी भी भारत की कई नकारात्मक छवियाँ हैं। पश्चिमी मीडिया में भारत के बारे में जो कहानियाँ छपती हैं, उनमें से ज्यादातर प्राकृतिक या पर्यावरणीय आपदाओं का असर, आतंकवादी काररवाइयों या स्वास्थ्य और गरीबी की आम कहानियाँ, या राजनीतिक और कारोबारी भ्रष्टाचार से संबंधित होती हैं। पश्चिमी फिल्में और किताबें, जब तक कि वे भारतीयों द्वारा निर्मित या लिखित न हों, इन्हीं बातों का अनुसरण करती हैं। फिल्म 'स्लमडॉग मिलिनेयर' ने दुनिया भर में करोड़ों दिलों को जीता, लेकिन इसकी संभावना नहीं है कि इसने भारत संस्थापन की छवि के लिए कोई बहुत अच्छा किया। और सुष्मिता सेन के प्रति बगैर कोई असम्मान प्रदर्शित किए, यह कहना पड़ेगा कि उसके 'मिस यूनिवर्स' का खिताब जीतने से भी इसमें कोई बहुत मदद नहीं मिली।

पश्चिम में सौंदर्य प्रतियोगिताओं को राजनीतिक रूप से गलत और चलन के बाहर माना जाता है।

और अंततः, ऐसा नजरिया है कि कारोबारी संदर्भ में भारत को निम्न गुणवत्ता, आउटसोर्सिंग (काम को बाहर भेजना) और नौकरी के खात्मे के लिए जाना जाता है। इप्सॉस पब्लिक अफेयर्स द्वारा वर्ष 2007 और 2008 में चीन, अमेरिका और ब्रिटेन में किए गए अध्ययनों में दिखाया गया है कि ज्यादातर लोगों के मन में टाटा के प्रति अनुकूल छवि है (देखें अध्याय-4)। लेकिन ये सर्वे विशिष्ट वर्गों, सरकारी अधिकारियों, कारोबारी कार्याधिकारियों, शिक्षाविदों और इसी तरह के उच्च पदस्थ लोगों के बीच किए गए। वे सड़क पर खड़े आम महिला-पुरुष के विचारों को नहीं दरशाते हैं। 'भारतीय कारोबार' के बारे में आप किसी आम अंग्रेज से बात करें तो तुरंत पाएँगे कि वे या तो कॉल सेंटरों या नुक्कड़ की दुकानों के बारे में सोचते हैं।

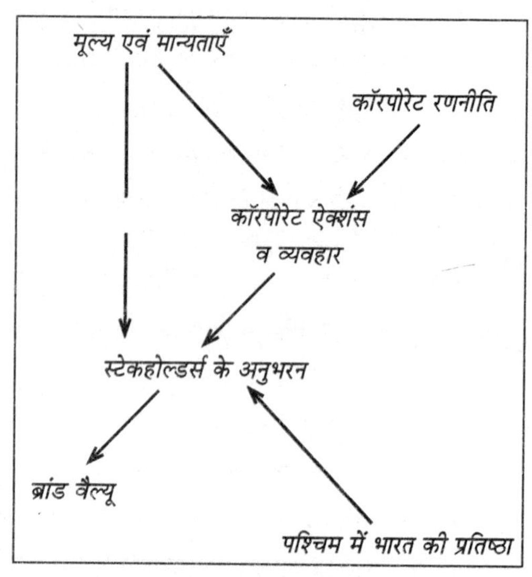


*चित्र 6.2 : टाटा का पश्चिमी नजरिया*

जब टाटा भारत के बाहर कदम रखता है, उसे इसी पृष्ठभूमि में देखा जाता है। तो फिर, हमें सामान्यीकरण से सतर्क रहना चाहिए।

टाटा अफ्रीका ने दक्षिण अफ्रीका में काफी कम समय में उपभोक्ताओं के बीच अपनी एक मजबूत ब्रांड छवि बना ली। लेकिन टाटा अफ्रीका को एक खाली पटिया मिलने का लाभ था, क्योंकि वर्षों के रंगभेद और देश के अलग-अलग होने के कारण देश में बहुत कम लोग टाटा या भारत के बारे में कुछ भी, अच्छा या बुरा जानते थे। चीन से बहुत सीमित प्रमाण दरशाता है कि वहाँ भी समान परिस्थिति हो सकती है। टाटा वहाँ भी मौजूदा पूर्वग्रहों को तोड़े बगैर लोगों के नजरिए को प्रभावित कर सकता है।

इसलिए, विकासशील देशों में या औद्योगिकीकरण की शुरुआत कर रहे नए देशों में टाटा को स्पष्टत: उपभोक्ताओं के साथ मजबूत संपर्क संबंध बनाने का अवसर है। पश्चिमी यूरोप, उत्तरी अमेरिका और जापान में चुनौती भिन्न है। कम-से-कम पहले दो क्षेत्रों में टाटा को अपनी भारतीय छवि के मसले से निपटना है। उपभोक्ता ब्रांडों के संदर्भ में, इससे नहीं बचा जा सकता। टाटा ग्लोबल बेवरीजेज के सी.ई.ओ. पीटर अंसवर्थ जोर देते हैं, 'अगर आप टाटा के बारे में कहानी कहने जा रहे हैं तो आपको भारत के बारे में कहानी कहनी पड़ेगी।' वह कहानी कैसे कही जाती है, यह महत्त्वपूर्ण है। जो कोई भी टाटा ब्रांड में रुचि रखता है, उसे ताज ब्रांड की प्रगति पर नजर रखनी चाहिए; क्योंकि यह होटल ग्रुप यूरोप, उत्तरी अमेरिका और जापान में उत्तरोत्तर क़दम बढ़ाता जा रहा है। कम-से-कम अभी तक ताज ने विरासत और एशियाई आधुनिकता की दोहरी अवधारणाओं को पर्याप्त सफलता के साथ भुनाया है। अपनी भारतीय जड़ों को बगैर इनकार किए या छुपाए यह गुणवत्ता और सेवा की कहानी कहता है और ऐशो-आराम प्रदान करने का वादा करता है।

**कम-से-कम अभी तक ताज ने विरासत और एशियाई आधुनिकता की दोहरी अवधारणाओं को पर्याप्त सफलता के साथ भुनाया है।**

टाटा कॉरपोरेट ब्रांड के लिए भी संभवत: आगे यही रास्ता है। हम जानते हैं कि नकारात्मक नजरिए को तोड़ा जा सकता है। 1950 और 1960 के दशक में पश्चिमी उपभोक्ताओं के बीच ब्रांड जापान की भी इसी तरह की नकारात्मक छवि थी। जापान को कम कीमत, कम गुणवत्तावाली चीजों के स्रोत के रूप में देखा जाता था। उपभोक्ताओं के बीच इस नजरिए को जिस चीज ने बदला, वह था कारों की एक पीढ़ी का आना, जो कम कीमतवाली, लेकिन उच्च गुणवत्तावाली थीं। खासकर वर्ष 1973 का तेल झटका अहम था—पेट्रोल की कीमतों में तेजी से इजाफा हुआ था। ऐसे में जापानी कारों को चलाना सस्ता और सक्षम नजर आने लगा। कारों से शुरुआत कर पश्चिमी उपभोक्ताओं ने खाद्य और फिल्म जैसी अन्य जापानी चीजों को भी अपनाना शुरू कर दिया। महज एक दशक से थोड़ा ज्यादा वक्त में ब्रांड जापान ने अपनी छवि पूरी तरह बदल दी।

ब्रांड इंडिया और ब्रांड टाटा के लिए चुनौती है कि वह जापान के नक्शे-कदम पर कैसे चले। अंतत:, पश्चिमी देशों में टाटा ब्रांड अपने कार्य-प्रदर्शन के आधार पर आँका जाएगा। टाटा की कहानी कहने और समूह की विरासत के बारे

में लोगों को जागरूक करने से मदद मिलेगी; लेकिन यह कोई निर्णायक कारक नहीं होगा। जैसाकि पीटर अंसवर्थ कहते हैं, 'पश्चिम में लोग ब्रांड के बारे में ज्यादा सनकी होते हैं। मिथकों और उसके इर्द-गिर्द की कहानियों पर यकीन करने के प्रति उनका कम रुझान होता है।' और जैसाकि टाटा अफ्रीका के रमन धवन कहते हैं, 'लोग देखना चाहते हैं कि आप जमीन पर यानी वास्तव में क्या कर सकते हैं।'

विरासत कारक के अभाव में टाटा ब्रांड के लिए पश्चिमी (और जापानी) उपभोक्ताओं के नजरिए को अपने पक्ष में करने का एकमात्र रास्ता यह है कि वह सर्वोत्तम संभव गुणवत्ता प्रदान करे और अपनी चीजों व सेवाओं को बात करने दे। यहाँ भी आशाजनक संकेत हैं। उदाहरण के लिए, जगुआर ब्रांड, जिसने फोर्ड के स्वामित्ववाले वर्षों के दौरान अपनी कुछ चमक खो दी थी, अब पुनर्जीवन के संकेत दिखा रहा है। जगुआर के हाल के एक मॉडल को बी.बी.सी. के प्रभावशाली मोटर वाहन प्रोग्राम 'टॉप गियर' ने 'डिजाइन का चमकदार नमूना' करार दिया। यह सही है कि जगुआर टाटा के नाम या लोगो का इस्तेमाल नहीं करता है, लेकिन इसकी कोई आवश्यकता नहीं है। ज्यादातर ब्रिटिश लोग, खासकर कार के उत्साही, जानते हैं कि जगुआर का मालिक कौन है। डिजाइन के कुछ और चमकदार नमूने आ जाएँ तो इसकी आभा में टाटा ब्रांड भी चमकने लगेगा।[vii]

## कारोबार से कारोबार

इस बात के पर्याप्त सबूत हैं कि भारत के बाहर कारोबारी ग्राहक आम उपभोक्ताओं की तुलना में टाटा ब्रांड के बारे में ज्यादा जानकारी रखते हैं और उसके बारे में अनुकूल राय भी रखते हैं। इसके कई कारण हैं। जैसाकि सुनील गुप्ता और डोनाल्ड लेहमैन ने अपनी पुस्तक 'मैनेजिंग कस्टमर्स एज इन्वेस्टमेंट्स' में इंगित किया है, उपभोक्ता जहाँ मानसिक कारकों से काफी प्रेरित होते हैं, वहाँ कारोबारी ग्राहक आर्थिक और कामकाजी कारकों से अधिक प्रेरित होते हैं। दूसरे शब्दों में, क्या सेवा या उत्पाद का अच्छा महत्त्व है और क्या यह मकसद के अनुकूल है या फिट बैठता है?[17] कहने का आशय यह नहीं है कि मानसिक कारकों की यहाँ कोई भूमिका नहीं है। वे भूमिका निभाते हैं, लेकिन कारोबारी ग्राहकों के फैसलों के आमतौर पर मकसद में फिट होने और पैसे की कीमत वसूल होने पर आधारित होने की ज्यादा संभावना होती है, न कि निजी मनोबल और उत्साह की जरूरत पर आधारित होने के।

*हाल ही में लॉञ्च जगुआर कार*

दूसरे, जैसाकि हमने पिछले अध्याय में देखा, दुनिया भर में कई व्यापारों को टाटा का कुछ अनुभव पहले से हासिल है। निश्चित रूप से टाटा कंसल्टेंसी सर्विसेज ने दुनिया भर में सैकड़ों कारोबारी ग्राहकों के साथ काम करते हुए एक रास्ता प्रशस्त कर दिया है और उसने टाटा नाम की जागरूकता फैलाई है। अन्य विदेशी कंपनियाँ टाटा समूह की कंपनियों के साथ प्रतियोगिता करती हैं या उनके साथ संयुक्त उपक्रम बनाती हैं। बाजार शोध दिखाता है कि नाम और व्यापार समूह के तौर पर टाटा के बारे में काफी अच्छी जानकारी है, हालाँकि यह साफ नहीं है कि लोग इससे ज्यादा कुछ जानते हैं। जगुआर लैंड रोवर के पूर्व सी.ई.ओ. डेविड स्मिथ ने याद करते हुए बताया कि वर्ष 2008 की शुरुआत में उनकी कंपनी में कम ही लोग टाटा के बारे में ज्यादा जानते थे। लेकिन स्मिथ ने गौर किया कि एक बार जब टाटा के बारे में जानकारी मिलने लगी तो उन्होंने तुरंत टाटा को लेकर अनुकूल धारणा बनाई, और टाटा समूह द्वारा अधिगृहीत अन्य ब्रिटिश कंपनियों में कार्यरत लोगों द्वारा भी इसकी पुष्टि होती है।

वैसे भारत के अंदर टाटा की प्रतिष्ठा कारोबारी ग्राहकों के बीच भी उतनी ही मजबूत है जितनी उपभोक्ताओं के बीच। जैसाकि गुप्ता और लेहमैन संकेत करते हैं, यह संबंध मानसिक और भावनात्मक कारकों की अपेक्षा कामकाज, गुणवत्ता, मूल्य जैसे व्यावहारिक कारकों पर ज्यादा आधारित है। नतीजा है कि इस्पात निर्माण, लॉरी व बस निर्माण, दूरसंचार, सलाहकार सेवाओं आदि जैसे क्षेत्रों में टाटा और उसकी प्रतियोगी कंपनियों के बीच फर्क करने के लिए बहुत कम बचता है। कारोबारी ग्राहक जिस खास टाटा कंपनी से माल खरीदते हैं, उसी से ज्यादा मजबूत संबंध बनाने पर जोर देते हैं। विरासतवाला कारक कम प्रभावी हो जाता है--हालाँकि यह पूरी तरह अनुपस्थित भी नहीं रहता है और कुछ सबूत है कि कारोबारी ग्राहक टाटा की समाज के प्रति संकल्पबद्धता और समुदाय की सेवा की छवि से प्रेरित होते हैं। टाटा ने अपने

ब्रांडों को अलग दिखाने के लिए गुणवत्ता और प्रयोगधर्मिता के साथ विश्वास और भरोसा जैसे मूल्यों का बखूबी इस्तेमाल करने की कोशिश की है। उदाहरण के लिए, टाटा स्टील के कई कारोबारी उत्पाद ब्रांड हैं और ये ब्रांड बस ऐसे मूल्यों पर ध्यान देते हैं। टाटा टिस्कॉन 'ट्रस्टेड स्टील फॉर योर होम' (आपके घर के लिए भरोसेमंद इस्पात), टाटा पाइप्स 'फॉर नाउ, फॉर ईयर्स' (अभी के लिए, वर्षों के लिए) और टाटा कृषि उत्पाद 'ए बॉण्ड ऑफ ट्रस्ट' (विश्वास का संबंध) जैसी पट्टियों को इस्तेमाल करते हैं—और ये सब एक ही थीम (विषय) के विविध रूप हैं। टाटा कॉरपोरेट ब्रांड के मूल्य टाटा स्टील—जो ग्राहक के लिए संपर्क का प्राथमिक बिंदु है—के जरिए इसके उत्पाद ब्रांडों में फैलते हैं।

## सारांश

जैसाकि शुरू में ही बताया गया, टाटा ब्रांड के मायने अलग-अलग ग्राहक वर्गों के लिए अलग हैं। टाटा के कार्याधिकारी इस विविधता से भली-भाँति परिचित हैं और अपनी कंपनी एवं उत्पाद ब्रांडों को उसी अनुसार पेश करते हैं। ताज के पास अलग-अलग जरूरतों और विभिन्न आकांक्षाओं के अनुकूल होटल ब्रांडों की एक शृंखला है। टाइटन में भास्कर भट्ट विभिन्न तबकों की जरूरतों के बारे में बताते हैं—ऊँचे तबके के लोग ऐसे उत्पाद चाहते हैं, जो आगे की सोचवाले और नवाचारी हों, जबकि निचले तबके के लोग विश्वसनीय और भरोसेमंद उत्पाद की तलाश में रहते हैं।

लेकिन हम भारतीय उपभोक्ताओं, विदेशी (खासकर पश्चिमी) उपभोक्ताओं और कारोबारी (बी टु बी) ग्राहकों के नजरिए के बीच कैसे संबंध स्थापित करें? क्या यह किया जा सकता है? क्या हमें यह करना भी चाहिए? कॉरपोरेट ब्रांड निर्माण पर उपलब्ध साहित्य के अनुसार, बाद वाले सवाल का जवाब शर्तिया 'हाँ' है; क्योंकि यह अनिवार्य है कि कॉरपोरेट ब्रांड तमाम स्टेकहोल्डरों के आगे अपनी एक निरंतर व सुसंगत छवि प्रस्तुत करे। तो हमने अब तक जो कुछ देखा-पाया है, उसका सारांश पेश कर रहे हैं—

- भारतीय उपभोक्ता टाटा के साथ गुणों की एक शृंखला जोड़ते हैं, जिसमें विश्वास, भरोसा, पैसे की कीमत, गुणवत्ता, शैली और नवाचार शामिल हैं। इन गुणों का किस अनुपात में मिश्रण किया जाता है, यह इस पर निर्भर करता है कि उपभोक्ता टाटा की किन चीजों व सेवाओं का उपभोग कर रहे हैं और उनकी अपनी मानसिक बनावट कैसी है। टाटा समूह के

कार्यकलापों, इसके उत्पादों एवं इसकी सेवाओं की गुणवत्ता और टाटा नाम के साथ जुड़े मिथक और परंपरा व विरासत से उपभोक्ताओं का नजरिया और भी सुदृढ़ होता है।

- पश्चिमी उपभोक्ता टाटा के बारे में बहुत कम जानते हैं और इसीलिए वे टाटा ब्रांड को भारतीय संस्कृति के साथ जोड़ते हैं। भारतीय परंपरा और मिथक, न कि 'टाटा-पन' मानसिक पृष्ठभूमि प्रदान करते हैं। अभी तक काफी कम लोगों को टाटा ब्रांड का सीधा अनुभव है। ब्रांड के साथ वे जो खासियतें या गुण जोड़ेंगे, उसमें भिन्नता होगी और यह इस पर निर्भर करेगा कि भारत के साथ उनका कैसा अनुभव रहा है। वे ब्रांड को उत्तेजक, आकर्षक और नए के रूप में देख सकते हैं या वे इसे कम कीमत/कम गुणवत्ता, या गरीबी और मुसीबत, जो वे पश्चिमी मीडिया में देखते हैं, से जोड़कर देख सकते हैं।
- पश्चिमी और भारतीय दोनों ही कारोबारी ग्राहकों के काफी मजबूत सकारात्मक विचार हैं। ब्रांड के साथ वे जिन गुणों को जोड़ते हैं, उनमें विश्वास, भरोसा, गुणवत्ता और पैसे की कीमत शामिल हैं। वे पूरे समूह के बजाय समूह के अंदर कंपनी विशेष के साथ संबंध बनाते हैं। टाटा के परंपरा कम भूमिका निभाती है, हालाँकि भारत में इसे पूरी तरह अनदेखा नहीं किया जा सकता।

इसलिए हम भारतीय उपभोक्ताओं और भारत के अंदर व बाहर कारोबारी ग्राहकों के नजरिए में पर्याप्त एकरूपता पाते हैं। हम यह भी देख सकते हैं कि लोगों का टाटा के उत्पाद व उसकी सेवा ब्रांडों तथा टाटा कंपनी ब्रांडों के साथ जितना ज्यादा वास्ता पड़ता है, कॉरपोरेट ब्रांड के बारे में उनके विचार उतने ही अनुकूल हो जाते हैं। हम इस घटना को दक्षिण अफ्रीका और ब्रिटेन व उत्तरी अमेरिका में कारोबारी (बी टु बी) ग्राहकों के बीच घटित होते देख सकते हैं कि टाटा समूह गुणवत्ता और विश्वसनीयता के अपने वादों पर सामान्यतः खरा उतर रहा है, अन्यथा लोगों की धारणाएँ बदल नहीं रही होतीं।

---

**किसी तरह ब्रांड टाटा को भारतीय और वैश्विक दोनों ही बनने का रास्ता तलाशना चाहिए। अपनी परंपराओं और अपने मूल्यों को कायम रखते हुए भी उसे 'एशियाई परंपरा और पश्चिमी आधुनिकता' की अवधारणा को भुनाना चाहिए।**

---

इस समय नाजुक समस्या यह है कि पश्चिमी उपभोक्ता विषम और कभी-कभी प्रतिकूल नजरिया रखते हैं। टाटा ब्रांड से संपर्क के अभाव में वे इसे भारतीयता के नजरिए के अनुसार देखते हैं। और हालाँकि ब्रांड इंडिया ने हाल के वर्षों में पश्चिम में अपनी छवि सुधारी है, इसे अभी भी कुछ रास्ता तय करना है। यहाँ टाटा एक जटिल समस्या का सामना करता है। क्या ब्रांड अपनी भारतीय जड़ों को छोड़ दे और एक वैश्विक (ग्लोबल) ब्रांड बन जाए? लेकिन भारत में इसके भयंकर दुष्परिणाम हो सकते हैं। टाटा कंसल्टेंसी सर्विसेज, जो भारत के बाहर टाटा समूह के सबसे जाने-माने ब्रांडों में से एक है, के उपाध्यक्ष एस. रामादोराई अड़े हुए हैं कि यह हरगिज नहीं होना चाहिए; भारत के अंदर भारत की जरूरतों और भारत के मूल्यों के साथ जुड़े रहना चाहिए। विकल्प यह है कि ब्रांड इंडिया के बारे में पश्चिमी नजरिए में बदलाव लाया जाए। वह किया जा सकता है, जैसाकि जापान का पहले का उदाहरण दरशाता है; लेकिन यह एक बड़ा और लंबा काम है और यह अपेक्षा करना संभवतः अव्यावहारिक होगा कि टाटा इसे अकेले दम कर डाले।

एक चीज जो निश्चित प्रतीत होती है, वह यह कि टाटा को भारतीय ब्रांड और वैश्विक ब्रांड के बीच एक झूठा विकल्प चुनने के जाल में नहीं फँसना चाहिए। कॉरपोरेट ब्रांड निर्माण के विशेषज्ञ मैरी जो हैच और मैज्केन शुल्ज कहते हैं, 'कॉरपोरेट ब्रांड अपने स्थानीय समर्थन या अपनी वैश्विक पहुँच में से किसी को भी खोने का जोखिम नहीं उठा सकते।'[18] किसी भी तरह ब्रांड टाटा को भारतीय और वैश्विक दोनों ही बनने का तरीका ढूँढ़ना चाहिए। उसे अपने मूल्यों और अपनी परंपराओं को बरकरार रखते हुए 'एशियाई परंपरा और पश्चिमी आधुनिकता' की अवधारणा को भुनाना चाहिए। विश्वव्यापी ग्राहकों की एक नई पीढ़ी को टाटा के मिथक से जुड़ने और इसे दूसरों से साझा करने के लिए राजी किया जाना चाहिए और इसके लिए उन्हें तैयार करना चाहिए कि जैसे-जैसे वे आगे बढ़ें, इस मिथक का सृजन करें और इसमें कुछ नया जोड़ें।

## संदर्भ :

(i) इस पुस्तक के लिए कोई विशेष बाजार शोध नहीं किया गया है। मैंने टाटा के लिए विभिन्न एजेंसियों द्वारा किए गए बाजार शोध तथा साक्षात्कारों और वार्त्ताओं के आधार पर अपने पर्यवेक्षणों पर निर्भर किया है। मैं यह दिखावा नहीं करता कि टाटा के बारे में ग्राहक के नजरिए की यह एक संपूर्ण तसवीर है, यहाँ मकसद प्रमुख

कारकों को छाँटना और यह दिखाना है कि कैसे ये टाटा ब्रांड को बनाने में योगदान करते हैं।

(ii) हालाँकि जैसाकि जी.एफ.के. मोड के विशिख तलवार ने मुझसे कहा, ब्रांड पर नजर रखने का काम शुरुआत में शहरी क्षेत्रों में केंद्रित रहा और वर्ष 2007 में यह देश के हरेक क्षेत्र में 2 लाख से कम आबादीवाले छोटे नमूना शहरों तक इसका विस्तार हुआ। गाँवों में कोई शोध नहीं किया जा रहा है, हालाँकि ऐसा शोध करने की संभावना पर चर्चा की गई है।

(iii) मैंने मान लिया है कि पाठक सामाजिक-आर्थिक और मनोवैज्ञानिक वर्गीकरण की आधारभूत तकनीक से परिचित होंगे। वैसे, कुछ अंशदान होता है—हमने यहाँ जिस 'हताश' वर्ग की चर्चा की, उसमें बहुत से अधिक गरीब लोगों के शामिल होने की संभावना है, जबकि 'महत्त्वाकांक्षा रखनेवाले' और 'सफल लोग' की श्रेणी में बेहतर रूप से शिक्षित और ज्यादा समृद्ध लोगों के आने की संभावना है।

(iv) यह थोड़ी विडंबनापूर्ण है, यह देखते हुए कि मास्लॉव ने 'स्वयं-सिद्ध' की अवधारणा अंशत: भारतीय संस्कृति की अपनी समझ से ही ली है।

(v) और हाँ, यह भारत के अतिरिक्त अन्य बाजारों में संभवत: सही है।

(vi) पुणे में बी.यू. भंडारी ऑटो, जो टाटा और फिएट कारें बेचता है, के संयुक्त प्रबंध निदेशक शैलेश भंडारी ने मुझसे कहा कि नैनो ग्राहकों में से सिर्फ 20 फीसदी लोग पहली बार कार खरीदनेवाले थे। अन्य ग्राहकों में वे माँ-बाप, जो विश्वविद्यालय जानेवाले अपने बेटे-बेटी के लिए कार खरीदना चाहते थे या वे रिटायर लोग शामिल थे, जो छोटी दूरी के लिए एक दूसरी कार खरीदना चाहते थे।

(vii) रोचक रूप से, टाटा मोटर्स के उपाध्यक्ष रविकांत के अनुसार, टाटा मोटर्स की जगुआर खरीदने की मंशा नहीं थी, वह सिर्फ लैंड रोवर चाहता था। लेकिन फोर्ड को डर था कि जगुआर को अन्यथा बेचना संभव नहीं होगा, इसलिए उसने दोनों को एक पैकेज के रूप में बेचने पर जोर दिया। टाटा मोटर्स अनमने ढंग से राजी हो गया। लेकिन टाटा समूह के बाकी हिस्सों में यह आशंका थी और अभी भी पर्याप्त आशंका है कि क्या यह एक अच्छा सौदा था। लेकिन रविकांत अब सोचते हैं कि जगुआर में वाकई संभावना है और यदि एक मजबूत ब्रांड बनकर उभरे तथा टाटा की प्रतिष्ठा में इजाफा करे तो बाकी समूह अभी भी उन्हें धन्यवाद दे सकता है।

(viii) और अधिक जानकारी के लिए अध्याय-9 देखें।

❑

7

# टाटा के लोग : नियोक्ता ब्रांड

घड़ी बनानेवाली कंपनी टाइटन, जो टाटा समूह और तमिलनाडु सरकार के बीच एक संयुक्त उपक्रम है, ने वर्ष 1987 में दक्षिण के सुदूरवर्ती छोटे शहर होसुर में अपनी पहली फैक्टरी खोली। होसुर के आस-पास का इलाका बहुत गरीब था। कुछ परिवार तो बमुश्किल भरण-पोषण के स्तर के ऊपर थे और कृषि वहाँ का एकमात्र व्यवसाय था। चूँकि तकनीकी रूप से कुशल श्रम स्थानीय रूप से उपलब्ध नहीं था, इसलिए कंपनी ने पहले सोचा कि फैक्टरी के स्टाफ के लिए बेंगलुरु से पेशेवर इंजीनियर नियुक्त किए जाएँ।

लेकिन तब प्रबंध निदेशक एक्स. देसाई ने अपना मन बदला। उन्होंने घोषणा की, 'यह क्षेत्र और यहाँ के लोग हमारी जिम्मेदारी हैं।' उन्होंने देखा कि गरीबी के बावजूद स्थानीय शिक्षा प्रणाली बढ़िया थी और पर्याप्त संख्या में सुशिक्षित लड़के-लड़कियाँ सामने ला रही थी, लेकिन उनके पास अपनी शिक्षा का लाभ उठाने का बेहद कम या कोई अवसर नहीं था। देसाई ने घोषणा की, 'हम होसुर के इर्द-गिर्द के गाँवों से सोलह साल की उम्रवालों की भरती करने जा रहे हैं और हम उन्हें विश्व-स्तरीय घड़ीसाज बनाने की ट्रेनिंग देने जा रहे हैं।'

बोर्ड रूम में 'गरमागरम' बहस के बाद देसाई की बात मान ली गई। 400 युवा लोगों, जो पास के ग्रामीण स्कूलों से हाल में सर्वोत्तम स्नातक बने थे, को नियुक्त किया गया और उन्हें होसुर लाया गया। उनमें से ज्यादातर ने पहले कभी शहर नहीं देखा था, या जो झोंपड़ी के अलावा और किसी स्थान में नहीं रहे थे। बहुत लोगों के पास कोई पैसा नहीं था। टाइटन ने इन युवा लोगों के लिए आवास बनाए और उन्हें 'पोषक अभिभावक' भी प्रदान किए, जो उनके साथ रहते थे और उन्हें शहर में रहने के लिए जरूरी हुनर भी सिखाते थे। इस बीच बेंगलुरु और

अन्यत्र से लाए गए इंजीनियरों ने फैक्टरी में युवा कामगारों को सूक्ष्म मशीनरी को इस्तेमाल करने का प्रशिक्षण दिया। एक बार जब फैक्टरी खड़ी हो गई और चलने लगी तो टाइटन ने खेलकूद एवं सांस्कृतिक सुविधाएँ भी प्रदान कीं और ड्यूटी अवधि के बाद डिग्री कोर्स और यहाँ तक कि स्नातकोत्तर कोर्स करने की सुविधाएँ भी दीं।

परिणाम! टाइटन अब एक अति सफल उद्यम है और तमिलनाडु में हजारों लोग इसमें काम करते हैं। अकेले होसुर में इसकी तीन फैक्टरियाँ हैं, जिनमें तमाम कामगार आसपास के गाँवों से आते हैं। इसके अलावा हजारों लोगों को अप्रत्यक्ष रूप में रोजगार मिला हुआ है, जो टाइटन के लिए घड़ी की बेल्ट, खोल और अन्य पुरजे बनानेवाली फर्मों में काम करते हैं। वर्ष 2001 में टाइटन को भारत का सर्वाधिक सराहनीय ब्रांड चुना गया। वर्ष 2002 में इसने 'एज' लॉञ्च की, जो दुनिया की सबसे पतली घड़ी थी, महज 1.15 मिलीमीटर मोटी। क्वाट्‌र्ज से चलने वाली यह पूरी घड़ी, खोल समेत, सिर्फ 3.5 मिलीमीटर मोटी है। कोई दर्जन भर अन्य ब्रांड भी लॉञ्च किए गए—सोने का बना 'नेबुला' महत्त्वाकांक्षी लोगों को लक्ष्य कर बनाया गया, फैशनपरस्त युवा महिलाओं के लिए 'रागा', खेलने-कूदनेवालों के लिए 'पी.एस.आई. 2000', बच्चों के लिए 'जूप' 'मुख्य धारा' के लोगों को लक्ष्य कर 'सोनाटा' बजर रेंज की घड़ी आदि। स्मार्ट, फैशनेबल खुदरा बिक्री की

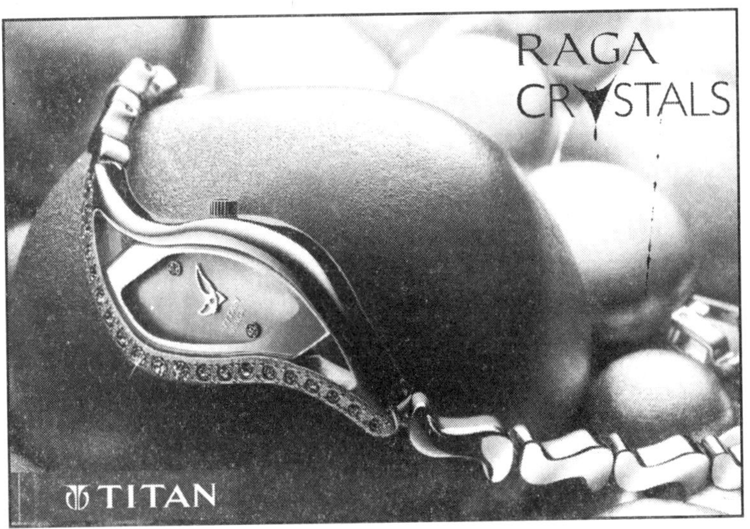


*फैशनपरस्त युवा महिलाओं के लिए टाइटन का 'रागा'*

दुकानों व शोरूम ने और पुरस्कार विजयी विज्ञापन अभियानों ने भारत में घड़ी बेचने के तरीके को ही बदल डाला।

फिर भी, आज टाइटन के कॉरपोरेट साहित्य पर नजर डालें अैर इसके कार्याधिकारियों से बातचीत करें तो आप पाएँगे कि कंपनी ने तमिलनाडु में जो कुछ किया है, उसकी तुलना में वह इन उपलब्धियों के लिए कम गौरवान्वित है। 'ए मूवमेंट कॉल्ड टाइटन' (एक आंदोलन, जिसे टाइटन कहते हैं) नामक एक कॉरपोरेट वीडियो अपना अधिकांश ध्यान इस पर लगाता है कि कंपनी ने अपने कामगारों के जीवन को किस तरह प्रभावित किया। इन कामगारों को जो वेतन दिया गया और जो शिक्षा उन्होंने पाई, उससे न केवल उनका अपना जीवन बल्कि उनके परिवारों का जीवन भी रूपांतरित हो गया है। घर भेजी गई रकम के सहारे उनके परिवार गरीबी के जाल से बाहर निकल पाए हैं। कामगारों ने बताया कि इस भेजी गई रकम से ही उनके भाई-बहन विश्वविद्यालय में पढ़ाई कर सके और ऐसा करनेवाले वे परिवार में पहले थे। अन्य कामगारों ने टाइटन कंपनी छोड़ दी और कंपनी में हासिल प्रशिक्षण के आधार पर अपना कारोबार शुरू किया तथा इस तरह और लोगों को रोजगार प्रदान किया। टाइटन अपने प्रभाव को इस संदर्भ में मानता है कि उसने कितने 'जीवनों को रूपांतरित किया'।

यह हमेशा आसान नहीं रहा है। कामगारों और कंपनी के बीच अतीत में रिश्ते टूटे हैं और टाइटन फैक्टरियों में हड़तालें भी होती रही हैं। इनमें से आखिरी हड़ताल वर्ष 2003 में हुई, जो कुछ वेतन योजनाओं में कार्य-प्रदर्शन तत्त्व को शामिल करने की कोशिश के कारण हुई थी। मौजूदा प्रबंध निदेशक भास्कर भट्ट इन घटनाओं को कामगारों के अड़ियलपन के बजाय प्रबंधन की विफलता मानते हैं। वह कहते हैं, 'मैं मजाक करता था कि कामगार कंपनी को प्यार करते थे, लेकिन प्रबंधन से घृणा करते थे।' उनका अपना विचार है कि कामगार कंपनी में सबसे अहम लोग हैं। बेंगलुरु में उनके दफ्तर में वर्ष 2009 में उन्हें सुनते हुए मुझे संस्थापक जमशेदजी टाटा के शब्द याद आए—'हमारे कर्मचारियों का स्वास्थ्य और कल्याण हमारी समृद्धि की पक्की नींव है।'[1]

---

**'ए मूवमेंट कॉल्ड टाइटन' (टाइटन नामक एक मुहिम) नामक एक कॉरपोरेट वीडियो अपना ज्यादातर ध्यान कंपनी द्वारा अपने कामगारों के जीवन पर डाले गए प्रभाव पर लगाता है।**

---

अपने उपभोक्ताओं से कार्य-व्यवहार की ही तरह टाटा का अपने कर्मचारियों

के साथ भी कार्य-व्यवहार हमेशा सही नहीं रहा है। अन्य कंपनियों में भी विवादों और हड़तालों का दौर चला है। प्रबंधन ने अतीत में गलतियाँ की हैं, जैसाकि आर. गोपालकृष्णन कहते हैं, टाटा के अधिकारी लोगों को समय-समय पर याद दिलाते रहते हैं कि वे भी मनुष्य ही हैं। लेकिन टाटा के पूरे इतिहास में कर्मचारियों के साथ अच्छा बरताव करने की और उनका कल्याण करने की मजबूत परंपरा रही है और कुल मिलाकर समूह अपने संस्थापक के आदर्शों पर खरा उतरा है। वह परंपरा एक कारण है कि हालाँकि अन्य कंपनियाँ ज्यादा तनख्वाह देती हैं, लेकिन टाटा आज के युवा भारतीयों का एक पसंदीदा नियोक्ता बना हुआ है। जैसेकि उपभोक्ता टाटा के उत्पादों व सेवाओं के इर्द-गिर्द 'अच्छाई' का एक आभामंडल देखते हैं वैसे ही कर्मचारी और संभावित कर्मचारी नियोक्ता टाटा के साथ वही 'अच्छाई' जोड़ते हैं। यह नजरिया टाटा नियोक्ता ब्रांड के दिल में समाया हुआ है।

**जैसे उपभोक्ता टाटा उत्पादों और सेवाओं के इर्द-गिर्द 'अच्छाई' का एक आभामंडल देखते हैं, वैसे ही कर्मचारी और संभावित कर्मचारी नियोक्ता टाटा के साथ वही 'अच्छाई' जोड़ते हैं।**

## नियोक्ता ब्रांड

जैसाकि हमने अध्याय-1 में देखा, कॉरपोरेट ब्रांड केवल ग्राहकों से ही संबद्ध नहीं होते हैं। वे 360 डिग्री पर मुखातिब होते हैं और फर्म के तमाम स्टेकहोल्डरों के साथ संवाद करते हैं।

कर्मचारियों के लिए कॉरपोरेट ब्रांड पर अभी हाल तक न तो ब्रांड निर्माण में और न ही मानव संसाधन प्रबंधन साहित्य में अधिक ध्यान दिया गया था। फर्मों ने कभी-कभी नियोक्ता ब्रांड बनाने की कोशिश की, लेकिन वे हमेशा इसे सही ढंग से नहीं कर सके। मैरी जो हैच एवं मैज्केन शुल्ज द्वारा 'ट्रेकिंग ब्रांड इनीशिएटिव' में बताए विचार के अनुसार, एक आम गलती यह की गई कि मानव संसाधन विभाग को बाकी कॉरपोरेट ब्रांड से असंबद्ध 'अकेले' नियोक्ता ब्रांड बनाने की इजाजत दी गई। वे कहते हैं, यह खतरनाक है, क्योंकि यह संगठन की पहचान को लेकर भ्रम पैदा करता है। वे लिखते हैं—'रोजगार संबंधों को एक पृथक् ब्रांड के रूप में सोचने के बजाय एच.आर. (मानव संसाधन विभाग) को अपने चलनों और तौर-तरीकों को इस तरह ढालना चाहिए कि वे कॉरपोरेट ब्रांड के साथ जुड़ सकें।' और वे जोड़ते हैं, 'यह नियोक्ता ब्रांड को कॉरपोरेट ब्रांड के साथ सीवनहीन बनाता

है, ताकि फर्क करने की कोई जरूरत ही न हो। बेहतर है कि ब्रांड को अपने कर्मचारियों के पीछे किया जाए, बनिस्पत इसके कि कर्मचारियों को ब्रांड के पीछे लाया जाए।'[12] दूसरे शब्दों में, ब्रांड को उन मूल्यों के साथ जोड़ें, जो आपके कर्मचारियों के हैं, बनिस्पत इसके कि उन्हें अपने मूल्य बदलकर ब्रांड को समर्थन देने के लिए मनाया जाए। इसका यह मतलब हो सकता है कि ऐसे लोगों को नियुक्त किया जाए, जिनके मूल्य पहले से आपके मूल्यों से मेल खाते हों, या इसका आशय यह पता करना हो सकता है कि आपके कर्मचारियों के मूल्य क्या हैं और फिर अपने मूल्यों को संशोधित कर उनके मूल्यों से मेल कराया जाए; या दोनों का कुछ संयोग हो सकता है।

एक मजबूत नियोक्ता ब्रांड कई तरह के संभावित लाभ प्रस्तुत करता है। एक ब्रांड, जो प्रभावी ढंग से कंपनी के मूल्यों को संहिताबद्ध करता है, उन मूल्यों को लोगों को बताने में एक बड़ी भूमिका अदा कर सकता है और इस तरह फर्म की संस्कृति को सुदृढ़ कर सकता है। नियुक्ति के मामले में यह एक उपयोगी साधन हो सकता है। यह कामगारों और प्रबंधकों को प्रेरित करने में मदद कर सकता है, जबकि साथ ही उन्हें अपनी नैतिक जिम्मेदारियों की याद भी दिला सकता है।

खिलौना बनानेवाली डेनमार्क की कंपनी 'लेगो' अपने नियोक्ता ब्रांड का इस्तेमाल प्रशिक्षण और सिखाने के लिए करती है। इसका 'लेगो स्पिरिट' कार्यक्रम कर्मचारियों को अपने ब्रांड के मूल्यों को जीने और अपने अनुभव साझा करने के लिए उत्साहित करता है कि उन्होंने कैसे ऐसा किया है।[3] बदले में यह दूसरों को प्रोत्साहित करता है कि वे उनका अनुकरण करें और वे भी उन मूल्यों को जीएँ। निश्चित रूप से इससे प्रतीत होता है कि यह स्टाफ के मनोबल को काफी ऊँचा रखता है और लेगो कर्मचारी अपने निगम के लिए काम करके गर्व महसूस करते हैं। हैच एवं शुल्ज कहते हैं, 'आपकी कंपनी जिस हरेक समस्या का सामना करती है और जो वह हरेक काररवाई करती है, यदि उनके समाधान के अभिन्न हिस्से के रूप में आप कॉरपोरेट ब्रांड को मानते हैं तो अंततः पूरी कंपनी को ब्रांड छुएगा और सभी स्टेकहोल्डर ब्रांड अपने अनुभव के साथ शामिल हो जाएँगे।'[4]

आखिरी बात एक नियोक्ता ब्रांड के लिए सबसे अहम परीक्षाओं में से एक है। क्या कर्मचारी उन लोगों की दृष्टि और आकांक्षाओं को साझा करते हैं, जिन्होंने कंपनी की स्थापना की या जो आज इसका नेतृत्व करते हैं? क्या वे कम-से-कम उस दृष्टि को समझते हैं और क्या वे उसे समर्थन देने के लिए काम करने को तैयार

हैं ? या जब कठिन दौर आएगा तो वे अपने हितों को पहले रखेंगे। चेक जूता निर्माता टॉमस बाटा ने बताया कि वर्ष 1922 में एक आर्थिक संकट के दौरान वह अपने कर्मचारियों से मिले और उन्होंने उनसे वेतन में कटौती करने के लिए कहा। (i) उन्होंने कहा कि कटौती अस्थायी होगी : बाटा एक शानदार कंपनी रही है, जिसके आगे उज्ज्वल भविष्य है और जब आर्थिक हालत सुधर जाएगी तो न केवल पुराना वेतनमान बहाल कर दिया जाएगा, बल्कि होनेवाले लाभों में सभी कामगारों को हिस्सा भी दिया जाएगा। उन्होंने कहा कि इस प्रस्ताव को कंपनी के इतिहास में सबसे जोरदार प्रशंसा मिली। बाटा के कर्मचारियों ने कंपनी के मूल्यों और उसके नेता के विश्वासों को मान लिया था और उनका भरपूर समर्थन किया। बाटा उबरकर दुनिया की सबसे बड़ी जूता बनानेवाली कंपनी बन गई।[5] इसके विपरीत, आज ब्रिटेन में रॉयल मेल ग्रुप के कामगार शीर्ष प्रबंधन की दृष्टि में यकीन नहीं करते हैं और कई सक्रिय रूप से कंपनी के भविष्य के बारे में प्रबंधन के विचारों से असहमत हैं। नतीजा है कि वहाँ कई हड़तालें हुईं और असंतोष का एक आम माहौल है।

कॉरपोरेट ब्रांड एवं संगठन की संस्कृति परस्पर मजबूती से जुड़े होते हैं और एक-दूसरे को दृढ़ता प्रदान करते हैं। उदाहरण के लिए, यदि एक संगठन की ऐसी संस्कृति है, जो नया करने को प्रोत्साहित करती है तो लोग नवाचारी परियोजनाओं में भागीदारी करने के लिए ज्यादा इच्छुक होंगे। उनके काम का नतीजा अन्य स्टेकहोल्डरों को दिखेगा और तब वे तदनुसार संगठन के बारे में अपना दृष्टिकोण बदलेंगे। यदि स्टेकहोल्डर मानते हैं कि नवाचार करते रहना कॉरपोरेट ब्रांड का एक गुण है, एक खासियत है तो एक सद्‌गुणी वृत्त का सृजन हो जाता है, जिसमें नया करने की अपील और प्रेरणा पूरे संगठन में फैल जाती है।

एक मजबूत कॉरपोरेट ब्रांड लोगों को 'मूल्यों को जीने' के लिए प्रोत्साहित करता है या दूसरे शब्दों में, उनके दैनिक कार्यों में उन मूल्यों को पिरोने के उपाय करता है।[6] टाइटन के इंजीनियरों, जिन्होंने 'एज' की डिजाइन तैयार की टाटा मोटर्स के डिजाइनरों जिन्होंने 'नैनो' का निर्माण किया; टाटा टी के विज्ञापन मैनेजरों जिन्होंने 'जागो रे!' अभियान को चलाया वे सब अलग-अलग तरीके से यही करने की कोशिश कर रहे थे।

अंततः, कॉरपोरेट ब्रांड आम कर्मचारियों और नेताओं दोनों के लिए एक महत्त्वपूर्ण संदर्भ-बिंदु होता है। नेतृत्व के पुराने कमान एवं नियंत्रणवाले सिद्धांतों की दलील होती थी कि नेता का काम निर्देश देना और हरेक कर्मचारी का कर्तव्य उसका पालन करना है; नेतृत्व कुछ ऐसी चीज है, जो आप लोगों के लिए करते

हैं। हालाँकि, उत्तरोत्तर ढंग से, नेतृत्व-सिद्धांत इस निष्कर्ष पर पहुँच रहा है कि नेतृत्व का काम लोगों के साथ साझेदारी में काम करना है। नेता मार्गदर्शन और निर्देशन करता है, लेकिन बुद्धिमान नेता इसे भी स्वीकार करता है कि वह उन लोगों के समर्थन और सहमति के बगैर कुछ भी नहीं हासिल कर सकता, जिनका वह नेतृत्व कर रहा होता है।[7] कॉरपोरेट ब्रांड उस कहानी को संहिताबद्ध करता है और धारण करता है, जिसे नेता कहना चाहता है। लंदन बिजनेस स्कूल की प्रो. लिंडा ग्रैटन मानती हैं कि ऐसी कहानियाँ कहना अनिवार्य है। वह अपनी पुस्तक 'ग्लो' में लिखती हैं—'ये कहानियाँ कई रूपों में हो सकती हैं'—

> वे हो सकती हैं कि विचार कैसे विकसित किया जाएगा, जब यह पूरा हो जाएगा तो यह कैसा दिखेगा या अन्यों को यह कैसा महसूस होगा, जब वे इसमें शरीक होंगे। कहानी जितनी ज्यादा प्रेरणा देनेवाली, आत्मसात् करनेवाली और दिलचस्प होगी, लोग उतना ही ज्यादा इसकी ओर खिंचे चले आएँगे और उसमें अपनी ऊर्जा लगाने को तैयार होंगे। जब आप भविष्य के बारे में एक कहानी गढ़ते हैं तो आप दूसरों को अपनी कथा में शामिल होने की इजाजत और प्रोत्साहन देते हैं। लोग भविष्य की आपकी कहानी में खुद को देखना शुरू कर देते हैं और अपने सपने वैसे ही बुनने लगते हैं जैसे सपने आप बुनते हैं।[8]

यह स्पष्ट है कि जब लोगों के प्रबंधन की बात आती है तो भारत में टाटा समूह की कंपनियाँ सहायता के लिए कॉरपोरेट ब्रांड की ओर देखती हैं, या ग्रैटन के शब्दों का संदर्भ लें तो वे सब एक समान कहानियों का सहारा लेती हैं। वे सब एक साझा परंपरा और विरासत से प्रेरणा लेती हैं। टाइटन के प्रबंध निदेशक भास्कर भट्ट कहते हैं कि टाइटन के पास एक मजबूत पृथक् उपभोक्ता ब्रांड है, लेकिन अपने कर्मचारियों की नजर में यह अविभाज्य रूप से टाटा के साथ जुड़ा हुआ है : टाइटन के कर्मचारी कभी-कभी खुद को 'टाइटेनियंस' कहते हैं, लेकिन वे यह कभी नहीं भूलते कि वे टाटा का भी हिस्सा हैं। ताज ग्रुप के होटलों के कर्मचारियों की दोहरी पहचान है। वे अपने को ताज कर्मचारी मानते हैं, लेकिन टाटा परिवार का अंग भी मानते हैं। ताज ग्रुप के सी.ई.ओ. रेमंड विक्सन कहते हैं कि 'यह हमारी संस्कृति का बारीक किंतु महत्त्वपूर्ण भाग है'। टाटा की विदेशी अधिगृहीत कंपनियों में भावना बदलती है। जगुआर लैंड रोवर के पूर्व सी.ई.ओ. डेविड स्मिथ कहते हैं, उनके लोग अभी भी टाटा और इसकी संस्कृति के बारे में ज्यादा कुछ नहीं

जानते। अभी भी जुड़ाव का बहुत कम भाव है। इसके विपरीत छोर पर रासायनिक फर्म ब्रुनर मॉण्ड है, जिसके सी.ई.ओ. जॉन केरिगन कहते हैं कि उनके लोग पहले से ही खुद को टाटा का हिस्सा मानते हैं तथा समूह के साथ और करीब से जुड़ना चाहते हैं। इन दोनों के बीच कहीं टेटले के पीटर अंसवर्थ हैं, जो अब टाटा ग्लोबल बेवरिजेज के सी.ई.ओ. हैं, जो कहते हैं कि इस बात को लेकर अभी भी अनिश्चितता है कि टाटा ब्रांड के क्या मायने हैं। लेकिन वह भी कहते हैं कि उनकी कंपनी 'ज्यादा आक्रामक, ज्यादा साहसी और ज्यादा चुनौतीपूर्ण हो सकती है; क्योंकि हमारे पीछे टाटा की परंपरा है।' इसका अर्थ है कि टेटले पर भी 'टाटा-पन' का असर होना शुरू हो गया है।

ये विचार हमारा मार्गदर्शन करेंगे। अब हम यह देखें कि टाटा कॉरपोरेट ब्रांड एक नियोक्ता ब्रांड के रूप में कैसे कार्य करता है।

## मूल्य एवं नेतृत्व

ज्ञान-मीमांसक हमें बताते हैं कि हमारे इर्द-गिर्द जो घट रहा है, उसे समझने के लिए हम पहले से मौजूद ज्ञान का सहारा लेते हैं। दूसरे शब्दों में, जब हम एक फैसले पर विचार कर रहे होते हैं या एक समस्या सुलझा रहे होते हैं तो हम जो कुछ करते हैं, उनमें से एक यह है कि हम जो पहले से जानते हैं, उसका संदर्भ लेते हैं। हम वर्तमान को बेहतर ढंग से समझने के लिए अतीत की घटनाओं और अतीत के ज्ञान का इस्तेमाल करते हैं।

### टाटा को अपने इतिहास पर समुचित गर्व है

जब भारतीय लोग आज टाटा के बारे में बात करते हैं, तो वे अकसर, सजग रूप से या अवचेतन स्थिति में, अतीत का संदर्भ लेते हैं। अभी घट रही घटनाओं को संदर्भ प्रदान करने के लिए वे पूर्व परंपराओं और कहानियों का इस्तेमाल करते हैं। वे संस्थापक का संदर्भ लेते हैं (जैसेकि मैंने ऊपर किया), हालाँकि उनका देहांत हुए सौ से भी ज्यादा वर्ष बीत चुके हैं। किसी भी टाटा कंपनी की वेबसाइट को देखें, और इसकी संभावना है कि आप पाएँगे कि साइट पहले कंपनी की स्थापना की कहानी कहती है और फिर यह बताती है कि कंपनी कैसे अतीत की परंपराओं का अनुकरण करना जारी रखे हुए है। यह ताज और टाटा स्टील जैसी पुरानी स्थापित कंपनियों और टाटा कम्युनिकेशंस जैसी नई कंपनी दोनों के लिए समान रूप से सही है।

टाटा को अपने इतिहास पर समुचित गर्व है। प्रबंधन के एक इतिहासकार के रूप में मुझे जो एक बात सबसे पेचीदा लगी, वह यह कि समूह उस गर्व और इतिहास का दोहन वर्तमान मकसद को साधने के लिए कैसे करती है। टाटा अपने अतीत से अपने लिए काम लेता है। यह सबसे प्रभावी रूप से अपनी संस्कृति के प्रबंधन और इससे आगे बढ़कर अपने नियोक्ता ब्रांड के लिए टाटा इसका स्पष्ट इस्तेमाल करता है।

**टाटा का कॉरपोरेट ब्रांड एवं इसकी संस्कृति बहुत करीब से जुड़े हुए हैं और यह उल्लेखनीय भी है।**

टाटा की संगठनात्मक संस्कृति के विस्तृत विश्लेषण में जाने के लिए यहाँ जगह नहीं है। ऐसा करने की वाकई जरूरत भी नहीं है। टाटा का कॉरपोरेट ब्रांड और उसकी संस्कृति बहुत करीब से जुड़े हुए हैं और यह उल्लेखनीय भी है। हमने ब्रांड के जो गुण पहले देखे—विश्वास, भरोसा, देश के लिए प्रतिबद्धता—वे इसकी संस्कृति के भी आधार-स्तंभ हैं। 'भरोसा' के लिए हम यहाँ 'जिम्मेदारी' पढ़ सकते हैं। इसका आशय यह है कि समूह अपने कर्मचारियों के प्रति अपनी जिम्मेदारी में विश्वास करता है और उनके साथ उचित बरताव करता है। हाल के वर्षों में, नवाचार में विश्वास और उत्तरोत्तर टाटा के वैश्विक भविष्य में विश्वास भी उसकी संस्कृति का महत्त्वपूर्ण तत्त्व बन गए हैं।[ii]

पहले तीन गुण—विश्वास, भरोसा और भारत की सेवा सीधे जमशेदजी टाटा की देन हैं। हमने अध्याय-2 में देखा कि कैसे एक्सप्रेस मिल में वह भारत के पहले नियोक्ता थे, जिन्होंने कामगारों के लिए काम की छोटी अवधि और पेंशन, स्वास्थ्य देखभाल, सामुदायिक निवास और मनोरंजन सुविधाएँ जैसी चीजों की शुरुआत की।[iii]

जब उन्होंने अपने कर्मचारियों के बारे में कहा कि वे 'हमारी समृद्धि की पक्की नींव हैं' तो वह 'मानव संसाधन' के शोषण की बात नहीं कर रहे थे, ताकि उनसे सबसे ज्यादा श्रम निचोड़ा जा सके। वह इसमें यकीन नहीं करते थे कि श्रम प्रबंधन का ऐसा सरलीकृत नजरिया उन्हें अपने लक्ष्य को हासिल करने में मदद करेगा। जैसाकि उनके मित्र अंग्रेज फैबियन समाजवादी सिडनी वेब ने बाद में लिखा—'हम अपने औद्योगिक प्रतिष्ठानों से अधिकतम उत्पादन कभी नहीं हासिल कर सकेंगे, जब तक वे उन लोगों के फायदे के लिए नहीं चलाए जाते, जो काम करते हैं, या यहाँ तक कि पूरे समुदाय के लाभ के लिए भी नहीं चलाए जाते—

बल्कि कोई काम नहीं करनेवाले जमींदारों और शेयरधारकों के लाभ के लिए चलाए जाते हैं।"[9]

टाटा ने ऐसा रास्ता अपनाया, जिसे हम अब एक संपूर्णतावादी नजरिया कहते हैं। अगर कामगारों को अपनी मेहनत के फल में हिस्सेदारी मिलती है तो वे बेहतर रूप में प्रेरित होंगे। वे ज्यादा कड़ी मेहनत करेंगे, उत्पादन बढ़ाएँगे और ज्यादा धन का उत्पादन करेंगे। यह कंपनी के लिए अच्छा होगा, खुद कामगारों के लिए अच्छा होगा और भारत के लिए अच्छा होगा। उत्तरोत्तर जैसे-जैसे समय बीता, उन्होंने कारोबार की आर्थिक व सामाजिक जिम्मेदारियों के बीच फर्क को धुँधला कर दिया। जमशेदपुर स्टील मिल के आगे एक 'गार्डन सिटी' के अपने सपने में वह एक क्रांतिकारी व्यापारिक एवं सामाजिक प्रयोग की कल्पना कर रहे थे। दुर्भाग्य से उनके उत्तराधिकारी उस सपने, उस नजरिए को सिर्फ आंशिक रूप से लागू कर सके और वर्ष 1920 के दौर में जमशेदपुर हड़तालों से ग्रस्त हो गया तथा 1930 के दशक तक भी असंतोष बरकरार रहा।

---

**संस्थापक की तरह जे.आर.डी. मानते थे कि 'अच्छे मानव संबंध न सिर्फ महान् निजी पुरस्कार लाते हैं, बल्कि किसी भी उपक्रम की सफलता के लिए अनिवार्य हैं।' रतन टाटा ने उस परंपरा का ही अत्यधिक अनुकरण किया है।**

---

जिस शख्स ने श्रमिक आंदोलन को समाप्त करने में मदद की, वह थे जमशेदजी टाटा के भतीजे जे.आर.डी. टाटा, जो वर्ष 1938 में टाटा आयरन एंड स्टील कंपनी (टिस्को) के अध्यक्ष बने (उसी दरम्यान वह टाटा संस के भी अध्यक्ष बने)। जमशेदजी टाटा का नजरिया काफी उदार पितृत्ववाला था; जे.आर.डी. ने एक ज्यादा समतावादी दृष्टिकोण अपनाया। उन्होंने टिस्को में यूनियनों का विश्वास जीता। वह उनसे बात करने को, उनकी बातें सुनने को हमेशा तैयार रहते थे। जब भी कोई शिकायत उठती थी तो जे.आर.डी. तुरंत वार्त्ता करने का प्रस्ताव रखते थे। कुछ समय बाद कामगारों ने महसूस किया कि वह यदि पूरी तरह उनके पक्ष में नहीं हैं तो भी वह उनके हितों को अपने दिल से लगाने को तैयार हैं। टिस्को में उनके उत्तराधिकारी रूसी मोदी ने भी उस नीति का अनुसरण किया। नतीजा हुआ कि टिस्को में सिर्फ राजनीतिक रूप से प्रेरित हड़तालें वर्ष 1942 और 1958 में हुईं। इनके अलावा कंपनी में रिकॉर्ड श्रमिक शांति बनी रही। विश्व इस्पात उद्योग में इसका कोई सानी नहीं है।

यह जानना दिलचस्प होगा कि क्या जे.आर.डी. किसी भी तरह महात्मा गांधी के विचारों से प्रभावित थे। महात्मा गांधी श्रमिक संबंधों पर बहुत ध्यान देते थे। गांधी ने श्रमिक नेताओं और पूँजीपतियों दोनों से अपील की कि वे टकराव को खत्म करें और वार्त्ता व सुलह की नीति अपनाएँ।[10] यह जे.आर.डी. के दृष्टिकोण के ही अनुरूप है। लेकिन उनके इस नजरिए की जड़ें उनके अपने विश्वासों और सोच में निहित थीं। जमशेदजी की तरह वह मानते थे कि 'अच्छे मानव संबंध न केवल महान् निजी पुरस्कार लाते हैं, बल्कि किसी भी उद्यम की सफलता के लिए अनिवार्य हैं।' अच्छे मानव संबंध हासिल करने का उनका तरीका था लोगों से संवाद करना, उनकी समस्याएँ सुनना और फिर उन्हें हल करने की कोशिश करना। एक बार उन्होंने कहा, 'मैं निश्चित रूप से एक सहमतिवाला आदमी हूँ।' और यह बात सच थी, चाहे वह समूह की अन्य कंपनियों के निदेशकों से, बीच के मैनेजरों से या यूनियनों और कार्यशाला के कामगारों से बात कर रहे हों।

जन-प्रबंधन के संदर्भ में, कम-से-कम, रतन टाटा ने उसी परंपरा का अनुसरण किया है। हमने पहले देखा कि कैसे वह और उनकी टीम अन्य कंपनियों से 'मान-मनौव्वल' से काम लेना पसंद करते हैं और विचार-विमर्श कर सहमति पर पहुँचते हैं। वे टाटा संस की शेयरधारिता का रोब गाँठकर काम नहीं निकालते, जैसाकि अन्य कंपनियाँ करती हैं। कुछ हद तक उनकी प्रतिष्ठा टेल्को (अब टाटा मोटर्स) में 1989 की हड़ताल से कुशलतापूर्वक निपटने से बनी।[11] उस साल जनवरी में पुणे में टेल्को प्लांट में मुख्य यूनियनों में से एक ने हड़ताल कर दी। इसके पहले राजन नायर नामक एक मजदूर यूनियन नेता ने कई महीने आंदोलन चलाया था (राजन नायर को टेल्को ने पिछले वर्ष नौकरी से हटा दिया था, क्योंकि उसने कथित रूप से एक सिक्यूरिटी गार्ड को जान से मारने की धमकी दी थी)। हालाँकि कुछ और भी कारक शामिल थे, जैसे वेतन का अनसुलझा विवाद और मजदूरों से प्रबंधन का दूर होते जाना, लेकिन मूल मसला यहाँ फर्म के प्रति नायर की निजी दुश्मनी प्रतीत होता है। नायर ने शायद फर्म की कमजोरी भी सूँघी हो, क्योंकि टेल्को के काफी बुजुर्ग चेयरमैन सुमंत मुलगावकर पिछले महीने रिटायर हो गए थे और नए चेयरमैन रतन टाटा एक अनजान शख्सियत थे।

अगर ऐसा था तो नायर ने इस शख्स को कमतर आँका। हालाँकि हड़ताल के साथ टेल्को मैनेजरों पर हिंसक हमले हुए और कुछ कामगारों ने भूख हड़ताल भी की; लेकिन रतन टाटा दृढ़ बने रहे। उन्होंने बार-बार नायर और अन्य हडताली नेताओं से मिलने तथा बातचीत करने का प्रस्ताव रखा और वह कई मौकों पर

उनसे मिले भी और रियायतें पेश कीं। लेकिन नायर की ओर से कोई रियायत नहीं दी गई। उसने माँग की कि उसे टेल्को के सभी कामगारों के नेता के रूप में मान्यता दी जाए। टाटा ने इनकार कर दिया और शांतिपूर्वक अपनी बात पर दृढ़ रहे। इस बीच उन्होंने टेल्को के अन्य मुख्य यूनियन के साथ वेतन वार्त्ता संपन्न कर ली और फिर उन्होंने तथा उनके मैनेजरों ने हड़ताली कामगारों से एक-एक कर मुलाकात करना शुरू किया और उन्हें चुपचाप काम पर लौटने के लिए राजी किया। आखिरकार, दिल्ली से दबाव के तहत, महाराष्ट्र सरकार ने पुलिस भेजी और नायर व अन्य हड़ताली नेताओं को गिरफ्तार कर लिया गया। हड़ताल भंग हो गई और बाकी कामगार अपने कामों पर लौट आए।

पूरी हड़ताल के दौरान रतन टाटा शांत बने रहे और उन्होंने दरशाया कि वह कामगारों से बात करने और उनकी समस्याएँ व चिंताएँ दूर करने को तैयार हैं। तब उनका दृष्टिकोण वैसा ही था जैसा वर्ष 2008 में सिंगुर विवाद के दौरान। इस बार एक राजनीतिक पार्टी ने टाटा के साथ मनमानी करने की कोशिश की। रतन टाटा ने बातचीत करने और रियायतें देने की मंशा जताई; लेकिन जब यह स्पष्ट हो गया कि दूसरा पक्ष बातचीत करने के लिए कतई तैयार नहीं है तो उन्होंने दृढ़ रवैया अख्तियार कर लिया। और वर्ष 1989 की हड़ताल समाप्त होने के बाद वह शांति-स्थापक की भूमिका में आ गए। उन्होंने अपने कामगारों को जानने-समझने की शुरुआत की और उनका विश्वास जीता। भारतीय प्रेस द्वारा इंटरव्यू लिये जाने पर उन्होंने खुलकर स्वीकार किया कि गलतियाँ की गई थीं। उन्होंने कहा, 'शायद हम अपने कामगारों को लेकर निश्चिंत हो गए थे। हमने मान लिया था कि हम वह सब कर रहे थे, जो हम कर सकते थे, जबकि संभवत: हम ऐसा नहीं कर रहे थे।'[12]

इन सब बातों से उन्हें अपने सभी उद्यमियों की प्रशंसा मिली—दो साल बाद रतन टाटा को 'बिजनेस मैन ऑफ दि ईयर (वर्ष का सर्वश्रेष्ठ कारोबारी) चुना गया—और अपने कामगारों का सम्मान भी मिला।

हालाँकि रतन टाटा जे.आर.डी. टाटा के पदचिह्नों का बखूबी अनुसरण करते रहे, लेकिन बुद्धिमानी यह दिखाई कि अपने लिए नए जे.आर.डी. की छवि गढ़ने की कोशिश नहीं की। इसके बजाय वह टाटा के लोगों को जे.आर.डी. और संस्थापक की परंपरा व विरासत को याद करने का आह्वान करते हैं। उन्होंने वर्ष 2004 में जमशेदजी टाटा की मृत्यु शताब्दी और जे.आर.डी. की जन्म शताब्दी की याद में 'द सेंचुरी ऑफ ट्रस्ट' (विश्वास की सदी) अभियान चलाया। (संयोगवश

वर्ष 2004 रतन टाटा के पिता नवल टाटा, जो समूह में अति लोकप्रिय वरिष्ठ कार्याधिकारी थे, की भी जन्मशती था) इस अभियान ने कर्मचारियों और बाहरी स्टेकहोल्डरों को दृढ़ संदेश दिए। अंतर्निहित संदेश था कि जमशेदजी और जे.आर.डी. ने जो किया, हम भी उसे करने की कोशिश करेंगे। हमारे कर्मचारियो, हम आपके लिए प्रतिबद्ध हैं। हम बदले में आपसे कहते हैं कि आप हममें विश्वास रखें।

---

**टाटा ने काम करने के लिए एक रोमांचक स्थान की, जगह-जगह जाने वाले समूह की प्रतिष्ठा विकसित कर ली है।**

---

वैसे, यह सब परंपरा और विरासत नहीं है। पिछले दस वर्षों में टाटा समूह ने नवाचार करने की प्रतिष्ठा विकसित की है और अपनी वैश्विक पहुँच का विस्तार किया है और कॉरपोरेट ब्रांड ने भारतीय युवकों को करीब से अपने साथ जोड़ा है। टाटा ने काम करने के लिए एक रोमांचक स्थान, जगह-जगह जाने वाले समूह की प्रतिष्ठा विकसित कर ली है। अपने प्रतिद्वंद्वियों की तुलना में कुछ पदों, खासकर प्रबंधकीय पदों के लिए कम तनख्वाह देने के बावजूद कई टाटा कंपनियाँ स्नातकों के लिए नियोक्ता के रूप में पहला विकल्प बनी हुई हैं। लेकिन इसमें कोई शक नहीं कि अतीत में जो मूल्य बनाए गए थे, वे मौजूदा स्थिति में नियोक्ता ब्रांड के दिल में बने हुए हैं। विश्वास के साथ नेतृत्व जैसे अभियानों के साथ टाटा ने वह करने की कोशिश की है, जैसा क़रने की सलाह हैच एवं शुल्ज ने दी थी—ब्रांड को कर्मचारियों के पीछे अवस्थित करें, न कि कर्मचारियों की लाइन ब्रांड के पीछे लगाएँ।

## कोशिश करने का साहस

कंपनी की परामर्श योजनाओं का एक लंबा इतिहास है, जो कम-से-कम उन्नीसवीं सदी के अंत तक जाता है। ब्रिटेन में चॉकलेट बनानेवाले कैडबरी ब्रदर्स ने एक काफी सफल योजना चलाई, जिसके तहत उन कर्मचारियों को पुरस्कार दिया जाता था, जिनके उत्पादों या प्रक्रियाओं में सुधार के लिए सुझावों को कंपनी द्वारा अपनाया जाता था और वे सफल साबित होते थे। तब से अन्य कंपनियों ने ऐसा ही किया है। (कभी-कभी मिश्रित परिणामों के साथ सफलता लगभग इस पर निर्भर करती है कि क्या कर्मचारियों को प्रबंधन की गंभीरता पर यकीन है और क्या उन्हें लगता है कि कंपनी वाकई उनके विचारों पर ध्यान देगी या यह महत् आंतरिक जन-संपर्क है)।

बहरहाल, बहुत कम कारोबार उन कर्मचारियों को पुरस्कृत करते हैं, जिनके विचार वस्तुत: विफल रहते हैं। मगर टाटा पुरस्कृत करता है। इसका 'डेयर टु ट्राई' (कोशिश करने का साहस) अभियान वर्ष 2007 में पूरे समूह में शुरू किया गया था। यह उन कर्मचारियों को पुरस्कार और मान्यता प्रदान करता है, जो नए सुझाव पेश करते हैं, लेकिन किसी-न-किसी कारण वे कभी सिरे नहीं चढ़ पाते हैं। डेयर टु ट्राई प्रतियोगिता के विजेता रतन टाटा से व्यक्तिगत रूप से अपना पुरस्कार प्राप्त करते हैं। पिछले विजेताओं में टाटा मोटर्स की एक टीम, जिसने कारों के लिए हलके वजन के प्लास्टिक दरवाजे विकसित किए थे और टेटले की टीम, जिसने पानी और अन्य पेय पदार्थों में विविध सुगंध पैदा करने के लिए एक फ्लेवर कैप्सूल (सुगंध कैप्सूल) का आविष्कार किया था, शामिल हैं। ये दोनों ही व्यावहारिक साबित नहीं हुए, लेकिन इसने दिखाया कि टाटा उन लोगों को मान्यता देने को इच्छुक है, जिन्होंने कुछ अलग करने की कोशिश की।

'डेयर टु ट्राई' बृहत्तर आविष्कार प्रतियोगिता 'इनोविस्ता' का एक हिस्सा है। इनोविस्ता के तहत सबसे सफल आविष्कार का पुरस्कार पाने के लिए प्रतियोगिता करते हैं। इसकी धीमी शुरुआत हुई। लोग प्रतीक्षा कर देखना चाहते थे कि यह पहल कितनी गंभीर है। लेकिन बाद में यह प्रतियोगिता जंगली आग की तरह फैली। टाटा क्वालिटी मैनेजमेंट सर्विसेज (टी.क्यू.एम.एस.) के प्रमुख सुनील सिन्हा ने वर्ष 2009 में एक भारतीय कारोबारी पत्रिका से कहा कि वह पूरे टाटा समूह से 1,000 प्रविष्टियों की उम्मीद कर रहे थे। दरअसल उन्हें 1,700 प्रविष्टियाँ प्राप्त हुईं।[13] सिन्हा कहते हैं, इनोविस्ता, डेयर टु ट्राई और अन्य पहलों का मकसद 'आविष्कार या नवाचार का लोकतंत्रीकरण करना' है। टाटा अपने संस्थापक के दिनों से ही हमेशा एक आविष्कारी समूह रहा है; लेकिन इसमें ज्यादा लोगों को शामिल करने की जरूरत है। जब मैं पुणे में संगठन के दफ्तर में गया तो टी.क्यू.एम.एस. के महाप्रबंधक समीर बनर्जी ने मुझसे कहा कि 'हम आविष्कार और नवाचार को अपनी पारिस्थितिकी प्रणाली का हिस्सा बनाना चाहते हैं'। बिजनेस एक्सीलेंस मॉडल (कारोबार श्रेष्ठता नमूना) जैसे टी.क्यू.एम.एस. कार्यक्रम आविष्कार का ढाँचा बनाने में मदद करते हैं, जबकि इनोविस्ता जैसे कार्यक्रम का मकसद आविष्कार को एक सांस्कृतिक आदर्श बनाना है। और अंतत: शीर्ष कार्याधिकारी द्वारा दिखाए गए व्यक्तिगत नेतृत्व, जैसाकि नैनो के विकास में रतन टाटा ने भूमिका निभाई, इस संदेश को और मजबूती देते हुए आगे ले जाना है।

प्रशिक्षण और विकास भी टाटा की संस्कृति में एक महत्त्वपूर्ण भूमिका

निभाते हैं और इस तरह टाटा ब्रांड को मजबूती प्रदान करते हैं। यहाँ फिर हम संस्थापक के प्रभाव को देख सकते हैं। शिक्षा को सार्वजनिक अच्छाई के रूप में देखने के प्रति वह संकल्पबद्ध थे। टाटा आज प्रशिक्षण पर भारी खर्च करता है। सहयोगी कंपनियों और संगठनों के लिए उसने पुणे में मैनेजमेंट ट्रेनिंग सेंटर खोला हुआ है। अन्य प्रशिक्षण सुविधाएँ भी जुटाई गई हैं। यह सेंटर शोध करता है और ज्ञान बाँटता है; लेकिन इसकी सबसे अहम भूमिका मूल्य प्रणाली को बनाए रखने और उसे बल देने में है। 'टाटा-पन' का एक महत्त्वपूर्ण पहलू, जहाँ तक मैनेजरों और कर्मचारियों की बात है, वह है व्यक्तिगत जिम्मेदारी लेना। टाटा संस के समूह मानव संसाधन के प्रमुख सतीश प्रधान कहते हैं, टाटा चाहता है कि उसके लोग हमेशा सीधे आदेश पाए बिना काम करने में समर्थ हों। वह कहते हैं, 'हम यहाँ लोगों के लिए फैसले लेने के वास्ते नहीं हैं। हमारी भूमिका है कि हम लोगों को सही फैसला लेने में बेहतर ढंग से समर्थ बनाएँ। वे जो करते हैं, हम उसका श्रेय नहीं लेना चाहते। हम उन्हें इस योग्य बनाना चाहते हैं कि वे कहें, 'हमने यह खुद किया।'

---

**प्रशिक्षण व विकास भी टाटा की संस्कृति में एक अहम भूमिका निभाते हैं और इस तरह टाटा ब्रांड को और मजबूती प्रदान करते हैं।**

---

हमने नियोक्ता ब्रांड की एक तसवीर देखना शुरू कर दिया है, कम-से-कम जैसा टाटा खुद को दिखाना चाहता है। एक ओर विश्वास के साथ नेतृत्व की विरासत है, लोगों और उनके सर्वोत्तम हितों के प्रति समर्पित एक संगठन है और दूसरी ओर, स्वतंत्र सोच एवं आविष्कार को प्रोत्साहित करने, अच्छे विचार व सुझाव बतानेवाले लोगों को पुरस्कृत करने, भले ही वे सुझाव कारगर नहीं हो पाए हों और उन्हें व्यक्तिगत जिम्मेदारी लेने के लिए प्रशिक्षण देने जैसी खासियतें हैं। और जैसाकि इस अध्याय की शुरुआत में टाइटन की कहानी दरशाती है कि भारत में देश की सेवा और राष्ट्र-निर्माण एक मजबूत भूमिका निभाते हैं।

इन तमाम अवधारणाओं को कार्यरूप में देखने का एक रोचक उदाहरण वर्ष 2005 में कन्नन देवन हिल्स प्लांटेशन कंपनी की स्थापना में देखा जा सकता है। कन्नन देवन हिल्स दक्षिण भारत में टाटा टी के पूर्व एस्टेट्स का स्वामी है और उनका प्रबंधन करता है। टाटा टी के मँजे हुए मैनेजर आर.के. कृष्ण कुमार, जो अब कन्नन देवन हिल्स के उपाध्यक्ष हैं (और टाटा संस के एक डायरेक्टर भी हैं) कहते हैं, शुरुआत में टाटा टी एक बागान कंपनी थी, वह विकसित हुई और चाय पत्तियों की

फसल लेकर वह इसे वितरकों को बेच देती थी। उसे लिप्टन और ब्रुक बॉण्ड जैसे मजबूत खुदरा ब्रांडोंवाली ताकतवर कंपनियों से प्रतियोगिता का सामना करना पड़ा। इसे देखते हुए लॉञ्च टाटा टी ने नीचे और विस्तार किया तथा अपने खुदरा ब्रांड लॉञ्च किए। बागानों में ही पैकिंग करने की सुविधाएँ जुटाई गईं, ताकि उसके ब्रांड युक्त बाजार में ज्यादा तेजी से पहुँच सकें और ये अपने प्रतिद्वंद्वियों की तुलना में ज्यादा ताजा उच्चतर गुणवत्तावाले हों। कंपनी ने तेजी से विकास किया। कुमार कहते हैं, 'हमने ढेर सारी रकम समुदाय की सेवा में वापस लगाई।' कंपनी ने बागान कामगारों के लिए घर, स्कूल, अस्पताल, टेनिस कोर्ट बनाए और अन्य मनोरंजन सुविधाएँ प्रदान कीं। कंपनी इन सबका रख-रखाव अपने खर्चे पर करती है।

---

**1990 के दशक में भारत बदल रहा था, विश्व व्यवस्था बदल रही थी और रतन टाटा ने समूह की कंपनियों को अपने बाजार फिर से परिभाषित करने की चुनौती दी।**

---

1990 के दशक में चीजें बदलने लगीं। भारत बदल रहा था, विश्व व्यवस्था बदल रही थी और टाटा समूह भी बदल रहा था। नए चेयरमैन रतन टाटा ने समूह की कंपनियों को अपने बाजारों को फिर से परिभाषित करने की चुनौती दी। कुमार कहते हैं, 'मैंने निष्कर्ष निकाला कि पूरी दुनिया हमारा बाजार है।' टाटा टी ने रणनीतिक परिवर्तन की प्रक्रिया की शुरुआत की, एक चाय कंपनी से एक बहुराष्ट्रीय ब्रांड-मुक्त बेवेरिजेज कंपनी बनने की ओर कदम बढ़ाए। लेकिन ऐसा करने की प्रक्रिया में यह चाय उत्पादन कारोबार में अपनी जड़ों से काफी दूर हटता चला गया। चाय के पौधे लगाना और उनकी फसल काटना अब बमुश्किल लाभकारी रह गया था। टाटा ग्लोबल बेवरिजेज, दक्षिण एशिया की अध्यक्ष संगीता तलवार कहती हैं कि केरल के कुछ एस्टेट घाटे में चल रहे थे।

तो क्या किया जाए? ये एस्टेट किसी दूसरी कंपनी को बेच दिए जाएँ? अगर ये लाभ की स्थिति में नहीं आए तो ऐसा करना कठिन होगा, क्योंकि कोई भी खरीदार कामगारों के वेतन में कटौती करेगा और सामाजिक कार्यक्रमों को बंद कर देगा। एस्टेट्स को बंद कर दिया जाए और कामगारों को बेकार कर दिया जाए? टाटा टी ने तीसरा विकल्प चुना। उसने देखा कि अगर उसके कर्मचारियों को पूरी आजादी दी जाए तो वे तसवीर बदल सकते हैं और उसने चाय उत्पादन का काम अपने ही कामगारों के हवाले कर दिया।

कामगारों को स्वामित्व का हस्तांतरण पहले किया गया, लेकिन अकसर

नहीं। सबसे बढ़िया ज्ञात मामलों में से एक था 1920 के दशक में ब्रिटिश डिपार्टमेंट स्टोर के मालिक जॉन लेविस द्वारा स्टोरों का पूरा स्वामित्व अपने कामगारों को सौंप देना। कर्मचारियों में शेयर बराबर-बराबर बाँट दिए गए। लेकिन जैसाकि जॉन लेविस ने उस समय खुद कहा, यह करना खतरनाक और कठिन है।[v] यह सिर्फ तभी कारगर हो सकता है, यदि प्रबंधन और कामगारों के बीच पहले से ही उच्च स्तर का विश्वास रहा है। अगर यह उपक्रम विफल हो जाता तो शायद टाटा टी 'डेयर टु ट्राई' (कोशिश करने का साहस) पुरस्कार की लाइन में खड़ा होता, लेकिन उसकी प्रतिष्ठा के लिए ये काफी दुष्परिणामकारी साबित होते।

टाटा टी उतना आगे नहीं बढ़ा जितना जॉन लेविस बढ़े थे। उसने कन्नन देवन हिल्स में 19 फीसदी हिस्सेदारी बनाए रखी और 6 फीसदी हिस्सेदारी एक ट्रस्ट के हवाले कर दी। बाकी 75 फीसदी हिस्सेदारी नई कंपनी के 12,000 कामगारों के बीच बाँट दी गई। परामर्श परिषदें स्थापित की गईं, ताकि कामगार-मालिक प्रबंधन के ऊपर नियंत्रण रख सकें। प्रभाव तुरंत सामने आया। बागान कामगारों ने अपनी कंपनी के मालिक बनने की चुनौती को वाकई उत्साहपूर्वक लिया और टाटा के साथ जारी संपर्क ने उन्हें भरोसा व विश्वास प्रदान किया। प्रति कामगार उत्पादकता जो वर्ष 2005 में 28-30 किलो थी, वह 2006 के अंत तक बढ़कर 46 किलो हो गई।[15] पहले ही वर्ष कंपनी लाभ में आ गई और उसके बाद यह स्थिति बनी हुई है।[vi]

समस्या रह गई थी टाटा टी द्वारा स्थापित स्कूलों, अस्पतालों, स्पोर्ट्स क्लबों और अन्य सुविधाओं की। क्या इनकी देखभाल का और इनका खर्च उठाने का जिम्मा नई कंपनी के हवाले कर दिया जाए? संगीता तलवार ने सोचा कि ऐसा नहीं होना चाहिए; टाटा टी ने ये सुविधाएँ प्रदान की थीं और यह टाटा टी का कर्तव्य था कि वह इनके खर्च का बोझ उठाता रहे। वह उपाध्यक्ष आर.के. कृष्ण कुमार के पास गईं और उनके सामने अपना तर्क रखा। संगीता तलवार ने आगाह किया, 'इसमें ढेर सारी रकम लगेगी'। उनका उत्तर सरल था, 'चाहे इसमें जो भी लगे।' टाटा अपने लोगों के प्रति अपनी पीठ नहीं दिखाएगी, भले ही उनकी कंपनी में टाटा नाम नहीं जुड़ा हुआ है। इसने कन्नन देवन को अन्य तरीकों से भी मदद देना जारी रखा है। उदाहरण के लिए, पुराने एस्टेट्स में चाय के नए पौधे लगाने का आंशिक खर्च टाटा टी उठाता है।

## नियोक्ता ब्रांड का सह-सृजन

जैसाकि हमने पहले देखा, एक नियोक्ता ब्रांड की ताकत काफी हद तक इस पर निर्भर करती है कि उसके कर्मचारी इसके इर्द-गिर्द की कहानियों और मिथकों को कितना हाथोंहाथ लेने को तैयार रहते हैं और फिर खुद अपने मिथक तैयार करने लगते हैं। 'ए सेंचुरी ऑफ ट्रस्ट' (विश्वास की एक सदी) जैसे अभियानों को लेकर प्रतिक्रिया और ब्रांड पर नजर रखनेवाले अध्ययनों के आँकड़ों और साथ में टाटा कंपनियों के मेरे अपने पर्यवेक्षण तथा स्टाफ के कनिष्ठ सदस्यों के साथ अपनी बातचीत से मैं इस नतीजे पर पहुँचा हूँ कि टाटा के कर्मचारी ऐसा करते हैं।

---

**भारत में टाटा के कर्मचारी, उपभोक्ताओं की तरह, विविध स्तरों पर ब्रांड के साथ संलग्न रहते हैं।**

---

भारत में टाटा के कर्मचारी, उपभोक्ताओं की तरह, विविध स्तरों पर ब्रांड के साथ जुड़े रहते हैं, संलग्न रहते हैं। उदाहरण के लिए, टाटा स्टील में कामगार लगभग अदल-बदल कर अपनी पहचान टाटा स्टील और टाटा समूह के साथ जोड़कर व्यक्त करते हैं। वे टाटा परिवार को अपना नेता मानते हैं। जमशेदपुर में मैंने जिनसे बात की, उनमें से हरेक टाटा समूह के इतिहास और टाटा स्टील के इतिहास से पूरी तरह वाकिफ था कि इसकी स्थापना क्यों की गई और इसके उद्देश्य व मिशन क्या थे। कुछेक कर्मचारी तो अपने परिवारों की तीसरी या चौथी पीढ़ी के थे, जो टाटा स्टील के लिए काम करते आ रहे थे। वे अपनी पहचान टाटा स्टील के साथ उतनी ही मजबूती से जोड़ते हैं जितना अपने परिवारों के साथ।

स्पष्ट है कि कंपनी के साथ इस किस्म की सुदृढ़ पहचान टाटा कम्युनिकेशंस या टाटा टेलीसर्विसेज अथवा ट्रेंट जैसी नई कंपनियों में ढूँढ़ना कठिन है। इन मामलों में कंपनी ब्रांड एक नियोक्ता ब्रांड के रूप में अपेक्षाकृत कमजोर है, क्योंकि परंपराओं को जड़ जमाने, मिथकों के जमा होने के लिए पर्याप्त वक्त ही नहीं मिला है। ऐसे मामलों में टाटा कॉरपोरेट ब्रांड इस रिक्तता को भरता है। कर्मचारी इसके चले आ रहे मिथकों, संस्थापक जमशेदजी टाटा, राष्ट्र-निर्माता जे.आर.डी. टाटा और अभिनव प्रयोगवादी रतन टाटा, जो समूह को वैश्विक मंच पर ले जा रहे हैं, की कहानियों से प्रेरणा ले सकते हैं और उनका इस्तेमाल गर्व एवं प्रेरणा के स्रोत के तौर पर कर सकते हैं।

**कर्मचारी चले आ रहे मिथकों, संस्थापक जमशेदजी टाटा, राष्ट्र-निर्माता जे.आर.डी. और इन्नोवेटिक रतन टाटा, जो समूह को वैश्विक मंच पर ले जा रहे हैं, की कहानियों से संदेश ले सकते हैं और उनका इस्तेमाल गर्व एवं प्रेरणा के स्रोत के तौर पर कर सकते हैं।**

निकोलस इंड ने अपनी पुस्तक 'लिविंग द ब्रांड' में दलील दी थी कि कंपनियों को कोशिश करनी चाहिए कि वे अपने तमाम कामगारों को ब्रांड एंबेसडर (ब्रांड दूत) में रूपांतरित कर दें।[17] टाटा को देखते हुए मैं चकित होता हूँ कि क्या वह कुछ ज्यादा अपेक्षा करता है। टाटा का जवाब रहा है कि बाध्यकारी कहानियों की एक श्रृंखला बनाई जाए और लोगों को उसमें शामिल होने के लिए आमंत्रित किया जाए। तब लोग ब्रांड दूत बनने का चयन कर सकते हैं और इस दौत्य कर्म का रूप भी चुन सकते हैं—नवाचारी के रूप में, उत्साही चैंपियन के रूप में या यहाँ तक कि बस कठिन श्रम करनेवाले कामगार के रूप में, जो आम उद्देश्य के प्रति समर्पित हैं। मैं निश्चित रूप से नहीं कह सकता हूँ कि जमशेदपुर में रॉलिंग मिल में कार्यशाला में काम करनेवाले इस्पात मजदूर खुद को ब्रांड दूत के रूप में वर्णित करेंगे; उनका गर्व उनके काम में है। दूसरी ओर, टाटा स्टील्स सेंटर फॉर एक्सीलेंस में जेनी शाह और उनका स्टाफ संभवत: अपने को ब्रांड दूत कहेंगे। उनकी बातों को सुनते हुए मैंने महसूस किया कि टाटा स्टील या आमतौर पर टाटा के लिए काम करने को वे नौकरी के रूप में कम, एक कर्तव्य के रूप में ज्यादा लेते हैं। उनके लिए टाटा उतना व्यावसायिक उद्यम नहीं है जितना कि एक मुहिम या मकसद है। टाटा के प्रभाव के बारे में बात करते हुए उन्होंने मुनाफे के बारे में बात नहीं की, बल्कि इसकी बात की कि कितनी जिंदगियों में रूपांतरण हुआ, बदलाव आया।

समस्याएँ रही हैं। हमने देखा है कि अतीत में ऐसा भी वक्त आया, जब टाटा के संबंध अपने कामगारों से निश्चित रूप से लड़खड़ा गए थे, खासकर 1920 के दशक में जब अहंकारी टकराववादी मैनेजरों ने टिस्को (TISCO) जैसे स्थानों में कामगारों को ताकत के जोर पर काबू में करना चाहा। टेल्को (TELCO) और टाइटन में हड़तालें भी हुई हैं और वर्ष 2009 में असम के नोवेरा नुडी टी एस्टेट में तालाबंदी/हड़ताल भी देखने को मिली। नोवेरा नुडी टी एस्टेट पर अब सीधे टाटा टी का स्वामित्व नहीं है या यह उसके द्वारा प्रबंधित और संचालित नहीं है; लेकिन कई लोगों के विचार में यह टाटा के साथ अभी भी जुड़ा हुआ है। प्रबंधकीय

विफलताएँ हुई हैं। तमाम चयन एवं प्रशिक्षण के बावजूद टाटा की कंपनियाँ समय-समय पर ऐसे लोगों को नियुक्त करती रही हैं, जिन्हें वह छोड़ देना पसंद करतीं। जमशेदजी टाटा के एक साथी डायरेक्टर ने उनके निधन के बाद एक प्रशस्ति में एक रोचक टिप्पणी की—'वह कभी भी परिवार या मित्र की सिफारिश से प्रभावित नहीं होते थे और जब तक वह इस बात से संतुष्ट नहीं हो जाते थे कि वे लोग कंपनी के लिए हितकारी होंगे, तब तक किसी भी कर्मचारी को नियुक्त नहीं करते थे।'[18] मगर टाटा संस के मौजूदा कार्यकारी निदेशक आर. गोपालकृष्णन कहते हैं कि संस्थापक के दिनों में ऐसा करना अपेक्षाकृत आसान था, क्योंकि तब महज कुछ हजार लोगों को समूह नियुक्त करता था। आज जब टाटा समूह दुनिया भर में 3.5 लाख से भी ज्यादा लोगों को नियुक्त करती है तो यह असंभव है कि हर समय चीजें सही ही हों।

लेकिन टाटा अकसर सही चयन करता है और इसके ढेरों उदाहरण हैं कि टाटा के लोग टाटा ब्रांड को जीने के लिए तैयार रहते हैं। स्थानाभाव के कारण यहाँ एक उदाहरण देना पर्याप्त होगा। कई वर्ष पहले एक टाटा कंपनी ने एक मध्य वर्गीय परिवार से एक युवा एकाउंटेंट को नियुक्त किया था। वह यह नौकरी पाकर बड़ा गौरवान्वित महसूस करता था। गोपालकृष्णन कहते हैं, एक मध्य वर्गीय परिवार में, अगर आप टाटा में एक एकाउंटेंट के रूप में नौकरी पा जाते हैं तो माना जाता है कि आपने अपने लिए अच्छा किया।' वह युवा टाटा के नैतिक मूल्यों से काफी प्रभावित था। उसने सम्मान संहिता पढ़ी और नैतिकता पर आयोजित विचार गोष्ठी में वह शरीक हुआ। टाटा समूह जिन आदर्शों और मूल्यों पर खड़ा है, उनमें वह दृढ़ता से विश्वास करने लगा।

युवा एकाउंटेंट का एक काम भारतीय कस्टम एवं एक्साइज के साथ कार्य-व्यवहार करना था। उसकी कंपनी विदेश से पुरजे और सामान आयात करती थी और उसका काम यह सुनिश्चित करना था कि सारे कागजात दुरुस्त रहें। इसकी वजह से वह स्थानीय टैक्स विभाग के करीबी संपर्क में आया। एक दिन उसे एक टैक्स अधिकारी का एक आग्रह मिला—भविष्य में उसकी कंपनी को प्रति माह 10 हजार रुपए का भुगतान अवश्य करना चाहिए, ताकि कागजी प्रक्रिया सुचारु रूप से पूरी होती रहे। यह भी कहा गया कि यह रकम उसके और उसके बॉस के बीच बाँटी जाएगी। युवा एकाउंटेंट ने टैक्स अधिकारी के आगे विरोध जताया और समझाने की कोशिश की, लेकिन अधिकारी पर कोई असर नहीं पड़ा।

टैक्स अधिकारी भी परले दर्जे का मूर्ख रहा होगा, क्योंकि घूस न देने की

टाटा की प्रतिष्ठा भारत में सुपरिचित है। लेकिन आगे जो कुछ हुआ, वह इसके लिए भी तैयार नहीं रहा होगा। क्रोधित युवा एकाउंटेंट ने दिल्ली में भ्रष्टाचार-रोधी ब्यूरो के महानिदेशक को सीधे एक ई-मेल भेज दिया, जिसमें उसने वह सब लिखा जो हुआ था। भ्रष्टाचार-रोधी ब्यूरो ने तुरंत जवाब दिया और स्थानीय पुलिस में एक संपर्क भी प्रदान किया। एक जाल बिछाया गया, दोनों टैक्स अधिकारी उसमें फँस गए और दोनों को गिरफ्तार कर जेल भेज दिया गया। युवा एकाउंटेंट ने इस बारे में अपने वरिष्ठों को कुछ भी नहीं बताया। वह कतई चिंतित या भयभीत नहीं था, बस उसे इस बात की कोई जरूरत महसूस नहीं हुई। ये टाटा के मूल्य थे; उसने कोई गलत काम नहीं किया था।

गोपालकृष्णन कहते हैं, 'अगली चीज जो हुई, वह यह कि करीब 8 बजे रात में मुझे एक फोन मिला। फोन पर मुझे बताया गया कि कल सुबह के अखबारों में एक रिपोर्ट छपने जा रही है कि टाटा ने दो टैक्स अधिकारियों को जेल भिजवाने का काम किया।' शुरू में वह खिन्न हुए। उन्होंने मुझसे कहा, 'मेरे दिमाग के एक हिस्से ने कहा कि हमें इस युवा आदमी को डाँटना चाहिए।' उस आदमी से ऐसी प्रतिक्रिया को समझा जा सकता है, जो अपना नाश्ता खोने जा रहा था; मगर यह अहसास लंबे समय तक बना नहीं रहा। उन्होंने कहा, 'मैंने खुद से कहा, उसने सही काम किया है। अखबारों को यह खबर छापने दें। एक समूह के तौर पर हम इस मामले से निपट सकते हैं, लेकिन एक व्यक्ति के तौर पर वह इस श्रेय का अधिकारी है। हमें ऐसे युवा लोगों को प्रश्रय देना चाहिए। हम अगर ऐसे और लोग पैदा कर सकें, न सिर्फ टाटा कंपनी में बल्कि आम समाज में, तो हम भारत के लिए बहुत अच्छा कर सकते हैं।'

## निष्कर्ष

हम यहाँ ज्यादातर भारत और भारतीय-आधारित कंपनियों, जैसे टाटा कंसल्टेंसी सर्विसेज की बात करते आ रहे हैं। एक बार फिर बता दें कि विदेशी बाजारों में स्थिति भिन्न है। कुछेक मामलों में टाटा थोड़ी खतरनाक स्थिति में है—उदाहरण के लिए, ब्रिटेन में इसका नाम तो अच्छी तरह जाना जाता है, लेकिन इसके मूल्यों व आदर्शों के बारे में लोगों को पता नहीं है। जब टाटा स्टील की सहायक कंपनी कोरस को एक प्रमुख ठेका नहीं मिला और उसे रेडकार में अपना संयंत्र (प्लांट) बंद करने की घोषणा करनी पड़ी तथा क्रिसमस के ठीक पहले 1,700 कामगारों की छुट्टी करनी पड़ी (बाद में यह संख्या करीब 1,600 रही) तो कुछ पत्रकारों

ने सवाल किया, टाटा ने उनके लिए ज्यादा कुछ क्यों नहीं किया? कुछ कामगारों ने 13 दिसंबर को एक मैच के ठीक पूर्व मिडिल्सब्रॉ फुटबॉल ग्राउंड पर प्रदर्शन किया और उन्होंने भी यह सवाल पूछा।

कुल मिलाकर, टाटा की ज्यादा आलोचना नहीं हुई। इसका आंशिक कारण संभवतः यह था कि कोरस के साथ टाटा के संबंध की निश्चित प्रकृति के बारे में अनिश्चितता थी और फिर टाटा की अपनी प्रबंधन शैली और उसके मूल्य थे। कामगार एवं पत्रकार परिचित विलेन यानी ब्रिटिश सरकार को कोसने में लग गए और आरोप लगाने लगे कि उसने उनकी मदद के लिए ज्यादा कुछ नहीं किया।

लेकिन यहाँ खतरे हैं। ऐसी स्थिति की कल्पना करना कठिन नहीं है, जहाँ खेदजनक लेकिन आवश्यक संयंत्र बंदी या कामगार छँटनी की श्रृंखला टाटा के सिर पर पलटवार कर सकती है। जब तक टाटा ब्रिटेन में अपने को एक मजबूत नियोक्ता ब्रांड के रूप में खड़ा करने का तरीका नहीं ढूँढ़ता, तब तक न सिर्फ ऐसा हो सकता है बल्कि यह संभवतः होगा ही। जैसाकि टाटा स्टील यूरोप के प्रबंध निदेशक किर्बी एडम्स कहते हैं, 'यह एक अन्य क्षेत्र है, जहाँ टाटा खुद को काफी शांत रखे हुए है। न सिर्फ कर्मचारियों को, बल्कि टाटा के कार्यक्षेत्र में रहनेवाले समुदायों के लोगों को भी टाटा के मूल्यों को ज्यादा दृढ़ता से समझने की जरूरत है, अन्यथा उपभोक्ताओं की तरह वे भी अपनी धारणा गढ़ने लगेंगे।

भारत में नियोक्ता ब्रांड वाकई काफी मजबूत है। क्यों? क्योंकि टाटा ने इसके लिए कड़ी मेहनत की है—कर्मचारियों को शामिल करना, विश्वास व प्रतिबद्धता का प्रदर्शन करना, सुदृढ़ नेतृत्व प्रदान करना और संस्कृति बनाना तथा निरंतर मिथकों की एक श्रृंखला पेश करना, जो ब्रांड को सुदृढ़ पहचान प्रदान करती है और कामगारों को टाटा की कहानी में भागीदारी करने की इजाजत देती है। महत्त्वपूर्ण बात है कि इसने कामगारों और ग्राहकों के सामने एक ही कहानी पेश की है, हालाँकि थोड़ा अलग-अलग तरीके से। पिछले अध्याय में टाटा ग्राहक ब्रांड की चर्चा की गई थी, जो कि एक विस्तृत फलकवाला ब्रांड है और इसमें कई अलग-अलग समूह है। नियोक्ता ब्रांड काफी ज्यादा केंद्रित है और शीर्ष कार्याधिकारी से लेकर सुरक्षा गार्डों और सफाई कर्मचारियों तक, इस्पातकर्मियों से लेकर वैज्ञानिकों तक, टेलीकॉम (दूरसंचार) इंजीनियरों से लेकर चाय बागान कर्मियों तक—हरेक को यह महसूस करने की अनुमति देता है कि वे ब्रांड के साथ समान तरह से जुड़े हुए हैं। संभवतः बीते वर्षों में टाटा परिवार के प्रभाव के कारण कर्मचारियों और ब्रांड के बीच संबंध लगभग एक पारिवारिक अहसासवाला रहा है।

मजबूत और टिकाऊ ग्राहक एवं नियोक्ता ब्रांड को देखने के बाद वित्तीय

ब्रांड के रूप में टाटा को देखना कुछ आश्चर्यजनक लगता है, क्योंकि इसमें पहले दो ब्रांडों की कुछ प्रमुख खासियतों का अभाव दिखता है। अगले अध्याय में हम इस पर गौर करेंगे।

## संदर्भ :

(i) आधुनिक बाटा निगम इस व्यापार से निकला है।

(ii) जैसाकि ऊपर कहा गया, भारत स्थित कंपनियाँ, जिनकी स्थापना टाटा ग्रुप के हिस्से के रूप में की गई और जो इसकी संस्कृति में सीधे हिस्सा लेती हैं तथा कोरस व जगुआर लैंड रोवर जैसी नव-अधिगृहीत कंपनियों के बीच एक फर्क किए जाने की जरूरत है, क्योंकि इनमें टाटा समूह की संस्कृति को आत्मसात् करने की प्रक्रिया अभी तक शुरू ही नहीं हुई है।

(iii) जमशेदजी टाटा के ज्यादा उत्साही जीवनी लेखक कभी-कभी दावा करते हैं कि वह ऐसा करनेवाले दुनिया के पहले नियोक्ता थे। यह एकदम सच नहीं है, और जैसाकि हमने अध्याय-2 में देखा, ज्यादा संभावना है कि वह प्रगतिशील ब्रिटिश नियोक्ताओं से प्रभावित थे। लेकिन इनमें से किसी भी परिपाटी को भारत में या कहीं और तब तक कानून का रूप नहीं दिया गया था, लेकिन इस प्रभाव से इस तथ्य पर कोई फर्क नहीं पड़ता कि जमशेदजी की प्रतिष्ठा उन्नीसवीं सदी में दुनिया के सबसे प्रगतिशील व प्रबुद्ध नियोक्ताओं के रूप में थी।

(iv) इस बारे में ज्यादा जानकारी के लिए अध्याय-2 देखें।

(v) बहरहाल, इस मामले में यह काम कर गया। आज जॉन लेविस ग्रुप पूरी तरह कर्मचारियों के स्वामित्व में है और वर्ष 2009 में यह ब्रिटेन का सबसे तेज विकास करनेवाला रीटेल चेन (खुदरा विक्रेता श्रृंखला) था।

(vi) बाद में टाटा टी ने असम के बागानों से अपनी हिस्सेदारी का विनिवेश कर दिया और अमल्गैमेटेड प्लांटेशंस नामक एक नई कंपनी अस्तित्व में आई। इस नए उपक्रम में टाटा टी की एक छोटी हिस्सेदारी है। अमल्गैमेटेड प्लांटेशंस में अनेक कर्मचारी शेयरधारी हैं, लेकिन इसमें कई अन्य कॉरपोरेट शेयरधारक भी हैं।

❑

# 8

# टाटा वित्तीय ब्रांड

हम टाटा ब्रांड के अपने अन्वेषण के अंत के करीब हैं, लेकिन कई महत्त्वपूर्ण समूहों और उनके नजरिए के बारे में अभी भी चर्चा किए जाने की जरूरत है। इस अध्याय में हम सरकार, मीडिया एवं वित्तीय समुदाय के नजरिए को देखेंगे और फिर अगले अध्याय में अपना ध्यान समाज व विस्तृत समुदाय पर लगाएँगे।

कॉरपोरेट ब्रांडों की चर्चा करते हुए, जैसाकि हमने देखा है, हम 'उपभोक्ता ब्रांडों' या 'कर्मचारी ब्रांडों' के बारे में बात करते हैं, लेकिन विरले ही 'राजनीतिक ब्रांडों' या 'मीडिया ब्रांडों' की बात करते हैं। इसकी वजह संभवतः यह है कि कॉरपोरेट ब्रांड निर्माण पर अधिकांश साहित्य उत्तरी अमेरिका या यूरोप से आता है। उन क्षेत्रों में कुल मिलाकर कारोबार और राजनीति के बीच अलगाव है। सरकारें कारोबारी क्षेत्र में हस्तक्षेप करती हैं, लेकिन आमतौर पर—कम-से-कम औपचारिक रूप में—तभी जब कानून तोड़े जा रहे हों या वित्तीय आपातकालीन स्थिति में, जैसाकि वर्ष 2008 में बैंकों को उबारने के लिए किया गया।

वैसे, कारोबारी नेता सरकारी अधिकारियों व मंत्रियों के साथ अच्छे संबंध विकसित करते हैं, लेकिन वे अकसर निजी होते हैं, बजाय कॉरपोरेट संबंध के।[1] कारोबारी नेता और उनके जन-संपर्क विभाग भी समाचार मीडिया, खासकर वित्तीय प्रेस के साथ अच्छे संबंध विकसित करने की कोशिश करते हैं और कॉरपोरेट ब्रांड इसमें भूमिका निभाता है। लेकिन ज्यादातर मामलों में प्रेस को महत्त्वपूर्ण माना जाता है, क्योंकि यह अन्य स्टेकहोल्डरों—ग्राहकों, वित्तीय समुदाय, विस्तृत समाज को प्रभावित करने में समर्थ है। मगर यह निरर्थक है कि प्रेस खुद स्टेकहोल्डर है।

कॉरपोरेट ब्रांडिंग के लेखक कभी-कभी 'वित्तीय ब्रांडों' के बारे में बात करते हैं। यह वह ब्रांड है, जो एक कंपनी वित्तीय संस्थानों और वित्तीय बाजारों में

अपनी प्रतिष्ठा व छवि बनाती हैं। संस्थान और बाजार ब्रांड के बारे में धारणाएँ बनाते हैं और इस तरह वे कंपनी के बारे में नजरिया अपनाते हैं। इस नजरिए का सीधा असर कंपनी की कोष जुटाने और वित्तीय स्टेकहोल्डरों (बैंकों, शेयरधारकों आदि) के साथ अच्छे संबंध बनाने की योग्यता पर पड़ता है। इस तरह से जान-बूझकर वित्तीय ब्रांड बनाने की कोशिश करनेवाली शुरुआती कंपनियों में ब्रिटेन के हैन्सन उद्योग समूह का नाम आता है। हैन्सन ने 1980 के दशक में पक्के वित्तीय प्रबंधन, सुदृढ़ विकास और शेयरधारकों को अच्छे मुनाफे के आधार पर अपनी प्रतिष्ठा बनाई। आज, खासकर प्राइवेट इक्विटी (निजी शेयर) के उदय के बाद से, कई बड़ी कंपनियाँ इसी तरह की छवियाँ बनाना चाहती हैं।

इसके बगैर भी इसमें कोई शक नहीं कि कम-से-कम टाटा के मामले में ये तीनों ही स्टेकहोल्डर समूह महत्त्वपूर्ण हैं। ऊपर दिए गए क्रम के आधार पर हम देखें कि उनके दृष्टिकोण क्या हैं और उनका क्या असर हो सकता है।

## कारोबार को राजनीति के साथ मिलाना

जैसाकि हमने अध्याय-2 और अध्याय-3 में देखा, टाटा समूह का भारतीय राष्ट्रीय कांग्रेस के साथ कई वर्षों तक करीबी संबंध रहा था। और 1947 में स्वतंत्रता-प्राप्ति के बाद भी समूह ने कई दशकों तक भारत में सरकार बनानेवाली कांग्रेस पार्टी के साथ अच्छे संबंध बनाए रखे। जमशेदजी टाटा भारतीय राष्ट्रीय कांग्रेस की शुरुआती बैठकों में से एक में मौजूद थे और वह आजीवन कांग्रेस का समर्थन करते रहे। वैसे, उन्होंने अपना रुख काफी धीमा और दबा हुआ रखा, क्योंकि संभवत: उन्हें ब्रिटिश राज की सदिच्छा की भी जरूरत थी। हमने यह भी देखा कि कैसे सरकारी पाबंदियों ने टाटा को एक दशक से भी ज्यादा समय तक लौह एवं इस्पात उद्योग में प्रवेश करने से रोके रखा। जमशेदजी टाटा ने ब्रिटिश राज और उसके अधिकारियों के साथ अच्छे संबंध विकसित करने का खयाल रखा। बाद में कई ब्रिटिश अधिकारी, खासकर उदार विचारोंवाले, जमशेदजी टाटा के बारे में काफी सम्मान का भाव रखने लगे। लॉर्ड रीये, जो पहले बॉम्बे के गवर्नर और बाद में भारत के लिए मंत्री रहे, उनके (जमशेदजी के) निजी मित्र थे।

मगर भारत में ब्रिटेन के प्रमुखतम वॉयसराय लॉर्ड कर्जन के साथ जमशेदजी टाटा का थोड़ा ज्यादा ठंडा रिश्ता था। दोनों के बीच रिश्ते में निजी गरमाहट नहीं थी और टाटा की योजनाओं के बारे में कर्जन हमेशा उत्साह नहीं रखते थे। भारतीय विज्ञान संस्थान (इंडियन इंस्टीट्यूट ऑफ साइंस) के लिए कम-से-कम शुरुआत

में कर्जन का बहुत समर्थन नहीं था। लेकिन उन्होंने और भारत में हरेक अधिकारी ने उस समय तक महसूस कर लिया था कि जमशेदजी टाटा एक बड़ी ताकत हैं। यहाँ तक कि टाटा सार्वजनिक रूप से सरकार की आलोचना करने में भी समर्थ थे। 'टाइम्स ऑफ इंडिया' को लिखे एक पत्र में उन्होंने लिखा—'भारत में ब्रिटिश राज काल्पनिक रूप से जितना अच्छा हो सकता है, तकरीबन उतना ही अच्छा है और कोई भी इसमें नुक्ताचीनी करने का दु:स्साहस नहीं कर सकता। लेकिन काल्पनिक (अमूर्त) मंशाएँ एक चीज हैं और गंभीर कार्य-प्रदर्शन एकदम दूसरी चीज होता है।'[i] (टाइम्स ऑफ इंडिया के तत्कालीन संपादक स्टैनले रीड उनके एक अन्य निजी मित्र थे।) सरकार ने खुलकर इस हमले पर प्रतिक्रिया नहीं जताई और टाटा या उनके कारोबार के लिए भी कोई खतरा पैदा नहीं हुआ। उनके पुत्र सर रतन टाटा ने जब दक्षिण अफ्रीका में महात्मा गांधी का पुरजोर समर्थन किया, तब भी टाटा समूह पर कोई प्रतिकूल असर सरकार की ओर से नहीं पड़ा।

---

**वर्ष 1991 में लाइसेंस राज के मृत हाथ को हटाए जाने और भारतीय अर्थव्यवस्था के खोले जाने के बाद से टाटा एवं भारत सरकार के बीच रिश्ते में बदलाव आया।**

---

जे.आर.डी. टाटा ने राजनीतिक परिदृश्य के साथ करीबी रिश्ता बनाए रखना जारी रखा, खासकर 1947 में स्वतंत्रता-प्राप्ति के बाद। यह आश्चर्यजनक नहीं है। टाटा समूह राष्ट्र-निर्माण के लिए प्रतिबद्ध था और राष्ट्र-निर्माण खुद एक राजनीतिक काम है। जे.आर.डी. ने कांग्रेस पार्टी का समर्थन किया और जवाहरलाल नेहरू एवं उनकी उत्तराधिकारी व पुत्री इंदिरा गांधी से उनके नजदीकी संबंध थे। और जैसाकि हमने अध्याय-3 में देखा, भारतीय अर्थव्यवस्था पर राज्य का कड़ा नियंत्रण था। नेहरू से करीबी संबंध होने के बावजूद एयर इंडिया का राष्ट्रीयकरण किया गया और टिस्को जैसे टाटा के अन्य कारोबारों को ऐसे ही हश्र की धमकी दी गई। सरकार के साथ उच्चतम स्तर पर करीबी संपर्क के कारण जे.आर.डी. को राष्ट्रीयकरण के खिलाफ अपनी दलील देने की इजाजत दी गई और यह सुनिश्चित हुआ कि उनकी बात सुनी जाए। इसलिए सरकार के साथ निकट संबंध में रुझान और आवश्यकता दोनों बातें निहित थीं।

वर्ष 1991 से लाइसेंस राज के मृत हाथ के हटने और भारतीय अर्थव्यवस्था के खुलते जाने से टाटा और भारत सरकार के बीच संबंध में बदलाव आया।[ii] आज नजरिया यह है कि टाटा और राजनीति की दुनिया के बीच अतीत की तुलना में

ज्यादा दूरी है। आज किसी खास पार्टी के बजाय टाटा की प्रतिबद्धता राजनीतिक प्रक्रिया के लिए है। उदाहरण के लिए, टाटा कंपनियों द्वारा समर्थित निकायों में से एक टाटा इलेक्टोरल ट्रस्ट (टाटा चुनाव न्यास) निष्पक्ष रूप से उन तमाम राजनीतिक पार्टियों को अनुदान देता है, जो चुनावों में एक खास समर्थन-स्तर को हासिल कर लेती हैं, ताकि वे अपना प्रशासकीय व अन्य खर्च वहन कर सकें। उनकी निष्पक्षता का नमूना तब प्रदर्शित हुआ, जब वर्ष 2009 में ट्रस्ट ने पश्चिम बंगाल में तृणमूल कांग्रेस को अनुदान दिया। तृणमूल कांग्रेस ने सिंगुर में नैनो संयंत्र लगाने को लेकर टाटा मोटर्स का विरोध किया था। शुरू में यह संकेत देने के बाद कि यह टाटा की ओर से रिश्वत है, तृणमूल कांग्रेस ने अनुदान राशि लौटा दी।

भारतीय राजनीति की अराजक और विभाजित दुनिया से टाटा का संबंध मुश्किल भरा हो सकता है। वामपंथी राजनीतिक पार्टियाँ टाटा का विरोध करती हैं, क्योंकि टाटा एक बड़ा कारोबारी समूह है और वे (वामपंथी) तमाम बड़े कारोबारों का विरोध करते हैं। दक्षिणपंथी राजनीतिक पार्टियाँ टाटा की कुछ सामाजिक गतिविधियों को संदेह की नजर से देखती हैं। 1990 के दशक में असम में टाटा टी का ग्रामीण विकास कार्यक्रम ऐसा ही एक उदाहरण था। सितंबर 1997 में असम के मुख्यमंत्री के आदेश पर असम में टाटा टी के महाप्रबंधक एस.एस. डोगरा को पुलिस ने गिरफ्तार कर लिया। संदेह था कि वह प्रतिबंधित संगठन यूनाइटेड लिबरेशन फ्रंट ऑफ असम को सहायता दे रहे हैं। प्रबंध निदेशक आर.के. कृष्ण कुमार से भी इन्हीं आरोपों को लेकर पूछताछ की गई; लेकिन बगैर कोई आरोप लगाए उन्हें रिहा कर दिया गया। इसी तरह टाटा स्टील कंपनी झारखंड राज्य में आदिवासी लोगों के लिए विशाल सामाजिक कार्यक्रम चलाती है, ताकि वामपंथी नक्सली गुरिल्ला टाटा स्टील को निशाना न बनाएँ। मगर इस कार्यक्रम ने कुछ धुर दक्षिणपंथी हलकों में संदेह पैदा कर दिया है।

---

**भ्रष्टाचार के खिलाफ टाटा की प्रतिष्ठा ने समूह के लिए दुश्मन भी बनाए हैं।... जो राजनीतिज्ञ रिश्वत माँगते हैं, उन्हें मना कर दिया जाता है और ऐसे नेता टाटा के प्रति बहुत अनुकूल रवैया नहीं दिखाते।**

---

भ्रष्टाचार के खिलाफ टाटा की प्रतिष्ठा ने समूह के लिए दुश्मन भी बनाए हैं। टाटा संस के आर. गोपालकृष्णन कहते हैं, 'राजनीतिज्ञ हमसे कहते हैं, 'हम बेहतर ढंग से जानते हैं कि चुनाव अभियान के दौरान पैसे के लिए आपसे पूछना भी व्यर्थ है। चुनाव के बाद अगर हम एक अस्पताल या स्कूल बनाना चाहते हैं तो

हम आपके पास आएँगे।' इस प्रतिष्ठा ने भारतीय समाज में समूह के लिए कई प्रशंसक बनाए हैं, लेकिन जो राजनीतिज्ञ रिश्वत माँगते हैं, उन्हें मना कर दिया जाता है और उनका रवैया टाटा के प्रति बहुत अनुकूल नहीं होता। हालाँकि सबसे गंभीर समस्या राजनीतिक दलों के बीच निरंतर संघर्ष है, जिसके बीच टाटा कभी-कभी फँस जाता है। ऐसा प्रतीत होता है कि सिंगुर की घटना पश्चिम बंगाल में राजनीतिक दलों के बीच सत्ता-संघर्ष का परिणाम थी। टाटा पर हमला करने से कुछ राजनीतिक नेताओं ने अपना कद बढ़ाया और वे अपने नाम व चेहरे को सुर्खियों में ले आए।

तो राजनीतिक क्षेत्रों में टाटा के कॉरपोरेट ब्रांड के बारे में नजरिया खुद राजनीतिज्ञों, उनके उद्देश्यों और उनकी महत्त्वाकांक्षाओं एवं वैचारिक आधारों पर निर्भर करता है। ज्यादातर भारतीय राजनीतिज्ञों के बीच टाटा को एक भरोसेमंद नाम माना जाता है। कंपनी के बारे में माना जाता है कि यह भ्रष्ट नहीं हो सकती। अपने आकार और भारतीय अर्थव्यवस्था एवं राष्ट्र-निर्माण में इसके योगदान के लिए इसका सम्मान किया जाता है। वैश्विक राजनीतिक मंच पर भारत की एक प्रमुख खिलाड़ी के रूप में उभरने की महत्त्वाकांक्षा टाटा की वैश्विक कंपनी या कम-से-कम एक बहुराष्ट्रीय कंपनी बनने की इच्छा से मेल खाती है। लेकिन एक छोटा वर्ग टाटा को नापसंद करता है और इससे भयभीत होता है, चाहे वैचारिक कारणों से या इसका फखत आकार ही उन्हें खतरा लगता है (यहाँ यह जोड़ा जाना चाहिए कि वे अन्य विशाल भारतीय कारोबारी समूहों से भी घृणा करते हैं और उनसे भय खाते हैं, यहाँ तक कि वे उनके खिलाफ और जहर उगलते हैं।)[i]

तो टाटा का 'राजनीतिक ब्रांड' मोटे तौर पर उसकी परंपराओं और प्रतिष्ठा पर आधारित है। क्या यह संभव है कि कॉरपोरेट ब्रांड को राजनीतिक क्षेत्रों में ज्यादा प्रभावी ढंग से इस्तेमाल किया जाए? ऐसा करना खतरे से खाली नहीं होगा और उसे वामपंथियों एवं कारोबार विरोधी राजनीतिज्ञों व दलों का और कोपभाजन बनना पड़ सकता है। दूसरी ओर, टाटा के पास इसके अलावा और कोई विकल्प नहीं है कि वह भारतीय राजनीति से अपना संपर्क बनाए रखे, भले ही निष्पक्ष आधार पर। यह फिर 'लंबा पोस्ता' के लक्षणवाला मामला है। भारत में सबसे बड़ा कारोबारी समूह और भारतीय कारोबार का सबसे ज्यादा दृष्टिगोचर होनेवाला चेहरा होने के नाते वे लोग टाटा को अपना निशाना बनाएँगे, जो भारतीय कारोबार पर हमला करना चाहते हैं। टाटा को अपनी कहानी भारतीय राजनीतिज्ञों को बतानी चाहिए, क्योंकि यदि वह ऐसा नहीं करेगा तो अन्य स्टेकहोल्डरों की तरह राजनीतिज्ञ

भी अपनी कहानी गढ़ लेंगे। यह सही है कि टाटा परिवार और इसके कई वरिष्ठ कार्याधिकारियों के कुछ भारतीय राजनीतिज्ञों के साथ पहले से ही मजबूत संपर्क संबंध हैं, लेकिन यह सवाल फिर भी पूछा जा सकता है कि क्या कॉरपोरेट ब्रांड का इस्तेमाल उन रिश्तों के समर्थन में तथा उसे और विस्तृत करने में किया जा सकता है? और विदेशों में, जहाँ राजनीतिज्ञ टाटा समूह के ढाँचे, प्रशासन और इरादों के बारे में अनभिज्ञ हैं,[iii] ऐसा प्रतीत होगा कि टाटा कॉरपोरेट ब्रांड को राजनीतिक समूहों के साथ संबंध स्थापित करने में और भी अहम भूमिका निभाने की जरूरत है। ये संबंध टाटा की वैश्विक रणनीति के मद्देनजर काफी महत्त्वपूर्ण होंगे।

## कथावाचक

भारतीय मीडिया उसी तरह वैविध्यपूर्ण है, जैसे उसके राजनीतिक दल। एक प्रेक्षक ने भारतीय प्रेस को एक इंद्रधनुष की तरह बताया, जिसमें पूरे पटल के हर रंग के विचार का प्रतिनिधित्व प्रकाशन या टेलीविजन या इंटरनेट पर है। और जैसाकि राजनीति में होता है, भारतीय पत्रकारों का टाटा के बारे में नजरिया उनके अपने लक्ष्यों और विचारधाराओं पर निर्भर करता है।

पत्रकार कभी-कभी दावा करते हैं कि उनका मिशन सत्य पर से परदा उठाना है। वस्तुत: उनमें से अधिकांश आपसे निजी रूप से और कुछ सार्वजनिक रूप से कहेंगे कि उनका मकसद एक कहानी कहना है। वे अपने पाठकों या दर्शकों को अपनी कहानी का अनुसरण करने के लिए बाध्य करने की कोशिश करते हैं। वे यह भी कोशिश करते हैं कि बाद में भी पाठक और दर्शक बार-बार उनकी कहानी को पढ़ें या देखें। मीडिया पाठक और दर्शक दरअसल उपभोक्ता हैं और पत्रकारों का एक काम उन्हें ऐसी कहानियाँ परोसकर लुभाना है, जो दिलचस्प, खोजपूर्ण व सूचनात्मक हों। अगर वे ऐसा नहीं कर सकते हैं तो कोई भी उनके अखबार को नहीं पढ़ेगा या उनके चैनल को नहीं देखेगा और इस तरह वे इस कारोबार से बाहर हो जाएँगे।[iv]

मैं इस बात को इंगित करता हूँ, क्योंकि जैसा हमने अध्याय-6 में देखा, भारतीय संस्कृति में कहानी कहना एक बहुत महत्त्वपूर्ण भूमिका निभाता है।[v] लोग विश्वास करने योग्य व सुगठित कहानियों को गले लगाते हैं और उन्हें अपनी संस्कृति के एक भाग के तौर पर स्वीकार करते हैं। भारतीय प्रेस के पूरे पटल को पढ़ते हुए, यह संभव है कि विभिन्न पत्रकारों द्वारा विभिन्न नजरिए से प्रस्तुत टाटा

के बारे में बहुतेरी कहानियाँ मिल जाएँ। इस बात पर न जाएँ कि उनमें से कई तथ्यात्मक रूप से गलत होती हैं। दृष्टिकोण ही सबकुछ है। मीडिया में जो सबसे बढ़िया कहानी कहेगा, वही जीतेगा।

ब्रांड निर्माण के संदर्भ में प्रेस को आमतौर पर एक संचार चैनल के रूप में देखा जाता है, जिनके जरिए अन्य स्टेकहोल्डरों को प्रभावित किया जा सकता है। ब्रांड-निर्माण सलाहकार अल रीस सलाह देते हैं कि ब्रांड निर्माण का यह सबसे बढ़िया तरीका है। वह कहते हैं, ब्रांड का प्रचार करनेवाले अधिकतर विज्ञापन अनुपयोगी हैं और ब्रांड की प्रतिष्ठा स्थापित करने का यह वाकई एकमात्र प्रभावी तरीका है।[2] लेकिन इसका एक अन्य पक्ष है। कथावाचक के रूप में पत्रकार भी ब्रांड के सह-सृजक होते हैं। और उनके निजी व वैचारिक विश्वास हमेशा अन्य स्टेकहोल्डरों के विचारों से मेल नहीं खाते हैं। अगर वे चाहें तो वे कंपनी के बारे में अन्य स्टेकहोल्डरों के नजरिए को अनुकूल से प्रतिकूल में या इसके उलट करने की कोशिश कर सकते हैं।

पत्रकारों को महज एक जरिया समझने के बजाय हम उन्हें उपभोक्ताओं के रूप में भी देख सकते हैं। पत्रकारों की अपनी कहानियों या खबरों के लिए सामग्रियों की जरूरत होती है। उन्हें लिखने के लिए या कार्यक्रम प्रसारित करने के लिए चीजों की आवश्यकता होती है, अन्यथा वे काम नहीं कर सकते। कुछ कंपनियों ने इस बात को समझ लिया है और मीडिया के साथ मजबूत छवि व संबंध बनाए हैं। उनके जन-संपर्क विभाग प्रेस के बेहद करीब हैं और यदि एक पत्रकार सूचना चाहता है या उसे कहानी की जरूरत है तो वे उन जरूरतों को पूरा करने के लिए हमेशा तैयार रहते हैं। वर्जिन, डैनोन और माइक्रोसॉफ्ट बहुराष्ट्रीय कंपनियों के कुछ उदाहरण हैं, जो प्रेस को एक माध्यम के रूप में नहीं देखते, बल्कि उसे एक स्टेकहोल्डर के रूप में लेते हैं। इन संबंधों के लिए वे अपने कॉरपोरेट ब्रांड का इस्तेमाल आधार के रूप में करते हैं। उदाहरण के लिए, 'वर्जिन' नाम पत्रकारों को उद्यमशीलता के बारे में सोचने के लिए प्रेरित करता है। इसी तरह 'डैनोन' का नाम सामाजिक जिम्मेदारी और 'माइक्रोसॉफ्ट' का नाम नवाचार और लोकोपकार के साथ संबद्ध है।

भारतीय प्रेस में टाटा के बारे में विविध किस्म के ढेरों विचार व दृष्टिकोण पाए जा सकते हैं, लेकिन उसमें कुछ निरंतरता और संगति होती है। कई अपवादों के साथ कुल मिलाकर भारतीय प्रेस द्वारा टाटा का सम्मान किया जाता है, अन्य भारतीय कारोबारी समूहों से कहीं काफी ज्यादा। मुंबई में जिन कारोबारी पत्रकारों

के साथ मेरी बातचीत हुई, वे टाटा को एक मजबूत और सुप्रबंधित समूह मानते हैं। नैनो और टाटा-डोकोमो द्वारा दिए गए 1 सेकंड के मोबाइल फोन शुल्क जैसे नए प्रयोगों को काफी विस्तार से प्रकाशित-प्रसारित किया गया। नवाचार के लिए टाटा की प्रतिष्ठा को स्थापित करने में प्रेस ने प्रमुख भूमिका निभाई है। श्रमिक विवादों की खबरें छापने में वैचारिक रूप से ज्यादा प्रेरित अखबारों को छोड़कर प्रेस ने आमतौर पर अनुकूल या कम-से-कम तटस्थ रवैया अपनाया है। पिछले कुछ वर्षों में कुछेक प्रमुख कारोबारी अखबारों ने वैश्विक कारोबारी परिदृश्य में टाटा की उपस्थिति और भूमिका को भी उभारना शुरू कर दिया है। (वे अकसर इस बात को बहुत बढ़ा-चढ़ाकर पेश करते हैं कि टाटा विदेशों में कितना जाना जाता है, लेकिन यह कम-से-कम अनुकूल रवैया तो है ही।)

**कुल मिलाकर—कई अपवादों को छोड़कर—भारतीय प्रेस द्वारा टाटा का सम्मान किया जाता है, अन्य भारतीय कारोबारी समूहों से कहीं ज्यादा।**

टाटा संस के चेयरमैन रतन टाटा निश्चयपूर्वक कहते हैं कि 1990 के दशक में टाटा समूह के पास प्रतिष्ठा तो थी, लेकिन एक ब्रांड नहीं था। जहाँ तक भारतीय प्रेस की बात है, एक तरह से यह अभी भी सच है। भारतीय पत्रकारों को टाटा ब्रांड के बारे में पता है और यह भी मालूम है कि अन्य स्टेकहोल्डर के लिए इसके क्या मायने हैं; लेकिन मुझे यह बेतुका लगा कि वे खुद ही इनके साथ सीधे शामिल रहते हैं। यह जोड़ा जाना चाहिए कि टाटा ग्रुप की कंपनियों और भारतीय प्रेस के बीच ढेरों संपर्क हैं और टाटा समूह भारत में तथा विदेशों में जनसंपर्क एजेंसियों की सेवाएँ लेता है। लेकिन इसमें और सुधार करने की जरूरत है।

जहाँ तक विदेशी प्रेस का सवाल है, यहाँ तक कि जिनके भारत में कार्यालय या संवाददाता हैं, उन्हें भी टाटा ब्रांड और इसके मूल्यों के बारे में कोई जानकारी नहीं है। उदाहरण के लिए, कोरस और जगुआर लैंड रोवर के अधिग्रहणों को ब्रिटिश प्रेस में विस्तार से छापा गया, लेकिन 'टाटा भारत का सबसे बड़ा कारोबारी समूह है' जैसे सपाट बयानों के अलावा टाटा समूह के बारे में कोई जानकारी नहीं दी गई। उदाहरण के लिए, बी.बी.सी. की समाचार वेबसाइट पर एक लेख में चेक, इंडोनेशियाई और जुलु में 'टाटा' शब्द के कई अनुवाद बताए गए; लेकिन इस बात का जिक्र नहीं किया गया कि टाटा संस का अधिकांश स्वामित्व चेरिटेबल ट्रस्टों का है या समूह के मिशन और मूल्यों के बारे में कुछ भी नहीं बताया गया।[3] जगुआर लैंड रोवर के अधिग्रहण के बाद के महीनों में ब्रिटिश प्रेस ने एक निराशावादी

रवैया अपना लिया। खबरों (कहानियों) में ऐसे शीर्षक लगाए जैसे 'टाटा द्वारा 1.4 अरब पाउंड के शेयर गिरवी रखे जाने पर उसकी वित्तीय स्थिति के बारे में चिंताएँ बढ़ीं' (द टाइम्स, 18 फरवरी, 2009) और 'टाटा मोटर्स ने 75 करोड़ डॉलर की रकम जुटाई, जिससे शेयरों के भाव गिरे' (रॉयटर्स, 9 अक्तूबर, 2009)। किसी भी कहानी ने टाटा मोटर्स या टाटा समूह के बारे में कुछ भी विस्तार से नहीं बताया। पत्रकारों ने तय कर लिया कि उन्हें क्या खबर देनी है, बगैर इसका कोई संदर्भ लिये कि टाटा क्या कहना चाहता है।

हमने पिछले अध्याय में देखा कि ब्रिटिश प्रेस ने दिसंबर 2009 में कोरस में छँटनी जैसी घटनाओं को मोटे तौर पर घरेलू मामलों के तौर पर लिया। इस मामले में टाटा की संबद्धता का कोई जिक्र नहीं किया गया। लेकिन वहाँ कही गई बात को दोहराते हुए कहा जा सकता है कि इन प्रेस खबरों ने इसकी कोई जागरूकता नहीं दिखाई कि टाटा समूह क्या है या उसके मूल्य व आदर्श क्या हैं। हालाँकि ब्रिटेन में टाटा के लिए किए गए बाजार शोध का कहना है कि मीडिया में टाटा के एक समूह के रूप में काफी उच्च स्तर की जागरूकता है, मेरा अपना पर्यवेक्षण है कि अंतरराष्ट्रीय मीडिया को टाटा समूह के बारे में ज्यादा कुछ पता नहीं है। उन्हें यह नहीं मालूम है कि टाटा का ढाँचा क्या है, इसका प्रशासन कैसे चलता है—और टाटा ब्रांड के बारे में समझदारी तो बहुत ही कम है। टाटा ने जिस तरह दक्षिण अफ्रीका में सफलतापूर्वक ब्रांड उन्नयन कार्यक्रम चलाए, उसी तरह का अभियान उसने ब्रिटेन, अमेरिका और चीन में भी चलाया है। इसका परिणाम भविष्य में ही पता चल पाएगा। कोरस एवं जगुआर लैंड रोवर जैसे अधिग्रहणों और नैनो जैसे नवाचारों के साथ मीडिया समेत तमाम 'प्रभावित करनेवाले' समूहों के बीच टाटा समूह के बारे में जागरूकता बढ़ रही है।

## वित्तीय ब्रांड

'सुरक्षित लेकिन शानदार नहीं'—टाटा समूह के कुछ कार्याधिकारी वित्तीय हलकों में अपनी प्रतिष्ठा का वर्णन इसी रूप में करते हैं। न केवल निवेशकों बल्कि कुछ टाटा कार्याधिकारियों के बीच एक व्यापक धारणा है कि टाटा समूह की कंपनियों में निवेश करना कुल मिलाकर उतना लाभकारी नहीं साबित होता जितना कुछ अन्य भारतीय कंपनियों में निवेश करना। इसका यह आशय नहीं है कि कम फायदा होता है, बस वे उतने शानदार नहीं हैं जितने कि दूसरे विभागों में। दूसरी ओर, खतरे काफी कम हैं। अपनी सुदृढ़ प्रतिष्ठा और बाकी समूह के समर्थन की

बदौलत इसकी संभावना नहीं होती कि टाटा की कंपनियाँ डूब जाएँ। वे ठोस, सुरक्षित और समझदारी भरा निवेश हैं।

हाल के वर्षों में टाटा समूह में वाकई एक वित्तीय घोटाला हुआ था—वर्ष 2002 में टाटा फाइनेंस कंपनी बैठ गई थी। लेकिन विरोधाभासी ढंग से इस हादसे ने भी टाटा समूह की प्रतिष्ठा बढ़ाई ही। हुआ यों कि टाटा समूह की निवेश शाखा टाटा फाइनेंस प्रकट रूप में बहुत अच्छा प्रदर्शन कर रही थी। लेकिन टाटा संस में किसी को इस पर संदेह हुआ और टाटा फाइनेंस की वित्तीय स्थिति की एक स्वतंत्र समीक्षा एक ऑडिटिंग फर्म से कराने का आदेश दिया गया। ऑडिटरों ने जो रिपोर्ट दी, उसमें कहा गया कि सबकुछ ठीक है, लेकिन अनपेक्षित रूप से उस रिपोर्ट को वापस ले लिया गया और ऑडिट करनेवाली टीम के प्रमुख की छुट्टी कर दी गई। टाटा संस ने अपने स्तर पर समीक्षा कराई और अंदर खाने व्यापार (इनसाइडर ट्रेडिंग) से लेकर फर्जी कागजात तक व्यापक अनियमितताएँ पाईं। शेयर बाजार में हाल में आई गिरावट ने कंपनी के खातों में बड़े घोटाले का पर्दाफाश कर दिया था।

## टाटा की कंपनियाँ ठोस, सुरक्षित, समझदारी भरा निवेश हैं

रतन टाटा ने इस हादसे के सात साल बाद मुझसे कहा कि हमारे पास यह आसान विकल्प होता कि हम चुपचाप छिद्र को भर देते, वित्तीय नुकसान की भरपाई कर देते और सबकुछ गलीचे के नीचे सरका देते। उन्होंने कहा, 'लेकिन मैं वह नहीं कर सका। ऐसा करके हम दोषी को साफ बच जाने देते। मैंने महसूस किया कि अगर हमने इस घोटाले को सार्वजनिक नहीं किया तो हम अप्रत्यक्ष रूप से संदेश दे रहे होंगे कि इस किस्म का व्यवहार सहन किया जा सकता है।'

इसलिए टाटा संस के कार्यकारी निदेशक आर. गोपालकृष्णन के शब्दों में, 'हमने खुद ही सीटी बजा दी।' टाटा संस ने वित्तीय नियामक अधिकारियों को सूचित कर दिया और उन्होंने पुलिस को इत्तला दे दी। लंबा खिंचने के पूर्व ही पूरा माजरा लोगों की जानकारी में आ गया और प्रेस ने ताबड़तोड़ खबरें देनी शुरू कर दीं। अल्पावधि में रतन टाटा कहते हैं, इस वाकये ने टाटा के नाम और उसकी छवि में बट्टा लगाया। लोगों ने पूछा, टाटा में यह कैसे हो सकता है ? क्या ईमानदारी और सत्यनिष्ठा के लिए उनकी प्रतिष्ठा पर हमेशा के लिए बट्टा लग गया ? प्रेस में कई दिनों तक यह मामला उछलता रहा, खासकर इस वजह से कि इस सिलसिले में कई आरोपों के आधार पर गिरफ्तार किए गए टाटा फाइनेंस के पूर्व प्रबंध निदेशक दिलीप पेंडसे ने दावा किया कि जो कुछ घटित हुआ था, टाटा संस को

इस बारे में पता था और उसने इसकी इजाजत दी थी। यह तुरंत ही गलत साबित हो गया; लेकिन एक निराशा का भाव घिर गया था, एक मूर्ति के पाँव मिट्टी से बने जो पाए गए थे।

तब खामोश नाटक के उन पलों में से एक क्षण आया, जो टाटा के इतिहास में अकसर आए हैं। इस समस्या पर चर्चा करने के लिए बुलाई गई शेयरधारकों की एक बैठक में रतन टाटा ने एक घोषणा की। उन्होंने कहा, 'कंपनी के खातों में एक छिद्र है। हम अभी तक यह नहीं जान पाए हैं कि इस छिद्र का आकार कितना बड़ा है, लेकिन इतना हम जानते हैं कि छिद्र है और टाटा इसे भरेगा। नुकसान हमारी नैतिक जिम्मेदारी है और हम उसकी भरपाई करेंगे।' गोपालकृष्णन कहते हैं, 'मैंने खुद से कहा, यह चकित करनेवाला है। ज्यादातर लोगों ने कहा होता, यह एक लिमिटेड लायबिलिटी कंपनी (सीमित दायित्ववाली कंपनी) है, और इसलिए हम इसके लिए जिम्मेदार नहीं हैं। या उन्होंने यह कहकर पीछा छुड़ा लिया होता कि हम अभी तक नहीं जानते हैं कि समस्या कितनी बड़ी है, जब हमें इसका पता चल जाएगा तो हम आपको सूचित करेंगे। लेकिन उन्होंने (रतन टाटा) वचन दिया कि हम पूरे नुकसान की भरपाई करेंगे, हालाँकि हम नहीं जानते हैं कि ये नुकसान कितने बड़े हैं। वह वाकई अपने दिल से बोल रहे थे।'

आखिरकार टाटा समूह को टाटा फाइनेंस में हुए नुकसान की भरपाई के लिए 500 करोड़ से 700 करोड़ रुपए के बीच रकम झोंकनी पड़ी। लेकिन भारत में आज जब लोग टाटा फाइनेंस के बारे में सोचते हैं तो उनमें से अधिकतर उस घोटाले के बारे में याद नहीं करते हैं, बल्कि इस बात को याद करते हैं कि कितने सम्मानजनक रूप से टाटा समूह ने इससे निपटा और इसकी जिम्मेदारी ली। इस घटना के बाद भी एक रोचक बात हुई। पदच्युत पूर्व प्रबंध निदेशक दिलीप पेंडसे पर आरोप लगाया गया और उसे जेल में डाल दिया गया। उसने जमानत के लिए कई बार याचिका दायर की, लेकिन टाटा समूह ने हमेशा उसका विरोध किया। लेकिन जैसे-जैसे वक्त बीता, उसका केस अदालत में आने का कोई संकेत नहीं था। रतन टाटा कहते हैं, 'मैंने खुद सोचा, यह शख्स अठारह महीनों से जेल में है और इसकी कोई सुनवाई नहीं हुई है। हम उसके साथ अनुचित व्यवहार कर रहे हैं।' लिहाजा पेंडसे ने जब फिर जमानत के लिए याचिका लगाई तो टाटा ने अपनी आपत्तियाँ वापस ले लीं। इस पुस्तक के लिखते समय पेंडसे मुक्त है और अभी भी केस चलने की प्रतीक्षा कर रहा है।

तो जिम्मेदारी और विश्वास भारत में टाटा के वित्तीय ब्रांड के आधार-स्तंभ

हैं। यह देखते हुए कि भारत में वित्तीय बाजार अभी भी काफी उथल-पुथलवाले हैं, ऐसी प्रतिष्ठा का होना कोई बुरी बात नहीं है। लेकिन भविष्य में क्या इतना भर पर्याप्त होगा? टाटा का वित्तीय ब्रांड लगता है, कॉरपोरेट ब्रांड के अन्य भागों, जहाँ नवाचार अग्रिम सोच और दूरदृष्टि सुदृढ़ विशेषताएँ बन गई हैं, के मुकाबले पीछे छूट गया है।

प्रमाण सुझाता है कि भारतीय वित्तीय बाजारों ने टाटा को जहाँ ठोस और भरोसेमंद के रूप में देखा है, लेकिन उन्होंने इसे खास तौर पर उत्साही या साहसी नहीं पाया है।

यह नजरिया बदल रहा हो सकता है। टाटा ने विदेशों में बड़े पैमाने पर जो अधिग्रहण किए, वे भारतीय कारोबारी प्रेस में सुर्खियाँ बने और यह बताया गया कि वैश्विक वित्तीय हलकों में टाटा अब एक बड़ा खिलाड़ी है। लेकिन जैसाकि हम पल भर में देखेंगे, यह एक अतिशयोक्ति है, लेकिन इससे टाटा ब्रांड को ज्यादा साहसी समूह के रूप में देखने में मदद मिलती है। जब भारतीय प्रेस भारतीय कंपनियों के विदेश में विस्तार की बात करता है तो उनमें टाटा का नाम नियमित रूप से लिया जाता है।

## विश्वस्तरीय वैश्विक अपेक्षाएँ

यह हमें भारत के बाहर टाटा वित्तीय ब्रांड के पास ले जाता है। यहाँ संकेत बहुत मिश्रित हैं। वित्तीय क्षेत्रों में टाटा के बारे में निश्चित रूप से काफी उच्च स्तर की जागरूकता है। टाटा अफ्रीका के रमन धवन ने टिप्पणी की कि उपभोक्ताओं, कर्मचारियों और आम जनता के विपरीत दक्षिणी अफ्रीकी वित्तीय समुदाय टाटा के बारे में तभी से जानता था, जब से वहाँ रंगभेद समाप्त होने के बाद टाटा समूह ने कारोबार शुरू किया। वित्तीय संस्थानों के वैश्विक नेटवर्क होते हैं। वे वैश्विक स्तर पर कारोबार करते हैं और कार्य-संचालन करते हैं तथा अन्य स्टेकहोल्डरों की तुलना में उनके ज्यादा जानने की काफी संभावना होती है और दुनिया के अन्य भागों की कंपनियों के बारे में वे सूचना-आधारित फैसले लेते हैं।

टाटा समूह की कुछ कंपनियाँ ऊँची रसूखवाली हैं और उनके अपने मजबूत वित्तीय ब्रांड हैं। उनमें टाटा स्टील और टाटा मोटर्स शामिल हैं। ब्रिटिश प्रेस में निराशाजनक भविष्यवाणियों के बावजूद टाटा मोटर्स ने जब अक्तूबर 2009 में 60 करोड़ डॉलर का शेयर बेचने का प्रस्ताव रखा तो वित्तीय बाजारों ने इस पर उत्साहपूर्ण प्रतिक्रिया जताई। टाटा मोटर्स ने जगुआर लैंड रोवर के अधिग्रहण के दौरान जो

कर्ज लिये थे, उसे चुकाने के लिए उसने शेयर बेचने का प्रस्ताव रखा था। और बाजार ने एक घंटे से भी कम समय में पूरे ऑफर को हाथोंहाथ ले लिया और टाटा मोटर्स ने पेशकश बढ़ाकर 75 करोड़ डॉलर कर दी। फिर, पश्चिमी प्रेस ने इस तथ्य को पकड़ा कि इस कारण टाटा के शेयर की कीमत गिरी। लेकिन रेटिंग एजेंसियों ने टाटा मोटर्स के बारे में अपने विचार देते वक्त प्रेस के विचारों को शामिल नहीं किया और दिसंबर के अंत तक टाटा मोटर्स के शेयर भाव वापस उछलकर साल के उच्चतम स्तर पर पहुँच गए। इसके पूर्व वर्ष 2004 में वैश्विक रोड शो की एक श्रृंखला पेश करने के बाद टाटा कंसल्टेंसी सर्विसेज (टी.सी.एस.) के इनीशियल पब्लिक ऑफरिंग (आई.पी.ओ.) की 600 फीसदी ज्यादा खरीदारी हुई। यह सब दरशाता है कि विश्व के वित्तीय समुदाय में टाटा के बारे में एक मजबूत और सकारात्मक धारणा है।

यह सही है कि निवेशक टाटा समूह में नहीं, बल्कि खास कंपनियों में निवेश करते हैं। लेकिन फिलहाल वित्तीय क्षेत्रों में टाटा कॉरपोरेट ब्रांड के बारे में जागरूकता नहीं है। वित्तीय विश्लेषकों का रुझान अपने-अपने सेक्टरों को जानने का होता है। इस्पात या स्टील सेक्टर के विश्लेषक टाटा स्टील के बारे में जानते हैं और विश्लेषकों की ढेरों रिपोर्ट इसके लिए उपलब्ध हैं, जो इस सेवा के बारे में ज्यादा जानना चाहते हैं। इसी तरह, मोटर उद्योग के विश्लेषक टाटा मोटर्स के बारे में जानते हैं, एफ.एम.सी.जी. कंपनियों के विशेषज्ञ टाटा टी के बारे में जानते हैं। लेकिन इससे समूह के बारे में कुल जानकारी, इसके मिशन और मूल्यों तथा इसके ब्रांड के बारे में ज्ञान में कोई इजाफा नहीं होता। मैंने लंदन स्थित कई विश्लेषकों का इंटरव्यू लिया। उन्होंने खुलकर स्वीकार किया कि वे महज कुछ टाटा कंपनियों के नाम जानते हैं। उन्हें इसका पता नहीं है कि समूह का ढाँचा क्या है और उन्हें टाटा संस की भूमिका के बारे में बस बहुत क्षीण जानकारी है। एक को भी नहीं मालूम था कि टाटा संस में अधिकांश स्वामित्व चैरिटेबल ट्रस्टों का है (हालाँकि जब मैंने उन्हें यह बात बताई तो वे निश्चित रूप से चकित रह गए और उनकी दिलचस्पी बढ़ गई)[vi] वैसे, इन मजबूत 'कंपनी ब्रांडों' की सफलता के आभामंडल का असर समय आने पर टाटा कॉरपोरेट ब्रांड पर भी पड़ेगा, यह मानते हुए कि टाटा मोटर्स और टाटा स्टील एवं टाटा कंसल्टेंसी सर्विसेज (टी.सी.एस.) जैसी कंपनियाँ अच्छा प्रदर्शन करना जारी रखेंगी।

## समूह ग्राहकों, कर्मचारियों और समुदाय के साथ संबंधों पर बेहद जोर देता है।

टाटा समूह ग्राहकों, कर्मचारियों और समुदाय के साथ संबंधों पर बेहद जोर देता है। लेकिन क्या यह वित्तीय स्टेकहोल्डरों को समान भाव देता है? कई वरिष्ठ कार्याधिकारियों के साथ इंटरव्यू करने के बाद मेरी मजबूत धारणा है कि यह ऐसा नहीं करता। अपवाद हैं—टाटा कंसल्टेंसी सर्विसेज, टाटा केमिकल्स, टाटा स्टील और टाटा मोटर्स जैसी कुछ कंपनियाँ वित्तीय रूप से सुविज्ञ हैं और शेयरधारकों के साथ संवाद करने में काफी ध्यान देती हैं। लेकिन यह बात पूरे समूह के लिए सच नहीं है। टाटा समूह द्वारा अधिगृहीत एक ब्रिटिश कंपनी के मुख्य कार्याधिकारी ने मुझसे बातचीत में टिप्पणी की कि इंग्लैंड में मुख्य कार्याधिकारी अपने समय का 25–30 फीसदी हिस्सा निवेशक के साथ संबंधों पर लगाते हैं। टाटा में उनका अपना मानना है कि यह आँकड़ा 10 फीसदी से भी काफी नीचे है। इसका यह कतई मतलब नहीं है कि टाटा के लोग सोचते हैं कि शेयरधारक महत्त्वपूर्ण नहीं हैं। मामला इससे काफी हटकर है। लेकिन उन्होंने अपने वित्तीय ब्रांड पर उस स्तर का ध्यान नहीं दिया है, जितना उन्होंने अपने कॉरपोरेट ब्रांड के दूसरे पहलुओं पर लगाया है और वित्तीय हलकों में समूह की प्रतिष्ठा में भी यह बात प्रतिबिंबित होती है। भारत में टाटा ब्रांड अभी भी 'पुराने टाटा' के विश्वास, जिम्मेदारी और भरोसा जैसे मूल्यों से जुड़ा हुआ है, न कि नए प्रयोग और वैश्विक दृष्टि के साथ कम-से-कम अभी तक नहीं। विदेश में, जैसाकि हमने तुरंत देखा, वित्तीय समुदाय के कुछ हिस्सों में विविध कंपनी ब्रांडों के बारे में सुदृढ़ धारणाएँ हैं, लेकिन टाटा कॉरपोरेट ब्रांड को लेकर तसवीर धुँधली है। और जैसाकि मीडिया के साथ है, खतरे यहाँ भी हैं। विश्व वित्तीय समुदाय में से कई के विचार वित्तीय प्रेस की तरह ही हैं, जिसने कोरस और जगुआर लैंड रोवर के अधिग्रहणों में सिर्फ खतरे देखे। अगर उन्होंने टाटा और इसके उद्देश्यों व मूल्यों के बारे में बेहतर ढंग से समझा होता तो वे अपनी राय बदल सकते थे। इस जानकारी के अभाव में उन्होंने अपनी कहानियाँ गढ़ लीं। संभवत: इससे टाटा को कोई नुकसान नहीं हुआ, स्थायी नुकसान तो कतई नहीं। लेकिन वित्तीय समुदाय द्वारा टाटा के बारे में अपनी छवि बना लेने, बजाय उस छवि को देखने के जो टाटा पेश करना चाहता है, का खतरा बना हुआ है।

तो क्या चीजों को बदलना होगा? संभवत: ऐसा करना पड़ेगा। वर्ष 1991

के पूर्व टाटा समूह व्यावहारिक रूप से विश्व वित्तीय बाजारों से अलग-थलग पड़ा हुआ था और उनके साथ गंभीर रूप से सरोकार पिछले पाँच-छह वर्षों में ही शुरू हुआ है। इसे विभिन्न माँगों और विभिन्न शेयरधारक संस्कृतियों के साथ तालमेल बनाना पड़ेगा। 'केवल लाभ के लिए नहीं' वाले मूल्यों के साथ क्या टाटा इन संस्थानों के साथ काम कर सकता है, जिनका मूल्य ज्यादातर 'ढेर सारा लाभ अभी कमाने वाला' रहता है ? क्या टाटा के मूल्य उनके मूल्यों के साथ टकराएँगे ? पीटर अंसवर्थ मानते हैं कि आनेवाले वर्षों में 'लोग और ग्रह (धरती)' टाटा बेवरिजेज मिशन के दिल में बने रहेंगे। लेकिन क्या बैंक और पेंशन फंड इससे सहमत होंगे ?

मैं उम्मीद करता हूँ कि वे सहमत होंगे और टाटा के मूल्य वैश्विक पूँजी बाजार के कठिनतर माहौल में भी जीवित रहेंगे। टाटा के लिए वह दिन उदासी भरा होगा, यदि वह भी किसी दूसरी बहुराष्ट्रीय कंपनी की तरह बन गया, जो अपने शेयरधारकों के लाभकारी हितों से संचालित होते हैं और टाटा को अपने कर्मचारियों व अपने सामाजिक दायित्वों के प्रति समर्पण से समझौता करने को बाध्य होना पड़ा। तब दुनिया एक ज्यादा खराब स्थान होगी। और यही हाल टाटा का होगा। जैसाकि हम अगले अध्याय में देखेंगे, उन चीजों में से एक चीज जो टाटा ब्रांड को ऐसी ताकत प्रदान करती है, वह है सामाजिक एजेंडा, समुदाय और राष्ट्र-निर्माण के लिए प्रतिबद्धता का लंबा व सम्मानित इतिहास, जो कि आज भी जारी है। जैसे-जैसे ब्रांड वैश्विक बनेगा, उस पर इन मूल्यों के साथ समझौता करने के लिए अत्यधिक दबाव पड़ेगा। यह उम्मीद की जाती है कि रतन टाटा और उनके उत्तराधिकारी उन दबावों का प्रतिरोध कर सकेंगे और अपने सिद्धांतों पर बने रहेंगे।

## संदर्भ :

(i) इस सामान्य नियम के अपवादों में वे कंपनियाँ शामिल हैं, जो रक्षा मामलों से जुड़ी हैं और सिविल इंजीनियरिंग क्षेत्र में हैं। इन कंपनियों की आमदनी का बड़ा हिस्सा सरकारी ठेकों के जरिए आता है। लेकिन इस मामले में सरकार ग्राहक बन जाती है और संबंध व ब्रांड की छवि उसी तरह होती है, जैसाकि अध्याय-6 में चर्चा की गई है। इसके बजाय हम यहाँ सरकार के बारे में नियामक, सुविधाएँ प्रदान करनेवाले और हस्तक्षेप करनेवाले निकाय के रूप में बात कर रहे हैं।

(ii) हालाँकि भारतीय राष्ट्रीय सरकार और राज्य सरकारें अभी भी यूरोप और उत्तरी अमेरिका की तुलना में अर्थव्यवस्था में एक प्रमुख भूमिका निभाती है।

(iii) टाटा द्वारा कोरस के अधिग्रहण के समय ब्रिटेन में हाउस ऑफ कॉमंस में दिए गए बयान और पूछे गए सवाल इसे प्रतिबिंबित करते हैं। उन संसदीय क्षेत्रों के सांसदों,

जहाँ कोरस के संयंत्र हैं, ने अपना होमवर्क किया था यानी उन्होंने विस्तार से जानकारी जुटाई थी और भारतीय मूल के सांसदों ने भी टाटा के बारे में अपने विचार रखे; लेकिन अधिकतर सांसदों को टाटा समूह के बारे में कोई खास जानकारी नहीं थी।

(vi) यह सनक भरा लग सकता है, मगर ऐसी मंशा नहीं है। पत्रकारिता और प्रकाशन की दुनिया से पिछले करीब 32 वर्षों से जुड़े रहने के दौरान मैंने इस घटना को कई बार घटित होते देखा है।

(v) या शायद ज्यादा सही ढंग से यह प्रत्येक संस्कृति में बहुत महत्त्वपूर्ण भूमिका निभाती है, लेकिन भारत में इसकी भूमिका को ज्यादा स्पष्ट मान्यता मिली हुई है।

(vi) यह किसी भी तरह से एक पूर्ण सर्वे या यहाँ तक कि एक प्रतिनिधि नमूना भी नहीं था। लेकिन समस्या यह थी कि विश्लेषण टाटा के अपने वाले हिस्से के बारे में काफी ज्यादा जानते हैं, लेकिन पूरे समूह के बारे में उन्हें कोई जानकारी नहीं होती है। यह बात विश्लेषकों की रिपोर्टों और अन्य स्रोतों से भी पुष्ट होती प्रतीत होती है।

❑

# ९

# हम लोकोपकार नहीं करते

झारखंड भारत में सबसे गरीब राज्यों में से एक है। इसकी करीब 2.75 करोड़ की आबादी में से 32 फीसदी गरीबी रेखा के नीचे रहती है। झारखंड भारतीय राज्यों में दूसरा सबसे न्यूनतम साक्षरतावाला राज्य है। वर्ष 2006 में इसकी 54 फीसदी आबादी सरकारी तौर पर निरक्षर थी। संयोगवश नहीं, इसकी 41 फीसदी आबादी आदिवासी लोगों की है, जिनमें से अधिकांश को भारत का आधुनिकीकरण मोटे तौर पर दरगुजर कर गया है।[1] संथाल और ओराँव जैसे आदिवासी लोग अभी भी परंपरागत गाँवों में रहते हैं। उनकी अर्थव्यवस्था और तकनीक ने सदियों से कोई तरक्की नहीं की है।

फरवरी 2009 में टाटा स्टील ने जमशेदपुर में अपना नवीकृत और आधुनिकीकृत आदिवासी सांस्कृतिक केंद्र खोला। इस केंद्र के दोतरफा उद्देश्य हैं—आदिवासी लोगों की संस्कृति पर शोध करना और अन्य भारतीयों को उन्हें समझने में मदद करना तथा आदिवासियों को अपनी संस्कृति एवं विरासत के संरक्षण में सहायता करना। टाटा स्टील द्वारा प्रकाशित एक दस्तावेज के अनुसार, 'आदिवासियों को सहयोग-समर्थन के प्रयास उन्हें विकास की दहलीज पर छोड़ सकते हैं, मगर जुड़ाव के अभ्यास और अपनी सांस्कृतिक विरासत के बिना।'[2] इस केंद्र में एक छोटा संग्रहालय भी है। एक संथाली भाषा की प्रयोगशाला समेत केंद्र में शोध करने की सुविधाएँ भी हैं। यह लोगों को परंपरागत संगीत सीखने और उनका प्रदर्शन करने के लिए प्रोत्साहित करता है। केंद्र ने प्राचीन और लगभग भुला दिए गए खेल 'काटी' को पुनर्जीवित किया है। टाटा स्टील में कॉरपोरेट सस्टेनिबिलिटी सर्विसेज के अध्यक्ष सतीश पिल्लई ने मुझसे कहा कि इस केंद्र के कामों में अब चार बड़े आदिवासी समूह शामिल हैं तथा उन्हें और भी आगे बढ़ाने की योजना है।

*आदिवासी सांस्कृतिक केंद्र, जमशेदपुर*

आदिवासी सांस्कृतिक केंद्र कार्यक्रमों की एक काफी बृहत्तर शृंखला का बस एक पहलू है। टाटा स्टील रूरल डेवलपमेंट सोसाइटी कई वर्षों से ये प्रोग्राम करता आ रहा है। इन कार्यक्रमों का एक सामूहिक नाम है 'उठनाऊ'। यह एक संथाली शब्द है, जिसका मतलब है 'उन्नयन'। इस कार्यक्रम के दायरे में झारखंड और पड़ोसी राज्य उड़ीसा के 800 से भी ज्यादा गाँव आते हैं। यह निःशुल्क स्वास्थ्य देखभाल-सेवा प्रदान करता है, जिसके तहत हर साल करीब 2.5 लाख लोगों का इलाज किया जाता है। क्षय रोग (टी.बी.) और मोतियाबिंद ऑपरेशन जैसे विशेष कार्यक्रम भी चलाए जाते हैं। एक अन्य कार्यक्रम के तहत गहरे कुएँ खोदे जाते हैं, ताकि गाँवों में साफ व शुद्ध पेयजल मिल सके। इन गाँवों में परिवार नियोजन सलाह और एच.आई.वी./एड्स शिक्षा कार्यक्रम भी चलाए जाते हैं। एक चलित अस्पताल 'द लाइफ लाइन एक्सप्रेस' हर साल अनेक गाँवों में जाता है, ताकि छोटे-मोटे ऑपरेशन वहीं कर दिए जाएँ। शिक्षा कार्यक्रमों में स्कूलों का निर्माण और हर साल सैकड़ों विद्यार्थियों के लिए वित्तीय सहायता देना शामिल है। आय अर्जित करनेवाले कार्यक्रम भी हैं, जो किसानों को उत्पादकता बढ़ाने और अन्यों को ग्रामीण व्यापार शुरू करने में मदद करते हैं। खासकर महिलाओं को आर्थिक गतिविधियाँ शुरू करने और आत्मनिर्भर बनने के लिए काफी सहयोग-समर्थन दिया जाता है। बँगलादेश में चलाए जा रहे ग्रामीण बैंक की तर्ज पर एक

माइक्रो-बैंकिंग सेवा भी शुरू की गई है।

इस सेवा से 3,500 से भी ज्यादा महिलाएँ गाँवों में लघु ऋण प्रदाताओं के रूप में जुटी हुई हैं। इन कार्यक्रमों को भविष्य में और अधिक गाँवों एवं राज्यों में ले जाने की योजनाएँ हैं।

गरीब राज्य भले ही हो, झारखंड प्रगति कर रहा है। गरीबी रेखा से नीचे रहनेवाले लोगों का प्रतिशत हर साल 2 प्रतिशत की दर से नीचे आ रहा है। टाटा स्टील इस काफी सकारात्मक कहानी का हिस्सा रहा है। वस्तुतः, कंपनी के काम को अच्छी तरह प्रचारित नहीं किया जाता है और कार्याधिकारी इन कार्यक्रमों के प्रभाव को कमतर आँकते हैं। टाटा स्टील में कॉरपोरेट सर्विसेज के उपाध्यक्ष पार्थ सेनगुप्ता कहते हैं, 'हम जो करते हैं, उसके बारे में वाकई बात करना पसंद नहीं करते।' सेवा का भाव है—आदिवासियों को मदद की जरूरत है और हम इसे दे सकते हैं। जैसाकि तमिलनाडु में टाइटन के साथ है, इस तरह का कोई बड़ा दावा नहीं है कि हमने समाज को बदल डाला या हरेक की किस्मत बदल गई। टाटा स्टील के लोग गाँव विशेष और व्यक्तिगत जिंदगियों की बात करते हैं, जिन तक वे पहुँच पाए हैं और उनके जीवन को बदल पाए हैं।

टाटा स्टील को भी इस काम से लाभ मिला है। 1960 के दशक में पश्चिम बंगाल के नक्सलबाड़ी क्षेत्र में एक वामपंथी उग्रवादी आंदोलन शुरू हुआ और यह झारखंड, बिहार, उड़ीसा एवं अन्य अति गरीब राज्यों में फैल गया। कई संथाल लोग इस आंदोलन में शामिल हो गए हैं।[3] वे पुलिस, सरकारी अधिकारियों व कर्मचारियों और कभी-कभी कॉरपोरेट कार्याधिकारियों को निशाना बनाते हैं। झारखंड में वर्ष 1967 से लेकर अब तक नक्सली गुरिल्लाओं और पुलिस के बीच संघर्ष में कोई 6,000 लोग मारे जा चुके हैं। वर्ष 2009 के ग्रीष्म काल में नक्सलियों ने उत्तरी झारखंड में एक सरकारी कोयला कंपनी के दो वरिष्ठ कार्याधिकारियों की गोली मारकर हत्या कर दी। लेकिन टाटा स्टील में शांति बनी रही है। कई संथाल व ओराँव हर साल जमशेदपुर आते हैं और उच्च तकनीकी प्रशिक्षण पाते हैं तथा स्टील मिलों में नौकरी पाते हैं। रूरल डेवलपमेंट सोसाइटी (ग्रामीण विकास समाज) की चिकित्सकीय एवं शैक्षणिक टीमें आदिवासी क्षेत्रों में बेरोक टोक आती-जाती रहती हैं। आदिवासी लोग टाटा स्टील को एक मित्र के रूप में देखते हैं।

## श्रेष्ठता का सृजन करना

जमशेदपुर के केंद्र में एक अन्य उल्लेखनीय भवन या भवनों की शृंखला

है—द सेंटर फॉर एक्सीलेंस (श्रेष्ठता के लिए केंद्र)। मशहूर आर्किटेक्ट हफीज कॉण्ट्रेक्टर द्वारा निर्मित यह भवन श्रृंखला लगभग आखिरी चीज है, जिसे कोई भारत में देखने की अपेक्षा कर सकता है—पिरामिडों और स्तंभावलियों की श्रृंखला प्राचीन निकट पूर्व की छवि प्रस्तुत करती है। इन भवनों के चारों ओर पानी, झरनों एवं फूलों से भरे आँगन हैं। टाटा स्टील द्वारा प्रायोजित एक अन्य निकाय 'द सोसाइटी फॉर द प्रमोशन ऑफ प्रोफेशनल एक्सीलेंस' का यह घर है। शायद यह महज संयोग है, लेकिन वास्तुकला पूरी तरह सोसाइटी के मकसद के अनुकूल है। ऐसा महसूस होता है जैसे किसी मंदिर में हों, किसी पूजास्थल में नहीं, बल्कि ज्ञान, शिक्षा और परंपरा के निधान में। साथ ही, इस केंद्र को देखते हुए मैंने यह भी महसूस किया कि मैं एक उच्च शिक्षण संस्थान में हूँ। वहाँ एक छोटा संग्रहालय है, जो टाटा स्टील के इतिहास के प्रति समर्पित है। इसमें दिखाया गया है कि कैसे इसकी परंपराओं एवं मिथकों की स्थापना हुई और कैसे वे विकसित हुए। वहाँ सम्मेलन व बैठक कक्ष हैं और कलात्मक प्रदर्शन के लिए स्थान भी हैं। केंद्र की मृदुभाषी निदेशक जेनी शाह ने मुझे उन पेशेवर निकायों की सूची दिखाई, जो सोसाइटी से संबद्ध हैं और सेंटर फॉर एक्सीलेंस (श्रेष्ठता केंद्र) का उपयोग करते हैं। यह सिर्फ टाटा स्टील के लोगों के लिए प्रशिक्षण केंद्र नहीं है, हालाँकि इसमें कोई शक नहीं कि टाटा स्टील को इसका लाभ मिलता है। लेकिन यह केंद्र सबके लिए खुला है। वैज्ञानिक, इंजीनियर, संगीतकार, लेखक एवं कलाकार—सभी इसका परिचर्चा और प्रशिक्षण के एक मंच के तौर पर उपयोग करते हैं।

इस केंद्र से जुड़ी सबसे शानदार सुविधाओं में से एक है जमशेदपुर में स्पोर्ट्स सेंटर। टाटा के नेताओं को हमेशा ही खेलकूद प्रिय रहा है। अपने पुत्र दोराब को लिखे अपने प्रसिद्ध पत्र में जमशेदजी टाटा ने उनसे अपील की थी कि जमशेदपुर में खेलकूद की प्रचुर सुविधाएँ प्रदान की जाएँ (इस पत्र की एक प्रतिकृति सेंटर के संग्रहालय में प्रमुखता से प्रदर्शित की गई है)। बाद में, सर दोराबजी टाटा ने वर्ष 1924 के ओलंपिक प्रतियोगिता में भारतीय टीम का व्यक्तिगत रूप से खर्च उठाया था। कई लोगों ने, जिनसे मैंने टाटा समूह के विविध भागों में बात की, मुझे याद दिलाया कि भारत अभी तक ओलंपिक में एथलेटिक्स में एक भी स्वर्ण पदक नहीं जीत पाया है (हालाँकि भारतीय टीमों ने वर्षों तक हॉकी में आठ स्वर्ण पदक जीते हैं)। वे स्पष्टत: एक भारतीय एथलीट को ओलंपिक में विजेता-मंच पर देखना चाहेंगे और विनम्रतापूर्वक कहें तो वे बहुत प्रसन्न होंगे, यदि वह एथलीट टाटा द्वारा प्रायोजित खेलकूद सुविधा केंद्र से प्रशिक्षण प्राप्त किया हुआ हो। लेकिन

इससे भी अधिक जे.आर.डी. स्पोर्ट्स कॉम्पलेक्स के खेलकूद प्रमुख कैप्टन अमिताभ ने कहा, 'ऐसी उम्मीद है कि यह केंद्र भारत भर में अन्य खेलकूद केंद्रों के लिए एक आदर्श प्रतिमान बनेगा और इससे ज्यादा भारतीय युवा लोगों को ख़ेलकूद अपनाने के लिए प्रोत्साहन मिलेगा। युवा लोग शारीरिक रूप से स्वस्थ होंगे तो इससे राष्ट्रीय स्वास्थ्य भी सुधरेगा।'

*जमशेदपुर में सेंटर फॉर एक्सीलेंस स्पोर्ट्स सेंटर का बहिर्भाग*

निश्चित रूप से जमशेदपुर में कोई कोर-कसर बाकी नहीं रखी गई है। वहाँ एक दर्जन से भी ज्यादा खेलकूद के लिए प्रशिक्षण सुविधाएँ हैं और फुटबॉल खिलाड़ियों, तीरंदाजों और एथलीटों के लिए कोच एवं प्रशिक्षण सुविधाओं के साथ पूर्णरूपेण अकादमिक केंद्र हैं। पूर्व भारतीय क्रिकेट कप्तान सौरभ गांगुली और एवरेस्ट पर्वत पर चढ़नेवाली पहली भारतीय महिला बछेंद्री पाल समेत शीर्ष भारतीय खेलकूद सितारे और एथलीट यहाँ के खेलकूद सुविधा केंद्र में आते रहते हैं और युवा लोगों के लिए एक आदर्श के रूप में पेश आते हैं।

---

**अपने पुत्र दोराब को लिखे अपने प्रसिद्ध पत्र में जमशेदजी टाटा ने उनसे अपील की थी कि वह जमशेदपुर में खेलकूद की प्रचुर सुविधाएँ प्रदान करें। बाद में दोराबजी टाटा ने वर्ष 1924 की ओलंपिक प्रतियोगिता में भाग लेने वाली भारतीय टीम का निजी रूप से खर्च उठाया।**

---

और फिर खुद जमशेदपुर है, जिसे कभी-कभी 'टाटा सिटी' कहा जाता है। इसमें तीन लेनवाली सड़कें, पार्क और बगीचे हैं। इन सभी का रख-रखाव जमशेदपुर यूटिलिटीज एवं सर्विसेज कंपनी (JUSCO) द्वारा किया जाता है। यह टाटा स्टील की एक सहायक कंपनी है। जुस्को बिजली और प्रकाश-व्यवस्था से लेकर स्वच्छता व सड़कों की साफ-सफाई सेवाओं तक हर चीज प्रदान करता है और यह अभी भी जमशेदजी टाटा की मूल दृष्टि को साकार करने के लिए संकल्पबद्ध है।[i] यहाँ अस्पताल, मंदिर, मसजिद और चर्च हैं; सभी तबकों के लिए स्कूल हैं और शारीरिक व मानसिक रूप से विकलांग बच्चों के लिए कुछ श्रेष्ठ स्कूल भी हैं। कुछेक सामाजिक क्लब, एक गोल्फ कोर्स और अन्य मनोरंजन सुविधा केंद्र भी हैं। यह सबकुछ टाटा स्टील द्वारा समर्थित और प्रबंधित है। यहाँ तक कि कंपनी निःशुल्क ड्राइविंग प्रशिक्षण भी देती है, लोगों को सुरक्षित वाहन-चालन का पाठ पढ़ाया जाता है। दिल्ली की निवासी जेनी शाह कहती हैं कि इस शहर (दिल्ली) के विपरीत जमशेदपुर एक मरुद्यान की तरह है, जहाँ वह महसूस करती हैं कि वह रह सकती हैं और शांतिपूर्वक एवं सुरक्षित रूप से अपना परिवार खड़ा कर सकती हैं।

इन सब चीज़ों को देख-सुनकर कोई यह तकरीबन भूल भी सकता है कि जमशेदपुर में एक स्टील मिल भी है। एक रविवार की सुबह मैं एक गाइड के साथ सेंटर फॉर एक्सीलेंस (श्रेष्ठता केंद्र) से इस कारखाने के कुछ हिस्सों के इर्द-गिर्द टहलते हुए गया। पिघले हुए इस्पात की चमकती नारंगी रंग की लपलपाती जीभ को रोलिंग मिल की लंबी पट्टी पर नीचे गिरते हुए देखा तो मुझे कार्लाइल की टिप्पणी याद आ गई कि जो लोहा और इस्पात का नियंत्रण करते हैं, वे ही समय आने पर सोने पर भी नियंत्रण करते हैं। मैं धन के सृजन को देख रहा था। जमशेदपुर के लोगों के लिए इन तमाम सुविधाओं के लिए भारत के एथलीटों के लिए और इसके बाहर के गाँवों के लिए इन मिलों से ही वह सामर्थ्य आता है। तकनीकी और प्रौद्योगिकी बदल गई, पैमाना और आकार बदल गए हैं; लेकिन अभी भी दृष्टि जमशेदजी टाटा की है, जो उन्होंने 116 साल पहले अपने मित्र लॉर्ड रीये को लिखे एक पत्र में व्यक्त की थी—

> ईश्वर की अनुकंपा से दुनियावी चीजों का पर्याप्त से भी ज्यादा मेरे हिस्से में आया है और मैं जीवन में अपनी सफलता के लिए अनुकूल परिस्थितियों के असामान्य संयोग के प्रति कृतज्ञ हूँ, इसलिए

मैं यह अपना कर्तव्य महसूस करता हूँ कि मैं अपने कम भाग्यशाली देशवासियों के लिए ऐसी परिस्थितियों का एक निरंतर माहौल प्रदान करने में मदद करूँ।[4]

## भारत का निर्माण करना

मैंने टाटा स्टील पर ध्यान केंद्रित किया, क्योंकि इसके पास सबसे पुराने और सबसे बड़े सामाजिक कार्यक्रमों में से एक कार्यक्रम है, लेकिन हरेक टाटा कंपनी के अपने सामाजिक और सामुदायिक कार्यक्रम हैं। यहाँ कुछ उदाहरण प्रस्तुत हैं—

टाटा कंसल्टेंसी सर्विसेज (टी.सी.एस.) कंप्यूटर आधारित कामकाजी साक्षरता कार्यक्रम (सी.बी.एफ.एल.) चलाता है। राष्ट्रीय साक्षरता मिशन के साथ काम करते हुए यह लोगों को पढ़ना-लिखना सीखने में मदद करता है। मौजूदा समय में, भारत की एक-तिहाई से ज्यादा आबादी निरक्षर है और यह निरक्षरता उन्हें गरीबी के दुश्चक्र में फँसा देती है। पढ़ना-लिखना सीखने से उन्हें इस दुश्चक्र से बच निकलने में मदद मिलती है। सी.बी.एफ.एल. कार्यक्रम उन्हें पहला कदम मुहैया कराता है, कुछ हफ्तों में 35 से 40 घंटे की अवधि में यह उन्हें इतने शब्द सिखा देता है कि वे एक अखबार या एक बस आगमन-प्रस्थान तालिका पढ़ सकें। अभी तक इस कार्यक्रम से करीब 1,20,000 लोग लाभ उठा चुके हैं।

---

**सी.बी.एफ.एल. कार्यक्रम उन्हें पहला कदम उपलब्ध कराता है; कुछ हफ्तों में महज 35 से 40 घंटे की अवधि में यह उन्हें इतने शब्द सिखा देता है कि वे एक अखबार या बसों के आने-जाने का समय पढ़ सकें।**

---

टाटा कंसल्टेंसी सर्विसेज (टी.सी.एस.)—मैत्री प्रोग्राम भी चलाता है। इसके तहत कर्मचारियों और उनकी पत्नियों व परिवारजनों को विविध सामुदायिक परियोजनाओं में शामिल होने के लिए प्रोत्साहित किया जाता है। ऐसे उदाहरणों में शामिल हैं—साक्षरता में सुधार करना और अंग्रेजी पढ़ाना, स्वच्छता एवं साफ-सफाई तथा जलापूर्ति में सुधार करना और 'किड्स फॉर टाइगर्स' में शामिल होना आदि। किड्स फॉर टाइगर्स प्रोजेक्ट का मकसद बच्चों को आमतौर पर बाघों की रक्षा, वन संरक्षण और पर्यावरण रक्षा के बीच संबंध को समझाना है। यह उच्च कंप्यूटर प्रशिक्षण केंद्र भी चलाता है, जो नेत्रहीनों और कमजोर नजरवालों को कंप्यूटर शिक्षा प्रदान करता है।

इसी तरह, टाटा टेलीसर्विसेज भी भारत में राष्ट्रीय नेत्रहीन संघ के साथ काफी नजदीकी ढंग से काम करता है। यह कॉल सेंटरों में दृष्टिहीन लोगों को प्रशिक्षित करता है और नियुक्त करता है, उन्हें अपना काम करने के लिए इन-हाउस सॉफ्टवेयर भी प्रदान करता है। टाटा टेलीसर्विसेज ऐसे कॉल सेंटर भी चलाता है, जहाँ किसान फोन करके मुफ्त सलाह पा सकते हैं; उद्योग, सरकार और उच्च शिक्षा संस्थानों के विशेषज्ञों से संपर्क कर सकते हैं, जो उनके सवालों का जवाब देंगे। इसी प्रकार, मछुआरों के लिए इसने मोबाइल फोनों पर विशेष 'फिशिंग' एप्लीकेशन दिया हुआ है, जो उन्हें समुद्र में मछलियों के स्थान, तरंग की ऊँचाइयों, वायु गति और बाजार संपर्कों के बारे में सूचना प्रदान करता है।

टाटा टी ने अपना 'जागो रे!' अभियान चलाया है, जिसमें युवा भारतीयों से अपील की जाती है कि वोट देकर वे अपनी जिम्मेदारी उठाएँ और भ्रष्टाचार के खिलाफ संघर्ष में मदद करें। केरल में इसका 'सृष्टि सोशल वेलफेयर सेंटर' विशेष शैक्षणिक जरूरतोंवाले बच्चों को प्रशिक्षण और कामकाजी शिक्षा प्रदान करता है और अपने कार्यक्रमों से पास होकर निकलनेवाले स्नातकों को कागज-निर्माण और रँगाई जैसे हुनरवाले कारोबार स्थापित करने में मदद करता है। जैसाकि पिछले अध्याय में उल्लेख किया गया, इसने कन्नन देवन हिल्स प्लांटेशन कंपनी के कामगार-मालिकों के लिए विविध सामुदायिक सेवाएँ प्रदान करना जारी रखा है।

टाटा केमिकल्स 'टाटा किसान संसार' चलाता है। यह किसानों के संसाधन केंद्र हैं। यह उत्तर भारत में 22 हजार गाँवों के 35 लाख किसानों की सेवा अपने नेटवर्क के जरिए करता है। यह नेटवर्क किसानों को बीज, औजार और खाद मुहैया कराने के साथ-साथ निःशुल्क सूचनाएँ प्रदान करता है, ताकि किसान ज्यादा सक्षम हो सकें और उत्पादकता बढ़ाएँ। हालाँकि यह एक व्यावसायिक उपक्रम है, लेकिन इसमें कॉरपोरेट सामाजिक जिम्मेदारी का भी मजबूत तत्त्व है। टाटा केमिकल्स का आयरिश फर्म टोटल प्रोड्यूस के साथ एक साझा उपक्रम भी है, जो किसानों को ताजे फल व सब्जियाँ शहरी बाजारों में बेचने और अपनी फसल का उचित मूल्य हासिल करने में मदद करता है। टाटा केमिकल्स सोसाइटी फॉर रूरल डेवलपमेंट सबसे गरीब ग्रामीण क्षेत्रों में विभिन्न कार्यक्रम चलाता है; जैसे—जल प्रबंधन, बंजर भूमि को फिर से खेती योग्य बनाना और लोगों के लिए आय के स्रोत पैदा करना।

टाटा मोटर्स का कम्युनिटी सर्विस डिवीजन (सामुदायिक सेवा खंड) उन शहरों और गाँवों में स्वास्थ्य, शिक्षा और जल प्रबंधन सेवाएँ प्रदान करता है, जहाँ-जहाँ टाटा मोटर्स के बड़े संयंत्र स्थापित होते हैं। ये काम टाटा स्टील के सामाजिक

कार्यक्रमों की तर्ज पर ही किए जाते हैं। कार्यक्रमों की एक श्रृंखला लोगों को व्यापार स्थापित करने और सहकारी संगठन बनाने में मदद करती है, ताकि वे आत्मनिर्भर हो सकें। गृहिणी सोशल वेलफेयर सोसाइटी खासकर कर्मचारियों के महिला रिश्तेदारों की मदद करता है और उन्हें आर्थिक रूप से स्वतंत्र होने में सहयोग करता है।

टाइटन इंडस्ट्रीज विकलांग लोगों को अपने प्रशिक्षण कार्यक्रमों में भाग लेने के लिए प्रोत्साहित करता है और विकलांग लोगों को सक्रिय रूप से नियुक्त भी करता है। इस समय उसके करीब 4 फीसदी कर्मचारी किसी-न-किसी प्रकार की विकलांगता से पीड़ित हैं। जैसाकि हमने अध्याय-7 में गौर किया, गरीब क्षेत्रों के लोगों को प्रशिक्षण व रोजगार देने और तमिलनाडु में आर्थिक विकास को बढ़ावा देने का टाइटन का एक इतिहास रहा है।

ताज ग्रुप ने ताज पब्लिक सर्विस वेलफेयर ट्रस्ट की नींव रखी। इसने वर्ष 2008 के आतंकवादी हमलों के शिकार लोगों और उनके परिवारों की सहायता प्रदान की। ताज ग्रुप जहाँ अपना कारोबार करता है, वहाँ के समुदायों में प्रशिक्षण कार्यक्रमों पर बहुत भारी खर्च करता है। ये कार्यक्रम वह भारत और विदेशों में, जैसे कि दक्षिण अफ्रीका में, चलाता है।

---

**समुदाय की सेवा में समूह के एक साथ काम करने को जो घटना सबसे अच्छा दरशाती है, वह है 26 दिसंबर, 2004 को आए सूनामी की प्रतिक्रिया में की गई काररवाई।**

---

इन सबके ऊपर केंद्रीय स्तर पर समन्वित परियोजनाएँ भी चलाई जाती हैं, जैसे कि टाटा इंटरनेशनल सोशल एंटरप्रेन्यरशिप स्कीम, जो कैंब्रिज विश्वविद्यालय और कैलिफोर्निया विश्वविद्यालय के स्नातक विद्यार्थियों को भारत में विविध टाटा कंपनियों के कॉरपोरेट सस्टेनबिलिटी प्रोजेक्ट्स (कॉरपोरेट निरंतर संभरण परियोजनाओं) में बतौर प्रशिक्षु काम करने के लिए यहाँ लाती है। ये विद्यार्थी इन परियोजनाओं को एक अंतरराष्ट्रीय दृष्टिकोण प्रदान करते हैं। पिछली परियोजनाओं में निम्न कार्यक्रम शामिल रहे—बेकार कृषि भूमि को फिर से उपजाऊ बनाना और उसे कृषि क्षेत्र में शामिल करना अति लघु ऋण वित्तीय योजनाएँ (माइक्रो क्रेडिट फाइनेंस स्कीम्स) स्थापित करना, और जल प्रबंधन प्रणालियाँ विकसित करना। टाटा के लिए कार्यक्रमों का प्रशासन चलानेवाले शेरनवाज कोलाह ने मुझे इन परियोजनाओं के असर के बारे में बताया। उन्होंने कहा कि इनका उन समुदायों पर

*दक्षिण-पूर्व तट पर तमिलनाडु में सूनामी राहत परियोजनाओं में से एक परियोजना।*

तो प्रभाव पड़ा ही, जहाँ विद्यार्थियों ने काम किया, इसने खुद उन ब्रिटिश और अमेरिकी विद्यार्थियों को भी प्रभावित किया, जिन्होंने अपने जीवन में पहले कभी इस तरह का अनुभव प्राप्त नहीं किया था।

लेकिन टाटा समूह की सामुदायिक सेवा का सबसे बड़ा उदाहरण तब दिखा, जब 26 दिसंबर, 2004 को आए सूनामी के बाद समूह ने एक साथ मिलकर समाज के लिए कदम उठाए। सूनामी ने दक्षिण भारत के तटवर्ती क्षेत्रों को एकदम तबाह कर दिया था। हजारों लोगों की मौतें हो गई थीं और हजारों बेघर हो गए थे। महज 24 घंटे के अंदर विविध टाटा कंपनियाँ सक्रिय हो उठीं। उन्होंने आपात सेवा के तौर पर पानी, भोजन सामग्री और बिस्तर प्रदान किए। फँसे हुए लोगों को सुरक्षित जगहों पर पहुँचाने के लिए वाहन सुविधाएँ प्रदान कीं। इन तमाम कार्यों का समन्वय टाटा रिलीफ कमेटी (टाटा राहत समिति) ने किया। यह टाटा समूह में एक स्थायी समिति है, जिसके पास प्राकृतिक आपदाओं से निपटने में 20 साल से भी ज्यादा का अनुभव है—हालाँकि इस पैमाने पर उसने पहले कभी काम नहीं किया था।

एक बार जब संकट गुजर गया, पुनर्निर्माण का काम शुरू हुआ, टाटा राहत समिति ने पूरे समूह से संसाधन जुटाए। टाटा मोटर्स ने राहत सामग्री को ढोने के लिए वाहन प्रदान किए, टाटा प्रोजेक्ट्स ने खारापन दूर करनेवाले पौधे प्रदान किए

और ताज ग्रुप ने शरणार्थियों एवं कामगारों के लिए खान-पान की सुविधाएँ प्रदान कीं। एक संयुक्त उपक्रम प्रोजेक्ट, टाटा बी.पी. सोलर ने सौर ऊर्जा संचालित प्रकाश व्यवस्था प्रदान की और एक अन्य कंपनी शपूरजी पैलोनजी ने विस्थापित लोगों के लिए घर बनाए।[ii] पूरे टाटा समूह के कर्मचारियों ने अपने एक दिन का वेतन राहत कोष में जमा कराया। इस बीच, पीड़ित क्षेत्रों के लोगों के नए घरों में जाने के पहले ही, टाटा कंसल्टेंसी सर्विसेज ने अपने टी.सी.एस. मैत्री कार्यक्रम के जरिए उन्हें प्रशिक्षण देना शुरू कर दिया।

एक बार शरणार्थी पुनर्वासित हो गए तो टाटा का काम खत्म नहीं हो गया। यह तटवर्ती क्षेत्र के गरीब लोगों की मदद करने का एक मौका था, ताकि वे आर्थिक रूप से ज्यादा आत्मनिर्भर बनें और अपने जीवन-स्तर को सुधारें। टाटा इंस्टीट्यूट ऑफ सोशल साइंसेज के विद्यार्थियों ने तटवर्ती क्षेत्रों में 600 किलोमीटर का दौरा किया, गाँववासियों से बातें कीं और उनकी जरूरतें जानीं तथा उन अवसरों की पहचान की जहाँ टाटा मदद कर सकता है।[iii] टाटा समूह की वेबसाइट पर एक दस्तावेज खुलासा करता है, विचार यह नहीं था कि जो कुछ पहले था उसे बस बहाल कर दिया जाए, बल्कि स्थानीय लोगों की आकांक्षाओं व इच्छाओं के अनुरूप आधारभूत ढाँचा मजबूत करके और मॉडल (नमूना) गाँव स्थापित करके प्रभावित जिलों की तसवीर बदलने का विचार था।'[5]

---

**टाटा समूह की वेबसाइट पर उपलब्ध एक दस्तावेज खुलासा करता है, 'विचार यह नहीं था कि जो कुछ पहले था, उसे बस बहाल कर दिया जाए, बल्कि विचार यह था कि प्रभावित जिलों की तसवीर बदल दी जाए।'**

---

तटवर्ती क्षेत्रों के मछुआरे समुदायों को आधुनिक फाइबर ग्लास से बनी नावें, जाल और मछली मारने के अन्य उपकरण प्रदान किए गए। अनेक ग्रामीण ज्ञान केंद्र स्थापित किए गए, जिनमें से हरेक में विविध किस्म की सुविधाएँ उपलब्ध थीं, जैसे पुस्तकालय प्रशिक्षण केंद्र और संचार केंद्र। संचार केंद्रों में तूफान और सूनामी से संबंधित चेतावनी, समुद्र की स्थिति, मछलियों के झुंड की गतिविधियों, ताकि मछली मारने के सबसे बढ़िया क्षेत्र कहाँ मिल सकते हैं और स्थानीय बाजार की स्थितियों व कीमतों आदि के बारे में सूचनाएँ दी जाती थीं। स्वास्थ्य शिक्षा एवं पोषण परियोजनाओं के साथ प्रौढ़ शिक्षा और शिक्षा कार्यक्रम चलाए गए। आर्थिक आत्मनिर्भरता हासिल करने के लिए वैकल्पिक रोजगार पर काफी जोर था। रोजगारपरक प्रशिक्षण दिया गया (कुछ प्रशिक्षण कार्यक्रम तो अभी भी चल रहे

हैं)। कोवलम में सीवीड हार्वेस्टिंग प्लांट (समुद्र में प्राप्त चीजों के दोहन के लिए संयंत्र) लगाया गया। एक अन्य परियोजना के तहत ग्रामीण भारत में सबसे गरीब लोगों की विधवाओं को शिल्प-आधारित हुनर सिखाए गए, ताकि वे पैसे कमा सकें और ज्यादा स्वतंत्र हो सकें।

ये तो सिर्फ उन परियोजनाओं का एक छोटा नमूना है, जिनमें टाटा समूह और उसकी कंपनियाँ शामिल हैं। इसके अलावा टाटा ट्रस्टों द्वारा किए जानेवाले बहुतेरे कार्य हैं, जिनकी चर्चा हमने अभी शुरू भी नहीं की है।

## टाटा के ट्रस्ट

'टाटा ट्रस्ट्स' एक सामूहिक शब्द है, जिसका संदर्भ सर दोराबजी टाटा ट्रस्ट, सर रतन टाटा ट्रस्ट और अन्य संबद्ध ट्रस्टों से है। टाटा परिवार के कई प्रमुख सदस्यों ने अपनी वसीयतों में ट्रस्टों की स्थापना की, जिनमें से दो का जिक्र ऊपर किया गया या इसी तरह नवाजबाई रतन टाटा ट्रस्ट है।[iv]

टाटा के ट्रस्ट एक साथ मिलकर टाटा संस में 66 फीसदी हिस्सेदारी रखते हैं। जैसे-जैसे टाटा समूह का विस्तार हुआ है और मुनाफा बढ़ा है, वैसे-वैसे हाल के वर्षों में इन ट्रस्टों को मिलनेवाली आय में भी काफी इजाफा हुआ है। जैसी कि दुनिया भर में आम परंपरा है, ट्रस्ट में अपनी आमदनी का कुछ भाग पूँजी कोष बनाने के लिए निवेश करते हैं और बाकी राशि अनुदानों के रूप में बाँट देते हैं। वे आँकड़े भी तेजी से बढ़ते जा रहे हैं। वर्ष 2006-07 में संस्थानों और व्यक्तियों को कुल 226.56 करोड़ रुपए का अनुदान दिया गया। 2007-08 में कुल राशि बढ़कर 316.85 करोड़ हो गई। और 2008-09 में यह राशि 413.02 करोड़ हो गई।[v] इन आँकड़ों को एक संदर्भ में रखने के लिए कहें तो 1931 से टाटा के ट्रस्टों ने करीब 1,877 करोड़ रुपए अनुदान के रूप में बाँटे। इसमें से 80 फीसदी से ज्यादा राशि वर्ष 2000 से लेकर 2009 तक में बाँटी गई। हालाँकि इन राशियों में मुद्रास्फीति को सम्मिलित अवश्य किया जाना चाहिए, लेकिन यह साफ है कि टाटा समूह की वित्तीय सेहत की बहाली और 1990 के दशक के उत्तरार्ध से पुनरुत्साह और अंतरराष्ट्रीय महत्त्वाकांक्षा ने टाटा के ट्रस्टों और इसीलिए भारत के लोगों को काफी फायदा पहुँचाया है।

वर्ष 2008-09 में टाटा के ट्रस्टों ने भारत भर में संस्थानों और समुदायों को 436 अनुदान दिए और 1,877 जरूरतमंद लोगों की मदद की। इनमें से दो-तिहाई लोग ऐसे थे जिन्हें इलाज के लिए मदद दी गई, क्योंकि वे महँगे इलाज

का खर्च नहीं उठा सकते थे। बाकी रकम जमशेदजी टाटा द्वारा शुरू की गई परंपरा को जारी रखते हुए गरीब लेकिन योग्य मेधावी लोगों को पढ़ने या यात्रा करने के लिए दी गई। इनमें से 13 विमानन स्कॉलरशिप (छात्रवृत्ति) जे.आर.डी. टाटा ट्रस्ट द्वारा दी गई। यह ट्रस्ट विमानन में जे.आर.डी. के जीवनपर्यंत रुचि को प्रतिबिंबित करता है। संस्थागत अनुदान सात क्षेत्रों में बाँटे गए थे—1. संस्थान (मुख्य रूप से टाटा इंस्टीट्यूट ऑफ सोशल साइंसेज और टाटा इंस्टीट्यूट ऑफ फंडामेंटल रिसर्च), 2. प्राकृतिक संसाधन प्रबंधन एवं ग्रामीण आजीविका, 3. शहरी क्षेत्रों में गरीबी और आजीविका, 4. शिक्षा, 5. स्वास्थ्य, 6. नागरिक समाज, प्रशासन और मानवाधिकार तथा 7. मीडिया, कला एवं संस्कृति। अनुदान का आकार भी अलग-अलग था। कोलकाता में नए कैंसर अस्पताल के समर्थन में 40 करोड़ रुपए दिए गए तो चंडीगढ़ में चावल उत्पादन में तेजी पर आयोजित एक दिवसीय प्रशिक्षण कार्यशाला के लिए 50 हजार रुपए दिए गए। कुछ उदाहरण निम्न हैं—

- तमिलनाडु में कालंजम फाउंडेशन को 102 लाख रुपए दिए गए। एक सामुदायिक बैंकिंग नेटवर्क विकसित करने के एक बृहत् कार्यक्रम के एक हिस्से के रूप में यह राशि दी गई।
- कर्नाटक में चार गाँवों में मिट्टी एवं पानी संरक्षण परियोजनाओं के समर्थन में नवनिर्माण ट्रस्ट को 5.3 लाख रुपए दिए गए।
- महाराष्ट्र में स्ट्रीट यूथ प्रोजेक्ट के लिए 5.5 लाख रुपए दिए गए। इसके तहत एक सामूहिक गृह निर्माण और वोकेशनल ट्रेनिंग देना शामिल था।
- मध्य प्रदेश में स्टेट रिसोर्स सेंटर फॉर एडल्ट एजुकेशन को 13.2 लाख रुपए का अनुदान दिया गया। इस कार्यक्रम के तहत उन युवाओं के शिक्षण-प्रशिक्षण की व्यवस्था की जानी थी, जिन्होंने बीच में ही स्कूली शिक्षा छोड़ दी थी।
- केरल में सेंटर फॉर मेडिसिनल प्लांट रिसर्च को 194 लाख रुपए दिए गए।
- कर्नाटक में एक आश्रम में गंदे पानी का एक रीसाइक्लिंग प्लांट (पुन:शोधन संयंत्र) लगाने के लिए 11.4 लाख रुपए दिए गए।
- पश्चिम बंगाल में मानवाधिकार शिक्षा को आगे बढ़ाने और महिलाओं व स्कूल पूर्व के बच्चों के लिए शिक्षण केंद्रों के लिए 5 लाख रुपए दिए गए।
- समुदाय-आधारित संगठनों का निर्माण कर ग्रामीण महिलाओं के

सशक्तीकरण के उद्‌देश्य से उत्तर प्रदेश में एक कार्यक्रम को 3.1 लाख रुपए दिए गए।

- दलित कला एवं संस्कृति को बढ़ावा देने के लिए दलित फाउंडेशन, नई दिल्ली को 5 लाख रुपए दिए गए।

टाटा कंपनियों द्वारा सृजित धन से पोषित टाटा ट्रस्टों द्वारा भारत में जो कुछ किया जाता है, उपर्युक्त उदाहरण बमुश्किल उसकी ऊपरी सतह को थोड़ा सा खरोंचने का प्रयास ही है।

## सामुदायिक सेवा एवं ब्रांड मूल्य

एक-एक करके इनमें से ज्यादातर परियोजनाएँ उन चीजों या कार्यों का प्रतिनिधित्व करती हैं, जिन्हें दुनिया में कहीं भी किसी सामाजिक रूप से जिम्मेदार कंपनी से करने की अपेक्षा की जा सकती है। टाटा कॉरपोरेट ब्रांड के संदर्भ में जो बात मायने रखती है, वह अलग-अलग प्रोजेक्ट नहीं बल्कि उनकी संख्या है, सामाजिक समस्याओं का विस्तार है, जिन्हें दूर किया गया और वे सामाजिक हित हैं, जिन्हें टाटा समूह और टाटा ट्रस्टों ने आगे बढ़ाया। अधिकतर भारतीयों को टाटा कंपनियों और टाटा ट्रस्टों द्वारा किए गए कम-से-कम कुछ सामाजिक एवं सामुदायिक कार्यों के बारे में पता है। लाखों-करोड़ों लोगों को इन परियोजनाओं ने प्रत्यक्ष रूप से छुआ है, लाभ पहुँचाया है।

मैंने इस विषय पर कुछ विस्तार से चर्चा की है, इसलिए नहीं कि मैं टाटा समूह की प्रशंसा करना चाहता हूँ (हालाँकि सबसे सनकी किस्म के लोगों को भी यह जरूर स्वीकार करना चाहिए कि टाटा समूह ने भारत में बहुत अच्छा काम किया है), बल्कि इसलिए कि यह ब्रांड के लिए महत्त्वपूर्ण है। यह समझे जाने की जरूरत है कि समुदाय की सेवा और राष्ट्र-निर्माण जैसे टाटा के घोषित मूल्य महज डींग मारने के लिए नहीं हैं, बल्कि वे समूह में गहरे समाए हुए विश्वास हैं। टाटा भारत के लिए प्रतिबद्ध है और काफी ज्यादा प्रतिबद्ध है। मैंने एक बार टाटा समूह में किसी से पूछा कि क्या इन तमाम गतिविधियों की कुल लागत की गणना की गई है? और इसका भ्रामक जवाब मिला—कोई इस तरह की गणना क्यों करेगा? उसके जवाब से ऐसा ही प्रतीत हुआ। कितना खर्च आया, इससे क्या फर्क पड़ता है? हम जो करते हैं, यह सब वही है।

**टाटा कॉरपोरेट ब्रांड के संदर्भ में जो मायने रखता है, वह अलग-अलग परियोजनाएँ नहीं, बल्कि उनकी संख्या है। लाखों-करोड़ों लोगों को इन परियोजनाओं ने सीधे छुआ है, लाभ पहुँचाया है।**

टाटा स्टील में कॉरपोरेट सर्विसेज के तत्कालीन उपाध्यक्ष पार्थ सेनगुप्ता कहते हैं, 'हम लोकोपकार नहीं करते। हम जो करते हैं, वह है सेवा।' दलील दी जा सकती है कि वह बस प्रभाव पैदा करने के लिए अतिशयोक्ति कर रहे थे, लेकिन मैं ऐसा नहीं सोचता हूँ। टाटा समूह और टाटा कंपनियाँ जो कुछ करती हैं, उसमें से कुछ विशुद्ध रूप से लोकोपकार या दान-पुण्य है, लेकिन इस तरह का कोई भाव नहीं है कि टाटा कोई बड़ा दानदाता है और खुद को एवं अपने लोगों को अच्छा महसूस कराने के लिए जैसे-तैसे पैसे लुटा रहा है। दरअसल, टाटा समूह के विभिन्न सामाजिक व सामुदायिक कार्यक्रमों और अनुदानों पर नजर डालें तो आप पाएँगे कि वे वस्तुत: एकदम ध्यानपूर्वक तय किए गए लक्ष्यों के लिए हैं। रकम और संसाधन इस तरह लगाए गए हैं कि उनका सबसे ज्यादा और सबसे सकारात्मक असर पड़े। फिर भी, इन तमाम गतिविधियों में भावुकता का एक तत्त्व है। इतिहासकार आर.एम. लाला, जो सर दोराबजी टाटा ट्रस्ट के 18 वर्षों तक निदेशक रहे हैं, अपने दिल से बोल रहे थे, जब उन्होंने लिखा—

> अंतिम परीक्षा है—कि लोगों के जीवन में जो घटता है—टाटा मेमोरियल अस्पताल में एक मरीज, जो चंगा हो गया है; एक ग्रामीण, जो अपने गाँव में पीने के पानी की पहली झलक पाकर उल्लसित होता है; एक रेडियो खगोलज्ञ की उत्तेजना, जब उसके ज्ञान के दायरे में कोई आकाशीय पिंड आता है; एक पर्वतारोही का आनंद, जो उसे हिमालय की चोटी पर खड़ा होकर मिलता है या एक माँ की शांति शुक्रियावाली मुद्रा, जब उसका बच्चा दिल के ऑपरेशन के बाद पहली बार अपनी आँखें खोलता है और उसका चेहरा पहचान लेता है।[6]

यह सही है कि इसमें कोई खास रियायत पाने की बात देख सकता है। जैसाकि हमने पहले देखा, टाटा स्टील के झारखंड और उड़ीसा में कार्यक्रमों ने इन अशांत क्षेत्रों में स्थानीय लोगों के साथ अच्छे संबंध सुनिश्चित करने में मदद की है। इसमें कोई शक नहीं कि अनुकूल जन संबंधों और कुछेक सामाजिक कार्यक्रमों

के बारे में प्रेस में छपी खबरों व लेखों से टाटा समूह को लाभ मिलता है। इसी तरह का लाभ नवाचारी उपभोक्ता उत्पादों की प्रेस खबरों से भी उसे मिलता है। लेकिन इसके विपरीत, टाटा कंपनियों और टाटा ट्रस्टों द्वारा संचालित ढेरों परियोजनाओं को मीडिया में बहुत कम या एकदम जगह नहीं मिलती। टाटा कुल मिलाकर भारत में अपने राष्ट्र-निर्माण और सामुदायिक सेवा परियोजनाओं को विज्ञापित नहीं करता। वे सरकारी दस्तावेजों, वार्षिक रिपोर्टों और कंपनी की वेबसाइट पर समय-समय पर दी जानेवाली रिपोर्टों में दिखाई पड़ती हैं; लेकिन टाटा समूह अपनी गतिविधियों के बारे में दुनिया को बताने के लिए प्रेस में विज्ञापन नहीं देता। यह बस उन्हें करता है। और यह बदले में ब्रांड का एक शक्तिशाली तत्त्व बन जाता है। किसी भी जन-संपर्क अभियान की तुलना में यह ब्रांड मूल्य को बढ़ाने में ज्यादा योगदान देता है।

---

**जब लोग पैसे की कीमत, भरोसेमंद इत्यादि ब्रांड के गुणों के बारे में सोचते हैं तो वे अपने दिमाग से सोच रहे होते हैं। लेकिन जब वे टाटा के बारे में सोचते हैं कि यह भारत के लिए क्या करता है तो वे अपने दिलों से सोच रहे होते हैं।**

---

एक बार फिर हम मिथकों पर लौटते हैं। सामान्य भारतीय टाटा समूह और इनके ट्रस्ट जो कुछ करते हैं, उस पर अध्याय और कविता नहीं कह सकते। अधिकतर, कम-से-कम भावनात्मक स्तर पर, उनमें फर्क नहीं करते हैं, जब वे अस्पतालों, स्कूलों, गरीबी-उन्मूलन कार्यक्रमों, मानवाधिकार कार्यक्रमों, खेलकूद सुविधाओं के बारे में बात करते हैं। उनके बस यह कहने की संभावना होती है कि 'टाटा ने यह किया।' हरेक का अपना अलग प्रिय टाटा प्रोजेक्ट है—मुंबई में वे कैंसर अस्पताल के बारे में बात करते हैं, जिसे टाटा के ट्रस्टों ने दशकों से समर्थन दिया है और जिसने हजारों-लाखों लोगों का इलाज किया है; तमिलनाडु में वे सूनामी राहत कार्यों को याद करते हैं; झारखंड और उड़ीसा तथा अन्य ग्रामीण क्षेत्रों में वे गरीबी-उन्मूलन के बारे में बात करते हैं; दिल्ली और बंगलुरु में वे शिक्षा व वैज्ञानिक शोध के लिए समर्थन के बारे में बात करते हैं। वे उसी प्रकार की भावुक कहानियाँ कहते हैं, जैसाकि आर.एम. लाला ने उपरोक्त उद्धरण में वर्णन किया है।

जब लोग पैसे की कीमत, भरोसा आदि ब्रांड के गुणों के बारे में सोचते हैं तो वे अपने दिमाग से सोच रहे होते हैं। लेकिन जब वे सोचते हैं कि टाटा भारत के लिए क्या करता है तो वे अपने दिलों से सोच रहे होते हैं। सामाजिक ब्रांडों के 'मूल्य' को मौद्रिक या गैर-मौद्रिक संदर्भ में मापने की विविध कोशिशें की गई हैं,

लेकिन ये कभी भी बहुत सफल नहीं रही हैं। मैं नहीं सोचता हूँ कि ऐसा प्रयास करने में कोई तुक है। रॉबर्ट कैप्लान और डेविड नॉर्टन ने 'द बैलेंस्ड स्कोरकार्ड' में कहा, 'जिसे आप माप नहीं सकते हैं, उसका आप प्रबंध नहीं कर सकते हैं। लेकिन हम अब जिस मामले पर विचार कर रहे हैं, उसके अनुसार कैप्लान और नॉर्टन गलत थे। 'सामाजिक ब्रांड' की ताकत को मापा नहीं जा सकता है, लेकिन उस ब्रांड का प्रबंध किया जा सकता है।

## सद्‌गुणी चक्र

पहला कदम यह समझना है कि प्रक्रिया कैसे काम करती है। एक सद्‌गुणी वृत्त या सद्‌गुणी चक्र है, जो सामाजिक एवं सामुदायिक कार्य, विश्वास, प्रतिष्ठा, अभिनव प्रयोग और ब्रांड निर्माण को एक निरंतर चक्र में जोड़ता है।

समुदाय के लिए संकल्प और सेवा की टाटा की प्रतिष्ठा कार्यकलापों की लंबी परंपरा पर आधारित है। इंडियन इंस्टीट्यूट ऑफ साइंस (भारतीय विज्ञान संस्थान) और टाटा मेमोरियल अस्पताल जैसे टाटा द्वारा स्थापित किए गए संस्थानों ने भारत के सामाजिक ताने-बाने में बाहरी पैठ बना ली है। इनके अनुपूरक के रूप में लगातार अनेक कार्यक्रम चलाए जाते हैं, अनुदान दिए जाते हैं और तमाम अन्य गतिविधियाँ की जाती हैं। ये कार्यकलाप आज पूरे समूह में व्याप्त हो गए हैं।

ये कार्यक्रम एवं गतिविधियाँ और उनके जाहिर प्रभाव टाटा नाम के साथ

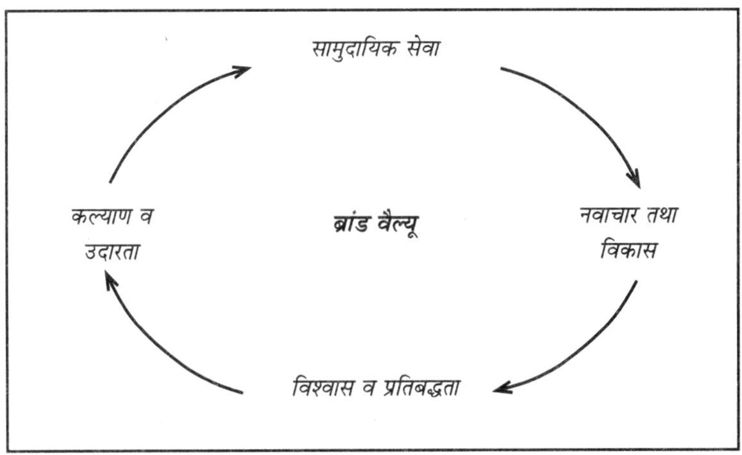


चित्र 9.1 : टाटा का सद्‌गुणी चक्र

एक सकारात्मक अहसास पैदा करते हैं। टाटा को एक 'अच्छा' संगठन समझा जाता है, ऐसा संगठन, जो अपने मुनाफे के पहले लोगों और धरती ग्रह को रखता है। यह सकारात्मक अहसास ग्राहकों, कर्मचारियों तथा अन्य स्टेकहोल्डरों के विचारों को और सुदृढ़ करता है। ग्राहक टाटा के नाम पर भरोसा करने के लिए और प्रवृत्त हो जाते हैं।

टाटा के मूल्यों के बारे में कर्मचारियों की अपनी जागरूकता बढ़ जाती है तथा एक 'अच्छे' संगठन के लिए काम करने का उनका गर्व और बढ़ जाता है।

चूँकि टाटा के मूल्यों के प्रति कर्मचारियों की निष्ठा और बढ़ जाती है, इसलिए वे 'ट्रेंट' की संस्थापक सिमोन टाटा के शब्दों में, 'साहसिकता की आत्मा' बन जाते हैं। वे नए-नए प्रयोग करते हैं। वे नए उत्पाद, नई सेवाएँ और नए विचार लेकर सामने आते हैं। और यह वृत्त को बंद कर देता है। उच्च आयोडीनवाले नमक या मछुआरों को नि:शुल्क सलाह और सूचना देनेवाले कॉल सेंटर जैसे नवाचार गरीबों के जीवन को सीधे प्रभावित करते हैं। अन्य प्रयोग टाटा समूह के लिए आमदनी और विकास को बढ़ाते हैं, जिसका मतलब है कि टाटा के ट्रस्टों को ज्यादा राशि मिलेगी और जिसे वे योग्य समूहों व व्यक्तियों को अनुदान के रूप में देंगे।

---

**समुदाय के लिए सेवा और प्रतिबद्धता की टाटा की प्रतिष्ठा कार्यकलापों की एक लंबी परंपरा पर आधारित है।**

---

इन सभी चारों चीजों—समुदाय की सेवा और जरूरतमंदों की मदद करना, 'अच्छाई' के लिए 'प्रतिष्ठा'; कर्मचारियों, ग्राहकों और अन्यों के लिए बढ़ी हुई प्रतिबद्धता और नए प्रयोग एवं कारोबारी विकास—का कॉरपोरेट ब्रांड पर असर पड़ता है। और ये एक-दूसरे को पोषित करते हैं। सामुदायिक कार्य के लिए टाटा की प्रतिष्ठा जितनी ज्यादा बढ़ती है, इसका ब्रांड उतना ही और मजबूत होता है। समूह का जितना ज्यादा विकास होता है, जरूरतमंदों की मदद करने की उसकी क्षमता में उतना ही इजाफा होता है। अच्छा करने से समूह की छवि तो सुधरती ही है, इससे एक मूल्य भी स्थापित होता जाता है, जिससे उसकी अच्छा करने की योग्यता और बढ़ती है। जैसाकि हैच एवं शुल्ज अपनी पुस्तक 'टेकिंग ब्रांड इनीशिएटिव' में हमें याद दिलाते हैं, 'कॉरपोरेट ब्रांड निर्माण में सबसे अहम कारक है कि कंपनी जो कुछ कहती है और जो कुछ करती है, उन सबको उस छवि या धारणा के अनुरूप किया जाए, जो स्टेकहोल्डरों के दिमाग में या मन में है।'[7]

## निवेशकों के लिए मूल्य

यह दिखाने के लिए प्रचुर शोध हैं कि भारत और दुनिया के कई अन्य भागों में ग्राहक एवं कर्मचारी तब सकारात्मक प्रतिक्रिया जताते हैं, जब वे कंपनियों को अच्छा करने और समुदाय की मदद करते देखते हैं। मगर वित्तीय समुदाय में कुछ ज्यादा ही मिश्रित भावनाएँ हैं। एक मजबूत विचार है, जिसकी सबसे बढ़िया प्रस्तुति स्वर्गीय मिल्टन फ्राइडमैन ने दी थी। शिकागो विश्वविद्यालय के अर्थशास्त्री फ्राइडमैन ने तर्क दिया कि कारोबारों के लिए यह आर्थिक व नैतिक रूप से गलत है कि वे लोकोपकार और सामुदायिक कार्यों में पैसे खर्च करें। फ्राइडमैन का कहना है कि वह पैसा उनका नहीं है कि वे खर्च करें। वह पैसा शेयरधारकों का है और वह सारी रकम, जो कारोबार में निवेश करने के लिए जरूरी नहीं है, शेयरधारकों को लौटा दी जानी चाहिए। कंपनी और शेयरधारकों को अपना टैक्स भरने दें और टैक्स की रकम से सरकार की गरीबी दूर करने में खर्च करने दें।

आज, खासकर वर्ष 2008 के बैंकिंग संकट के मद्देनजर इस विचार को जोर-शोर से पेश करना राजनीतिक रूप से गलत होगा, लेकिन इसमें कोई शक नहीं प्रतीत होता कि कम-से-कम निजी बातचीत में कुछ निवेशक अभी भी इस विचार से सहमति व्यक्त करते हैं। अन्य मानते हैं, चाहे कारण व्यक्तिगत हों या भावनात्मक कि कारोबारों का कर्तव्य है कि वे वंचितों और गरीब लोगों की मदद करें, लेकिन कई मामलों में इसे एक सहायक गतिविधि के रूप में लेते हैं। निवेशक निदेशक मंडल से कहते हैं कि चाहे जैसे हो, कुछ पैसा दान (चैरिटी) के लिए दे दो; लेकिन बहुत ज्यादा नहीं। कुछ भले काम कर दो, लेकिन याद रखो कि हमारी जरूरतें पहले आती हैं। इसमें बहुत कम या एकदम ही कोई तुक नहीं है कि सामाजिक और सामुदायिक कार्यक्रम वास्तव में शेयरधारकों के लिए मूल्य का सृजन करते हैं।

मेरा मानना है कि कम-से-कम टाटा के मामले में ये काम अप्रत्यक्ष रूप से मूल्य का सृजन करते हैं। यह सही है कि एक स्तर पर टाटा ठीक वही करता है, जिसकी अनुशंसा फ्राइडमैन ने की थी। यह हर साल अपने शेयरधारकों यानी टाटा ट्रस्टों को सैकड़ों करोड़ रुपए भेजता है और वे ट्रस्ट अपनी इच्छानुसार उस रकम को खर्च करते हैं। लेकिन टाटा की मजबूत प्रतिष्ठा और सद्‌गुणी चक्के के चलने के लिए इतना भर अपने आप में पर्याप्त नहीं होगा। आखिरकार, ऐसे ढेरों उदाहरण हैं कि कारोबारी नेताओं और निवेशकों ने उदारतापूर्वक दान दिए, फिर भी उन्होंने अपने व्यापार को इस तरह चलाया मानो मुनाफा कमाना उनका एकमात्र मकसद

हो। एंड्र्यू कारनेगी, जॉन डी. रॉकफेलर, डैनियल गगेनहीम, जे.पी. मॉर्गन—इन सभी ने स्थायी निधियों एवं ट्रस्टों को दान दिए और अच्छे हितों के लिए करोड़ों दिए, फिर भी उनकी प्रतिष्ठा थी और अभी भी है कि वे कट्टर कारोबारी थे और उन्होंने अपने स्वार्थ सिद्ध करने के लिए अपना कारोबार चलाया।

**टाटा को हटकर देखा जाता है, क्योंकि ट्रस्टों को उदारतापूर्वक धन देने के साथ-साथ वह खुद भी इन कार्यों में हाथ बँटाता है।**

टाटा को अलग रूप में देखा जाता है, क्योंकि यह चैरिटेबल ट्रस्टों को उदारता से धन तो देता ही है, यह खुद भी इन कार्यों में अपने हाथ बँटाता है। समूह और टाटा कंपनियाँ अपना कार्यक्रम स्थापित करती हैं और अपनी विशेषज्ञता का सीधा इस्तेमाल सामाजिक एवं सामुदायिक समस्याओं का निदान निकालने में करती हैं। कभी-कभी वे यह काम मुनाफा सोचकर नहीं करती हैं, जैसे कि टाटा नैनो इसलिए लाया गया कि आम भारतीय जनता को सस्ता और सुरक्षित मोटर वाहन मुहैया कराया जा सके। कभी-कभी वे यह अपने रोजगार चलनों के जरिए करते हैं, जैसे कि वे कम कौशल या हुनरवाले लोगों तथा वंचित लोगों को प्रशिक्षण देते हैं और इस तरह उनकी कमाने की क्षमता को बढ़ाते हैं। कभी-कभी वे बहुत कम कीमत पर उत्पाद एवं सेवाएँ उन लोगों को प्रदान करते हैं, जो पूरी कीमत चुकाने में समर्थ नहीं होते। फिर भावनात्मक स्तर पर कई स्टेकहोल्डर इन दोनों के बीच फर्क नहीं करते। वे देखते हैं कि टाटा कुछ अच्छा कर रहा है, सिर्फ बातें नहीं कर रहा है, यह महज किसी और को पैसे नहीं दे रहा है, बल्कि वस्तुतः खुद काम कर रहा है।

यह सब टाटा ट्रस्टों का महत्त्व कम करने की दृष्टि से नहीं कहा जा रहा है। वे भी ब्रांड को मजबूत बनाने में अहम भूमिका निभाते हैं। वे लोकोपकार करने में वास्तविक विशेषज्ञ हैं। वे जानते हैं कि कहाँ और कैसे दान दिया जाए कि सर्वोत्तम परिणाम हासिल हो। कंपनियाँ अपनी क्षमताओं का इस्तेमाल करती हैं और उस पर ध्यान केंद्रित करती हैं, जिनमें उन्हें महारत हासिल है या जिसे वे सबसे बढ़िया ढंग से कर सकती हैं, जैसे कि टाटा स्टील ने खास किस्म की सेवाएँ प्रदान करने के लिए ऐसे संगठन बनाकर रखे हैं, जिनकी जरूरत वहाँ पड़ती है जहाँ वे काम करते हैं। कॉरपोरेट ब्रांड के संदर्भ में ट्रस्टों और कंपनियों के काम समान रूप से मूल्यवान् हैं।

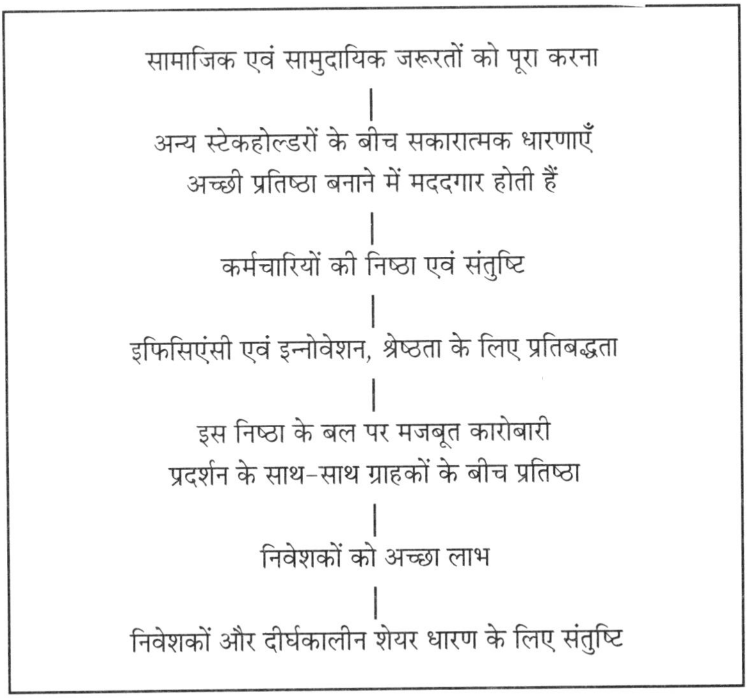

सामाजिक एवं सामुदायिक जरूरतों को पूरा करना

|

अन्य स्टेकहोल्डरों के बीच सकारात्मक धारणाएँ
अच्छी प्रतिष्ठा बनाने में मददगार होती हैं

|

कर्मचारियों की निष्ठा एवं संतुष्टि

|

इफिसिएंसी एवं इन्नोवेशन, श्रेष्ठता के लिए प्रतिबद्धता

|

इस निष्ठा के बल पर मजबूत कारोबारी
प्रदर्शन के साथ-साथ ग्राहकों के बीच प्रतिष्ठा

|

निवेशकों को अच्छा लाभ

|

निवेशकों और दीर्घकालीन शेयर धारण के लिए संतुष्टि

*चित्र 9.2 : संतुष्ट निवेशकों के लिए सात कदम*

चित्र 9.2 दरशाता है कि मूल्य सृजन कैसे निवेशकों के साथ एक खास रिश्ते को बुनता है।

एक बार फिर, हम सामाजिक ब्रांड के मूल्य को माप नहीं सकते, लेकिन मूल्य-सृजन प्रक्रिया को कार्यरूप में ढलते हुए देखना बिलकुल संभव है। हमने देखा है कि टाटा समूह की कंपनियाँ कैसे सामुदायिक सेवा एवं राष्ट्र-निर्माण की अपनी प्रतिष्ठा का इस्तेमाल कर्मचारियों में निष्ठा और ग्राहकों में भरोसा पैदा करने के लिए करती हैं, और इससे सुदृढ़ कारोबारी प्रदर्शन होता है तथा इस तरह निवेशकों के लिए अच्छे अवसर बनते हैं। कॉरपोरेट ब्रांड के साथ प्रक्रिया और भी बारीक है। चूँकि कोई एक टाटा कंपनी नहीं है, इसलिए निवेशकों का टाटा ब्रांड के साथ कोई सीधा वित्तीय रिश्ता नहीं बनता। लेकिन कम-से-कम भारत में जब वे टाटा ग्रुप कंपनियों के शेयर खरीदते हैं या कोई अन्य वित्तीय रिश्ता बनाते हैं तो वे सकल ब्रांड और उसके मूल्यों को भी लेते हैं। मूल्य के बारे में उनका अपना

नजरिया प्रभावित होता है, भले ही सिर्फ मामूली रूप में, यह देखकर कि टाटा समूह भारत में भारत के लिए क्या कर रहा है।

## संपूर्ण विश्व

जैसाकि हमने पिछले तीन अध्यायों में देखा, चूँकि बाकी दुनिया में स्टेकहोल्डर मोटे तौर पर इससे अनजान हैं कि टाटा क्या है और यह क्या करता है, वे इस 'सामाजिक ब्रांड' की शक्ति को नहीं जानते या नहीं समझते हैं। क्या टाटा दुनिया में अन्यत्र अपना कॉरपोरेट ब्रांड बनाने के लिए वही कुछ दोहरा सकता है, जो उसने भारत में किया है?

जवाब है कि इसने अफ्रीका में और एशिया के अन्य हिस्सों में पहले ही ऐसा करना शुरू कर दिया है। टाटा के आदर्श एवं मूल्य और विश्वास पैदा करने तथा अपना ब्रांड बनाने का इसका तरीका खास तौर पर विकासशील देशों के अनुकूल प्रतीत होता है। जैसाकि इस पुस्तक में पहले चर्चा की गई, दक्षिण अफ्रीका दरशाता है कि इसे व्यवहार में कैसे अमल में लाया जा सकता है।

टाटा समाज के लिए उसी किस्म की प्रतिबद्धता का प्रदर्शन यूरोप या अमेरिका या वाकई चीन में कर पाता है या नहीं, यह अहम बात होगी। टाटा के कार्याधिकारी उन उदाहरणों को इंगित करते हैं, जो वे अब तक कर चुके हैं। इतना पहले कि वर्ष 1912 में ही सर रतन टाटा ने लंदन स्कूल ऑफ इकोनॉमिक्स को एक अनुदान दिया, जिससे वहाँ आधुनिक समाज-विज्ञान विभाग की स्थापना हुई। इस तरह के हाल में भी उदाहरण हैं, जैसे कि कैंब्रिज विश्वविद्यालय में धातुकर्म (मेटलर्जी) के लिए टाटा स्टील चेयर की स्थापना की गई। टाटा कंसल्टेंसी सर्विसेज ने लुइसियाना में कैटरीना तूफान के दौरान बचाव एवं राहत के लिए निःशुल्क समर्थन सहयोग दिया। ब्रिटेन में टी.सी.एस. और अन्य टाटा कंपनियाँ समुदाय में कारोबार (बिजनेस इन द कम्युनिटी) जैसे कार्यक्रमों में शामिल हैं।[vi] ये महज कुछ मिसालें हैं, इस तरह के कई अन्य और भी उदाहरण हैं। लेकिन अभी तक ये अलग-अलग प्रयास उस प्रकार के संगठित कार्यक्रम के समकक्ष नहीं हैं, जैसाकि हमने भारत में देखा है। टाटा ने इस दिशा में आगे बढ़ने की मंशा का स्पष्ट इजहार किया है और प्रथम कदम उठाए भी गए हैं, लेकिन उसे लंबा रास्ता तय करना है। निश्चित रूप से टाटा कंपनियों के लिए इंग्लैंड में स्कूलों और अस्पतालों जैसे प्रोजेक्टों में मदद करने के अवसर हैं। लेकिन इन देशों में अलग सामाजिक और सरकारी ढाँचा होने के कारण टाटा के लिए उसी तरह अपने हाथ

धूल में सानना संभव नहीं हो सकता, जैसाकि वह भारत में कर पाता है। हालाँकि ब्रिटिश सरकार और राष्ट्रीय स्वास्थ्य सेवा निस्संदेह एक नए अस्पताल के निर्माण के लिए टाटा के अनुदान का स्वागत करेंगे; लेकिन वे इस पर निश्चित रूप से तकरीबन ठंडी प्रतिक्रिया जाहिर करेंगे, यदि टाटा एक अस्पताल बनाने और स्टाफ रखकर उसे खुद चलाने का फैसला करे। (अन्य किस्म के संस्थानों, जैसेकि आश्रम या धर्मशाला के लिए हो सकता है कि कम आपत्तियाँ हों।)

या टाटा के मूल्यों को लागू करने के लिए यह संभवत: महज एक नया रास्ता खोजने की बात है? बस इस तथ्य से कि ब्रिटेन और अमेरिका में भारत की तुलना में प्रति व्यक्ति आय ज्यादा है, इसका यह मतलब नहीं कि इन देशों में अपनी सामाजिक समस्याएँ नहीं हैं। बस वे समस्याएँ भारत से अलग किस्म की होती हैं। टाटा के लिए अपनी मूल्य-प्रणाली को लागू करने और जागरूकता पैदा करने तथा तदनुरूप ब्रांड की पहचान बनाने के लिए निश्चित रूप से उपाय होने चाहिए। इसके लिए बस कुछ रचनात्मक सोच की जरूरत है।

कुछ हद तक ब्रिटेन व अमेरिका में ऐसे प्रयास और चीन में भी निश्चित तौर पर एकदम शून्य स्तर से शुरू होने चाहिए। पश्चिमी और चीनी स्टेकहोल्डर संभवत: बहुत नहीं सुनना चाहते कि टाटा का भारत में राष्ट्र-निर्माण में शानदार रिकॉर्ड रहा है। उन्हें इतना भर ही आश्वस्त करना पर्याप्त होगा कि समाज कल्याण और समुदायों के लिए टाटा प्रतिबद्ध रहता है। यहाँ तक कि वे उस पर प्रतिकूल प्रतिक्रिया जाहिर कर सकते हैं कि टाटा कंपनियाँ स्थानीय आर्थिक व्यवस्था से काम के रूप में रकम निकालकर टाटा संस को भेजती हैं और उसके जरिए टाटा ट्रस्टों को धन मिलता है, जिसका इस्तेमाल भारत के गरीबों के लाभ के लिए किया जाता है। उनकी प्रतिक्रिया हो सकती है, 'यहाँ ब्रिटेन/अमेरिका/चीन के गरीब लोगों के बारे में क्या?' टाटा के लिए यह जरूरी है कि भारत में अर्जित अपनी घरेलू प्रतिष्ठा का बखान करने के बजाय वह विदेशों में स्थानीय बाजारों में वंचित समूहों के साथ काम करे और उनकी जरूरतों को पूरा करने में जुटे।

टाटा के प्रबंधक इस बात से अच्छी तरह वाकिफ हैं। टाटा संस के कार्यकारी निदेशक आर. गोपालकृष्णन और टाटा सर्विसेज में कॉरपोरेट अफेयर्स के उपाध्यक्ष अतुल अग्रवाल दोनों ने मुझसे जोर देकर कहा कि दुनिया भर में टाटा जहाँ-जहाँ काम करता है, वहाँ के समुदायों के लिए प्रतिबद्धता को टाटा ब्रांड के विशुद्ध रूप से भारतीय ब्रांड से एक वैश्विक ब्रांड बनने के संक्रमण के एक बड़े हिस्से के रूप में देखा जाता है। उत्तरोत्तर रूप से भारत के बाहर ब्रांड प्रस्तुति में देश को पहले

रखने के बारे में नहीं, बल्कि 'समुदायों को पहले रखने' या यहाँ तक कि 'लोगों को पहले रखने' के बारे में बात की जाती है। टाटा ग्लोबल बेवरिजेज के सी.ई.ओ. पीटर अंसवर्थ के शब्दों में, यह ब्रांड प्रस्तुति 'लोग और धरती ग्रह' के रूप में होती है। सिद्धांत पूरी तरह सही दिखता है। कठिन भाग यह होगा कि इसे जमीनी स्तर पर लागू करने का सही तरीका खोजा जाए। इसे इस तरह कार्यान्वित किया जाए कि यह टाटा के मूल्यों को समावेश करे और उसे मजबूती प्रदान करे तथा स्थानीय लोगों को इसके प्रति प्रबुद्ध व जागरूक बनाए।

टाटा कम्युनिकेशंस के प्रबंध निदेशक एन. श्रीनाथ मानते हैं कि टाटा के मूल्य खास तौर पर भारतीय नहीं हैं, बल्कि वे सार्वभौमिक और वैश्विक हैं। अगले 10 साल यह दरशाएँगे कि क्या वह सही हैं।

## संदर्भ :

(i) जुस्को (JUSCO) अद्‌भुत रूप से सफल रहा है। पहले तो यह टाटा स्टील की महज एक शाखा थी, लेकिन बाद में यह खुद एक कारोबार बन गई। कंपनी के अपने न्यूजलेटर (समाचार पुस्तिका) के अनुसार, झारखंड और अन्य राज्यों में सरकारी ठेकों के तहत विभिन्न शहरों को इसने नगरपालिका सेवाएँ देने का काम शुरू कर दिया है।

(ii) शपूरजी पैलोनजी एंड कंपनी टाटा समूह का हिस्सा नहीं है, हालाँकि दोनों के बीच कुछ संबंध है।

(iii) टाटा इंस्टीट्यूट ऑफ सोशल साइंसेज (टाटा समाज विज्ञान संस्थान) टाटा द्वारा वित्त-पोषित एक अन्य उच्च शिक्षा संस्थान है। इसकी स्थापना वर्ष 1936 में मुंबई में की गई थी। शुरू में इसका नाम था—'सर दोराबजी टाटा ग्रेजुएट स्कूल फॉर सोशल वर्क'। इसमें जमशेदजी टाटा सेंटर फॉर डिजॉस्टर मैनेजमेंट (जमशेदजी टाटा आपदा प्रबंधन केंद्र) शामिल है, जो आपदा प्रबंधन में एम.एस-सी. प्रोग्राम और लघु विचार-गोष्ठियों की सुविधाएँ प्रदान करता है।

(iv) टाटा ट्रस्टों, उनके संबंधों और वे क्या करते हैं, इस बारे में सरसरी जानकारी के लिए संभवत: सबसे बढ़िया स्रोत टाटा की अपनी वेबसाइट है— www.tata.com

(v) डॉलर के संदर्भ में अपेक्षाकृत कम बढ़ोतरी के लिए मुद्रा-विनिमय दर में उतार-चढ़ाव जिम्मेदार है। चूँकि धन का वितरण रुपए में किया जाता है, इसलिए डॉलर में आँकड़ा महज तुलनात्मक उद्‌देश्य के लिए दिया जाता है। ये आँकड़े खुद टाटा ट्रस्टों द्वारा दिए जाते हैं। मुझे ये आँकड़े सर दोराबजी टाटा ट्रस्ट के प्रबंध न्यासी ए.एन. सिंह द्वारा प्रदान किए गए, जिसके लिए उनका शुक्रिया।

(vi) भारतीय और अन्य गैर-ब्रिटिश पाठकों के लिए बता दें कि 'बिजनेस इन द कम्युनिटी' एक निकाय है, जो ब्रिटिश कारोबारों को उन समुदायों में सक्रिय रूप से भाग लेने के लिए प्रोत्साहित करता है, जिसमें वे अपना कार्य-संचालन करते हैं। प्रिंस ऑफ वेल्स (वेल्स के राजकुमार) इसके संस्थापक और संरक्षक हैं।

❑

# 10

# महज एक ब्रांड की कहानी नहीं

अक्तूबर 2009 में मैं सिमोन टाटा से मिला, जो भारतीय कारोबार जगत् की अप्रचारित नेतृत्वकर्ता में से एक हैं। उन्होंने लक्मे कॉस्मेटिक (सौंदर्य प्रसाधन) कारोबार को स्थापित किया था और एक अत्यंत सफल खुदरा ब्रांड का सृजन किया था। बाद में यह कारोबार हिंदुस्तान लीवर को बेच दिया गया। इसके बाद सिमोन ने भारत की घरेलू खुदरा शृंखला में से एक 'ट्रेंट' की शुरुआत की और इसकी अध्यक्षा के रूप में काम किया। जब मैं मुंबई में उनसे मिला तो वह ऑफिस से विदा हो रही थीं। टाटा समूह के साथ 48 वर्षों तक काम करने के बाद वह रिटायर हो रही थीं।

बातचीत के दौरान मैंने उनसे पूछा कि टाटा के मूल्य क्या हैं? उन्होंने मुझे देर तक घूरा और फिर मुसकराईं। उन्होंने विनम्रता से कहा, 'आप अच्छी तरह जानते हैं कि वे क्या हैं।'

वह सही थीं। यह पता करना कठिन नहीं था कि टाटा के मूल्य क्या हैं। सिद्धांत रूप में, मैंने यह सवाल कई टाटा कार्याधिकारियों से किया और उनसे इसी तरह का जवाब पाया। वैसे, मूल्यों के बयान दर्ज हैं, जिन्हें समूह की कंपनी में नौकरी पाते वक्त हरेक कर्मचारी पढ़ता है और उन पर दस्तखत करता है। फिर टाटा के लोगों द्वारा निरंतर की जानेवाली बातचीत है, जिसमें वे न्यायोचित, विश्वास, उत्तरदायित्व, ईमानदारी, निष्ठा, नवाचार, समुदाय के लिए प्रतिबद्धता, वैश्विक दृष्टि जैसी चीजों का उल्लेख करते हैं। यह एकदम आसान है कि उन शब्दों की एक सूची प्रदान कर दी जाए, जो टाटा के मूल्यों का प्रतिनिधित्व करते हैं। मगर यह तय करना काफी मुश्किल है कि उन मूल्यों का व्यवहार में क्या मतलब है।

जैसाकि विद्वान् हमें याद दिलाते हैं, शब्द प्रतीक भी होते हैं और हम उन्हें

भिन्न-भिन्न अर्थ प्रदान करते हैं। भाषा के दार्शनिक बैरी स्मिथ लिखते हैं—'शब्दों के अंतर्निहित अर्थ नहीं होते। उनका वही अर्थ होता है, जो वे करते हैं; क्योंकि बोलनेवालों ने उन्हें यही अर्थ दिया है।"[1] इसके दो परिणाम होते हैं। पहला यह संभव है कि 'न्यायोचित' या 'उत्तरदायित्व' जैसे शब्द बोलें और या तो उनके अर्थ नहीं जानें या दूसरे लोगों से एकदम भिन्न अर्थ में उनका प्रयोग करें। दूसरा, यह भी संभव है कि मैं इन शब्दों को बोलूँ और दूसरे लोग मुझे सुनते हुए इन शब्दों का मुझसे अलग अर्थ लगाएँ।

यह खासकर तब सच होता है जब हम 'मूल्यों' जैसे शब्दों से निपटते हैं, जहाँ अवधारणाएँ 'कोमल' हैं और जुड़े हुए अर्थ अनकहा होने के बजाय अंतर्निहित हैं। मूल्यों के आधार पर संचालित कई अन्य कारोबारों के साथ काम करने के बाद मैं जानता हूँ कि इन मूल्यों को सुस्पष्ट करना कितना कठिन होता है। कोई भी मूल्यों का एक कथन पेश कर सकता है। इसका यह मतलब नहीं कि यह वास्तविक है या विश्वसनीय है, चाहे संगठन के अंदर के या बाहर के लोगों के लिए। कोई खास मूल्य कैसे परिभाषित किया जाता है, इसमें फर्क हो सकता है। न्यायोचित किसके लिए? उत्तरदायित्व किस बात का?

---

**एक बार जब हम टाटा के मूल्यों को समझ जाते हैं—वाकई यह समझ जाते हैं कि उन मूल्यों को कैसे जिया जाता है, सिर्फ तभी हम टाटा ब्रांड को समझना शुरू कर सकते हैं।**

---

इसलिए, जैसा मैं कहता हूँ, सिमोन टाटा सही थीं—मैं उन शब्दों को जानता था, जो टाटा के मूल्यों का प्रतिनिधित्व करते हैं। मैं उन शब्दों की एक सूची आसानी से लिख सकता था या बस समूह के अपने मूल्यों के बयान का जिक्र कर सकता था। बहरहाल, यह समझने के लिए कि उन शब्दों के क्या मायने हैं, मुझे उन मूल्यों को अमल में होते हुए देखना था। इसीलिए मैंने टाटा के अंदर और बाहर के लोगों के साथ बातचीत की, ताकि मैं जान सकूँ कि टाटा समूह इन मूल्यों को कैसे जीता है। पिछले नौ अध्यायों में मेरा आंशिक मकसद यह दिखाना रहा है कि इन मूल्यों का कैसे जन्म हुआ और इनका कैसे विकास हुआ तथा इन्हें आज कैसे व्यवहार में अमल किया जाता है। क्योंकि, जैसाकि आर.के. कृष्ण कुमार ने कहा, यह महज एक ब्रांड की कहानी से ज्यादा है। जब हम एक बार टाटा के मूल्यों को समझ जाते हैं—यह वाकई समझ जाते हैं कि उन्हें कैसे जिया जाता है, सिर्फ तभी हम टाटा ब्रांड को समझना शुरू कर सकते हैं।

इस अध्याय का उद्देश्य उन जानकारियों का सारांश प्रस्तुत करना है, जो हम टाटा कॉरपोरेट ब्रांड के बारे में जानते हैं—यह कैसे जिया जाता है। इसके प्रमुख गुण क्या हैं और विविध स्टेकहोल्डरों के लिए इसके क्या मायने हैं। हम भारतीय और विदेशी स्टेकहोल्डरों के भिन्न नजरिए का संक्षिप्त सारांश भी प्रस्तुत करेंगे और यह बताएँगे कि इसका क्या अर्थ हो सकता है। और हम निष्कर्ष पेश करेंगे कि अन्य कॉरपोरेट ब्रांड निर्माता और ब्रांड प्रबंधक टाटा के मामले से क्या सबक सीख सकते हैं।

## साहसिकता की भावना

'ब्रांड को जीने' की अवधारणा—जिसका मतलब है उन मूल्यों को अमल में लाना, जिनका प्रतीक ब्रांड है और उन मूल्यों के निर्देशों के मुताबिक आचरण करना—ऐसी है जिसके लिए कुछ लोग और कुछ कंपनियाँ संघर्ष करती हैं। कभी-कभी एक ओर मूल्य व ब्रांड तथा दूसरी ओर संस्कृति के बीच मूलभूत विषमता होती है। अगर लोग ब्रांड के पीछे के मूल्यों में यकीन नहीं करते हैं, तब उनके लिए उन पर अमल करना बहुत मुश्किल हो जाता है। दूसरा, इस तरह ब्रांड को जीने के लिए एक खास मात्रा में साहस की जरूरत होती है। जैसे ही कोई अपने मूल्यों का सार्वजनिक बयान देता है, वह तुरंत ही उनसे आलोचना को निमंत्रित करता है, जो कमजोरी या विफलता को ताड़ने में लगे रहे रहते हैं या ऐसा करने का दावा करते हैं। जितना बड़ा और जितना दृश्यमान संगठन होता है, उसकी पड़ताल और निगरानी भी उतनी ही सघन होती है। इस पुस्तक में हमने कई बार 'लंबा पोस्त' वाले लक्षण को कार्यरूप में देखा है। चूँकि टाटा इतना बड़ा और इतना दृश्यमान है, इसलिए यह ज्यादा ध्यान आकर्षित करता है। यहाँ तक कि कभी-कभी, जैसाकि नंदीग्राम घटना में, टाटा को उन चीजों के लिए भी बुरा-भला कहा जाता है, जिनके लिए उसकी कोई जिम्मेदारी नहीं है या जिसके साथ कोई संलिप्तता नहीं है।

---

**एक क्षेत्र, जिसमें टाटा समूह भाग्यशाली रहा है, वह है मजबूत नेतृत्व की निरंतरता।**

---

नेतृत्व बहुत महत्त्वपूर्ण है। उन क्षेत्रों में से एक जिसमें टाटा समूह भाग्यशाली रहा है, वह है मजबूत नेतृत्व की निरंतरता। इसके ज्यादातर नेताओं ने लंबी अवधि तक कार्यभार सँभाला है—टाटा संस के मौजूदा अध्यक्ष रतन टाटा 122 वर्षों में

महज पाँचवें अध्यक्ष हैं। इससे समूह को नेतृत्व की निरंतरता का लाभ मिला है।[i] जमशेदजी टाटा, जे.आर.डी. टाटा और रतन टाटा में से प्रत्येक ने अपने तरीके से समूह को सही दिशा में संचालित किया है और एक मिसाल कायम की है। लेकिन उन्होंने समूह में एक खास भावना अंतर्भूत करने में भी सफलता पाई है, जिसे सिमोन टाटा 'साहसिकता की आत्मा' और टाटा अफ्रीका के रमन धवन 'जोखिम लेने की भावना' कहते हैं। (वह महात्मा गांधी के एक उद्धरण का भी संदर्भ ले सकते थे, जिसमें उन्होंने कहा था, 'टाटा लोग जोखिम लेने का प्रतिनिधित्व करते हैं'।) 'डेयर टु ट्राई' (कोशिश करने का साहस करना) जैसी पहल, जिसमें कर्मचारियों को उन अच्छे विचारों के लिए भी पुरस्कृत किया जाता है, जो व्यवहार में लाए जाने में विफल रहते हैं, इस भावना को सुदृढ़ करने में मदद करती है। सिमोन टाटा एक अन्य उदाहरण देती हैं—ट्रेंट की स्थापना का, 'मेरे पास एक विचार था कि हम लोग ट्रेंट के साथ क्या कर सकते हैं, लेकिन मैं जानती थी कि हमें समूह के समर्थन की जरूरत है। इसलिए मैंने एक दिन रतन को सीढ़ियों पर रोका और उनसे कहा—रतन, मेरे पास एक विचार है। मैं इसे स्पष्ट करने के लिए आपका 20 मिनट समय चाहती हूँ।' इसलिए हम बैठ गए और मैंने उन्हें बताया कि मैं क्या करना चाहती हूँ। आखिर में उन्होंने अपनी घड़ी पर नजर डाली और कहा—आपके 20 मिनट पूरे हो गए। इसलिए ठीक है, अब जाएँ और इसे कर डालें।'

इस किस्म का त्वरित, लगभग लीक से हटकर निर्णय लेना सिर्फ टाटा के लिए अनूठा नहीं है और कभी-कभी इसे एशियाई फर्मों की एक खासियत बताई गई है। ऐसा प्रतीत होता है कि वे रणनीतिक फैसले पल भर में ले लेते हैं, जबकि पश्चिमी कंपनियाँ अपने फैसलों पर हफ्तों या महीनों माथापच्ची करती रहती हैं। लेकिन कारोबार, और नेता, इस तरह से तभी फैसले ले सकते हैं, जब उनमें आत्मविश्वास हो और कोशिश करने की इच्छा हो और वे विफलता के परिणामों को स्वीकार करने को भी तैयार हों।

---

**रतन टाटा की अध्यक्षता की सबसे कम प्रचारित लेकिन सबसे अहम उपलब्धियों में से एक यह बात रही है कि उन्होंने साहसिकता की भावना को उस हद तक पुनर्स्थापित किया कि टाटा को अब दुनिया की सबसे ज्यादा इन्नोवेटिव कंपनियों में शुमार किया जाता है।**

---

1980 के दशक में और 1990 के दशक की शुरुआत में ऐसा दौर आया, जब कम-से-कम जनता की नजरों में, ऐसा लगने लगा कि टाटा समूह ने साहसिकता

की उस भावना का कुछ अंश खो दिया है। रतन टाटा की अध्यक्षता की सबसे कम, किंतु सबसे अहम उपलब्धियों में से एक यह बात रही है कि उन्होंने साहसिकता की उस भावना को उस हद तक पुनर्स्थापित किया कि टाटा को अब दुनिया की सबसे ज्यादा इन्नोवेटिव कंपनियों में शुमार किया जाता है।[ii] और इसमें कोई शक नहीं कि टेटले व कोरस जैसे अधिग्रहण, जिसमें एक भारतीय कंपनी ने अपने से कई गुना बड़ी ब्रिटिश कंपनियों का अधिग्रहण किया, साहसी कदम थे।

ब्रांड को जीने का दूसरा पहलू है—ब्रांड के मूल्यों को संगठन की संस्कृति के साथ लाना। आमतौर पर यह एक ज्यादा कठिन समस्या मानी जाती है। टाटा समूह के लिए यह सौभाग्य की बात थी कि जब एक कॉरपोरेट ब्रांड खड़ा करने का वक्त आया तो वहाँ बहुत पहले से ही जमशेदजी टाटा के मूल्यों पर आधारित एक काफी मजबूत संस्कृति मौजूद थी। पीढ़ियों से टाटा के नेताओं ने तब से इस संस्कृति को संरक्षित रखा था।

लेकिन फिर, जब 1980 के दशक में जे.आर.डी. टाटा का नेतृत्व और उनकी आधिकारिक शक्ति कमजोर होने लगी तो चिंताजनक संकेत थे कि वे मूल्य क्षीण होने लगे। उस दौर में टाटा के उदीयमान सितारों में से एक आर.के. कृष्ण कुमार ने निराशा से देखा कि कुछ वरिष्ठ प्रबंधकों ने मानना शुरू कर दिया कि वे संस्थान से बड़े हैं और उन्होंने ऐसे लोगों का जमावड़ा शुरू कर दिया, जो बाकी समूह से अलग रास्ते पर चलना चाहते थे। वह कहते हैं, 'ये लोग समूह के मूल्यों से दूर हट रहे थे।' कुमार ने खुद इसे ताज ग्रुप में घटते हुए देखा। ताज ग्रुप जे.आर.डी. और उनके वरिष्ठ सहयोगियों की रणनीतिक दृष्टि में मोटे तौर पर नहीं आया था और उसे अपने रास्ते पर चलने की छूट दे दी गई थी। कुमार को ताज ग्रुप में भेजा गया था कि वह उसे वापस पटरी पर लाएँ, लेकिन उन्हें मैनेजरों का कड़ा प्रतिरोध झेलना पड़ा, क्योंकि वे अब टाटा के मूल्यों में यकीन नहीं करते थे और वे अपने रास्ते पर चलने पर आमादा थे। उन्होंने मुझसे कहा, 'मैंने कई तीखी लड़ाइयाँ लड़ीं और कभी-कभी यह बहुत कठिन हो गया। मैं अंतत: सफल हो सका, क्योंकि मैं संस्थापक एवं उनके मूल्यों की ओर लौटा और उनसे शक्ति ग्रहण की।' उस प्रेरणा के बगैर कुमार को आशंका है कि वह सफल हुए होते। जैसी स्थिति थी, तत्कालीन अध्यक्ष और प्रबंध निदेशक से मुक्ति पाने के बाद उन्हें ताज ग्रुप की संस्कृति को वापस पटरी पर लाने में पाँच साल लग गए।

1990 के दशक में, तब सांस्कृतिक परिवर्तन करने की सनक उतनी ज्यादा नहीं थी जितना कि टाटा समूह को अपनी मूल संस्कृति और मूल्यों पर वापस लाना

था। यह आसान नहीं था, लेकिन इसे किया गया। तब टाटा समूह अपनी मौजूदा संस्कृति के आधार पर अपना ब्रांड खड़ा कर सका। उसे उस कठिन रास्ते पर नहीं चलना पड़ा कि पहले एक ब्रांड खड़ा किया जाए और फिर अपनी संस्कृति को उसके अनुरूप ढाला जाए।

नेतृत्व ने फिर एक अहम भूमिका निभाई। जैसाकि पहले इस पुस्तक में उल्लेख किया गया है, भारतीय टाटा और इसके ब्रांडों के साथ विविध स्तरों पर संपर्क में आते हैं और वे अकसर टाटा कंपनियों एवं टाटा परिवार के बीच कोई अंतर नहीं करते हैं। भारत एक ऐसा समाज है, जहाँ दिखावा और तड़क-भड़क आम चीज है, उनके बीच जो इसका सामर्थ्य रखते हैं। कोई भारतीय अखबार उठाकर इसे देखा जा सकता है। जब भारतीय महिलाओं ने अक्तूबर 2009 में दीवाली के पहले आभूषणों की खरीदारी के लिए वार्षिक आपाधापी की तो टाइम्स ऑफ इंडिया ने टिप्पणी की—'हम भारतीयों में महँगे कपड़ों और गहनों के प्रति अंतर्जात प्रेम है।' बहरहाल कुछ अन्य भारतीय कारोबारी नेताओं से अलग, अधिकतर टाटा कार्याधिकारी शांत जीवन जीते हैं। जब वर्ष 2009 के शरत्काल में भारतीय प्रेस ने कई भारतीय कंपनियों में शीर्ष कार्याधिकारियों द्वारा अपनी तनख्वाह और लाभांश में काफी ज्यादा बढ़ोतरी करने की आलोचना की तो उसमें टाटा समूह का जिक्र नहीं था। दरअसल, टाटा में कार्याधिकारियों को कई प्रतिद्वंद्वी कंपनियों और समूहों की तुलना में कम वेतन-भत्ते मिलते हैं। वे फिजूलखर्चीवाली पार्टियाँ नहीं करते हैं, जिसमें बॉलीवुड के फिल्मी सितारे भी शरीक हों। उनके कार्यालय, यहाँ तक कि सर्वाधिक वरिष्ठ लोगों के कार्यालय भी, साधारण ढंग से और कभी-कभी तो अपर्याप्त ढंग से सजे-सँवरे होते हैं।

**रतन टाटा शांत दृढ़ता के साथ कहते हैं, 'अगर आप अपना वचन निभाने में विफल रहते हैं तो हर चीज चली जाती है। आपके शब्द या वचन तब किसी के लिए कोई मायने नहीं रखते।'**

इसके बजाय वे 'सादा जीवन और उच्च विचार' पर अमल करते हैं। टाटा ग्लोबल बेवरिजेज की संगीता तलवार ने भी बताया कि वे (टाटा के लोग) आंशिक रूप से ही हँसी-ठिठोली करते हैं। ऐसा माना जाता है कि वे अपने कारोबार और जीवन को गंभीरता से लेंगे। उनके बीच बुद्धिजीवी भी होते हैं—एक प्रतीक्षा कक्ष में मैंने खगोल भौतिकविद् स्टीफन हॉकिंग और दार्शनिक रॉगर पेनरोज द्वारा लिखी किताबें प्रबंधन पर लिखी पुस्तकों के साथ रखी देखीं। कृष्ण कुमार कारोबार में

'अच्छे और बुरे के बीच लड़ाई' के बारे में बात करते हैं। वह गंभीरतापूर्वक कहते हैं, 'भ्रष्टाचार और सामाजिक मूल्यों के पतन के बीच भारत में आगे बढ़ पाना बेहद मुश्किल होता है। यह आवश्यक है कि हम अपने मकसद पर टिके रहें। मैं मानता हूँ कि सच्ची कारोबारी सफलता दीर्घकाल में मूल्यों के लिए सच्ची प्रतिबद्धता के जरिए ही स्थापित की जा सकती है।' यह शब्दाडंबर नहीं है। वह इस पर उतने ही संजीदा हैं जितने रतन टाटा, जब वह कहते हैं कि इससे अहम कोई बात नहीं है कि समूह ने जो वादे किए हैं, उसे पूरा किया जाए और ग्राहकों, कर्मचारियों, लोगों—हरेक के साथ समानता और न्याय के आधार पर व्यवहार किया जाए। वह शांत दृढ़ता से कहते हैं, 'आप जो वचन देते हैं, यदि उसे पूरा करने में असफल रहते हैं तो हर चीज चली जाती है। आपके शब्द या वचन तब किसी के लिए भी कोई मायने नहीं रखते।'

फिर, मेरा यह कहने का आशय नहीं है कि इस मामले में टाटा समूह अनूठा है। मैं बोर्ड कक्षों में अन्य दार्शनिकों एवं बुद्धिजीवियों से मिला हूँ, जिन्होंने मूल्यों और सही चीजें करने के बारे में समान दृढ़ता से बात की। मैं जो कह रहा हूँ, वह यह कि यह रवैया, अगर एकदम ये शब्द न सही, भारत में सुपरिचित है और टाटा समूह ब्रांड के बारे में स्टेकहोल्डरों के दृष्टिकोण का हिस्सा है। रतन टाटा कहते हैं, 'हमारी प्रतिष्ठा तो यहाँ तक है कि हम अपने उत्पादों की प्रतिष्ठा कम कर बताते हैं, ताकि यह सुनिश्चित किया जा सके कि हम जो कहते हैं, उसके प्रति वाकई गंभीर हैं और हम बढ़-चढ़कर वादा नहीं करते हैं। उपभोक्ता को वही मिलता है, जो वह सोचता है कि उसे मिल रहा है।' अगर टाटा का बाजार-शोध ठीक है तो उपभोक्ताओं की प्रतिक्रिया इसकी पुष्टि करती है। न केवल टाटा खुद, बल्कि टाटा के कई उत्पाद ब्रांडों पर भरोसा किया जाता है और उसमें यकीन किया जाता है और वे भारत में अपनी उत्पाद-श्रेणी में अकसर सबसे भरोसेमंद ब्रांड के पुरस्कार भी जीतते हैं।

कृष्ण कुमार कहते हैं, 'कॉरपोरेट प्रशासन और सामाजिक जिम्मेदारी एवं प्रतिबद्धता के बारे में बात करना अब एक फैशन बन गया है। लेकिन ये टाटा समूह के डी.एन.ए. में पहले से ही मौजूद हैं।' परिणाम यह होता है कि टाटा अपने ब्रांड को जीता है, क्योंकि इसके मूल्य संगठन की संस्कृति में इतने गहरे समाए हुए हैं कि ये इसके सहज कार्यकलाप बन जाते हैं। कॉरपोरेट ब्रांड टिप्पणीकार संस्कृति, मूल्यों और स्टेकहोल्डरों के बीच जिस 'जुड़ाव' या प्रतिबद्धता की बात करते हैं, उसे टाटा ने मोटे तौर पर हासिल कर लिया है। पक्का होने

के लिए कुछ अपवाद भी हैं, जिसे रतन टाटा 'विपथ-गमन' के रूप में देखते हैं। हमने कुछेक को देखा है : ऊपर 'ताज' का मामला या टाटा फाइनेंस घोटाला, जिसका जिक्र अध्याय-8 में किया गया। जब ऐसी घटनाएँ घटती हैं और यह माना जाता है कि यह अपरिहार्य है कि वे घटेंगी—तब यह अनिवार्य हो जाता है कि रतन टाटा के शब्दों में, 'सुधारात्मक काररवाई' की जाए। अगर यह सफलतापूर्वक किया जाता है तो अंतिम परिणाम, जैसाकि हमने टाटा फाइनेंस के साथ देखा, यह होता है कि समूह के मूल्यों को और मजबूती मिलती है तथा इस तरह ब्रांड और सुदृढ़ होता है। (इससे यह बात भी निकलती है कि यदि देखा जाता है कि समूह तवज्जो नहीं दे रहा है, तुरंत सीधी काररवाई नहीं कर रहा है तो लोग उन मूल्यों में टाटा की निष्ठा पर सवाल उठा सकते हैं। उपमा की बात करें तो प्रतिष्ठा एक दोधारी तलवार होती है।)

**मैं सोचता हूँ, टाटा का उदाहरण दरशाता है कि जहाँ तक कॉरपोरेट ब्रांडों की बात है, यह और भी अहम हो जाता है कि मजबूत विश्वास रखे जाएँ और उन्हें जिया जाए, 'अपने कहे पर चला जाए'।**

दिग्गज ब्रांड टिप्पणीकार और विश्लेषक अल रीस मानते हैं कि ब्रांड को आगे बढ़ाने का सबसे बढ़िया तरीका जन-संपर्क है। ब्रांड का प्रचार विज्ञापनों के जरिए करने को वह 'कूड़ा' करार देते हैं और कहते हैं कि यह बेकार है।[2] वह कहते हैं कि स्टेकहोल्डरों के दिमागों में वास्तविक और स्थायी छवि बनाने का एकमात्र रास्ता प्रचार करना है। अल रीस के प्रति सर्वाधिक सम्मान जताते हुए भी मैं सोचता हूँ, टाटा का उदाहरण दरशाता है कि जहाँ तक कॉरपोरेट ब्रांडों की बात है, यह और भी महत्त्वपूर्ण हो जाता है कि मजबूत विश्वास बनाए जाएँ और उन्हें जीया जाए, 'कहे पर चला जाए'। वे चीजें करना, खासकर वे चीजें करना जिसकी शेयरधारकों को जरूरत है और जिन्हें वे महत्त्व देते हैं, जन-संपर्क की तुलना में ज्यादा अहम है। सही काम करें और काफी हद तक जन-संपर्क खुद-ब-खुद हो जाएगा। टाटा समूह के लिए साहसिकता की भावना को पुनर्जीवित करना और लोगों को सही काम, सिर्फ सुरक्षित काम नहीं, करने के लिए प्रोत्साहित करना ब्रांड के पीछे सबसे महत्त्वपूर्ण संचालक शक्तियों में से एक है।

## ब्रांड के गुण

चित्र 10.1 दरशाता है ब्रांड मूल्यों का एक साँचा और वे विभिन्न स्टेकहोल्डर समूहों, ग्राहकों, कर्मचारियों, वित्तीय समुदाय, राजनीतिज्ञों, मीडिया (अध्याय-8 की शुरुआत का संदर्भ लेते हुए मैं इन्हें फिलहाल स्टेकहोल्डर समूहों के रूप में ले रहा हूँ) और व्यापक देश के लिए क्या मायने रखते हैं। यह चर्चा मोटे तौर पर भारत पर आधारित है, हम भारत के बाहर दृष्टिकोणों का संक्षिप्त सारांश भी देखेंगे।

अध्याय-1 का सुझाव था कि टाटा कॉरपोरेट ब्रांड के दिल में तीन प्रमुख मूल्य बसते हैं—विश्वास, भरोसा (खासकर गुणवत्ता और पैसे की कीमत के संदर्भ में) और समुदाय की सेवा। ये वे तीन चीजें हैं, जिनका उल्लेख स्टेकहोल्डरों ने सबसे पहले और अकसर किया। कहानी जैसे-जैसे आगे बढ़ी, हमने देखा कि टाटा के मूल्यों के कई अन्य तत्त्व भी ज्यादा महत्त्वपूर्ण होते चले गए। एक है नवाचार। एक अन्य है टाटा का यह विश्वास कि उसका भविष्य सिर्फ एक भारतीय उपक्रम बने रहने में नहीं, बल्कि एक वैश्विक उपक्रम बनने में है। एक तीसरा है न्यायोचित होने और स्टेकहोल्डरों के साथ समानता का व्यवहार करने की जरूरत। और अंततः, टाटा के अपने मूल्य तो नहीं, लेकिन कुछ ऐसा जिसे स्टेकहोल्डरों ने उसके साथ चस्पाँ कर दिया है और वह है टाटा एवं उसके उत्पादों के प्रति 'अच्छाई' का एक पूरी तरह भावनात्मक नजरिया, जिसे हमने अध्याय-9 में खास तौर पर देखा।

जब हम उन गुणों या खासियतों पर नजर डालते हैं, जो स्टेकहोल्डरों ने ब्रांड के साथ जोड़ रखे हैं तो हम अब देखते हैं कि सूची सात तक विस्तृत हो चुकी है—

- समुदाय के प्रति सेवा
- विश्वास और ईमानदारी
- न्यायोचित एवं जिम्मेदारी
- नवाचार एवं उद्यमशीलता
- वैश्विक महत्त्वाकांक्षा
- गुणवत्ता और पैसे की कीमत (भरोसेमंद)
- 'अच्छाई' का नजरिया।

अब काम यह है कि हमने अध्याय-6 से 9 में ब्रांड के बारे में जो विविध दृष्टिकोण देखे, उन्हें सारांश रूप में प्रस्तुत किया जाए, ताकि कॉरपोरेट ब्रांड की

एक सकल तसवीर उभरे और यह देखा जाए कि स्टेकहोल्डर उसे किस रूप में लेते हैं। ब्रांड खुद है या उसे होना चाहिए—एक सकल सुसंगत इकाई, जो एक समान संदेश दे। उन संदेशों को कैसे पढ़ा जाएगा या उनकी क्या व्याख्या की जाएगी—यह स्टेकहोल्डर समूह और उसकी जरूरत पर निर्भर करता है। कॉरपोरेट ब्रांड की तुलना एक प्रिज्म से की जा सकती है, जो अपने विभिन्न पार्श्वों से विभिन्न दिशाओं में रोशनी अपवर्तित करता है और अपने इर्द-गिर्द के स्टेकहोल्डरों के दिमागों में आकार व छवियाँ गढ़ता है।

चित्र 10.1 ब्रांड के सात गुणों को छह स्टेकहोल्डर समूहों के संदर्भ में रखकर देखता है। यह एक बड़ा सामान्य सारांश प्रस्तुत करता है कि हर गुण हर समूह के लिए क्या मायने रखता है। बयान बहुत सामान्य किस्म के हैं और पाठक उन्हें अपने पूर्व ज्ञान या अभी तक दी गई सामग्री के आधार पर चुनौती देने या अपना आकलन पेश करने के लिए स्वतंत्र हैं। यहाँ मकसद ब्रांड की एक सकल छवि गढ़ना है, न कि हरेक पार्श्व के बारे में एकदम सही तथ्य पेश करना। यह चित्र हरेक स्टेकहोल्डर श्रेणी के बारे में बहुत ज्यादा सामान्यीकरण करता है, खासकर मैंने राजनीतिज्ञों और पत्रकारों के नजरिए को छोड़ दिया है, क्योंकि जिस भी कारण से—निजी या वैचारिक—वे या तो टाटा के प्रति दुश्मनीवाला भाव रखते हैं या फिर बुरी तरह चापलूसी दिखाते हैं। मैंने बहुसंख्य जनता, जो इन दोनों अति के बीच आती है, के दृष्टिकोणों या नजरिए को इंगित करने की कोशिश की है।

अध्याय-6 से 9 में अलग-अलग स्टेकहोल्डर समूहों के विचारों पर चर्चा की गई। यहाँ हम इस पूरे साँचे पर विचार करें और हरेक गुण पर इस संदर्भ में विमर्श करें कि विभिन्न स्टेकहोल्डर समूहों द्वारा इसे किस रूप में देखा जाता है।

---

**भारत में गरीबों और वंचितों की सेवा के प्रति टाटा की निष्ठा को बहुत गंभीरता से लिया जाता है।**

---

समुदाय की सेवा के विचार पर टाटा के कार्याधिकारियों और स्टेकहोल्डरों दोनों द्वारा काफी जोर दिया जाता है। हमने अध्याय-9 में देखा कि खास तौर से भारत में गरीबों और वंचितों की सेवा के प्रति टाटा की निष्ठा को देश में कितनी गंभीरता से लिया जाता है। अधिकतर भारतीयों को टाटा के सामुदायिक और सामाजिक कार्यक्रमों के बारे में जानकारी है। उनमें से कई को इन कार्यक्रमों ने सीधे छुआ है, यानी उन्हें लाभ पहुँचाया है। ब्रांड पर नजर रखने और बाजार-शोध तथा इस पुस्तक के लिए किए गए शोध में मिले सबूत सलाह देते हैं कि इससे कई

चित्र 10.1 : स्टेकहोल्डरों से संबंधित टाटा कॉरपोरेट ब्रांड के पहलू

| | उपभोक्ता | कर्मचारी | वित्तीय समुदाय | राजनीतिज्ञ | मीडिया | देश भर |
|---|---|---|---|---|---|---|
| समुदाय की सेवा | भावनात्मक गर्मजोशी एवं संपर्क का भाव | सकारात्मक पहचान मेरे जैसे लोगों की मदद करने के लिए काम करता है | स्थायित्व एवं दीर्घकालीन मूल्य पैदा करता है | राष्ट्र–निर्माण में उपयोगी सहयोगी | सामाजिक कार्यक्रमों के बारे में कहानियों का निरंतर स्रोत | लोगों की सेवा करता है, जरूरतमंदों की मदद करता है |
| विश्वास एवं ईमानदारी | उपभोक्ता के लिए कम खतरा | नियोक्ता, जो अपने वादे निभाएगा | कम खतरा, सुरक्षित निवेश | ईमानदार, भ्रष्टाचार में लिप्त नहीं होने वाला | ईमानदार भ्रष्टाचार में लिप्त नहीं होने वाला | ईमानदार भ्रष्टाचार में लिप्त नहीं होने वाला |
| न्यायोचित एवं जिम्मेदारी | कम खतरा, और यदि कोई उत्पाद दोषपूर्ण है तो उसका समुचित निवारण | नियोक्ता, जो बात करने को तैयार है और न्यायपूर्ण ढंग से समझौता करेगा | पारदर्शिता, ईमानदार होगा और धूर्तता नहीं करेगा | प्रभाव अनिश्चित | हरेक के साथ न्यायोचित रूप से व्यवहार करने की कोशिश करता है | हरेक के साथ न्यायोचित रूप से व्यवहार करने की कोशिश करता है |
| नवाचार एवं उद्यमशीलता | प्रतिद्वंद्वियों की पेशकश से ज्यादा श्रेष्ठ | आगे बढ़नेवाली कंपनी, तरक्की के लिए अवसर | विकास करने के लिए अवसर | भारत के भले के लिए नए उत्पाद और सेवाएँ पेश करता है | नए उत्पादों एवं विचारों के लिए कहानियों का निरंतर स्रोत | ऐसी चीजें प्रदान करता है, जिनकी भारत को जरूरत है |

| | उपभोक्ता | कर्मचारी | वित्तीय समुदाय | राजनीतिज्ञ | मीडिया | देश भर |
|---|---|---|---|---|---|---|
| वैश्विक महत्त्वाकांक्षा | गर्व, दुनिया की किसी भी कंपनी जैसी अच्छी | ऐसी कंपनी जिसके लिए काम कर लोगों को गर्व हो | विकास के लिए अवसर | विदेश में भारत की छवि निखारने में मदद करता है | विदेश में भारत की छवि निखारने में मदद करता है | राष्ट्रीय गौरव का स्रोत |
| गुणवत्ता और पैसे की कीमत | उपभोक्ता के लिए अच्छा | ग्राहकों के साथ ईमानदारी से पेश आता है, इससे कर्मचारी गर्व महसूस करते हैं | सक्षम कारोबार सुसंचालित | प्रभाव अनिश्चित | ऐसी चीजें प्रदान करता है, जिसकी लोगों को जरूरत है | उत्पाद और सेवाओं पर विश्वास किया जा सकता है |
| 'अच्छाई' का नजरिया | उपभोक्ता पर अच्छाई का आभा-मंडलीय प्रभाव छोड़ता है | कर्मचारी पर अच्छाई का आभामंडलीय प्रभाव छोड़ता है | प्रभाव अनिश्चित | पिछली सेवाओं की मान्यता आभामंडलीय प्रभाव | अपने सिद्धांतों पर खरा उतरने की हरसंभव कोशिश करता है | अपने दिल में भारत का सर्वोत्तम हित सँजोए रहता है |

स्टेकहोल्डर समूहों, खासकर ग्राहकों और कर्मचारियों, के साथ एक भावनात्मक गर्मजोशी, संपर्क-संबंध और सकारात्मक पहचान का भाव पैदा होता है। भारत में वित्तीय समुदाय जब इस पर नजर डालता है तो पाता है कि यह काम टाटा को भारतीय समाज में एकदम सन्निहित कर देता है, जिससे टाटा के लिए खुद ज्यादा स्थायित्व पैदा होता है। यह बात टाटा को एक अच्छा दीर्घकालीन निवेश बनाती है, भले ही यह अनिवार्य रूप में उच्च लाभकारी न हो।

राजनीतिज्ञ जानते हैं कि उनकी अपनी राष्ट्र-निर्माण परियोजनाओं में टाटा एक उपयोगी सहयोगी हो सकता है, और पत्रकार जानते हैं कि अगर उन्हें राष्ट्र-निर्माण और सामुदायिक परियोजनाओं के बारे में कहानी लिखनी है तो वे आमतौर पर एक अच्छी सकारात्मक कहानी या तो किसी टाटा कंपनी या टाटा ट्रस्ट के काम में हासिल कर सकते हैं। यहाँ एक निरंतर विषय है—टाटा भारत के लोगों के संपर्क में है, चाहे यह सामाजिक प्रतिबद्धता के संदर्भ में हो या महज ऐसे उत्पाद और ऐसी सेवाएँ प्रदान करने के संदर्भ में हो, जो भारत के लोगों के लिए अच्छी हैं और जिसकी लोगों को जरूरत है।

यह जोड़ा जाना चाहिए कि उस संपर्क की जड़ें सिर्फ इसमें समाई हुई नहीं हैं कि टाटा समूह और टाटा ट्रस्ट अभी क्या करते हैं, बल्कि इसमें समाई हुई हैं कि उन्होंने अतीत में क्या किया है। पहले बताई गई बात को दोबारा कहें तो वह यह कि टाटा समूह अपनी मौजूदा छवि को मजबूती प्रदान करने में अपनी धरोहर और परंपरा का इस्तेमाल करने में निपुण है। टाटा स्टील की वर्ष 2009 की वार्षिक रिपोर्ट ने पूरे दस पृष्ठों में कंपनी का इतिहास बताया और इस तथ्य को रेखांकित किया कि कंपनी ने पहले भी कई मौकों पर संकट और चुनौती के वक्त आगे बढ़कर हाथ बँटाया है। वह ऐसा अभी भी कर रही है और आगे भी ऐसा करेगी। परंपरा और स्थायित्व का वह भाव एक ऐसे देश में संपर्क की भावना को मजबूती प्रदान करता है, जो अन्यथा कम-से-कम फिलहाल अनिश्चितता और परिवर्तन से ग्रस्त है।

विश्वास और ईमानदारी के संदर्भ में, हमारे पास एक काफी स्पष्ट और सुसंगत छवि है। ग्राहक और निवेशक समान रूप से टाटा को एक कम खतरेवाला विकल्प मानते हैं; जैसाकि रतन टाटा कहते हैं, 'अगर हम कहते हैं कि हम यह करेंगे तो मोटे तौर पर हम वह करेंगे।' कर्मचारी जान गए हैं कि टाटा आमतौर पर अपने किए हुए वादों पर कायम रहता है, कभी भी जान-बूझकर अपनी बात से पीछे नहीं हटता। राजनीतिज्ञ, प्रेस और देश भर को यह अहसास है कि टाटा समूह

ईमानदार है और वह भ्रष्ट नहीं हो सकता। मौलिक संदेश को सारांश रूप में रखा जा सकता है—*टाटा ईमानदार है।*

रतन टाटा ने मुझसे कहा, 'मेरे लिए ब्रांड न्यायोचित और समानता के एक ढाँचे का प्रतिनिधित्व करता है।' मैंने उनसे पूछा था, जैसाकि मैंने टाटा के अंदर और बाहर के हर उस व्यक्ति से पूछा, जिनका मैंने इंटरव्यू लिया कि वे टाटा ब्रांड के साथ किन गुणों या खूबियों को जोड़ते हैं। अधिकतर ने सर्वप्रथम विश्वास या राष्ट्र-निर्माण का उल्लेख किया। बहरहाल, इसमें कोई सवाल नहीं कि अध्यक्ष के लिए हर चीज की कुंजी न्यायोचित होने में निहित है। यहाँ तक कि न्यायोचित न होने का लेशमात्र संकेत भी, वह महसूस करते हैं, टाटा की प्रतिष्ठा में बट्टा लगा देगा। जैसाकि हमने अध्याय-8 में देखा, उन्होंने कहा कि ऐसा शख्स, जो एक घोटाले के लिए कसूरवार है और जिस घोटाले ने टाटा के नाम को बदनाम किया तथा समूह को करोड़ों का चूना लगाया, उसे जमानत पर छूटने दिया जाए; क्योंकि बगैर सुनवाई के उसे जेल में प्रतीक्षा करते रहने के लिए छोड़ना न्यायोचित नहीं है।

## न्यायप्रियता और उत्तरदायित्व का भाव ब्रांड का एक प्रमुख गुण है

अन्य स्टेकहोल्डर सहमत हैं कि न्यायप्रियता और उत्तरदायित्व का भाव ब्रांड का एक प्रमुख गुण है। पिछली श्रेणी के साथ यहाँ कुछ आच्छादन है और जैसाकि रतन टाटा सुझाते हैं, विश्वास पैदा करने के लिए प्रमुख कारक है न्यायप्रियता का नजरिया। मुख्य बात है कि स्टेकहोल्डरों की नजर में, टाटा उन्हें और उनकी चिंताओं को सुनेगा, उनकी राय की अनदेखी नहीं करेगा और उनके साथ धूर्तता नहीं करेगा। यह महज ईमानदार होने की बात नहीं है, बल्कि यह प्रतिसंवेदी होने की भी बात है। राजनीतिज्ञों, जहाँ नजरिया इतना छितराया हुआ है कि इसे आसानी से वर्गीकृत या श्रेणीबद्ध नहीं किया जा सकता, को अपवाद मानकर छोड़ दें तो मैंने यह दृष्टिकोण तमाम स्टेकहोल्डर समूहों में पाया। जब एक टाटा कार खरीदार ने एक ऑनलाइन मंच पर शिकायत की कि उसकी कार डीलर के शोरूम में क्षतिग्रस्त हुई थी और टाटा मोटर्स ने इसकी मरम्मत करने की उसकी माँग की अनदेखी की तो अन्य संवाददाता कंपनी के बचाव के लिए कूद पड़े। उन्होंने कहा कि यदि घटना शोरूम में हुई तो यह डीलर की जिम्मेदारी है। टाटा मोटर्स पर दोष मढ़ना ठीक नहीं है। अगर टाटा के प्रति न्यायोचित होने का मजबूत नजरिया पहले से मौजूद नहीं होता तो ऐसा प्रतिवाद नहीं भी हो सकता था। कुल मिलाकर धारणा है—*टाटा न्यायप्रियता में विश्वास करता है।*

नवाचार और उद्यमशीलता पर 'साहसिकता की भावना' वाले ऊपर दिए गए खंड में पहले ही कुछ हद तक चर्चा की गई है। पूरी विचार-शृंखला पर नजर डालें तो हम पाते हैं कि टाटा की नवाचार और विकास करने की योग्यता में अब एक आम विश्वास है और ये चीजें खुद स्टेकहोल्डरों को लाभ पहुँचाती हैं। टाटा कंपनियाँ ऐसे नए व उच्च गुणवत्तावाले उत्पाद व सेवाएँ मुहैया कराती हैं, जिनके बारे में माना जाता है कि वे लोगों के जीवन को समृद्ध बनाती हैं। वे ऐसा 'निराश' और 'कोशिश करनेवालों' से लेकर 'सफल' लोगों की श्रेणी तक—हर तबके के लिए करती हैं। अगर आप कोई चीज चाहते हैं (एयरलाइन टिकट को छोड़कर) तो मुमकिन है कि कोई टाटा कंपनी है, जो आपको यह चीज बेच सकती है या आपके लिए बना सकती है। टाटा डोकोमो के 'नया करो' विज्ञापन अभियान ने इसी धारणा पर जोर पकड़ा कि टाटा को परिवर्तन का अग्रदूत माना जाता है। हम सकल दृष्टिकोण का सारांश बता सकते हैं—

टाटा समूह की वैश्विक महत्त्वाकांक्षा ने केवल हाल ही में लोकप्रिय धारणा में स्थान बनाना शुरू किया है। हालाँकि रतन टाटा और उनके सहयोगियों ने शुरुआत में ही जान लिया था कि वैश्वीकरण टाटा के लिए भविष्य का रास्ता है।[3] लेकिन विदेश में शुरुआती कदम काफी शांतिपूर्वक उठाए गए। बहरहाल, वर्ष 2007 में कोरस के अधिग्रहण ने इसकी पुष्टि कर दी कि टाटा समूह की अब वैश्विक महत्त्वाकांक्षा है और वह इतना मजबूत है कि वैश्विक कारोबारी धुरंधरों से मुकाबला कर सके। भारतीय मीडिया ने यहाँ अग्र मोरचा सँभाला, टाटा की वैश्विक महत्त्वाकांक्षा के बारे में कहानियाँ गढ़ीं और टाटा के एक वैश्विक खिलाड़ी होने की धारणा पैदा करने में मदद की—एक ऐसी धारणा, जो कम-से-कम फिलहाल अतिशयोक्तिपूर्ण हो सकती है। निवेशकों, खासकर भारत में, ने टाटा के वैश्विक विस्तार की बात को ध्यान में रखना शुरू कर दिया है और वे विकास के अवसर देख रहे हैं। अन्य स्टेकहोल्डर समूहों, यहाँ तक कि ग्राहकों, के लिए एक गौरव का भाव है कि उनका अब एक 'अपना' विश्व श्रेणी का माना जाता है। यह भारत की प्रतिष्ठा और टाटा ब्रांड दोनों में चमक पैदा करता है। यहाँ सबसे आसान सारांश हो सकता है—*भारत को टाटा पर गर्व है।*

विश्वसनीयता, गुणवत्ता और पैसे की कीमत राजनीतिज्ञों को छोड़कर सभी समूहों के लिए काफी महत्त्वपूर्ण गुण हैं। राजनीतिज्ञों के मामले में मैं कोई विशेष विचार बना पाने में असमर्थ रहा। ये गुण विश्वास और न्यायोचितता के मूल्यों से करीबी ढंग से जुड़े हुए हैं और कुछ हद तक प्रतिबिंबित करते हैं कि टाटा के वे

मूल्य व्यवहार में कितनी अच्छी तरह लाए गए हैं। टाटा की प्रतिष्ठा सुरक्षित और भरोसेमंद उत्पादों के लिए हैं। ये उत्पाद या तो खराब नहीं निकलते और यदि खराब निकलते हैं तो उत्तरदायी कंपनी समस्या को दूर कर देती है। मुझे यह देखकर दिलचस्प लगा कि भारतीय मीडिया में भी यह एक साझा नजरिया है। हालाँकि कुछ पत्रकारों ने नैनो को 'चार चक्केवाली मोपेड' बताकर उसकी खिल्ली उड़ाई, लेकिन प्रेस में आम मिजाज बहुत समर्थनकारी था। हम इसका सारांश कह सकते हैं—*टाटा पर भरोसा किया जा सकता है।*

---

**निवेशकों ने खासकर भारत में, टाटा के वैश्विक विस्तार को तवज्जो देना शुरू कर दिया है और वे इसमें विकास के अवसर देख रहे हैं।**

---

अंततः, 'अच्छाई' का नजरिया है, जिसकी चर्चा हमने अध्याय-9 में की। यह गुण मोटे तौर पर टाटा के नैतिक मानदंडों और समुदाय के लिए इसकी प्रतिबद्धता से निकलता है और इससे भी कि उन आदर्शों को वह कैसे व्यवहार में लाता है। यहाँ एक अहम कारक है 'आभामंडलीय' प्रभाव। जो लोग टाटा के उत्पाद खरीदते हैं या टाटा कंपनियों के लिए काम करते हैं, वे महसूस करते हैं कि उस 'अच्छाई' का कुछ असर उन पर पड़ेगा। जिनके लिए यह सीधा प्रभाव नहीं है, वे इसके बजाय यह नजरिया रखते हैं कि टाटा नैतिक रूप से एक अच्छा संगठन है, जो अपने सिद्धांतों को जीने की कोशिश करता है और सच्चे दिल से लोगों के सर्वोत्तम हितों का खयाल रखता है।

वित्तीय समुदाय में मैं एक साझा विचार खोज पाने में विफल रहा और मुझे कुछ समय तक संघर्ष करना पड़ा कि राजनीतिज्ञों के विचारों को सारांश रूप में कैसे पेश किया जाए। यह इस वजह से नहीं कि मैं कोई सनकी हूँ और 'राजनीतिज्ञ' एवं 'अच्छाई' को एक ही वाक्य में लिख पाने में मुझे दिक्कत होती है—यह एक अलग कहानी है; लेकिन इस वजह से कि टाटा के बारे में वे जो बयान देते हैं, उनसे स्वार्थ की मंशा को अलग कर पाना वाकई मुश्किल था। तमाम स्टेकहोल्डरों के एक हद तक अपने स्वार्थ होते हैं, लेकिन राजनीतिज्ञ इसे एक ऊँची कला बना डालते हैं। आखिरकार मेरे विचारों को जिसने ठोस रूप प्रदान किया, वह था टाटा स्टील की ओर से जारी एक ब्रांड विज्ञापन, जिसमें एक पट्टी लिखी थी—स्टील (इस्पात) सिर्फ उन्हीं चमकदार आत्माओं को प्रतिबिंबित कर सकता है, जिन्हें वह देखता है। ये कुछ चमकदार आत्माएँ हैं, जिन्होंने टाटा स्टील में जिंदगियों को छुआ है; हम जिस प्रकार सोचते हैं और अपना कारोबार करते हैं, उसे प्रभावित

किया है। उनके बगैर टाटा स्टील वैसा नहीं रहेगा।' इस कथन के ऊपर छह भारतीय विभूतियों के चित्र हैं—जमशेदजी टाटा और जे.आर.डी. टाटा; स्वामी विवेकानंद, जो जमशेदजी के मित्र और सहयात्री थे, जिन्होंने आत्मनिर्भरता पर उनके विचारों को प्रभावित किया[iii]; महात्मा गांधी, जो जमशेदजी टाटा के बेटे सर रतन टाटा के मित्र थे; जवाहरलाल नेहरू, जो गांधीजी के साथ जमशेदपुर आए थे और वह जे.आर.डी. के व्यक्तिगत मित्र थे; और सुभाषचंद्र बोस, जो अपने कैरियर की शुरुआत में जमशेदपुर में श्रमिक आंदोलन के नेता थे।[iv]

विज्ञापन दिलचस्प है, इससे ज्यादा कुछ नहीं; अन्य भारतीय कंपनियाँ भी अपने विज्ञापनों में अतीत के हीरो का इसी तरह संदर्भ लेती हैं।[v] ज्यादा प्रबुद्धकारी बात यह थी कि इस विज्ञापन को जारी हुए लंबा समय बीता नहीं होगा कि प्रधानमंत्री के कार्यालय से रतन टाटा को एक पत्र लिखा गया। यह पत्र प्रधानमंत्री द्वारा खुद नहीं, बल्कि सुधींद्र कुलकर्णी द्वारा लिखा गया था, लेकिन माना जाता है कि इसे सरकारी मंजूरी थी। 'मैं यह पत्र विज्ञापन की गहरी प्रशंसा व्यक्त करने के लिए कर रहा हूँ। इसमें जमशेदजी टाटा और जे.आर.डी. टाटा के भारत के स्वतंत्रता आंदोलन के कई महान् नेताओं के साथ करीबी संपर्क-संबंध को दरशाया गया है।' शुरुआत में टाटा की 'अनूठी राष्ट्रवादी परंपरा' पर टिप्पणी करते हुए पत्र के समापन में कहा गया, 'यहाँ तक कि आज के वैश्वीकरण के युग में भी भारत के राजनीतिक एवं व्यापारिक प्रतिष्ठानों को प्रेरणा, ऊर्जा और दिशा के स्रोत के रूप में राष्ट्रवाद की जरूरत पड़ती है। यही स्वदेशी का सच्चा अर्थ है, एक ऐसा विचार जो अभी भी उतना ही प्रासंगिक है जितना गांधीजी और जमशेदजी के समय में था, भले ही इसका मतलब और प्रयोग अब निस्संदेह बदल गए हैं।'

क्या यह आभामंडलीय प्रभाव का एक उदाहरण है कि एक राजनीतिज्ञ खुद को टाटा के साथ जोड़ने का प्रयास कर रहा है, ताकि उनकी 'अच्छाई' का कुछ अंश उन पर भी आ पड़े। ऐसा बहुत संभव है, लेकिन जो बात गौर करने लायक थी, वह यह कि टाटा समूह की तरह राजनीतिज्ञ भी कैसे अपनी मौजूदा कारवाइयों को संदर्भ प्रदान करने के लिए अतीत की धरोहर पर कितना ज्यादा निर्भर रहते हैं। उन अल्पसंख्यक राजनीतिज्ञों, जो टाटा पर हमला कर अपनी सार्वजनिक छवि चमकाना चाहते हैं, को छोड़कर ज्यादातर राजनीतिज्ञ पाते हैं कि टाटा के साथ स्थान पाकर वे फायदे में रहेंगे। मैंने इसका सारांश पेश किया है, हालाँकि बयान एकदम संतोषजनक नहीं है—

*टाटा एक अच्छा संगठन है और इसके लोग अच्छे लोग हैं।*

तो ये हमारे सात दृष्टिकोण हैं—

1. टाटा लोगों से जुड़ा हुआ है
2. टाटा ईमानदार है
3. टाटा न्यायप्रियता में विश्वास करता है
4. टाटा रोमांचक है
5. भारत को टाटा पर गर्व है
6. टाटा पर भरोसा किया जा सकता है
7. टाटा एक अच्छा संगठन है और इसके लोग अच्छे लोग हैं।

जैसाकि मैं कहता हूँ, ये विचारों के व्यापक फलक के सारांश हैं। उन्हें सार्वभौम के रूप में नहीं लिया जाना चाहिए। हर स्टेकहोल्डर समूह में कुछ ऐसे लोग हैं, जो टाटा के बारे में नकारात्मक विचार रखते हैं। इसका कारण कुछ भी हो सकता है—टाटा समूह में किसी के द्वारा की गई गलतियाँ या प्रबंधकीय विफलता, हादसा, गलतफहमी, भ्रामक नजरिया, विचारधारा, व्यक्तिगत रंजिश। बहरहाल, ऐसे लोग हरेक स्टेकहोल्डर समूह में बस एक छोटे अल्पसंख्यक हैं। कुल मिलाकर ये सात बयान स्टेकहोल्डरों द्वारा टाटा समूह के बारे में धारणाओं का सारांश पेश करते हैं।

ये सात बयान इसलिए टाटा ब्रांड के प्रमुख गुणों का भी प्रतिनिधित्व करते हैं। कुछ संदेश भी हैं, जिन्हें टाटा समूह ने अपने कॉरपोरेट ब्रांड के जरिए संचारित करने की कड़ी कोशिश भी की है। अन्य बयान उन छवियों का हिस्सा हैं, जो स्टेकहोल्डरों ने खुद बना रखी हैं। भारत में, ये वे अवधारणाएँ हैं, जिन्हें लोग टाटा ब्रांड के साथ जोड़ते हैं या वे टाटा से ऐसा होने की अपेक्षा करते हैं। 'टाटा-पन' के क्या मायने हैं, वे उसका प्रतिनिधित्व करते हैं।

## भारतीयपन से ग्लोबलपन की ओर

वैश्विक रणनीति के समूह के सर्वाधिक प्रखर पैरोकारों में से एक आर.के. कृष्णकुमार कहते हैं, 'टाटा महज एक भारतीय उपक्रम नहीं हो सकता।' वह मानते हैं कि टाटा का भविष्य आंशिक रूप से भारत के बाहर की दुनिया में निहित है। समूह के भारतीय पक्ष में कई दूसरे लोगों की तरह वह भी मानते हैं कि टाटा की दृष्टि और उसके मूल्य भारत की सीमाओं के बाहर भी संप्रेषित होंगे। हालाँकि भारत के बाहर पीटर अंसवर्थ जैसे टाटा के आदर्शों के स्पष्ट प्रशंसकों को भी शंकाएँ हैं कि यह इतना आसान होगा। अंसवर्थ ने मुझसे कहा, 'टाटा के बारे में

एक कहानी कहना भारत के बारे में कहानी कहना है।' उनका मानना है कि अपने भारतीय चरित्र को उतारना टाटा के लिए आसान नहीं होगा—और मैं इससे सहमत हूँ।

अगर हम पहले दिए गए सात गुणों पर नजर डालें तो उनमें से चार—ईमानदारी, न्यायप्रियता, रोमांच, भरोसा—ऐसे गुण हैं जिन्हें हम दुनिया भर में सफल ब्रांडों में पाते हैं। अन्य गुणों में भारतीय खुशबू काफी ज्यादा बसी हुई है। हालाँकि 'अच्छाई' और समुदाय के लिए प्रतिबद्धता को अन्य सांस्कृतिक पृष्ठभूमि में भी रूपांतरित किया जा सकता है; लेकिन इसके लिए उन तरीकों में काफी अनुकूलन की जरूरत पड़ेगी, जिनके जरिए वे अमल में लाए जाएँगे। टाटा को 'कहने पर चलने' की नीति जारी रखने की जरूरत है, लेकिन फिर उपमाओं को मिश्रित करें तो जिस संगीत की शैली और गति पर वह आगे बढ़ता है, वह बदल जाएगा और यह इस पर निर्भर करेगा कि टाटा खुद को दुनिया के किस हिस्से में पाता है।

जैसे वक्त गुजरेगा और टाटा भारत के बाहर ज्यादा दिखने लगेगा, टाटा कॉरपोरेट ब्रांड पर उत्तरोत्तर दबाव बढ़ता जाएगा कि वह भारतीय और वैश्विक दोनों बने, देश विशेष और सार्वभौमिक दोनों से जुड़े। अगर टाटा को वाकई एक वैश्विक ब्रांड बनना है तो उसे कई संस्कृतियों में, कई भाषाओं में कई विभिन्न ग्राहक समूहों को वही मजबूत संदेश देने की जरूरत पड़ेगी। वैसे, इस बारे में कोई खास तौर पर चकित करनेवाली बात नहीं है। तमाम वैश्विक और बहुराष्ट्रीय ब्रांडों को इसी समस्या का सामना करना पड़ता है—सार्वभौमिक अपील कैसे बनाई जाए और फिर भी सीधे खास बाजारों को कैसे संबोधित किया जाए। लेकिन उन्हें एक विकल्प चुनना पड़ता है—ऐसा करते हुए क्या वे अपने मूल राष्ट्रीय ब्रांड की छवि को उतार फेंकते हैं और 'राज्य-विहीन या राष्ट्र-विहीन विश्ववाद' का हिस्सा बन जाते हैं ? या वे अपनी राष्ट्रीय जड़ों से चिपके रहते हैं और अन्य बाजारों में अपना महत्त्व बढ़ाने के लिए इसका इस्तेमाल एक उत्तोलन-शक्ति के रूप में करते हैं ?

---

**जैसे-जैसे वक्त गुजरेगा और टाटा भारत के बाहर ज्यादा दिखने लगेगा, कॉरपोरेट ब्रांड पर दबाव पड़ेगा कि वह भारतीय और वैश्विक, देश विशेष और सार्वभौमिक दोनों बने।**

---

इस सवाल का कोई सही या गलत जवाब नहीं है—ब्रांड निर्माण के विद्यार्थियों को ऐसी ढेरों सफल कंपनियों के बारे में पता है, जिन्होंने दोनों ही छवियाँ बनाई हैं।

के.एफ.सी. स्पष्ट रूप से एक अमेरिकी ब्रांड है और उस जुड़ाव के साथ ही व्यवसाय करता है, जबकि नोकिया का 'फिनलैंड का होना' बमुश्किल पहचान योग्य है। मैंने इस बात की चर्चा अन्य अध्यायों में भी की है और मैं यहाँ इस पर मेहनत नहीं करना चाहता हूँ। लेकिन मैं पाठकों को अध्याय-6 के अंत में दिए गए तर्क की याद दिलाऊँगा। उदाहरण के लिए, टाटा ब्रांड इंग्लैंड में अपनी दृश्यता और ताकत बढ़ाना चाहता है, ताकि अन्य पक्ष उसके ब्रांड के बारे में कहानियाँ न गढ़ दें, ऐसी कहानियाँ जो उसके लिए अनुकूल न हों। यह दुर्भाग्यपूर्ण होगा, यदि अन्य लोग टाटा ब्रांड की छवि को तोड़ने-मरोड़ने लगें और समूह को नुकसान पहुँचानेवाला आकार दे दें। लेकिन पेंच यह है कि यदि टाटा ब्रांड ने अपनी उच्चतर रूपरेखा बनाई तो इससे ब्रिटिश बाजारों में पहले से ही स्थापित हो चुके उसके मुख्य ब्रांडों की चमक फीकी पड़ने का खतरा रहेगा। वहाँ टाटा ब्रांड को स्थापित करने का काम एक जटिल प्रक्रिया है। यह हालाँकि असंभव नहीं है, लेकिन इसमें गड्ढे में गिरने की आशंका भी है।

लेकिन टाटा के लिए अच्छी बात है कि भारत में और हाल में दक्षिण अफ्रीका में ब्रांड निर्माण के बारे में जो उसके अनुभव हैं, उनसे वह सबक ले सकता है। उनमें से कुछ अवधारणाओं को निश्चित रूप से स्थानीय आर्थिक परिस्थितियों और संस्कृति के अनुरूप रूपांतरण करके ब्रिटेन, अमेरिका, चीन एवं अन्यत्र लागू किया जा सकता है। इसे ध्यान में रखते हुए, हम उन कुछ सबक पर गौर फरमाएँ, जिन्हें टाटा समूह और अन्यत्र के कॉरपोरेट ब्रांड निर्माता सीख सकते हैं।

## कॉरपोरेट ब्रांड निर्माता गौर करें

(1) ब्रांड निर्माण समय लेता है। अल एवं लॉरा रीस अपनी पुस्तक 'दि ऑरिजिन ऑफ ब्रांड्स' में लिखते हैं कि ज्यादातर सफल ब्रांड हवाई जहाज की तरह, न कि रॉकेट की तरह उड़ान भरते हैं। आशय यह कि वे जमीन से धीरे-धीरे ऊपर उठते हैं, एक छिछले व निरंतर ऊँचे पथ पर आगे बढ़ते हैं, न कि लंबवत् रूप में सीधे समताप मंडल की उड़ान भरते हैं। वे रेड बुल, माइक्रोसॉफ्ट और वॉल-मार्ट जैसे ब्रांडों का उदाहरण देते हैं। हमने देखा है कि टाटा कॉरपोरेट ब्रांड खुद वर्षों के सृजन का परिणाम है और दशकों की परंपरा एवं धरोहर, जिसने एक ठोस प्रतिष्ठा का मंच प्रदान किया है, के बगैर प्रक्रिया काफी कठिनतर हुई होती।

कोई बस ब्रांड संदेश नहीं दे सकता, इसे स्टेकहोल्डरों को संप्रेषित नहीं कर सकता और उसे पूरी तरह आत्मसात् होते नहीं देख सकता। स्टेकहोल्डरों को इसमें

अपनी भूमिका निभानी होती है। उन्हें सूचनाएँ जुटाने और अपनी राय बनाने में समय लगता है। इन चीजों में जल्दबाजी नहीं की जा सकती।

(2) कॉरपोरेट ब्रांडों का सह-सृजन होता है। जैसाकि जोनाथन श्रोडर ने अध्याय-1 में वर्णन किया, ब्रांड स्टेकहोल्डरों के दिमागों में पैदा होते हैं। मिथक, प्रतीक और कहानियाँ इस प्रक्रिया में बड़ी भूमिका निभाती हैं। लेकिन कॉरपोरेट ब्रांड प्रबंधक जो संदेश भेजते हैं, उसे वे बस पूरा-का-पूरा आत्मसात् नहीं कर लेते हैं या पचा नहीं लेते हैं। वे अन्य स्रोतों से भी कहानियाँ जुटाते हैं—मीडिया से, दोस्तों और सहयोगियों से, आम मौखिक प्रचार से। उन तमाम स्रोतों से वे ऐसी छवि बनाते हैं, जो ब्रांड को परिभाषित करता है।

यह सिद्धांत है और टाटा का मामला बहुत मजबूती से इस सिद्धांत का समर्थन करता है। जैसाकि हमने पूरी पुस्तक में देखा, टाटा के बारे में कई मिथक और कहानियाँ हैं, जो ब्रांड को बनाए रखती हैं और उसका पोषण करती हैं। कुछ कहानियाँ तो टाटा समूह की कंपनियों और टाटा संस द्वारा प्रसारित की गई होती हैं, अन्य कहानियाँ आमतौर पर भारत के आधुनिक लोक-साहित्य हैं। इनमें से कुछ तथ्यात्मक रूप से सही नहीं हैं लेकिन कोई बात नहीं, उन पर यकीन किया जाता है और ब्रांड निर्माण के संदर्भ में यह कहीं ज्यादा महत्त्वपूर्ण हैं।

(3) कॉरपोरेट ब्रांड भावनात्मक हैं। यह कुछ हद तक सभी ब्रांडों के लिए सही है, लेकिन (कम-से-कम कुछ) कॉरपोरेट ब्रांडों के मामले में ज्यादा सही है। कोई शक नहीं कि अमेरिकियों को कम-से-कम कोका-कोला के साथ भावनात्मक संपर्क है। कई ब्रिटिश लोगों को मार्क्स एंड स्पेंसर के साथ इसी तरह का भावनात्मक जुड़ाव है। भारत में लोगों का टाटा ब्रांड के साथ एक बेहद मजबूत भावनात्मक लगाव है। इसके पीछे इसके इतिहास, राष्ट्र-निर्माण में इसकी भूमिका और इसकी कई सामाजिक एवं सामुदायिक परियोजनाओं का योगदान है। वे ब्रांड को और समूह को 'अच्छा' मानते हैं। मुझे याद आता है कि मुंबई के एक होटल में युवा सहायक मैनेजर ने टाटा का नाम सुनते ही कैसे पहली प्रतिक्रिया की थी, 'क्या ही शानदार कंपनी है और क्या ही शानदार परिवार है!' वह अपने दिल से बोल रहा था।

जब लोग भावनात्मक स्तर पर एक ब्रांड में यकीन करते हैं, तब ब्रांड की स्थायी सफलता की वास्तविक संभावना बनती है। लेकिन वह भावनात्मक संबंध बनाने में भी वक्त लगता है।

(4) कॉरपोरेट ब्रांडों को प्रामाणिकता की जरूरत होती है। फिर अल रीस

जैसे ब्रांड विशेषज्ञ हमें कहते हैं कि तमाम ब्रांडों को इसकी जरूरत पड़ती है; लेकिन टाटा का मामला दरशाता है कि कॉरपोरेट ब्रांडों पर दबाव ज्यादा होता है। विज्ञापन और जन-संपर्क संदेशों को बल प्रदान करते हैं, लेकिन वे दृष्टिकोणों को पैदा नहीं करते। नजरिया बनाने का एक ही तरीका है कि बाहर निकला जाए और चीजों को करके दिखाया जाए। दूसरा, कारोबारी कंपनी जो चीजें करती है, उनकी उसके घोषित मूल्यों और विश्वासों के साथ सुसंगति होनी चाहिए। कुल मिलाकर लोग ब्रांडों के बारे में काफी सनकी होते हैं और कई लोग, जिनमें से सारे पत्रकार नहीं होते, कमजोरी या विफलता के लिए प्रतीक्षा कर रहे होते हैं। और, खासकर बड़े संगठनों में, कमजोरियों और विफलताओं का होना अपरिहार्य है। लेकिन तब कारोबारी कंपनी और ब्रांड का आकलन इस आधार पर किया जाएगा कि कारोबारी नेता कितनी दृढ़ता और सक्षमता से 'सुधारात्मक काररवाई' करते हैं।

प्रतिष्ठा प्रबंधन के विशेषज्ञ इसे 'विफलता से उबरना' कहते हैं और मानते हैं कि यदि कोई कारोबार विफलता से उबरने में खास तौर पर सफल रहता है तो यह अपनी प्रतिष्ठा बढ़ा भी सकता है। हमने इसे टाटा के साथ घटित होते कई बार देखा—टाटा फाइनेंस में घटनाओं की प्रतिक्रिया, टाटा इंडिका को दुबारा लॉञ्च करना आदि-आदि।

---

**एक चीज जिसे टाटा समूह ने बहुत अच्छा किया है, कम-से-कम पिछले एक दशक में, वह है अपने मूल्यों, अपनी गतिविधियों और स्टेकहोल्डरों के दृष्टिकोणों को एक सीध में बनाए रखना।**

---

एक चीज जिसे टाटा समूह ने बहुत अच्छा किया है, कम-से-कम पिछले एक दशक में, वह है अपने मूल्यों, अपनी गतिविधियों और स्टेकहोल्डरों के दृष्टिकोणों को एक सीध में बनाए रखना। कॉरपोरेट ब्रांड निर्माण के विशेषज्ञों के अनुसार, यही सफलता की कुंजी है। वैसे, यह एक गतिशील प्रक्रिया है—कोई तमाम टुकड़ों को एक सीध में नहीं ले आता और फिर रुक जाता है, लक्ष्य को सफलतापूर्वक पाने के लिए खुद को बधाई देता है और सोने चला जाता है। तसवीर एक बहुरूपदर्शी की तरह है, जिसमें करोड़ों टुकड़े निरंतर अपनी जगह बदलते रहते हैं और नए-नए पैटर्न बनाते रहते हैं। कहानी कहने और छवि सृजन की प्रक्रिया लगातार चलती रहती है और, जैसाकि हमने ऊपर देखा, यह कॉरपोरेट ब्रांड प्रबंधकों के आंशिक नियंत्रण में ही है। हर रात वे यह जानते हुए सोने जाते हैं कि अगली सुबह तक हजारों चीजें घट सकती हैं और स्टेकहोल्डरों के नजरिए एवं

उस पंक्तिबद्धता को छिन्न-भिन्न कर सकती हैं।

मैरी जो हैच एवं मैज्केन शुल्ज कहते हैं कि सफलता की कुंजी है कि ब्रांड को स्टेकहोल्डर के नजरिए के संग खड़ा किया जाए, न कि एक ब्रांड की छवि बनाई जाए और स्टेकहोल्डर से अपेक्षा की जाए कि वे उसका अनुसरण करें। दरअसल, मैं टाटा के मामले को जितना ज्यादा देखता हूँ, उतना ज्यादा सोचता हूँ कि यह एक छद्म दुविधा है। ब्रांड की छवि और स्टेकहोल्डर के दृष्टिकोण खुद को एक-दूसरे के साथ खड़े रखते हैं। वे एक नृत्य में सहयोगी की तरह हैं। वे सफल होते हैं, यदि वे एक-दूसरे पर भरोसा करते हैं और एक-दूसरे में विश्वास करते हैं। अगर एक लड़खड़ाता है या एक कदम भूल जाता है तो दूसरा उसके पैरों की गति को ठीक करता है और उन्हें सही ताल में आने में मदद करता है। टाटा के स्टेकहोल्डर समूह अच्छी तरह जानते हैं और इस पर इतना विश्वास करते हैं कि जब समस्याएँ आती हैं तो मोटे तौर पर वे माफ कर देते हैं। लेकिन यदि विश्वास ही नहीं है तो कोई माफी नहीं मिलती। जिन ब्रांडों पर भरोसा नहीं किया जाता, उनके लिए कोई दूसरा मौका नहीं होता। एक लड़खड़ाकर, एक गलत कदम और ग्राहक या कर्मचारी या निवेशक दूर खिसक जाता है और दूसरा सहयोगी तलाशने लगता है।

एक कॉरपोरोरेट ब्रांड ऐसी चीज नहीं है, जिसका सृजन प्रबंधन द्वारा किया जाता है। इसके सृजन में कंपनी के अंदर और बाहर के कई लोग शामिल होते हैं, और प्रबंधन सिर्फ गाइड व ट्यूटर की भूमिका निभाने की आशा कर सकते हैं, जिनका काम साल-दर-साल जैसे-जैसे यह बढ़ता है, विकसित होता है, उसे प्रभावित करते रहें और पोषण देते रहें। अपनी परिपक्व अवस्था में एक कॉरपोरेट ब्रांड प्रतीकों छवियों का एक जटिल संचय होता है और तमाम स्टेकहोल्डर ब्रांड के अपने पिछले अनुभवों के आधार पर इसकी व्याख्या करते हैं। टाटा का अनुभव सुझाता है कि सबसे मजबूत और सबसे टिकाऊ मिथक एवं प्रतीक वे होते हैं, जो काररवाई  के द्वारा, चीजें करने के द्वारा, लोगों को जोड़ने के द्वारा, फर्म के मूल्यों को उजागर करने और फिर उन्हें जीने के द्वारा—लगातार—दिन-ब-दिन सृजित किए जाते हैं।

एक कॉरपोरेट ब्रांड वह नहीं होता, जो आप कहते हैं कि यह है। यह वह होता है, जो आप हैं। अगर आप चाहते हैं कि आपके ब्रांड में सद्‌गुण और विश्वसनीयता के मूल्य हों तो आप सद्‌गुणी व विश्वसनीय बनें और अपने कार्यों से इसका प्रदर्शन करें। अगर आप चाहते हैं कि आपको ब्रांड गुणवत्ता और पैसे की

कीमत के लिए जाना जाए तो ऐसी गुणवत्तावाले उत्पाद बनाएँ और बेचें, जो लोगों को पैसे की कीमत दें। वैसा बनें जैसा आप अपने ब्रांड को बनाना चाहते हैं। मैं सोचता हूँ कि यह आखिरी और टिकाऊ सबक है, जिसे हर कारोबार टाटा के अनुभव से ले सकता है।

## संदर्भ :

(i) हालाँकि, जैसाकि हमने अध्याय-3 में देखा, ऐसा हो सकता है कि जे. आर.डी. टाटा काफी लंबे समय तक बने रह गए, यहाँ तक कि उनके कार्यकाल के अंत में उनकी विकट शक्तियाँ भी क्षीण पड़ने लगी थीं।

(ii) हमने पहले नवाचार की तुलनात्मक रेटिंग की दिक्कतों के बारे में चर्चा की। बात यह नहीं है कि टाटा पहले की तुलना में अब ज्यादा नवाचारी है, लेकिन बात यह है कि क्या उसे इस रूप में देखा जाता है।

(iii) गैर-भारतीय पाठकों के लिए बता दें कि स्वामी विवेकानंद (1863-1902) एक हिंदू दार्शनिक थे और भारतीय स्वतंत्रता आंदोलन के पीछे खड़ी प्रमुख दार्शनिक शक्तियों में से एक थे।

(iv) फिर गैर-भारतीय पाठकों के लाभ के लिए बता दें कि सुभाषचंद्र बोस (1897-1945) भारतीय स्वतंत्रता आंदोलन में एक प्रमुख राजनीतिक हस्ती थे, जो गांधीजी की तुलना में ज्यादा शक्तिशाली तरीकों को अपनाने की वकालत करते थे।

(v) उदाहरण के लिए, वर्ष 2009 में भारतीय स्टेट बैंक ने विज्ञापनों की शृंखला जारी की, जिसमें उन प्रसिद्ध भारतीयों को दरशाया गया था, जिन्होंने उसकी बैंकिंग सेवाओं का इस्तेमाल किया था।

❑

# टिप्पणियाँ

## अध्याय : 1 मूल्यों से मूल्य तक

1. इस विज्ञापन को मुझे दिखाने और मेरे लिए इसका अनुवाद करने के लिए टाटा ग्लोबल बेवरिजेज, दक्षिण एशिया की अध्यक्षा संगीता तलवार का शुक्रिया। यहाँ पाठ में यदि कोई गलती दिखती है तो वह मेरी है।
2. इस कहानी को एक अनाम बचे शख्स ने बी. बी. सी. रेडियो 4 के हमले के एक अनुदर्शी कार्यक्रम में दोहराया। इस कार्यक्रम का प्रसारण फरवरी 2009 में किया गया।
3. निर्माल्य कुमार द्वारा लिखित 'इंडियाज ग्लोबल पॉवरहाउसेज : हाऊ दे आर टेकिंग ऑन द वर्ल्ड', बोस्टन : हार्वर्ड बिजनेस प्रेस, 2009, पेज 158।
4. रजनीश कार्की द्वारा लिखित 'कंपीटिंग विथ द बेस्ट : स्ट्रैटेजिक मैनेजमेंट ऑफ इंडियन कंपनीज इन ए ग्लोबलाइजिंग एरीना', नई दिल्ली: पेंग्विन बुक्स इंडिया, 2008; सुमंत्र घोषाल, गीता पीरामल एवं क्रिस्टोफर ए. बार्टलेट द्वारा लिखित 'मैनेजिंग रैडिकल चेंज : व्हाट इंडियन कंपनीज मस्ट डू टु बीकम वर्ल्ड क्लास', नई दिल्ली: पेंग्विन बुक्स इंडिया, 2000।
5. मैं यहाँ मुंबई स्थित कंसल्टेंसी फर्म जी.एफ.के. मोड द्वारा किए गए ब्रांड पर नजर रखनेवाले अध्ययनों की शृंखला का खास तौर पर संदर्भ ले रहा हूँ। इनका पुस्तक में बाद में विस्तार से वर्णन किया जाएगा।
6. टाटा सर्विसेज लिमिटेड द्वारा मुहैया कराए गए आँकड़े।
7. दि इकोनॉमिक टाइम्स, 28 अप्रैल, 2008
8. लाइव मिंट डॉट कॉम द वॉल स्ट्रीट जर्नल, 21 अप्रैल, 2009। थोड़े भ्रामक

रूप में ब्रांड फाइनेंस ने वर्ष 2007 के लिए ब्रांड मूल्य की गणना की और फिर इन आँकड़ों का प्रयोग 2008 का लीग टेबल बनाने के लिए किया और इसी तरह वर्ष 2008 की कीमतों का इस्तेमाल 2009 के लीग टेबल के लिए किया। इस तरह, वर्ष 2008 के आँकड़े के आधार पर 2009 के लिए टाटा 51वें वैश्विक ब्रांड के रूप में सूचीबद्ध है और ब्रांड फाइनेंस के ग्लोबल 500 मार्च 2010 रिपोर्ट में टाटा का 65वाँ स्थान है।

9. समस्याओं की चर्चा के लिए देखें पैट्रिक बार्वाइज एवं अन्य द्वारा लिखित 'एकाउंटिंग फॉर ब्रांड्स', लंदन बिजनेस स्कूल और इंस्टिट्यूट ऑफ चार्टर्ड एकाउंटेंट्स फॉर इंग्लैंड एंड वेल्स द्वारा वर्ष 1989 में प्रकाशित पर्चा।
10. गैरी डेवीज एवं अन्य द्वारा लिखित 'कॉरपोरेट रेपुटेशन एंड इफेक्टिनेस', लंदन; राउतलेज, 2003
11. रेयान स्विफ्ट, 'टचिंग ऑन दि इनटेंजिबुल', चेंज एजेंट 10, 2007, पेज 29
12. लंदन बिजनेस स्कूल के प्रोफेसर पैट्रिक बार्वाइज एवं टिम एंबलर का धन्यवाद, जिन्होंने मेरा ध्यान इस ओर खींचा।
13. मैरी जो हैच एवं मैज्केन शुल्ज, 'टेकिंग ब्रांड इनीशिएटिव : हाऊ कंपनीज कैन एलायन स्ट्रैटजी, कल्चर एंड आइडेंटिटी थ्रू कॉरपोरेट ब्रांडिंग', सैन फ्रांसिस्को: जोसेय-बास, 2008, पेज-17
14. हैच एवं शुल्ज, 'टेकिंग ब्रांड इनीशिएटिव, पेज-10
15. संभवत: अप्रामाणिक ग्रंथ (और संभवत: नहीं)। संगठनात्मक के प्रबंधन पर प्रचुर साहित्य है; उदाहरण के लिए देखें, एडगर एफ. सीन द्वारा लिखित 'ऑर्गेनाइजेशनल कल्चर एंड लीडरशिप', सैन फ्रांसिस्को : जोसेय-बास, 1985; क्रिस आर्गीरिस द्वारा लिखित 'ओवरकमिंग ऑर्गेनाइजेशनल डिफेंसेज', नीधम, एम. ए. एलीन एंड बैकन, 1990
16. जोनाथन श्रोएडर, निजी संवाद, नवंबर 2009; श्रोएडर, 2009 भी देखें, 'द कल्चरल कोड्स ऑफ ब्रांडिंग', मार्केटिंग थ्योरी 9 (1) 123-26 ब्रांड निर्माण एवं संस्कृति पर और जानकारी के लिए डगलस बी. होल्ट द्वारा लिखित 'हाऊ ब्रांड्स बीकम आइकन्स : द प्रिंसिपल्स ऑफ कल्चरल ब्रांडिंग', बोस्टन

: हार्वर्ड बिजनेस स्कूल प्रेस, 2004 भी देखें।

17. कम-से-कम हाल के कई लेखकों का यही विचार है, जिसमें मार्टिन रोल और जुलियन कामला व गियाना एम. एकहार्ट भी शामिल हैं। मार्टिन की पुस्तक 'एशियन ब्रांड स्ट्रेटजी : हाऊ एशिया बिल्ड्स स्ट्रांग ब्रांड्स', बैसिंगस्टोक : पाल्ग्रेव मैकमिलन, 2005 और जुलियन कामला व गियाना एक एकहार्ट की 'एशियन ब्रांड्स एंड द शेपिंग ऑफ ए ट्रांसनेशनल इमेजिन्ड कम्युनिटी', जर्नल ऑफ कंज्यूमर रिसर्च 35, अगस्त 2008 में उनके विचार दर्ज हैं।
18. टिम एंबलर, निजी संवाद।
19. पैट्रिक बार्वाइज, निजी संवाद।
20. टाटा क्वालिटी मैनेजमेंट सर्विस, 'मैनेजमेंट ऑफ बिजनेस इथिक्स : ए रेफरेंस मैनुअल', पुणे : टी. क्यू. एम. एस.,
21. कुमार द्वारा लिखित 'इंडियाज ग्लोबल पॉवरहाउसेज' के पेज-158 में उद्धृत।
22. टाटा समूह के इतिहासकार आर.एम. लाला की रचनाएँ टाटा के इतिहास का सबसे संपूर्ण प्रयास हैं, खासकर उनकी कृति 'द क्रिएशन ऑफ वेल्थ', नई दिल्ली : पेंग्विन बुक्स इंडिया, 2004, संशोधित संस्करण देखें। गीता पीरामल द्वारा लिखित 'बिजनेस लीजेंड्स', नई दिल्ली : पेंग्विन वाइकिंग, 1998 का भाग 4 भी देखें। अन्य स्रोत अध्याय-2 एवं अध्याय-3 के संदर्भों में देखे जा सकते हैं।
23. जोनाथन श्रोएडर, निजी संवाद।

## अध्याय 2 : वह आदमी, जिसने आनेवाला कल देखा

1. यह गद्यांश संभवत: पेरिन द्वारा लिखित संस्मरण से लिया गया है। इसे व्यापक रूप से उद्धृत किया जाता है। उदाहरण के लिए, आर. एम. लाला की 'फॉर द लव ऑफ इंडिया', नई दिल्ली : पेंग्विन बुक्स इंडिया, 2004, पेज-140, और रुद्रांग्श मुखर्जी की 'ए सेंचुरी ऑफ ट्रस्ट : द स्टोरी ऑफ टाटा स्टील', नई दिल्ली : पेंग्विन बुक्स इंडिया, 2008
2. आमतौर पर भारतीय इतिहास और भारतीय कारोबार के लिए काफी महत्त्व

रखने के बावजूद जमशेदजी टाटा की मोटे तौर पर आधुनिक जीवनी लेखकों द्वारा अनदेखी की गई है। सिर्फ दो बड़ी रचनाएँ हैं : आर.एम. लाला की 'फॉर द लव ऑफ इंडिया' और फ्रैंक आर. हैरिस की 'जे.एन.टाटा : ए क्रॉनिकल ऑफ हिज लाइफ', नई दिल्ली : ऑक्सफोर्ड यूनिवर्सिटी प्रेस, 1925, जिसे 1958 में पुन: जारी किया गया। इन दोनों में से हैरिस की रचना एक संतचरित लेखन है और इस पर विश्वास नहीं किया जा सकता। लाला की रचना को पसंद किया जाता है, क्योंकि यह विस्तार से पृष्ठभूमि और टाटा के जीवन एवं कैरियर का संदर्भ प्रदान करती है।

3. लाला की कृति 'फॉर द लव ऑफ इंडिया', पेज-46
4. शिष्टमंडल के प्रतिनिधियों, जिसमें जमशेदजी टाटा शामिल थे, की बैठक की एक प्रतिकृति जमशेदपुर में टाटा स्टील सेंटर फॉर एक्सीलेंस के फाउंडर्स गैलरी में प्रदर्शित है।
5. हैरिस ने अपनी पुस्तक 'जे.एन. टाटा' में यह दावा किया है। स्रोत हैं— सर फीरोजशाह मेहता, जो शुरुआती सदस्य और टाटा के मित्र थे। ऐसा प्रतीत होता है कि यह सूचना टाटा के बेटे सर दोराबजी टाटा को दी गई। हैरिज की कृति के लिए सर दोराबजी प्रमुख स्रोतों में से एक थे।
6. इस तरह का संगठनात्मक स्वरूप, जहाँ साझेदारियाँ दूसरी साझेदारियों में निवेश करती हैं और परिसंघ बनाती हैं। यह अन्य कालों और स्थानों में भी पाई गई हैं, सबसे उल्लेखनीय ढंग में पुनर्जागरण के दौर में इटली में। यह खतरों के खिलाफ एक शास्त्रीय संगठनात्मक और रणनीतिक सुरक्षा है, क्योंकि यदि कोई उपक्रम असफल हो जाता है तो साझेदारियों का स्वरूप आसानी से बदला जा सकता है या उसे समाप्त किया जा सकता है और हिस्सेदारी को खत्म किया जा सकता है। मॉर्गेन वाइजेल द्वारा लिखित 'मैनेजमेंट हिस्ट्री', लंदन : राउतलेज, 2009, अध्याय-3 देखें।
7. लाला की कृति 'फॉर द लव ऑफ इंडिया' के पेज-93 में उद्धृत।
8. उनकी वसीयत का पूरा पाठ आर.एम.लाला की कृति 'फॉर द लव ऑफ इंडिया' में परिशिष्ट के रूप में दिया गया है।

9. आँकड़े लाला की पुस्तक 'फॉर द लव ऑफ इंडिया' के पेज़-36 में दिए गए हैं।
10. लाला, 'फॉर द लव ऑफ इंडिया', पेज-37
11. उदाहरण के लिए देखें, अनुराधा गांधी और अजीत कुमार द्वारा लिखित 'ए पायरिक विक्ट्री : गवर्नमेंट टेक-ओवर ऑफ एक्सप्रेस मिल्स', इकोनॉमिक एंड पॉलिटिकल वीकली 23 (6), 6 फरवरी, 1988
12. टाटा के जीवनी लेखक की, देखें चार्ल्स एलेन एवं शारदा द्विवेदी की 'द ताज : स्टोरी ऑफ द ताजमहल होटल, बॉम्बे, (1903-2003)', मुंबई : निजी तौर पर प्रकाशित, 2003; और ताज पत्रिका, 'द सेंटेनरी : 100 ईयर्स ऑफ ग्लोरी', लेखों व निबंधों का एक संग्रह, जिसका प्रकाशन वर्ष 2003 में किया गया।
13. टिस्को की स्थापना के इतिहास का विस्तार से वर्णन मुखर्जी की 'ए सेंचुरी ऑफ ट्रस्ट' और आर.एम. लाला की 'द रोमांस ऑफ टाटा स्टील', नई दिल्ली : पेंग्विन बुक्स इंडिया, 2007 में किया गया है। समकालीन लेखन के लिए देखें, लोवार फ्रेजर की 'आयरन एंड स्टील इन इंडिया : ए चैप्टर फ्रॉम द लाइफ ऑफ जमशेदजी एन. टाटा', बॉम्बे : टाइम्स प्रेस, 1919 जे. एल. कीनन की 'ए स्टील मैन इन इंडिया', न्यूयॉर्क : ड्यूल, स्लोअन एवं पीयर्स, 1943, एक अमेरिकी मैनेजर का संस्मरण है, जिसने जमशेदपुर में कई वर्ष बिताए और मिल के महाप्रबंधक के रूप में भी काम किया।
14. कुमार सुरेश सिंह द्वारा लिखित 'बिरसा मुंडा एंड हिज मूवमेंट, 1874-1901', नई दिल्ली : ऑक्सफोर्ड यूनिवर्सिटी प्रेस, 1983
15. उदाहरण के लिए देखें, मुखर्जी की 'ए सेंचुरी ऑफ ट्रस्ट' का पेज-60। इस पुस्तक का अध्याय-5 उन समस्याओं का विस्तार से जिक्र करता है, जिनका सामना टाटा के उत्तराधिकारियों को इस अवधारणा को अमली जामा पहनाने में करना पड़ा।
16. सर एबेनेजेर होवार्ड की 'गार्डन सिटीज ऑफ टुमॉरो', लंदन : स्वान सोनेस्यीन, 1902
17. मुखर्जी की पुस्तक 'ए सेंचुरी ऑफ ट्रस्ट', पेज-61। मुखर्जी तब एकदम सही

नहीं हैं, जब वह कहते हैं कि किसी और स्टील कंपनी ने इस प्रकार का नियोजित शहर नहीं बनाया था। क्रुप ने इसी तरह का शहर इसेन, जर्मनी में बनाया था और रूस में भी इस तरह के उदाहरण हैं।

18. देखें कीनन की 'ए स्टील मैन इन इंडिया'; ज्यादा जानकारी के लिए देखें वाइजेल की 'मैनेजमेंट हिस्ट्री, पैसिम'।
19. बाद के लिए देखें, सुवैया कन्नपन की 'द टाटा स्टील स्ट्राइक': सम डायलेमाज ऑफ इंडस्ट्रियल रिलेशंस इन ए डेवलपिंग इकोनॉमी', जर्नल ऑफ पॉलिटिकल इकोनॉमी 67 (5), 1959 : 485-507. लेखक एक अमेरिकी विश्वविद्यालय में एक शिक्षाविद् थे, जो हड़ताल के समय जमशेदपुर में थे।
20. उदाहरण के लिए देखें, जेरी कॉलिन्स एवं जेम्स पोरस की 'बिल्ट टु लास्ट', न्यूयॉर्क : हार्पर कॉलिन्स, 1994

## अध्याय 3 : लोगों के लिए एक न्यास

1. देखें अरविंद मैंब्रो (संपादित), 'जे.आर.डी. टाटा : लेटर्स', नई दिल्ली : रूपा एंड कंपनी, पेज-423
2. आर.एम. लाला की 'बियॉण्ड द लास्ट ब्लू माउंटेन : ए लाइफ ऑफ जे. आर.डी. टाटा (1904-1993), नई दिल्ली : पेंग्विन बुक्स इंडिया, 1993, पेज-75। लाला ने अध्यक्ष के रूप में सर नौरोजी के कार्यकाल को दो पेज से भी कम जगह दी, जो कि समूह के अधिकांश अध्ययनों से दो पेज ज्यादा है।
3. लाला की 'बियॉण्ड द लास्ट ब्लू माउंटेन' एक पूर्ण जीवनी है। लेखक जे.आर.डी. टाटा को बाद के वर्षों में अच्छी तरह जानते थे और एक व्यक्तिगत मित्र थे। गीता पीरामल की 'बिजनेस लीजेंड्स', नई दिल्ली : पेंग्विन बुक्स ऑफ इंडिया, 1998 में सफलताओं और विफलताओं का विश्लेषण समेत विस्तृत जानकारी दी गई है। महत्त्वपूर्ण स्रोतों में शामिल हैं मैंब्रो की 'जे.आर.डी. टाटा : लेटर्स' और एस.ए. सबावाला और आर.एम. लाला की 'जे.आर.डी. टाटा : की नोट, एक्सपट्र्स फ्रॉम हिज स्पीचेज एंड चेयरमैन्न स्टेटमेंट टु शेयरहोल्डर्स, नई दिल्ली : रूपा एंड कंपनी, 2004

4. लाला की 'बीयॉण्ड द लास्ट ब्लू माउंटेन', पेज-195
5. लाला की 'बीयॉण्ड द लास्ट ब्लू माउंटेन' और मुखर्जी की 'रोमांस ऑफ टाटा स्टील' दोनों ही विस्तृत चित्रण करते हैं। जे.आर.डी. के पत्राचार को भी देखें, जो मैंब्रो द्वारा संपादित 'जे. आर. डी. टाटा : लेटर्स' में दिए गए हैं।
6. इस्पात मंत्री बीजू पटनायक, 1979 को लिखा गया पत्र, जो मैंब्रो (संपादित), 'जे. आर.डी. टाटा : लेटर्स', पेज-254, पीरामल की 'बिजनेस लीजेंड्स', पेज-531 में दिया गया है।
7. 1980 के दौर में उत्तराधिकार की समस्या पर ज्यादा जानकारी के लिए देखें, पीरामल की 'बिजनेस लीजेंड्स'।
8. पीरामल की 'बिजनेस लीजेंड्स', पेज-530।
9. लाला की 'बीयॉण्ड द लास्ट माउंटेन', पेज-298 में उद्धृत।
10. गीता पीरामल की 'टाटा, जे. आर. डी., मॉर्गेन नाइजेल (संपादित), 'बायोग्राफिकल डिक्शनरी ऑफ मैनेजमेंट', ब्रिस्टल : थोमस प्रेस, 2001 में उद्धृत।
11. पीरामल की 'टाटा, जे. आर. डी।'
12. लाला की 'बीयॉण्ड द लास्ट ब्लू माउंटेन', पेज-277-78।
13. पीरामल की 'टाटा, जे. आर.डी.' में उद्धृत।
14. पीरामल की 'बिजनेस लीजेंड्स', पेज-528-29।
15. ऊपर दिए गए स्त्रोतों के साथ एंथनी सैंपसन द्वारा लिखित 'अंपायर्स ऑफ द स्काई : द पॉलिटिक्स, कंटेंट्स एंड कार्टेल्स ऑफ वर्ल्ड एयरलाइंस', न्यू यॉर्क रैंडम हाउस, 1984 भी देखें।
16. पीरामल की 'बिजनेस लीजेंड्स', पेज-433।
17. लाला की 'बीयॉण्ड द लास्ट ब्लू माउंटेन', पेज 132-33
18. लाला की 'बीयॉण्ड द लास्ट ब्लू माउंटेन', पेज- 141-42 में उद्धृत।'
19. लाला की 'बीयॉण्ड द लास्ट ब्लू माउंटेन', पेज-186-87।
20. पीरामल की 'बिजनेस लीजेंड्स', पेज 431-32।

21. मैल्कम बार्नर द्वारा संपादित 'इंटरनेशनल इनसाइक्लोपीडिया ऑफ बिजनेस एंड मैनेजमेंट', लंदन : इंटरनेशनल थॉमसन बिजनेस प्रेस, 1997।

## अध्याय 4 : टाटा की छवि बदलना

1. सुमंत्र घोषाल, गीता पीरामल एवं क्रिस्टोफर ए. बार्टलेट, 'मैनेजिंग रेडिकल चेंज : व्हार इंडियन कंपनीज मस्ट डू टु बीकम वर्ल्ड क्लास', नई दिल्ली : पेंग्विन बुक्स इंडिया, 2000, पेज-151-54।
2. घोषाल एवं अन्य द्वारा जोरदार ढंग से रखी गई एक बात, पेज-153, जिन्होंने इसे समूह के भविष्य के लिए वास्तविक खतरा माना।
3. घोषाल एवं अन्य, पेज-153।
4. गीता पीरामल, 'बिजनेस महाराजाज', नई दिल्ली : पेंग्विन बुक्स इंडिया, 1996, पेज-392।
5. कुमार की 'इंडियाज ग्लोबल पॉवरहाउसेस', पेज-164।
6. टाटा के अंतरराष्ट्रीयकरण पर ज्यादा जानकारी के लिए देखें, कुमार की 'इंडियाज ग्लोबल पॉवरहाउसेस'।
7. उदाहरण के लिए देखें, मैक्स बोइसॉर की 'इन्फॉर्मेशन एंड ऑर्गेनाइजेशंस', लंदन : फोंटाना, 1987। इसी तरह, माइकल पोलन्यी ने 'द टैसिर डायमेंशन', यूनिवर्सिटी ऑफ शिकागो प्रेस, 1966 में 'अनकहा' और 'अंतर्निहित' ज्ञान के बीच फर्क किया है।
8. हैच एवं शुल्ज द्वारा 'टेकिंग ब्रांड इनीशिएटिव' में दृढ़ता से रखा गया विचार।
9. सिमोन टाटा के साथ साक्षात्कार, अक्टूबर 2009।
10. WWW. tatabuillingindia.com प्रतियोगिता के बारे में ज्यादा विस्तार से जानकारी देता है।
11. 'दुनिया की सर्वाधिक नवाचारी 50 कंपनियाँ', बिजनेस वीक, 28 अप्रैल, 2008।
12. वर्ल्ड इंटेलेक्चुअल प्रॉपर्टी ऑर्गेनाइजेशन वेबसाइट, WWW Wibo.int.
13. इप्सॉस पब्लिक अफेयर्स 'टाटा रेपुटेशन स्टडी : चाइना', अक्तूबर 2007।

14. इप्सॉस पब्लिक अफेयर्स 'टाटा रेपुटेशन स्टडी : यूनाइटेड स्टेट्स एंड यूनाइटेड किंगडम', 2008।

## अध्याय 5 : ब्रांड सहजीवन

1. ब्रांड के वरिष्ठता क्रम और वे कैसे कार्य करते हैं, के बारे में ज्यादा जानकारी के लिए देखें, केविन लैन केलर की 'स्ट्रेटेजिक ब्रांड मैनेजमेंट', अपर खैडल रिवर, एन. जे. प्रेंटिस-हॉल, 1998 और डेविड ए. एकेर की 'बिल्डिंग स्ट्रांग ब्रांड्स', न्यूयॉर्क: द फ्री प्रेस, 1996।
2. उदाहरण के लिए, हैच एवं शुल्ज 'टेकिंग ब्रांड इनीशिएटिव में उत्पाद ब्रांडों को अपेक्षाकृत सीमित भूमिका देते हैं, क्योंकि उत्पाद ब्रांड अपने उत्पाद के साथ ही जीता और मरता है, जबकि कॉरपोरेट ब्रांड फर्म के साथ जीवन भर बना रहता है, पेज-10।
3. मार्टिन रोल की 'एशियन ब्रांड स्ट्रैटेजी : हाऊ एशिया बिल्ड्स स्ट्रांग ब्रांड्स', नैसिंगस्टोक : पालग्रेव मैकमिलन, 2006, पेज-34।

## अध्याय 6 : टाटा और इसके ग्राहक

1. रमा बीजापुरकर की 'वी आर लाइक दैट ओनली', पेंग्विन बुक्स इंडिया, 2007, पेज-109।
2. अल रीस एवं लॉरा रीस की 'दि ओरिजिन ऑफ ब्रांड्स : हाऊ प्रोडक्ट इवोल्यूशन क्रिएट्स एंडलेस पॉसिबिलिटीज फॉर न्यू ब्रांड्स', न्यूयॉर्क; हार्पर कॉलिन्स, 2004।
3. बीजापुरकर, 'वी आर लाइफ दैट ओनली', पेज 135-40।
4. वही, पेज 112-14।
5. अब्राहम मास्लॉव की 'मोटिवेशन एंड पर्सनैलिटी', न्यूयॉर्क : हार्पर ब्रांस, 1954।
6. उदाहरण के लिए देखें, रोल की 'एशियन स्ट्रैटेजी'।
7. परमेश्वरन की 'राइड द चेंज', पेज-34।

8. द बीजापुरकर की 'वी आर लाइफ दैट ओनली', पेज 171।
9. वही, पेज-147।
10. सी.के. प्रह्लाद की 'द फॉर्च्यून एट द बॉटम ऑफ द पिरामिड : इरैडिकैटिंग पॉवर्टी थ्रू प्रॉफिट्स', अपर सैडल रिवर, एन. जे.: व्हार्टन स्कूल पब्लिशिंग, 2006।
11. वाइजेल की देखें, 'मैनेजमेंट हिस्ट्री', पेज-215-19।
12. परमेश्वरन की 'राइड द चेंज', पेज-35।
13. अल रीस एंड लॉरा रीस, 'द ओरिजिन ऑफ ब्रांड्स'।
14. रतन टाटा, 'प्राक्कथन', 'कोड ऑफ ऑनर : कॉरपोरेट सोशल रिस्पांसिबिलिटी एंड द टाटा ग्रुप', टाटा रिव्यू, 2004, पेज-9।
15. ए. गोपालकृष्णन अय्यर एवं ए. प्रकाश अय्यर की 'इंडिया ब्रैंडिश्ड; द ब्रैंडिंग ऑफ ए नेशन', मुंबई : अंग्रेजी संस्करण, पेज-102।
16. मनीष गुप्ता और पी.बी. सिंह का परचा 'द मेकिंग ऑफ ब्रांड इंडिया', जिसे मार्केटिंग एंड सोसाइटी पर आयोजित इंटरनेशनल मार्केटिंग कॉन्फ्रेंस में प्रस्तुत किया गया, 8-10 अप्रैल, 2007, आई. आई. एम. के., पेज-272-73।
17. सुनील गुप्ता एवं डोनाल्ड आर. लेहमैन की 'मैनेजिंग कस्टमर्स एज इनवेस्टमेंट्स', अपर सैडल रिवर, एन. जे.: व्हार्टन स्कूल पब्लिशिंग, 2005, पेज-121।
18. हैच एवं शुल्ज की 'टेकिंग ब्रांड इनीशिएटिव', पेज-220।

## अध्याय 7 : टाटा के लोग : नियोक्ता ब्रांड

1 लाला की 'फॉर द लव ऑफ इंडिया', पेज-37 में उद्धृत।
2. हैच एवं शुल्ज की 'टेकिंग ब्रांड इनीशिएटिव', पेज-14-22।
3. WWW.elro.org/bortfolio/legspbirit
4. हैच एवं शुल्ज की 'टेकिंग ब्रांड इनीशिएटिव', पेज-147।
5. मॉर्गेन वाइजेल की 'फिफ्टी की फीगर्स इन मैनजमेंट', लंदन : राउतलेज, 2002।
6. देखें निकोलस इंड की 'लिविंग द ब्रांड', लंदन : कोगान पेज, 2001।

7. उदाहरण के लिए देखें, जोनाथन गॉस्लिंग, पीटर केस एवं मॉर्गेन वाइजेल (संपादित) की 'जॉन एडैर; फंडामेंटल्स ऑफ लीडरशिप', बैसिंगस्टोक : पालग्रेव मैकमिलन, 2005 और रॉव गोफी एवं गैरथ जोंस की 'व्हाई शुड एनीवन की लेड बाय यू ?', लंदन : एफ टी-प्रेंटिस हॉल, 2005।
8. लिंडा ग्रैटन की 'ग्लो : हाऊ कैन यू रेडिएट एनर्जी, इनोवेशन एंड सक्सेस', लंदन : एफ टी-प्रेंटिस हॉल, 2009, पेज-190।
9. सिडनी वेब की 'दि वर्क्स मैनेजर टु-डे', लंदन : लॉगमैंस, ग्रीन एंड कंपनी, 1917, पेज-153-54।
10. आर. एन. बोस की 'गांधीयन टेक्नीक एंड ट्रैडिशन इन इंडस्ट्रियल रिलेशंस', कोलकाता : ऑल इंडिया इंस्टिट्यूट ऑफ सोशल वेलफेयर एंड बिजनेस मैनेजमेंट।
11. टेल्को हड़ताल का ब्योरा मोटे तौर पर पीरामल की 'बिजनेस महाराजाज', पेज-38-46।
12. पीरामल की 'बिजनेस महाराजाज', पेज-385 में उद्‌धृत।
13. बिजनेस वीक, 'टाटा ग्रुप्स इनोवेशन कंपिटीशन', 26 जून, 2009।
14. हिंदू बिजनेस लाइन में 18 दिसंबर, 2006 को छपी एक खबर का शीर्षक 'कानन देवन का 130 करोड़ के कारोबार का लक्ष्य'।
15. इंड की 'लीविंग द ब्रांड'।
16. लाला की 'फॉर द लव ऑफ इंडिया' में उद्‌धृत।

## अध्याय 8 : टाटा वित्तीय ब्रांड

1. लाला की 'फॉर द लव ऑफ इंडिया', पेज-78 में उद्‌धृत
2. रीस एंड रीस की 'दि ओरिजिन ऑफ ब्रांड्स', पेज 271-72।
3. 'हू गेंस मोस्ट एज टाटा बाइज यू.के. लीजेंड्स ?, बी. बी. सी. न्यूज वेबसाइट, 27 मार्च, 2008।

## अध्याय 9 : 'हम लोकोपकार नहीं करते'

1. झारखंड राज्य की सरकारी वेबसाइट से आँकड़े लिये गए। तुलनात्मक साक्षरता

दर की जानकारी 'हिंदू' के 28 जनवरी, 2006 के अंक से मिली, जिसमें बताया गया था—'26 करोड़ लोग अभी भी गरीबी रेखा के नीचे रहते हैं।'

2. 'उठनाऊ : द ड्रम बीट्स साइलेंटली', टाटा स्टील।
3. एडवर्ड डुयकेर की 'ट्राइबल गुरिल्लाज : द संथाल्स ऑफ वेस्ट बंगाल एंड द नक्सलाइट मूवमेंट', दिल्ली : ऑक्सफोर्ड यूनिवर्सिटी प्रेस।
4. लाला की 'फॉर द लव ऑफ इंडिया' के पेज-93 में उद्धृत।
5. शुभा खांडेकर की 'ए हैप्पी होमकमिंग', टाटा ग्रुप वेबसाइट, www. tata.com/ourcommitment/articles।
6. लाला की 'द क्रिएशन ऑफ वेल्थ', पेज-265।
7. हैच एवं शुल्ज की 'टेकिंग ब्रांड इनीशिएटिव पैसिम'।

## अध्याय 10 : महज एक ब्रांड की कहानी नहीं

1. बैरी सी. स्मिथ की 'लैंग्वेंज, कन्वेंशनलिटी ऑफ', एडवार्ड क्रैग द्वारा (संपादित) 'राउतलेज एनसाइक्लोपेडिया ऑफ फिलॉसफी', लंदन : राउतलेज, 1998, वॉल्यूम 5, पेज 368 में।
2. रीस एवं रीस की 'दि ओरिजिन्स ऑफ ब्रांड्स', पेज-272
3. देखें कुमार की 'इंडियाज ग्लोबल पॉवरहाउसेस'।

❑

# ग्रंथ सूची


1. डेविड ए. एकेर—मैनेजेंगि ब्रांड इक्विटी : कैपिटलाइजिंग ऑन द वैल्यू ऑफ ए ब्रांड नेम—न्यूयॉर्क : दी फ्री प्रेस (1991)
   —बिल्डिंग स्ट्रांग ब्रांड्स—न्यूयॉर्क : द फ्री प्रेस (1996)
   —ब्रांड पोर्टफोलियो स्ट्रैटजी—न्यू यॉर्क : द फ्री प्रेस (2004)
2. चार्ल्स एलेन एवं शारदा द्विवेदी—द ताज : स्टोरी ऑफ ताजमहल होटल, बॉम्बे, 1903-2003—मुंबई : निजी तौर पर प्रकाशित (2003)
3. डगलस एटफिन—द कल्टिंग ऑफ ब्रांड्स : व्हेन कस्टमर्स बिकम ट्रू बिलीवर्स—न्यूयॉर्क : पोर्टफोलियो (2004)
4. क्रिस एर्गीरिस—ओवरकमिंग ऑर्गेनाइजेशनल डिफेंसेस—नीधम, एम.ए. एलीन एंड बैकन (1990)
5. पैट्रिक बार्वाइज, क्रिस हिग्सन, एंड्रयू लिकीयरमैन एवं पॉल मार्श—'एकाउंटिंग फॉर ब्रांड्स—यह परचा लंदन बिजनेस स्कूल तथा इंस्टीट्यूट ऑफ चार्टर्ड एकाउंटेंट्स फॉर इंग्लैंड एंड वेल्स (1989) में प्रस्तुत किया गया।
6. रमा बीजापुरकर—विनिंग इन दि इंडियन मार्केट—सिंगापुर : जॉन विलेय (एशिया) (2008)
7. मैक्स बोईमॉट—इन्फॉर्मेशन एंड ऑर्गेनाइजेशंस-लंदन : फोंटाना (1987)।
8. आर.एन. बोस—गांधीयन टेक्नीक एंड ट्रेडिशन इन इंडस्ट्रियल रिलेशंस'—कोलकाता : ऑल इंडिया इंस्टीट्यूट ऑफ सोशल वेलफेयर एंड बिजनेस मैनेजमेंट (1956)।
9. हामिद बाउचिकी एवं जॉन आर. किंबरले, द सोल ऑफ कॉरपोरेशन : हाऊ टु मैनेज दि आइडेंटिटी ऑफ योर कंपनी, अपर सैडल रिवर, एन.जे. : व्हार्टन स्कूल पब्लिशिंग (2007)।

10. जूलियन कामला एवं गियाना एम. एकहार्ट–एशियन ब्रांड्स एंड द शेपिंग ऑफ ए ट्रांसनेशनल इमेजिंग कम्युनिटी–जर्नल ऑफ कंज्यूमर रिसर्च 35 (अगस्त 2008)।
11. जेम्स कॉलिंस एंड जेरी पोरस—बिल्ट टु लास्ट : सक्सेसफुल हैबिट्स ऑफ विजनरी कंपनीज—न्यूयॉर्क : हार्पर कॉलिंस (1994)।
12. गैरी डेवीज एवं अन्य—कॉरपोरेट रेपुटेशन एंड इफेक्टिवनेस—लंदन : राउतलेज (2003)।
13. अनिल धारकर—द रोमांस ऑफ सॉल्ट—नई दिल्ली : रौली बुक्स (2005)।
14. एडवर्ड डुयकेर—ट्राइबल गुरिल्लाज : द संथाल्स ऑफ वेस्ट बंगाल एंड द नक्सलाइट मूवमेंट—दिल्ली : ऑक्सफोर्ड यूनिवर्सिटी प्रेस (1987)।
15. लोवाट फ्रेजर—आयरन एंड स्टील इन इंडिया : ए चैप्टर फ्रॉम द लाइफ ऑफ जमशेदजी एन. टाटा—बॉम्बे : टाइम्स प्रेस (1919)।
16. अनुराधा गांधी एवं अजीत कुमार—ए पायरिक विक्ट्री : गवर्नमेंट टेक-ओवर ऑफ इंप्रेस मिल्स—इकोनॉमिक एंड पॉलिटिकल वीकली 23 (6) (6 फरवरी, 1988)।
17. सुमंत्र घोषाल, गीता पीरामल एवं क्रिस्टोफर ए. बार्लेट—मैनेजिंग रेडिकल चेंज : व्हाट इंडियन कंपनीज मस्ट डू टु बीकम वर्ल्ड क्लास—नई दिल्ली : पेंग्विन बुक्स इंडिया (2000)।
18. रॉब गॉफी एंड गैरेथ जोंस—व्हाई शुड एनीवन बी लेड बाय यू?—लंदन : एफ टी-प्रेंटिस हॉल (2007)।
19. जोनाथन गॉस्लिंग, पीटर केस एंड मॉर्गेन वाइजेल (संपादित)—जॉन अडायर : फंडामेंटल्स ऑफ लीडरशिप—बैसिंगस्टोक : पालग्रेव मैकमिलन (2005)।
20. लिंडा ग्रैटन—ग्लो : हाऊ कैन यू रेडिएट एनर्जी, इनोवेशन एंड सक्सेस—लंदन : एफ टी-प्रेंटिस हॉल (2009)
21. मनीष गुप्ता एवं पी.बी. सिंह—द मेकिंग ऑफ ब्रांड इंडिया—मार्केटिंग एंड सोसाइटी पर आयोजित इंटरनेशनल मार्केटिंग कॉन्फ्रेंस में प्रस्तुत किया गया परचा, 8-10 अप्रैल, 2007, आई.आई.एम.के., d space.iimk.ac.in/litstream/2259/361/1261-274.pdf.
22. सुनील गुप्ता एवं डोनाल्ड आर. लेहमैन—मैनेजिंग कस्टमर्स एज इन्वेस्टमेंट्स : द स्ट्रैटजिक वैल्यू ऑफ कस्टमर्स इन द लॉन्ग रन—बोस्टन : हार्वर्ड बिजनेस

स्कूल प्रेस (2005)।

23. फ्रैंक आर. हैरिस—जे. एन. टाटा : ए क्रॉनिकल ऑफ हिज लाइफ—नई दिल्ली : ऑक्सफोर्ड यूनिवर्सिटी प्रेस, पुन : जारी, 1958 (1925)।
24. मैरी जो हैच एंड मैज्केन शुल्ज—टेकिंग ब्रांड इनीशिएटिव : हाऊ कंपनीज कैन एलाइन स्ट्रैटजी, कल्चर एंड आइडेंटिटी थ्रू कॉरपोरेट ब्रांडिंग—सैन फ्रांसिस्को : जोसी-वास (2008)।
25. गीर्ट हॉफ्सतेदे—कल्चर्स कंस्टेक्बेनसेस : सॉफ्टवेयर ऑफ दी माइंड—न्यूबरी पार्क, सैफगे (1980)।
26. डगलस बी. होल्ट—हाऊ ब्रांड्स बीकम आइकन्स : द प्रिंसिपल्स ऑफ कल्चरल ब्रांडिंग-हार्वर्ड बिजनेस स्कूल प्रेस (2004)।
27. सर एबेनेजेर होवार्ड—गार्डन सिटीज ऑफ टुमॉरो—लंदन : स्वान सोनेन्सयीन (1902)।
28. निकोलस इंड—लिविंग द ब्रांड : हाऊ टु ट्रांसफॉर्म एवरी मेंबर ऑफ पोर ऑर्गेनाइजेशन इन टु ए ब्रांड चैंपियन—लंदन : कोगान पेज (2001)।
29. ए. गोपालकृष्णन अय्यर एवं ए. प्रकाश अय्यर—इंडिया ब्रैंडिश्क : द ब्रांडिंग ऑफ ए नेशन—मुंबई : अंग्रेजी संस्करण (2004)।
30. बिमल जालान (संपादित)—द इंडियन इकोनॉमी : प्रॉब्लम्स एंड प्रॉस्पेक्ट्स—नई दिल्ली : पेंग्विन बुक्स इंडिया (2004)।
31. सुबैया कन्नपन—द टाटा स्टील स्ट्राइक : सम डिलेमाज ऑफ इंडस्ट्रियल रिलेशंस इन ए डेवलपिंग इकोनॉमी—जर्नल ऑफ पॉलिटिकल इकोनॉमी 67 (5) : 485-507 (1959)।
32. जे.एल. कीनन—ए स्टील मैन इन इंडिया—न्यूयॉर्क : ड्यूल, स्लोअन एंड पीयर्स (1943)।
33. केविन लेन केलर—स्ट्रैटजिक ब्रांड मैनेजमेंट—अपर सैडल रिवर, एन.जे. : प्रेंटिस-हॉल (1998)।
34. तरुण खन्ना—बिलियंस ऑफ एंटरप्रेन्यर्स : हाऊ चाइना एंड इंडिया आर रीशेपिंग देयर फ्यूचर्स, एंड योर्स—बोस्टन; हार्वर्ड बिजनेस स्कूल प्रेस (2007)।
35. निर्माल्य कुमार—इंडियाज ग्लोबल पॉवरहाउसेस : हाऊ दे आर टेकिंग ऑन द वर्ल्ड—बोस्टन : हार्वर्ड बिजनेस प्रेस (2009)।
36. आर.एम. लाला—बियॉण्ड द लास्ट ब्लू माउंटेन : ए लाइफ ऑफ जे.आर.डी.

टाटा (1904-1993) नई दिल्ली : पेंग्विन बुक्स इंडिया (1993)

—द क्रिएशन ऑफ वेल्थ—नई दिल्ली : पेंग्विन बुक्स इंडिया, संशोधित संस्करण (2004)।

—फॉर द लव ऑफ इंडिया : द लाइफ एंड टाइम्स ऑफ जमशेदजी टाटा—नई दिल्ली : पेंग्विन बुक्स इंडिया, 2004।

—द रोमांस ऑफ टाटा स्टील—नई दिल्ली : पेंग्विन बुक्स इंडिया (2007)।

37. एर्विड मैंब्रो (संपादित)—जे.आर.डी. टाटा : लेटर्स—नई दिल्ली : रूपा एंड कंपनी (2004)।
38. अब्राहम मास्लॉव—मोटिवेशन एंड पर्सनैलिटी—न्यूयॉर्क : हार्पर एंड ब्रदर्स (1954)।
39. रुद्रांग्शु मुखर्जी—ए सेंचुरी ऑफ ट्रस्ट : द स्टोरी ऑफ टाटा स्टील—नई दिल्ली : पेंग्विन बुक्स इंडिया (2008)
40. एम.जी. परमेश्वरन—राइड द चेंज : ए पर्सपेक्टिव ऑन द चेंजिंग इंडियन कंज्यूमर मार्केट एंड मार्केटिंग—नई दिल्ली : टाटा मैक्ग्राव—हिल पब्लिशिंग कंपनी (2009)।
41. गीता पीरामल—बिजनेस लीजेंड्स—नई दिल्ली : पेंग्विन बुक्स इंडिया (1996)।

    —बिजनेस महाराजाज—नई दिल्ली : पेंग्विन बुक्स इंडिया (1998)।

    —टाटा, जे.आर.डी.—मार्गेन वाइजेल (संपादित)

    —'बायोग्राफिकल डिक्शनरी ऑफ मैनेजमेंट', ब्रिस्टल : थोमस प्रेस (2001) में।
42. माइकल पोलन्यी—पर्सनल नॉलेज—शिकागो : यूनिवर्सिटी ऑफ शिकागो प्रेस (1958)।
43. थॉमस एल. पॉवर्स एंड जेय यू स्टर्लिंग—सेगमेंटिंग बिजनेस—टु—बिजनेस मार्केट्स : ए माइक्रो-मक्रौ लिंकिंग मेथडोलॉजी—जर्नल ऑफ इंडस्ट्रियल मार्केटिंग 23 (3) : 170-77 (2008)।
44. सी.के. प्रह्लाद—द फॉर्चून एट द बॉटम ऑफ द पिरामिड : इरेडिकेटिंग पॉवर्टी थ्रू प्रॉफिट्स अपर सैडल रिवर, एन.जे. : व्हार्टन स्कूल पब्लिशिंग (2006)।
45. अल रीस एंड लॉटा रीस—दी ओरिजींस ऑफ ब्रांड्स : हाऊ प्रोडक्ट इवोल्यूशन

क्रिएट्स एंडलेस पॉसिबिलिटीज फॉर न्यू ब्रांड्स, न्यूयॉर्क : हार्पर कॉलिंस (2004)।

46. मार्टिन रोल—एशियन ब्रांड स्ट्रैटजी : हाऊ एशिया बिल्ड्स स्ट्रांग ब्रांड्स—बैसिंगस्टोक, पाल्ग्रेव मैकमिलन (2006)।
47. एस. ए. सबावाला एवं आर.एम. लाला—जे आर.डी.टाटा : की नोट, एक्सपर्ट्स फ्रॉम हिज स्पीचेज एंड चेयरमैंस स्टेटमेंट टु शेमरहोल्डर्स—न्यू दिल्ली : रूपा एंड कंपनी (2004)।
48. एंथनी सैंपसन—अंपायर्स ऑफ द स्काई : द पॉलिटिक्स, कंटेंट्स एंड कार्टेल्स ऑफ वर्ल्ड एयरलाइंस—न्यूयॉर्क : रैंकम हाउस (1984)।
49. एडगर एफ. स्चीन—ऑर्गेनाइजेशनल कल्चर एंड लीडरशिप—सैन फ्रांसिस्को : जोसेय बास (1985)।
50. जोनाथन श्रोएडर—'द कल्चरल कोड्स ऑफ ब्रांडिंग—मार्केटिंग थ्योरी 9 (1) : 123-6 (2009)।
51. जगदीश एन. सेठ—हाऊ कंपिटीशन विल शेप द इंडियन मार्केट—जर्नल ऑफ मार्केटिंग एंड कम्युनिकेशन 1 (मई) : 4-20 (2005)।
52. बैरी सी. स्मिथ—लैंग्वेज, कन्वेंशनलिटी ऑफ—एडवर्ड क्रैग (संपादित) राउतलेज एनसाइक्लोपीडिया ऑफ फिलॉसफी लंदन : राउतलेज, वॉल्यूम 5, पेज 368-71 (1998) में।
53. कुमार सुरेश सिंह—बिरसा मुंडा एंड हिज मूवमेंट, 1974-1901—नई दिल्ली : ऑक्सफोर्ड यूनिवर्सिटी प्रेस (1983)।
54. रेयान स्विफ्ट—रचिंग ऑन द इनटेंजिबुल चेंज एजेंट 10 : 28-30 (2007)।
55. ताज पत्रिका—द सेंटेनरी : 100 ईयर्स ऑफ ग्लोरी—मुंबई 2003।
56. टाटा क्वालिटी मैनेजमेंट सर्विसेज—द टाटा बिजनेस एक्सीलेंस मॉडल 2010—पुणे : टी.क्यू.एम.एस., (2009)
    —मैनेजमेंट ऑफ बिजनेस इथिक्स : ए रेफरेंस मैनुअल—पुणे : टी.क्यू.एम.एस.।
57. टाटा स्टील—उठनाऊ : द ड्रम बीट्स साइलेंटली जमशेदपुर : टाटा स्टील कॉरपोरेट कम्युनिकेशंस।
58. टाइटन इंडस्ट्रीज—ए मूवमेंट कॉल्ड टाइटन—कॉरपोरेट वीडियो (2006)।
59. फॉन्स ट्रॉम्पेनर्स एंड चार्ल्स हैम्पडेन-टर्नर—सेवन कल्चर्स ऑफ कैपिटलिज्म—न्यूयॉर्क : डबलडे (1997)।
60. कीस वान रीयल एंड चार्ल्स फॉम्बर्न—एसेंसियल्स कॉरपोरेट कम्युनिकेशन—

लंदन : राउतलेज (2007)।

61. मैल्कम वार्नर (संपादित)—इंटरनेशनल एनसाइक्लोपीडिया ऑफ बिजनेस एंड मैनेजमेंट—लंदन : इंटरनेशनल थॉमसन बिजनेस प्रेस (1997)।

62. सिडनी वेब—इंडस्ट्रियल डेमोक्रेसी—लंदन : लॉन्गमैंस, ग्रीन एंड कंपनी (1987)
—द वर्क्स मैनेजर टुडे—लंदन : लॉन्गमैंस, ग्रीन एंड कंपनी (1917)।

63. मॉर्गेन वाइजेल—फिफ्टी की फीगर्स इन मैनेजमेंट—लंदन : राउतलेज (2002)
—मैनेजमेंट हिस्ट्री : टेक्स्ट एंड केसेस—लंदन : राउतलेज (2009)।

64. वर्ल्ड इंटेलेक्चुअल प्रॉपर्टी ऑर्गेनाइजेशन वेबसाइट, WWW. Wibo.int

❑

# परिशिष्ट : टाटा कंपनियों की सूची

**प्रमोटर कंपनियाँ**

- **टाटा संस**
  *सहायक कंपनियाँ एवं शाखाएँ या खंड*
  - टाटा कंसल्टिंग इंजीनियर्स
  - टाटा हाउसिंग डेवलपमेंट कंपनी
  - टाटा पेट्रोडाइन
  - टाटा फाइनेंशियल सर्विसेज
  - टाटा क्वालिटी मैनेजमेंट सर्विसेज

- **टाटा इंडस्ट्रीज**
  *डिवीजन*
  - टाटा स्ट्रैटजिक मैनेजमेंट ग्रुप
  - टाटा इंटरएक्टिव सिस्टम्स

---

चमड़ा, इंजीनियरिंग आदि में अंतरराष्ट्रीय कार्य-संचालन

- टाटा इंटरनेशनल

---

**सात कारोबारी क्षेत्र, जिनमें टाटा कंपनियाँ सक्रिय हैं**

**इन्फॉर्मेशन टेक्नोलॉजी एंड कम्युनिकेशंस ( सूचना प्रौद्योगिकी एवं संचार )**

**सूचना प्रौद्योगिकी**

- टाटा कंसल्टेंसी सर्विसेज
- टाटा इलेक्सी
- टाटा टेक्नोलॉजीज
- टाटा इंटरएक्टिव सिस्टम्स
- टाटा बिजनेस सपोर्ट सर्विसेज

**संचार**

- टाटा स्काई
- टाटा टेलीसर्विसेज
- टाटा कम्युनिकेशंस

**इंजीनियरिंग**

ऑटोमोटिव

**टाटा मोटर्स**

*सहायक/संबद्ध/संयुक्त उपक्रम*

- जगुआर लैंड रोवर
- टाटा मार्कोपोलो मोटर्स
- टाटा डेवू कमर्शियल वेहिकल कंपनी
- टाटा मोटर्स (थाइलैंड)
- टाटा टेक्नोलॉजीज
- टाटा कमिन्स
- एच.वी. ट्रांसमिशंस एंड एच.वी. एक्सल्स
- टी.ए.एल. मैन्युफैक्चरिंग सॉल्यूशंस
- टाटा मोटर्स यूरोपियन टेक्नीकल सेंटर
- टाटा मोटर्स फाइनेंस
- हिस्पानो कैरोसेरा
- टाटा ऑटो कैंप सिस्टम्स
- टी.एम.एल. डिस्ट्रीब्यूशन कंपनी
- कॉन्कॉर्ड मोटर्स

**टाटा ऑटो कॉम्प सिस्टम्स**

*संयुक्त उपक्रम*

- टाटा ऑटो कॉम्प सिस्टम्स लिमिटेड इंटीरियर्स एंड प्लास्टिक डिवीजन
- नान्जिंग टाटा ऑटो कॉम्प सिस्टम्स
- टाटा जॉनसन कंट्रोल्स ऑटोमोटिव
- टाटा टोमो रेडिएटर
- टाटा याजाकी ऑटो कॉम्प
- ऑटोमोटिव स्टैंपिंग्स एंड एसेंबलीज
- टाटा फिकोसा
- टैको (TACO) कंपोजिट्स
- टाटा ऑटो कॉम्प जी वाई बैटरीज
- टैको हेंड्रिक्जन सस्पेंशंस

**टेल्को कंस्ट्रक्शन इक्विपमेंट कंपनी**

**इंजीनियरिंग प्रोडक्ट्स एंड सर्विसेज**

- टाटा प्रोजेक्ट्स
- वोल्टाज
- टाटा कंसल्टिंग इंजीनियर्स
- टी.आर.एफ.

**मैटीरियल्स (सामग्रियाँ)**

*धातु*

- टाटा स्टील

*सहायक/संबद्ध/संयुक्त उपक्रम*

- टाटा स्टील यूरोप (कोरस)
- नैटस्टील होल्डिंग्स
- टाटा स्टील थाईलैंड
- टिनप्लेट कंपनी ऑफ इंडिया
- टैयो रॉल्स
- टाटा स्टील प्रोसेसिंग एंड डिस्ट्रीब्यूशन
- टाटा रीफ्रैक्टरीज
- टाटा स्पॉज आयरन
- टाटा मेटलिक्स
- टाटा पिगमेंट्स

- जमशेदपुर इंजेक्शन पाउडर
- टी.एम. इंटरनेशनल लॉजिस्टिक्स
- एमजंक्शन सर्विसेज
- टी.आर.एफ.
- जमशेदपुर यूटीलिटी एंड सर्विस कंपनी
- दि इंडियन स्टील एंड वायर प्रोडक्ट्स
- टाटा ब्लूस्कोप स्टील
- धाम्रा पोर्ट कंपनी
- लंका स्पेशल स्टील
- सिला ईस्टर्न कंपनी
- टाटा स्टील के.जेड.एन.

**संबद्ध क्षेत्र**

- टाटा रीफ्रैक्टरीज

**कंपोजिट्स**

- टाटा एडवांस्ड मैटीरियल्स

## सर्विसेज ( सेवाएँ )

**होटल एवं प्रॉपर्टी डेवलपमेंट**

- इंडियन होटल्स (ताज होटल्स रिसॉर्ट्स एंड पैलेसेज)
- टाटा रीयलिटी एंड इन्फ्रास्ट्रक्चर
- टाटा हाउसिंग डेवलपमेंट कंपनी
- जुस्को

**वित्तीय सेवाएँ**

- टाटा ए.आई.जी. लाइफ इंश्योरेंस कंपनी
- टाटा ए.आई.जी. जनरल इंश्योरेंस कंपनी
- टाटा एसेट मैनेजमेंट
- टाटा इन्वेस्टमेंट कॉरपोरेशन
- टाटा कैपिटल

**अन्य सेवाएँ**

- टाटा स्ट्रैटजिक मैनेजमेंट ग्रुप
- टाटा सर्विसेज

## ऊर्जा

- टाटा पॉवर

**सहायक कंपनियाँ**

- नॉर्थ दिल्ली पॉवर लिमिटेड (एन.डी.पी.एल.)
- पॉवरलिंक्स ट्रांसमिशन
- टाटा पॉवर ट्रेडिंग कंपनी
- स्ट्रैटजिक इलेक्ट्रॉनिक्स डिवीजन (एस.ई.डी.)
- नेल्को (NELCO)
- टाटा बी.पी. सोलर

## उपभोक्ता उत्पाद

- **टाटा ग्लोबल बेवरिजेज**

***सहायक/संबद्ध कंपनियाँ***

- टाटा टी. इंकारपोरेटेड
- वाटावाला प्लांटेशंस
- झेजियांग टाटा टी एक्सट्रैक्शन कंपनी

- टाइटन इंडस्ट्रीज
- इनफिनिटी रीटेल
- ट्रेंट

**रसायन**

- टाटा केमिकल्स
- एडविनस
- रैलिस इंडिया

*स्रोत : टाटा ग्रुप कॉरपोरेट ब्रॉशर, मार्च 2010*

❑

# संदर्भिका

❑❑❑